Dr. Ing. Herbert Voß

Kryptografie mit JAVA

FRANZIS
PROFESSIONAL SERIES

Dr. Ing. Herbert Voß

Kryptografie mit JAVA

Grundlagen und Einführung zur kryptografischen Programmierung mit JAVA

Mit 51 Abbildungen

FRANZIS

Bibliografische Information der Deutschen Bibliothek

Die Deutsche Bibliothek verzeichnet diese Publikation in der Deutschen Nationalbibliografie; detaillierte Daten sind im Internet über **http://dnb.ddb.de** abrufbar.

Wichtiger Hinweis

Alle Angaben in diesem Buch wurden vom Autor mit größter Sorgfalt erarbeitet bzw. zusammengestellt und unter Einschaltung wirksamer Kontrollmaßnahmen reproduziert. Trotzdem sind Fehler nicht ganz auszuschließen. Der Verlag und der Autor sehen sich deshalb gezwungen, darauf hinzuweisen, dass sie weder eine Garantie noch die juristische Verantwortung oder irgendeine Haftung für Folgen, die auf fehlerhafte Angaben zurückgehen, übernehmen können. Für die Mitteilung etwaiger Fehler sind Verlag und Autor jederzeit dankbar.

Internetadressen oder Versionsnummern stellen den bei Redaktionsschluss verfügbaren Informationsstand dar. Verlag und Autor übernehmen keinerlei Verantwortung oder Haftung für Veränderungen, die sich aus nicht von ihnen zu vertretenden Umständen ergeben.

Evtl. beigefügte oder zum Download angebotene Dateien und Informationen dienen ausschließlich der nicht gewerblichen Nutzung. Eine gewerbliche Nutzung ist nur mit Zustimmung des Lizenzinhabers möglich.

Satz: Herbert Voß
art & design: www.ideehoch2.de
Druck: Legoprint S.p.A., Lavis (Italia)
Printed in Italy

ISBN 3-7723-**7108-6**

Vorwort

Bereits 1997 wurde das so genannte Signaturgesetz[1] vom Deutschen Bundestag verabschiedet. 2001 und 2005 gab es Änderungen dazu und dennoch fehlen noch immer umfangreiche Erfahrungen; ein Gesetz zu erlassen ist eine Sache, die Umsetzung in den Alltag eine völlig andere. Ist es doch eine Mentalitätsfrage oder behindert die Politik schlichtweg eine entsprechende technische und wirtschaftliche Entwicklung. Es kann zwar nun endlich ein Auto über das Internet bestellt werden, Kündigungen zu bestehenden Verträgen erfordern in der Regel aber immer noch eine schriftliche Bestätigung per Brief. Die technischen und mathematischen Voraussetzungen für eine Ausweitung des elektronischen Handels sind durch die intensive Beschäftigung mit Themen der Kryptografie hinreichend gegeben.

Mit dem vorliegenden Buch soll auch Anfängern oder mathematisch nicht so versierten Lesern ein Einstieg in die sehr wichtigen Themen der Sicherheit bei Scheckkarten, beim Online-Banking oder bei Bestellungen im Internet ermöglicht werden. Die Verwendung der Programmiersprache Java erleichtert zudem eine einfache Übertragung auf Applets und somit HTML-Anwendungen. Trotzdem sind alle Programmbeispiele so gehalten, dass sie keine besonderen Bibliotheken benötigen. Denn insbesondere der Anfänger hat erhebliche Probleme mit Java, wenn er gleich auf Begriffe wie Packages, Klassen, Methoden, usw. trifft und nicht immer weiß, wie Umgebungsvariablen zu setzen oder Unterverzeichnisse zu erstellen sind. Dadurch leidet die formale Eleganz der hier angegebenen Javaprogramme etwas, doch überwiegt eindeutig der Vorteil dieser Vorgehensweise, zumal sich die Programme dadurch ohne großen Aufwand auch in andere Sprachen übertragen lassen, z. B. C++, Perl, Python, Pascal bzw. Delphi u. a. Der geübte Java-Programmierer wird dagegen keine Probleme haben, sich alles zu einem Gesamtpaket zu schnüren und insbesondere Fragen der Geschwindigkeit bei „on the fly"-Verschlüsselungen zu berücksichtigen. Einige Programmbeispiele sind nicht immer identisch zu den auf der CD vorhandenen, was hier ausschließlich aus Platzgründen erfolgt, um die Länge der Programmlistings nicht ausufern zu lassen.

Das Kapitel AES widmet sich nicht nur dem zugrunde liegenden Algorithmus, sondern behandelt alle fünf Verfahren, die in der letzten Auswahl waren, bevor die

---

[1]Das Signaturgesetz http://www.bundesnetzagentur.de/media/archive/2596.pdf mit den Rahmenbedingungen http://www.bundesnetzagentur.de/media/archive/2648.pdf.

Entscheidung zugunsten von Rijndael fiel. Dadurch wird es zum einen dem Leser ermöglicht, vielleicht ansatzweise der Entscheidung zu folgen und zum anderen unterschiedlichste Algorithmen ausprobieren zu können.

Sämtliche angegebenen Programme und Testdateien befinden sich auf der beiliegenden CD, sodass jedes Beispiel auch mit den zugrunde liegenden Daten nachvollzogen werden kann. Ebenso findet man dort die von `http://www.cryptix.org` entwickelten Programmbibliotheken, die für ein professionelleres Arbeiten mit kryptografischen Algorithmen geeignet sind. Die Java Cryptography Extension, die selbst Bestandteil von J2SE ab Version 1.4 ist, befindet sich ebenso dort, sodass auch Anwender mit älteren Systemen diese nutzen können. Zu beachten sind die angegebenen Lizenzbedingungen.

Herbert Voß

März 2006

Inhaltsverzeichnis

1 Einleitung

Kryptologie, ein Thema so alt wie die Menschheit (Abb. 1.1) und doch gibt es diesen Terminus erst seit gut einem Jahrhundert [20]. Dennoch erscheinen uns Hieroglyphen[1] im allgemeinen eher „kryptisch", obwohl es doch eine „normale" Schrift ist.

Abbildung 1.1: Hieroglyphen der Ägypter als Beispiel für einen aus heutiger Sicht verschlüsselten Text.

Meyers Hand-Lexikon aus dem Jahre 1883 [11] kennt nur den Begriff *Kryptografie*[2] und verweist auf den Eintrag *Chiffre*, unter dem man folgendes findet:

> Zahlzeichen, Ziffer; *C.schrift*, Geheimschrift, seit Richelieu im diplomatischen Verkehr angewandt, wird gelesen mittels der *Dechiffrierkunst* mit und ohne dazugehörigen Schlüssel, im letzteren Fall schwierig; *Chiffrierbüreaus*, die dazu bestimmte Behörde mit den nötigen *Dechiffreuren* [11, Bd. 1, S. 398].

Bereits vor mehr als 2400 Jahren schrieb Aeneas Tacticus ein Werk mit dem übersetzten Titel *Zur Verteidigung von Befestigungsanlagen*, in dem ein Kapitel den kryptografischen Verfahren gewidmet ist. Etwas später entwickelte Polybius[3] sein nach ihm benanntes „checkerboard", mit dem Buchstaben in Zeichen kodiert werden konnten. Wie auch auf vielen anderen mathematischen Gebieten, waren es die Araber, die sich erstmals der Kryptografie von der theoretischen Seite näherten. 1412 hat al-Kalka-shandi eine Enzyklopädie *Subh al-a'sha* veröffentlicht, die sich bereits mit Häufigkeitsverteilungen von Zeichen für die Entschlüsselung unbekannter Texte beschäftigte. Der nächste Aufschwung in der

---

[1]Auch umgangssprachliche Bezeichnung für einen schwer lesbaren Text.

[2]Das Wort entstammt dem Griechischen: *kryptos* ($\kappa\varphi\upsilon\pi\tau\varepsilon\iota\nu$ - geheim/verbergen), *logos* ($o\lambda o\gamma o\zeta$ - Sinn), *graphein* ($\gamma\rho\alpha\varphi\varepsilon\iota\nu$ - schreiben).

[3]200-120 v.Ch., griechischer Geschichtsschreiber, schrieb die erste bekannte Universalgeschichte (40 Bände).

Anwendung kryptografischer Verfahren wurde im Mittelalter durch den Vatikan und die italienischen Stadtstaaten eingeleitet. Aus dieser Zeit gibt es noch erhaltene Verschlüsselungsmethoden des Italieners Gabriele de Lavinde von Parma, die sich nach wie vor im Besitz des Vatikans befinden.

Der Terminus *Cryptography* geht wohl auf John Wilkins, den Gründer der englischen Royal Society zurück. In Meyers Enzyklopädischem Lexikon von 1973 findet sich ein längerer Beitrag zum Thema *Geheimschrift*, wobei auf Caesar, die Trittenheimischen Multiplikationstabellen, Ziffernkabinette[4] und das Verwürfelungsverfahren verwiesen wird [12, Band 9, Seite 812]. In einem gängigen Lexikon der Informatik von 1986 finden sich dann schon 13 Beiträge, angefangen beim Schlagwort *Kryptoalgorithmus* bis hin zum *Kryptosystem* [41, S. 330f]. Insbesondere Schneier hat in seinem Standardwerk *Angewandte Kryptographie* versucht, die Terminologie eindeutig festzulegen [42]. Stellt man heute eine Suchanfrage zum Thema *Cryptography* im Internet, so kann man sich vor Verweisen kaum retten. Auch hier gab es sowohl inhaltlich als auch von der Veröffentlichungsflut her eine exponentielle Entwicklung parallel zum Internet und den damit verbundenen Schlagwörtern wie *eCommerce* und *Homebanking*. Erst in neuerer Zeit ist durch das exponentielle Wachsen des eMail-Verkehrs und des Online-Bankings eine private Nutzung kryptografischer Verfahren in den Vordergrund gerückt, z. B. bei der Übertragung der Daten für eine Steuererklärung:

> Das ElsterOnline-Portal erzeugt ein elektronisches Zertifikat, das in Zukunft für alle Elster-Anwendungen (z. B. ElsterFormular 2005/2006) genutzt werden kann. Die Finanzverwaltung kann damit zweifelsfrei feststellen, von wem eingehende Steuererklärungen stammen.
> [...]
> Voraussetzung für die Nutzung der Steuerkontoabfrage im ElsterOnline-Portal ist, dass Sie eine Signaturkarte besitzen, die von Elster-Online unterstützt wird – Art der Registrierung Elster-Plus. Derzeit sind dies die Signaturkarten medisign, S-TRUST, Datev-Card und Sign-Trust.
> [...]
> Die Clientsoftware bietet ein starkes Sicherheitsverfahren. Es wird ein so genanntes Hybrid-Verfahren aus 3DES und RSA unterstützt. Die Sicherheitsmodule selbst sind gekapselt.[5]

Innerhalb der militärischen Nutzung wird immer von den „good guys", den Kryptografen und den „bad guys", den Kryptoanalysten, gesprochen [45]. Dies ent-

---

[4]Bezeichnung für geheime Behörden, die zuerst in Frankreich unter Ludwig XIV., unter Kaiser Karl VI. auch in Österreich eingeführt wurden und deren Aufgabe im Eröffnen, Kopieren und Dechiffrieren der abgefangenen Post vor allem auswärtiger Mächte bestand [12, Band 25, S. 712].

[5]Siehe `http://www.elster.de/eon_home.php` und vor allem auch `https://www.elster.de/ssl/index-entwickler.htm`, der gemeinsamen Internetseite für Online-Steuererklärungen aller Finanzämter Deutschlands.

spricht natürlich einer gängigen „einäugigen" Sichtweise bzw. einem einfachen Schwarz-Weiß-Denkmuster, ist aber letztlich nichts anderes als „the game" [45].

> To help develop a secure system, we have had a continuing competition to devide new ways to attack the security of the system (the bad guy) and, at the same time, to devise new techniques to resist the new attacks (the good guy) [36, Seite 1].

Grundsätzlich geht es seit Jahrhunderten immer um das gleiche Prinzip: Eine Nachricht bzw. Information soll von einem mehr oder weniger geschützten Ort zu einem anderen übertragen werden und unterliegt während dieses „Ortswechsels" (Nachrichtentransport) gewissen bestimmten oder auch unbestimmten Gefahren (Abb. 1.2). Das Modell des Kommunikationstheoretikers Shannon[6] weist die Kette „*source of message* → *encoding* →*Communications-channel* →*decoding* → *destination of message*" auf, wobei eine eventuelle Störung (*noise*) auf den *Communications-channel* wirkt.

Abbildung 1.2: Grundprinzip einer Nachrichtenübertragung

Auf den „unsicheren Nachrichtenkanal" haben zwei Dinge großen Einfluss, die jeweils einen partiellen oder totalen Informationsausfall zur Folge haben können:

- technische Störungen (passive Eingriffe)
- Manipulationen (aktive Eingriffe)

Der erste Fall kann vielfältige, manchmal nicht näher zu bezeichnende Gründe[7] haben, man denke nur an ein normales Telefongespräch mit den häufigen Nebengeräuschen, die teilweise auch zu einer totalen Überlagerung zweier Gespräche führen können. Daher werden verschiedene Verfahren der Kodierung angewendet, die sicherstellen sollen, dass bei partiellem Verlust an Information dieser wieder rückgängig gemacht werden kann. Dazu wird im allgemeinen die **Redundanz** des Systems erhöht. Ein einfaches Beispiel wäre der Transport einer Personengruppe von einer Insel zur anderen: Sieht man dafür zwei Fähren vor, obwohl von der zu überführenden Personenzahl eine ausreichen würde, so kann bei Ausfall einer Fähre sofort die andere den Dienst übernehmen. In diesem Beispiel wäre die Redundanz bei 100%, denn eine Fähre würde ausreichen.

---

[6]geb. 1916; siehe auch `http://www.mikro.org/Events/19991006/`
[7]Auch ironisch als „God's influence" bezeichnet.

Im zweiten Fall wird durch **aktive** Eingriffe versucht, den Informationsfluss zu behindern oder in negativer Absicht zu kontrollieren, was man durch kryptografische Maßnahmen verhindern will.

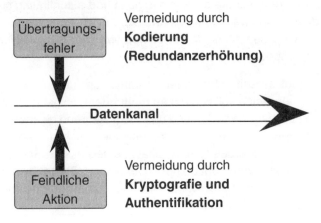

Abbildung 1.3: Beeinflussung des Nachrichtenkanals

Das sichere Verfahren wird es für beide Fälle nicht geben, denn gegen massive Störungen im Funkverkehr bis hin zu Totalausfällen, kann auch eine Erhöhung der Redundanz manchmal nicht helfen. Ein Beispiel hierfür sind Flugzeuge, die in der Regel bei fast allen technischen Systemen über eine doppelte, teilweise dreifache Ausstattung[8] verfügen und dennoch abstürzen können und es auch machen. Im Bereich der kryptografischen Verfahren geht man zur Zeit zwar davon aus, dass der Zeitraum zwischen dem böswilligen Abfangen einer verschlüsselten Nachricht und ihrer Entschlüsselung so groß ist, dass der Inhalt der Nachricht sich von selbst erledigt hat. Dabei ist aber immer noch der so genannte „Sechser im Lotto" möglich, d. h. jemand gibt **willkürlich** einen Gegenschlüssel vor, der exakt der richtige ist.

Grundsätzlich spielen heutzutage die Methoden der verdeckten Geheimschriften, der so genannten Steganografie, keine bedeutende Rolle mehr. Deshalb hat auch die Unterscheidung zwischen „offenen" und „verdeckten" Geheimschriften faktisch keine Bedeutung mehr. Dies betrifft jedoch nur die Anwendung, denn die Kryptologie ist per Definition eine dynamische Wissenschaft, sodass immer wieder nach neuen Wegen gesucht werden muss, denn jeder bekannte Weg ist kein Weg mehr. Und so kommen auch wieder Verfahren der Steganografie[9] in neue Überlegungen hinein [49, S.303]. Die Kryptologie als die Gesamtheit der Wissenschaften von versteckten Informationen teilt sich in die beiden Bereiche Kryptografie und Steganografie auf:

---

[8]Den Höhenmesser gibt es in vielen Flugzeugen in drei von einander unabhängig arbeitenden Ausführungen, was einer großen Redundanz und somit einer extrem hohen Sicherheit entspricht.

[9]Siehe auch `ftp://ripem.msu.edu/pub/crypt/docs/ography.software.list` und `ftp://ripem.msu.edu/pub/crypt/docs/crypto-history-books.txt`.

Kryptografie: Einen Text nicht interpretierbar machen, ihn in eine *künstliche* Fremdsprache übersetzen;

Chiffrierung: Verschlüsseln und Entschlüsseln einer Information;

Authentifizierung: Identitätsfeststellung, beispielsweise bei Passwortabfragen, Scheckkartenüberprüfung, usw.;

Steganografie: Einen Text unsichtbar machen, ihn in anderen, sichtbaren Informationen verstecken.

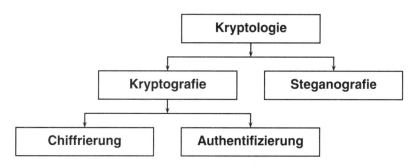

Abbildung 1.4: Aufteilung der Kryptologie

In allen Bereichen wird derzeit intensiv geforscht, auch wenn insbesondere die Verfahren der Steganografie nicht immer Thema der Tagesnachrichten sind. Für beide Verfahren gibt es jeweils sowohl rein technische Zwänge, als auch Sicherheitsaspekte für die Anwendung.

Definition 1-1 *Ein kryptografisches System besteht aus der Menge* $\mathbb{P}$ *der Klartexte, der Menge* $\mathbb{C}$ *der Chiffren, der Menge* $\mathbb{S}$ *von Schlüsseln sowie Chiffrierfunktionen[10]* $E : P \times S$ *und Dechiffrierfunktionen[11]* $D : C \times S$, *sodass gilt*

$$D\left(E(p, s), s^{-1}\right) = p \quad p \in \mathbb{P} \tag{1.1}$$

s^{-1} ist der so genannte Gegenschlüssel zu s und bezeichnet in seiner Beziehung zu diesem auch die Art des kryptografischen Systems.

Definition 1-2 *Ist* $s^{-1} = k \cdot s$, *wobei* k *eine Konstante oder auch einfache Funktion ist, spricht man von einem* **symmetrischen** *kryptografischem System. Wenn* s^{-1} *nur sehr schwer oder gar nicht aus dem Schlüssel* s *abgeleitet werden kann, spricht man andernfalls von einem* **asymmetrischen** *kryptografischen System.*

Beispiel 1-1 *Symmetrisches kryptografisches System: Verschlüsselt man jeden Buchstaben durch seinen Nachfolger im Alphabet, wobei dem „z" wieder das „a"*

---

[10] E: Kurzzeichen für **E**ncoding (Chiffrieren, Verschlüsseln.)

[11] D: Kurzzeichen für **D**ecoding (Dechiffrieren, Entschlüsseln.)

folgen soll, dann handelt es sich um ein symmetrisches kryptografisches System, denn zu dem Schlüssel s = +1 gehört der Gegenschlüssel s^{-1} = −1.

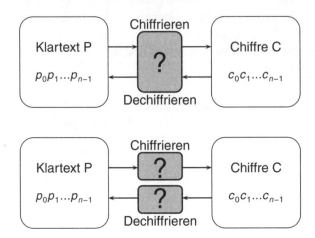

Abbildung 1.5: Unterscheidung zwischen dem symmetrischen (ein Schlüssel) und dem asymmterischen Verfahren (zwei Schlüssel)

Grundsätzlich geht es sowohl der Kryptografie als auch der Steganografie darum, die eigentliche Bedeutung eines oder mehrerer Zeichen auf unterschiedliche Art und Weisen zu verbergen. Bei der Kryptografie werden die Originalzeichen durch irgendetwas anderes ersetzt, weshalb hier auch von einer Substitution gesprochen wird.

Definition 1-3 *Verschlüsselungsarten*
Wird einem Zeichen oder einer Zeichenfolge eines Alphabets $\mathbb{A}$ eineindeutig[12] ein Zeichen oder eine Zeichenfolge des Alphabets $\mathbb{B}$ zugeordnet a → b, so heißt die Substitution **monoalphabetisch***;*

Wird einem Zeichen oder einer Zeichenfolge eines Alphabets $\mathbb{A}$ eineindeutig ein Zeichen oder eine Zeichenfolge des Alphabets $\mathbb{B}_1, \ldots, \mathbb{B}_n$ zugeordnet a → b_i, so heißt die Substitution **polyalphabetisch***.*

---

[12]Damit ist sichergestellt, dass die Zuordnung umkehrbar und somit dechiffrierbar ist. Eine eineindeutige Abbildung wird auch als injektive (umkehrbare) Abbildung bezeichnet. Die Normalparabel $y = x^2$ mit $x \in \mathbb{R}$ ist zwar eindeutig aber nicht eineindeutig (injektiv), während dies bei einem Definitionsbereich von $x \in \mathbb{R}^+$ gegeben ist.

2 Der Transpositionsalgorithmus

Bereits vor mehr als 2500 Jahren soll in Sparta die so genannte *Skytale*[1] verwendet worden sein. Das Prinzip ist sehr einfach und kann ganz leicht nachvollzogen werden.

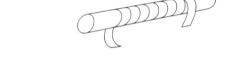

Abbildung 2.1: Das Prinzip der Skytale von Sparta

Man denke sich einfach eine leere Küchen- oder Toilettenrolle und wickele spiralförmig einen längeren Papierstreifen darum (Abb. 2.1). Jetzt wird die Nachricht horizontal oder vertikal auf das Papier geschrieben, wobei nicht auf die Lage des Papiers geachtet wird. Des Weiteren muss unbedingt mehr als eine Zeile geschrieben werden (Abb. 2.2), denn sonst ist die Reihenfolge der Buchstaben auf dem Papierstreifen identisch zum Text und von einer Verschlüsselung des Textes ist nichts zu sehen.

Abbildung 2.2: Beschriftung des Papierstreifens

Nach der Beschriftung wird das Band einfach wieder abgewickelt und dem Empfänger übersendet. Es ist einleuchtend, dass die Reihenfolge der Buchstaben auf dem Textstreifen keinen sinnvollen Text ergibt:

H F D I I A N N S D D G E E O R T L H S D O I B E

---

[1] Das Wort entstammt dem Altgriechischen und bedeutet soviel wie Stab oder Knüppel.

Das Dekodieren dieser Zeichenfolge ist jetzt ohne Zeitverlust nur mit einer Rolle desselben Durchmessers möglich! Grundsätzlich lässt sich der Text einfach dechiffrieren, denn der Originaltext war in einer Matrix mit m Zeilen und n Spalten angeordnet, aus denen nach dem Chiffrieren eine einzeilige Matrix (Vektor) wurde. Wie bereits erwähnt, müssen mindestens zwei Zeilen geschrieben werden, um überhaupt eine Verschlüsselung zu erreichen. Im angegebenen Beispiel enthält der Text insgesamt 27 Buchstaben, d. h. der Originaltext kann nur in einer Matrix angeordnet gewesen sein, für deren Zeilenzahl gilt:

$$\text{Zeilen} \in \{2 \ldots (\text{AnzahlBuchstaben} - 1)\} \tag{2.1}$$

Daraus folgt dann zwingend für die Zahl der möglichen Spalten

$$\text{Spalten} = \frac{\text{AnzahlBuchstaben}}{\text{Zeilen}} \tag{2.2}$$

Die Zeichen werden dann beginnend mit einer 2-zeiligen und 14-spaltigen Matrix bis zu einer 14-zeiligen und 2-spaltigen Matrix solange angeordnet, bis sich ein sinnvoller Text ergibt. Da dies nur eine Frage der Zeit ist, kann der Algorithmus nicht als besonders sicher bezeichnet werden. Mit Alg. 2.1 erhält man auch schon nach dem zweiten Durchlauf die Lösung der in Abb. 2.2 dargestellten Chiffre. Zu beachten ist dabei, dass je nach Wickelrichtung des Bandes die Zeilen von oben nach unten oder von unten nach oben angeordnet sind. Da die Skytale aus Abb. 2.2 von links nach rechts gelesen wurde, ist die Zeilenanordnung von unten nach oben, was auch durch die folgende Bildschirmausgabe des Programms bestätigt wird.

```
───────────────────── Programmausgabe ─────────────────────
voss@maria:~/Kryptologie/Skytale > java Skytale
-- Verschluesselter Text von: Text.kodiert --
HFDIIANNSDDGEEORTLHSDOIBECE

---- Originaltext von: Text.kodiert ----
HDINSDEOTHDIEE
FIANDGERLSOBC

Neuer Versuch (J/N): j
HINDERHOE
FINDETSIC
DASGOLDBE

Neuer Versuch (J/N): n
```

Algorithmus 2.1: Entschlüsselungsalgorithmus einer Skytale

```
 1  class Skytale { // Entschluesselung einer Skytale
 2
 3    public static void main( String[] arg) {
 4      Datei Original;
 5      String zKette;
```

```
6    int i, j, zeilen=2, MaxZeilen;
7    if (arg.length > 0) { Original = new Datei(arg[1]); }
8    else { Original = new Datei(); }
9    byte[] geheim = Original.lies();
10   MaxZeilen = geheim.length/2;
11   System.out.println("\n-- Verschluesselter Text von: "+Datei.
       dateiname+" --");
12   for (i=0; i < geheim.length; i++) {
13     System.out.print((char)geheim[i]);
14     if (((i+1)%80)==0) System.out.println();
15   }
16   System.out.println("\n\n---- Originaltext von: "+Datei.dateiname+"
       ----");
17   boolean ok = false;
18   while (!ok && (zeilen<=MaxZeilen)) {
19     for (j=0; j<zeilen; j++) {
20       for (i=j; i<geheim.length; i+=zeilen) {
21         System.out.print((char)geheim[i]);
22       }
23       System.out.println();
24     }
25     System.out.print("\nNeuer Versuch (J/N): ");
26     zKette=Eingabe.Satz();
27     if (zKette.equals("n")||zKette.equals("N")) System.exit(0);
28     zeilen++;
29   }
30   System.out.println("\n---- Dateilaenge: "+geheim.length+" Bytes
       ----\n ");
31   Datei Kodiert = new Datei();
32   Kodiert.schreib(geheim);
33   }
34 }
```

Sämtliche Buchstaben werden durch den Verschlüsselungsvorgang nur verschoben, sozusagen anders positioniert, weswegen man auch von einem **Transpositionsalgorithmus** spricht. Die Transposition wird durch eine so genannte **Permutierung**[2] bewerkstelligt. Gleich einem Schüttelreim werden sämtliche Buchstabenkombinationen aufgelöst, wobei sich aber der grafische Aufbau der Grund-
statistik der Buchstabenhäufigkeit nicht verändert. Die Statistik der Buchstabenkombinationen verändert sich dagegen völlig, was jedoch nicht ausschließt, dass
Kombinationen aufgehoben und durch den Chiffrierungsprozess an anderer Stelle wieder neu zusammengesetzt werden. Der mathematische Zusammenhang ist
für einen derartigen einfachen Algorithmus leicht zu formulieren.

---

[2]Lateinisch *permutatio*, eigentlich *Veränderung*. Im mathematischen Sinne die Vertauschung der
Anordnung.

Definition 2-1 *Ein Transpositionsalgorithmus wird durch die Permutation* π *beschrieben:*

$$E(p) = p_{\pi 0} \cdots p_{\pi i} \cdots p_{\pi n-1} \qquad p = p_0 p_1 p_2 \cdots p_{n-1} \tag{2.3}$$

Die Entschlüsselung erfolgt mit der Umkehrfunktion π^{-1}. Bezogen auf die Abb.2.2 mit $p = p_0 p_1 \cdots p_{26}$ ergibt sich eine Permutierung von

$$\pi = (18,9,0)(19,10,1)(20,11,2)(21,12,3)(22,13,4)(23,14,5)(24,15,6)(25,16,7)(26,17,8) \tag{2.4}$$

wobei hier der Einfachheit halber nur die Platznummern der einzelnen Buchstaben angegeben wurden. Aufgrund der symmetrischen Anordnung der Skytale lässt sich diese Permutation erheblich vereinfachen:

$$perm = (i + 18; \; i + 9; \; i) \quad i = 0, 1, ..., 8 \tag{2.5}$$

3 Monoalphabetische Verschlüsselung

Inhalt

Hierbei handelt es sich um so genannte Substitutionsalgorithmen, die nur noch einen historischen Wert haben. Bei dieser vielfach auf Julius Gaius Caesar (100-44 v. C.) zurückgeführten Verschlüsselungsmethode wird das originale Alphabet einfach horizontal verschoben, weshalb man auch von einer Verschiebechiffre spricht.[1] Bei einem Schlüssel von $s = 3$ wird z. B. der Buchstabe „A" um drei Buchstaben nach rechts verschoben, wird also zu einem „D".[2] Das gleiche passiert mit den anderen Buchstaben im Alphabet, denn dieser Schlüssel muss mindestens für einen Text als Ganzes gleich sein. Am Ende des Alphabets fängt es dann wieder von vorne an. Aus einem Z wird dann ein C usw. Da dieses Verfahren heute wegen seiner sehr leichten Dekodierbarkeit keine Anwendung mehr findet, ist es auch müßig über eine Anwendung innerhalb des Standardzeichensatzes ASCII zu diskutieren. Zur Vereinfachung des Vorganges der Verschlüsselung hatte bereits 1470 Alberti[3] eine Maschine erfunden, die einfach aus zwei konzentrischen Scheiben bestand, die gegeneinander verschoben werden (Abb. 3.1).[4] Das Verfahren hat also nur noch historischen Wert, es eignet sich aber dennoch als sinnvoller Einstieg in das Thema Kryptografie.

---

[1]Die Caesar-Methode soll eigentlich schon vor ihm bekannt gewesen sein. Es ist wegen der Bedeutungslosigkeit dieses Verfahrens sinnlos, diesen Punkt weiter zu klären.

[2]In der Regel lässt man eine zyklische Vertauschung zu, sodass auch entsprechend $s^* = 23$ Stellen nach links verschoben werden.

[3]Leon Battista Alberti (1404-1472), in Florenz geborener Maler, Poet, Philosoph, Musiker, Architekt und Ingenieur.

[4]Siehe auch Beispiel A.1.2 auf Seite 256.

3.1 Beispiel zum Kodieren

Als Grundlage für einen einfachen Test des Verfahrens sollen sämtliche Zeichen nach ASCII[5] im Bereich dezimal 32-126 kodiert werden, wobei diese in drei Zeilen unterteilt sind:

- (druckbare) Sonderzeichen und Ziffern (ASCII 32 - 64);
- Großbuchstaben und Sonderzeichen (ASCII 65 - 96);
- Kleinbuchstaben und und Sonderzeichen (ASCII 97 - 126).

```
───────────────── ASCII-Zeichen ─────────────────
 !"#$%&Ž()*+'-,/0123456789:;<=>?@
ABCDEFGHIJKLMNOPQRSTUWXYZ[\]^_'
abcdefghijklmnopqrstuvwxyz{|}~
```

Ausgehend von einem auf 8 Bit erweiterten standardmäßigen ASCII wird dieser Text mithilfe des Alg. 3.1 verschlüsselt, wobei bei einer reinen Zeichenverschlüsselung[6] der Bereich auf ASCII 32..126 sinnvollerweise eingeschränkt werden sollte, falls man eine grafische Ausgabe vorsieht. In diesem „reinen" ASCII-Bereich gibt es selten für Bildschirm und/oder Drucker nicht darstellbare Sonderzeichen[7], sodass es auch nicht zu Problemen bei der Ausgabe kommen kann. Wie dem Algorithmus entnommen werden kann, wird dazu die Zeichenfolge auf den Startwert 32 (entspricht der Leertaste) bezogen, sodass es insgesamt 94 darstellbare Zeichen gibt, die durch modulo 95 in Programmzeile 16 rotieren.[8]

Mit einer Verschiebung von `schluessel=3` ergibt sich dann als kodierter Text:

```
───────────────── Programmausgabe ─────────────────
#$%&'()!+,-.*0/23456789:;<=>?@ABC
DEFGHIJKLMNOPQRSTUVWXZ[\]^_'ab*
defghijklmnopqrstuvwxyz{|}~ !"
```

Der Einfluss der modulo-Funktion ist an der dritten Zeile eindeutig sichtbar, denn die Zeile enthält als Ende den Anfang der ersten Zeile des Originals.

Algorithmus 3.1: Programm zur Kodierung eines Textes nach Caesar

```
1  class Caesar { // Caesarverschluesselung ohne Rotation
2
3    public static void main( String[] arg) {
4      Datei Original;
5      int zeichen;
```

---

[5] American Standard Code of Information Interchange.

[6] Bedeutet, dass der kodierte Text ebenfalls als Zeichen dargestellt wird. Eine andere Möglichkeit wäre die Kodierung als eine Folge von Bytes darzustellen, womit alle Probleme der Zeichendarstellung auf dem Bildschirm entfallen.

[7] Beispielsweise den Tabstop, Backspace usw.

[8] Wenn nur die 26 Groß-Buchstaben berücksichtigt werden, spricht man normalerweise auch von einer „modulo 26-Verschlüsselung".

```
6    int schluessel = 3;      // Vorgabe
7    if (arg.length > 0) { schluessel = Integer.parseInt(arg[0]); }
8    if (arg.length > 1) { Original = new Datei(arg[1]); }
9    else { Original = new Datei(); }
10   byte[] geheim = Original.lies() ;
11   System.out.println(
12      "---- Verschluesseln von: "+Datei.dateiname+" ----");
13   for (int i = 0; i < geheim.length; i++) {
14     if ((geheim[i] > 31) && (geheim[i] < 127)) {
15       zeichen = geheim[i]-32;      // auf space beziehen
16       geheim[i] = (byte)(((zeichen+schluessel)%95)+32);
17     }
18     System.out.print((char)geheim[i]);
19   }
20   System.out.println(
21      "\n---- Dateilaenge: "+geheim.length+" Bytes ----\n ");
22   Datei Kodiert = new Datei();
23   Kodiert.schreib(geheim);
24  }
25 }
```

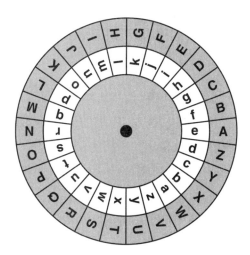

Abbildung 3.1: Chiffriermaschine nach Alberti

Ein Java-Applet zur Caesar-Chiffrierung findet man neben anderen Adressen unter http://www.swisseduc.ch/informatik/gruppen/kryptografie/caesar. html, wo es auch zu anderen Verfahren Applets gibt.

3.2 Beispiel zum Dekodieren

Jede Sprache hat ihre eigene ganz spezifische Häufigkeitsverteilung der Buchstaben. Für die Deutsche Sprache wurde die in Abb. 3.2 dargestellte mehr oder weniger gültige Verteilung ermittelt, wobei sämtliche Textarten berücksichtigt wurden. Dies bedeutet, dass man sehr viele verschiedenenartige und verschieden lange Texte untersucht hat, um so ein repräsentatives Mittel zu finden. Dieses muss nicht unbedingt mit einem einzelnen, kurzen Text übereinstimmen, was durch Abb. 3.3 bestätigt wird, der die Statistik eines Pascal-Quelltextes zeigt.

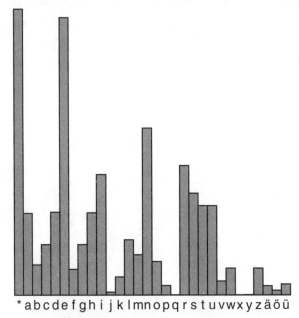

*abcdefghijklmnopqrstuvwxyzäöü

Abbildung 3.2: Prozentuale Verteilung der Buchstabenhäufigkeit der Deutschen Sprache ohne Unterscheidung von Groß- und Kleinschreibung, wobei „*" für Interpunktionen und Leerschritte steht.

In Abhängigkeit des jeweiligen Textes gibt es innerhalb einer Sprache noch weitere signifikante Häufigkeitsverteilungen. So zeigt z. B. Abb. 3.3 die Buchstabenverteilung eines Pascal-Programm-Quelltextes. Typisch ist das häufige Auftreten von „E" und „T", wobei das „T" hauptsächlich durch die vielen „if-then"-Abfragen zustande kommt. Ein derartiger Text stellt häufig eine Kombination aus zwei Sprachen dar, denn die Syntax baut auf der englischen, die Variablen und Kommentare häufig auf der deutschen Sprache auf.

Zuerst ist also vom verschlüsselten Text eine Häufigkeitsverteilung zu bestimmen, die ausserdem noch nach der Anzahl der jeweiligen Buchstaben sortiert wird. In fast allen Sprachen kann davon ausgegangen werden, dass in unverschlüsselten Texten der Buchstabe „e" am häufigsten auftritt, sodass der im verschlüsselten

Text am häufigsten auftretende Buchstabe dem „e" gleichgesetzt wird. Unter der Annahme, dass dies z. B. der Buchstabe „k" war, kann man sofort die Schlüssellänge ermitteln, die entweder $s = 6$ bei Rechtsschieben oder $s = 20$ bei Linksschieben beträgt:

$$\text{Ord}(k) = 107 \quad \text{Ord}(e) = 101 \quad \Rightarrow s = 107 - 101 = 6 \qquad (3.1)$$

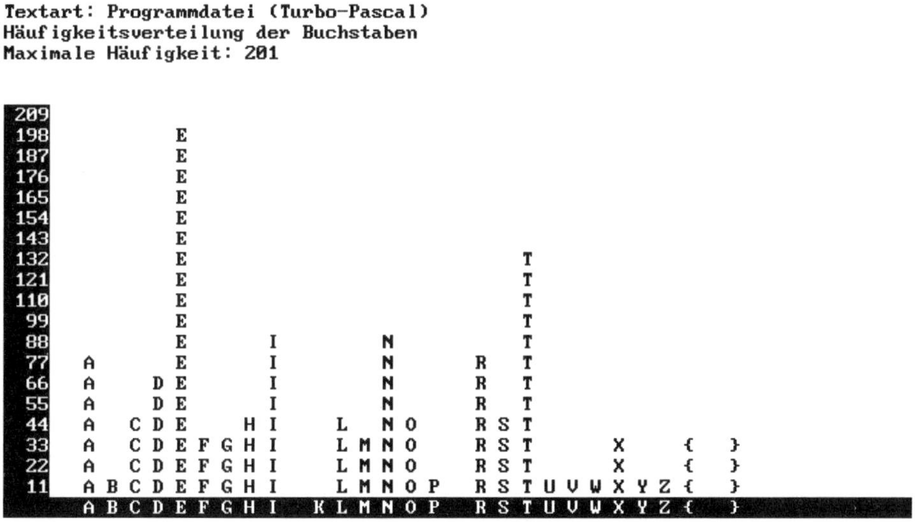

```
Textart: Programmdatei (Turbo-Pascal)
Häufigkeitsverteilung der Buchstaben
Maximale Häufigkeit: 201
```

```
209
198          E
187          E
176          E
165          E
154          E
143          E
132          E                            T
121          E                            T
110          E                            T
 99          E                            T
 88          E       I        N           T
 77  A       E       I        N       R   T
 66  A    D  E       I        N       R   T
 55  A    D  E       I        N       R   T
 44  A    C D  E   H I      L   N O    R S T
 33  A    C D E F G H I     L M N O    R S T     X     {  }
 22  A    C D E F G H I     L M N O    R S T     X     {  }
 11  A  B C D E F G H I     L M N O P  R S T U V W X Y Z {  }
     A  B C D E F G H I     K L M N O P  R S T U V W X Y Z {  }
```

Abbildung 3.3: Häufigkeitsverteilung eines Klartextes (nicht verschlüsselt)

Die folgende Ausgabe von `CaesarDecode.java` zeigt diese Arbeitsweise ausführlich:

1. Der zu dekodierende Text wird zur Kontrolle noch einmal ausgegeben;
2. Die Häufigkeitsverteilung der Buchstaben wird bestimmt, wobei nur der Bereich 32 (Leerschritt) bis 126 (˜) ausgegeben wird;[9]
3. Sortieren nach den 10 häufigsten Zeichen;
4. Ein **vermutetes** „häufig" auftretendes Bezugszeichen wird vorgegeben;
5. Mit der Vorgabe von 3. wird das am häufigsten aufgetretene Zeichen mit dem vermutenden Zeichen „verglichen" und der Text dekodiert;
6. War das Ergebnis nicht erfolgreich, dann alles mit dem nächsten der 10 häufigsten Zeichen versuchen.

```
────────────────── Programmausgabe ──────────────────
voss@maria:~/Kryptologie > java CaesarDecode Text.Caesar.kodiert
Ehl#glhvhu#Yhuvfkoxvvhoxqjvphwkrgh#zlug#gdv#ruljlqdoh#Doskdehw#hlqidfk#
krul}rqwdo#yhuvfkrehq1#Ehl#hlqhp#Vfkoxvvhvho#yrq#v@6#zlug#}1E1#ghu#Exfkvw
deh#%D%#xp#guhl#Exfkvwdehq#qdfk#uhfkwv#yhuvfkrehq/#zlug#dovr#}x#hlqhp#%G
```

---

[9]Algorithmus `CaesarDecode.java` berücksichtigt jedoch alle 256 möglichen Zeichen.

```
%1+^irrwqrwh'#0dhvvw#pdq#hlqh#}|nolvfkh#Yhuwdxvfkxqj#}x/#vr#ndqq#dxfk#qd|
fk#olqnv#yhuvfkrehq#zhug
[...]

 :  0  !:  0  ":  0  #:127  $:  0  %:  4  &:  0  ':  0  (:  0  ):  0
*:  0  +:  1  ,:  1  -:  0  .:  0  /:  4  0:  0  1: 10  2:  0  3:  0
4:  0  5:  0  6:  1  7:  0  8:  0  9:  0  ::  0  ;:  0  <:  0  =:  0
>:  0  ?:  0  @:  1  A:  0  B:  0  C:  0  D:  9  E:  6  F:  2  G:  5
H:  2  I:  0  J:  1  K:  0  L:  2  M:  0  N:  1  O:  1  P:  0  Q:  0
[...]

Ermittele die haeufigsten 10 Buchstaben:..........
Bezugsbuchstaben fuer Schluessellaenge: e

Schluessellaenge in bezug auf 'e'(Zeichen-Ordinalzahl-Haeufigkeit)
#(35): 127 ---> Schluessellaenge= -66
h(104): 113 ---> Schluessellaenge= 3
q(113): 69 ---> Schluessellaenge= 12
v(118): 61 ---> Schluessellaenge= 17
[...]

Starte Entschluesselung mit sl=-66:
4W[qV[WeWdqHWdeUZ^gWeeW^g'Ye_WfZaVWqi[dVqVSeqad[Y['S^Wq3^bZSTWfqW['XSUZq
Zad[la'fS^qhWdeUZaTW' q4W[qW['W_qEUZ^gWeeW^qha'qe/%qi[dVql 4 qVWdq4gUZef
STWqs3sqg_qVdW[q4gUZefSTW'q'SUZqdWUZfeqhWdeUZaTW'#qi[dVqS^eaqlgqW['W_qs6
s yMXaaf'afWOq>SWeefq_S'qW['Wqlk]^[eUZWqHWdfSgeUZg'Yqlg#qeaq]S''qSgUZq'S
UZq^[']eqhWdeUZaTW''qiWdVW' S
[...]

Neuer Versuch (J/N): j

Starte Entschluesselung mit sl=3:
Bei dieser Verschluesselungsmethode wird das originale Alphabet einfach
horizontal verschoben. Bei einem Schluessel von s=3 wird z.B. der Buchs
tabe "A" um drei Buchstaben nach rechts verschoben, wird also zu einem
"D".([footnote] Laesst man eine zyklische Vertauschung zu, so kann auch
 nach links verschoben werden.)  Das gleiche passiert mit den anderen B
uchstaben im Alphabet, denn mindestens fuer
[..]

Neuer Versuch (J/N): n
```

Aufgrund des Originaltextes und des verwendeten Alg. 3.1 wurden Leerzeichen beim Chiffrieren des Textes mit berücksichtigt, sodass die Wahrscheinlichkeit sehr groß ist, dass das Leerzeichen auch am häufigsten auftritt. Dies wird durch das Beispiel bestätigt, denn erst der zweite Versuch ist erfolgreich, da das Vergleichszeichen „e" tatsächlich am zweithäufigsten auftrat. Hätte man dagegen als Vergleichszeichen gleich den Leerschritt (Space) vorgegeben, so wäre das Dekodieren gleich beim ersten Durchgang erfolgreich gewesen.

Anzumerken ist noch, dass aufgrund des zum Kodieren verwendeten Algorithmus' (Alg. 3.1) nur Zeichen im Bereich 32-126 (Leerzeichen bis ˜) verschlüsselt werden. D. h., dass alle anderen Zeichen gleich bleiben, um Probleme mit der Bildschirmausgabe zu vermeiden. Auf das Dechiffrieren des Textes hat dies aber keine große Auswirkung. Der Alg. 3.2 CaesarDecode.java ist so aufgebaut, dass die Entschlüsselung nur erfolgreich ist, wenn das „Bezugszeichen" zu den zehn häufigsten verschlüsselten Zeichen des Textes gehört. Es ist aber kein

Problem den Algorithmus auf alle 256 Zeichen zu erweitern. Dadurch, dass der Originaltext und der verschlüsselte Text letztlich mit demselben Schlüssel behandelt wurden[10], gehört der Caesar-Algorithmus zu den **symmetrischen Verfahren**.

Algorithmus 3.2: Dekodieren nach Caesar

```
1  class CaesarDecode {                          // zaehlt die Buchstaben
2
3    private int[]  h = new int[256];
4    private int[] spitze = new int[10];
5    private int[] cspitze = new int[10];
6    static Datei d;
7    int i,j,k,sl, bezug;
8    String zKette;
9
10   public CaesarDecode () {
11     byte[] mtext = d.lies() ;
12     for (int i = 0; i < mtext.length; i++ ) {
13       h[mtext[i]]++;
14       System.out.print((char)mtext[i]);
15     }
16     System.out.println();
17     for (i=32; i < 127; i++) {
18       if (((i-2)%10)==0) System.out.println();
19       System.out.print((char)i+":"+IO.intToString(h[i],3)+"    ");
20     }
21     System.out.print("\n\nErmittele die haeufigsten 10 Buchstaben:");
22     for (i=0; i<10; i++) {
23       System.out.print(".");
24       k=0;
25       for (j=1; j<256; j++)
26         if (h[j] > h[k])
27           k=j;
28       spitze[i]=h[k];
29       cspitze[i]=k;
30       h[k]=0;
31     }
32     System.out.print("\nBezugsbuchstaben für Schluessellänge: ");
33     bezug=(byte)IO.Zeichen();
34     System.out.println("\nSchluessellänge in bezug auf '"+(char)bezug+
35                 "'(Zeichen-Ordinalzahl-Haeufigkeit)");
36     for (i=0; i < 10; i++) {
37       System.out.print((char)cspitze[i]+"("+cspitze[i]+")"+": "+spitze
                [i]+" ");
```

---

[10]Verschlüsseln mit (*schluessel* = 3) und entschlüsseln mit (*schluessel* = −3). Vgl. auch die entsprechenden Zeilen in Alg. 3.1.

```
38      sl = cspitze[i]-bezug;
39      spitze[i]=sl;
40      System.out.println("---> Schluessellänge= "+sl);
41    }
42    for (k=0; k<10; k++) {
43      System.out.print("\nStarte Entschluesselung mit sl="+spitze[k]+"
          :");
44      for (i=0; i<mtext.length; i++) {
45      if ((i%80) == 0) System.out.println();
46        System.out.print((char)(mtext[i]-spitze[k]));
47      }
48      System.out.print("\n\nNeuer Versuch (J/N): ");
49      zKette=IO.Satz();
50      if (zKette.equals("n")||zKette.equals("N")) System.exit(0);
51    }
52    }
53
54    public static void main( String[] arg) {
55      if (arg.length== 0)   d = new Datei();
56      else                  d = new Datei(arg[0]);
57      new CaesarDecode();
58    }
59 }
```

4 Polyalphabetische Verschlüsselung

Inhalt

Zu den bekanntesten Algorithmen der polyalphabetischen Verschlüsselung gehört die so genannte Vigenère-Chiffrierung, die 1586 von dem französischen Diplomaten Blaise de Vigenère (1523-1596) entwickelt wurde. Im Gegensatz zur Methode nach Caesar, die als monoalphabetische Chiffrierung bezeichnet werden kann, wechselt Vigenère sozusagen von Buchstabe zu Buchstabe die Verschiebung und somit das zugrunde liegende Alphabet, woher auch der Name dieser Chiffrierungsart stammt. Diese Form der Verschlüsselung ist zwar eine weitaus anspruchsvollere Methode, aber dennoch für heutige Bedürfnisse völlig ungeeignet.

Grundlage dieser wechselnden Verschiebung ist ein Schlüsselwort, welches prinzipiell beliebig gewählt werden kann, jedoch dem Empfänger zusätzlich zum chiffrierten Text zu übermitteln ist. Wie bereits erwähnt wurde, gibt es zu jedem neuen Verschlüsselungsverfahren sofort das Bestreben, dieses zu entschlüsseln, sei es aus militärischen, kriminellen oder ganz einfach wissenschaftlichen Gründen. So war auch das Verfahren von Vigenère relativ schnell verstanden worden, sodass man zu verschlüsselten Texten nach relativ kurzer Zeit den Gegenschlüssel bestimmen konnte. Dieses gelang erstmalig wohl 1863 durch den preußischen Infanteriemajor Friedrich Wilhelm Kasiski (1805-1881). Ein zweites Verfahren zum Entschlüsseln einer Vigenère-kodierten Nachricht wurde 1925 von Colonel William Frederick Friedman (1891-1969) entwickelt. Beide Verfahren, der Kasiski-Test und der Friedman-Test, waren und sind für das Verständnis über die Theorie der Kryptoanalyse äußerst wichtig und sollen im Folgenden entsprechend ausführlich behandelt werden. Letztlich ist es unerheblich, ob man sich mit dem Verschlüsseln oder dem Entschlüsseln beschäftigt, beides bedingt einander.

Abbildung 4.1: Blaise de Vigenère (Weltbild-Verlag)

4.1 Vigenère-Verschlüsselung

Zur Vereinfachung wird in diesem Kapitel nur von Großbuchstaben ausgegangen. Der Algorithmus 4.1 auf Seite 33 berücksichtigt dagegen alle druckbaren Zeichen nach ASCII. Als Schlüsselwort wird willkürlich „HALLO" gewählt. Der zu kodierende Text sei „KRYPTOGRAFIE". Dann wird wie folgt vorgegangen:

1. Der erste Buchstabe des zu verschlüsselnden Textes ist hier „K";
2. Im Vigenère-Quadrat (siehe Abb. 4.2) wird jetzt die Zeile bestimmt, die mit dem zugehörigen Buchstaben des Schlüsselwortes beginnt, d. h. eine Zeile, die mit „H" beginnt;
3. In dieser Zeile geht man jetzt soweit nach rechts, bis der zu verschlüsselnde Buchstabe in der ersten Zeile erreicht ist, also bis „K";
4. In der „H"-Zeile ist man jetzt beim Buchstaben R, der sozusagen im Fadenkreuz der Horizontalen und Vertikalen ist (Kreuzungspunkt der grauen Linien in Abb. 4.2);
5. Der Klartextbuchstabe „K" wird zum verschlüsselten Buchstaben „R": K→R;
6. Der nächste zu verschlüsselnde Klartextbuchstabe ist ebenfalls „R" – was hier reiner Zufall ist –, auf den jetzt das gleiche Verfahren angewendet wird.

Der gesamte Vorgang ist in Tabelle 4.1 zusammengefasst. Das Schlüsselwort wird einfach wiederholt hintereinander benutzt, bis das der zu verschlüsselnde Klartext abgearbeitet ist.

Tabelle 4.1: Beispiel zur Verschlüsselung

Schlüsselwort (S):	H	A	L	L	O	H	A	L	L	O	H	A
Klartext (K):	K	R	Y	P	T	O	G	R	A	F	I	E
Geheimtext (G):	R	R	J	A	H	V	G	C	L	T	P	E

Tabelle 4.2: Das Vigenère-Quadrat (Trithemius-Tafel)

```
A B C D E F G H I J K L M N O P Q R S T U V W X Y Z
A B C D E F G H I J K L M N O P Q R S T U V W X Y Z
B C D E F G H I J K L M N O P Q R S T U V W X Y Z A
C D E F G H I J K L M N O P Q R S T U V W X Y Z A B
D E F G H I J K L M N O P Q R S T U V W X Y Z A B C
E F G H I J K L M N O P Q R S T U V W X Y Z A B C D
F G H I J K L M N O P Q R S T U V W X Y Z A B C D E
G H I J K L M N O P Q R S T U V W X Y Z A B C D E F
H I J K L M N O P Q R S T U V W X Y Z A B C D E F G
I J K L M N O P Q R S T U V W X Y Z A B C D E F G H
J K L M N O P Q R S T U V W X Y Z A B C D E F G H I
K L M N O P Q R S T U V W X Y Z A B C D E F G H I J
L M N O P Q R S T U V W X Y Z A B C D E F G H I J K
M N O P Q R S T U V W X Y Z A B C D E F G H I J K L
N O P Q R S T U V W X Y Z A B C D E F G H I J K L M
O P Q R S T U V W X Y Z A B C D E F G H I J K L M N
P Q R S T U V W X Y Z A B C D E F G H I J K L M N O
Q R S T U V W X Y Z A B C D E F G H I J K L M N O P
R S T U V W X Y Z A B C D E F G H I J K L M N O P Q
S T U V W X Y Z A B C D E F G H I J K L M N O P Q R
T U V W X Y Z A B C D E F G H I J K L M N O P Q R S
U V W X Y Z A B C D E F G H I J K L M N O P Q R S T
V W X Y Z A B C D E F G H I J K L M N O P Q R S T U
W X Y Z A B C D E F G H I J K L M N O P Q R S T U V
X Y Z A B C D E F G H I J K L M N O P Q R S T U V W
Y Z A B C D E F G H I J K L M N O P Q R S T U V W X
Z A B C D E F G H I J K L M N O P Q R S T U V W X Y
```

4.1.1 Der Algorithmus zum Verschlüsseln

Ersetzt man in Tab. 4.1 die Buchstaben durch zugeordnete natürliche Zahlen, z. B. $A = 0$; $B = 1$; $C = 2$; ..., so ergibt sich folgende Tab. 4.3.

Tabelle 4.3: „Mathematische" Verschlüsselung

Schlüsselwort (s):	7	0	11	11	14	7	0	11	11	14	7	0
Klartext (p):	10	17	24	15	19	14	6	17	0	5	8	4
Geheimtext (c):	17	17	9	0	7	21	6	2	11	19	15	4

Dabei fällt auf, dass zwischen dem Schlüsselwortbuchstaben s, dem Klartextbuchstaben p und dem Geheimtextbuchstaben (der Chiffre) c eine einfache mathematische Beziehung besteht. Dies wird deutlicher, wenn man sich die Tab. 4.3 in vertikaler Form hinschreibt. In der ersten allgemeinen Gleichung ist das „?" als Platzhalter aufzufassen, welcher die Aufgabe hat, die Addition so zu ergänzen, dass sie jeweils zu einer wahren Aussage führt:

$$
\begin{aligned}
\mathbf{s + p} &= \mathbf{c} + ? \\
7 + 10 &= 17 \\
0 + 17 &= 17 \\
11 + 24 &= 9 + 26 \\
11 + 15 &= 0 + 26 \\
14 + 19 &= 7 + 26 \\
7 + 14 &= 21 \\
0 + 6 &= 6 \\
11 + 17 &= 2 + 26 \\
11 + 0 &= 11 \\
14 + 5 &= 19 \\
7 + 8 &= 15 \\
0 + 4 &= 4
\end{aligned}
\tag{4.1}
$$

Der Zusammenhang ist leicht zu durchschauen:

- Gilt für die Summe aus dem Schlüsseltextbuchstaben und dem Klartextbuchstaben $s + p \leq 26$, so folgt aus Gl. 4.1 für den Geheimtextbuchstaben

$$
c = s + p \tag{4.2}
$$

- Gilt für die Summe $s + p > 26$, z. B. die 3. Zeile in Gl. 4.1 $11 + 24 > 26$, so folgt für den verschlüsselten Buchstaben

$$
c = (s + p) \bmod 26 \tag{4.3}
$$

denn für den Platzhalter „?" kann jeweils 26 eingesetzt werden.

Da der erste Fall durch die Modulofunktion automatisch im zweiten enthalten ist, muss auch nur diese für die Verschlüsselung berücksichtigt werden. Daraus folgt dann weiter, dass das Vigenère-Quadrat (Tab. 4.2) in keiner Weise extra beachtet werden muss, da es implizit in Gl. 4.3 enthalten ist. Somit ist auch der für die Verschlüsselung nach Vigenère zugrunde liegende Algorithmus eines längeren Textes sehr einfach (Alg. 4.1). Aufgerufen wird die Verschlüsselungsmethode mit

```
java Vigenere <Schlüsselwort><Dateiname>
```

Dabei darf das Schlüsselwort genau wie die Datei des Klartextes beliebige Zeichen enthalten.

```
—————————————————————— Programmausgabe ——————————————————————
voss@maria:~/Kryptologie/Vigenere > java Vigenere SchluesselWort Text.original

---- Originaltext von: Text.original ----
Bei dieser Verschluesselungsmethode wird das originale Alphabet einfach horizont
al verschoben. Bei einem Schluessel von s=3 wird z.B. der Buchstabe "A" um drei
Buchstaben nach rechts verschoben, wird also zu einem "D".([footnote] Laesst man
 eine zyklische Vertauschung zu, so kann auch nach links verschoben werden.)  Da
s gleiche passiert mit den anderen Buchstaben im Alphabet, denn mindestens fuer
einen Text als Ganzes muss dieser Schluessel gleich sein. Am Ende des Alphabets
faengt es dann wieder von vorne an. Aus einem Z wird dann ein C usw. Da dieses V
erfahren heute wegen seiner sehr leichten Dekodierbarkeit keine Anwendung mehr f
indet, ist es auch maessig ueber eine Anwendung inenrhalb des ASCII zu diskutier
en. Das Verfahren hat also nur noch historischen Wert und eignet sich hoechstens
 als Einstieg in das Thema Kryptologie.

-- Verschluesselter Text von: Text.original --
.HQ.YNXfJ^wEWfFFPXjJffJXL]Yg@H\TdIX.\UIS.X4V.[gNZ\SMCT.5?SPMWJg.JUEUSW;.P[gNmbS'
8[.j8U[O]TUXS.w1W]sHQZZR.FHTCdWgFHT.kTa.X)..i]EG.f#'!.IQI.4i6K['VGX..-y.gasGZQ^.
5hHTJcSV8Q.ZVH[.WQ:WfgsYM^hH[bGQE..k<UL.VQfb.fL.W]AHU..).!.G=^ahAR\QR.?TJ_Jc.a4Q
.Q^SX._eB[[g6KM.KJegFaJRZiAJ.fj..fT.BP'bsD]O].aTHTw[[b>V.bZWfVM[9T'.JHZPZS!....P
e.:OMUXMX.UMJb[YEW.Y^Y.WJZwP'X8UMZ.'hVM_KPTYA.QY.&_cMM9Tf sGMZc.'\SP<bfYAV.RjJe.
JUET'.'H''.F_f.38]lYF.UahX.WNQJTd.&FPXjJffJXwV^Y<FP.hJ\a...\.9AGM.YJf.&XGWSV8W[.
[FXaL'wTe.7DVZ.\\XIQI.hcA.^[gSX.FZ..3iF.MUcJ'.?.NXdXsGIZc.X\S...ggJ..OV.W\J_<b.J
8UNM]WXa.T<dfYsZMSZS.fJUETd.FHP^.QX\HTKT'..HS[YNXeGMIZW]G.SQ^SX.&ZNT'XHQO.bJ[e.R
@]VYG..UhY.XX.8dU\sPIQhX\Z.a<QWfsHQZZ.4a\QESgb:.QZZSe[FX9.VYF.)?8.<._awS[g>X\UZW
Xa...Pe.)HZRVMeXS.?Pf.4O[[.She.ZFRZ.;L['dW\fHT<].K8U\.jSW.JU>]WhsVQO].[bJO?bfYAV
.MaX.8NZJc[Y:.QZ.ITf.@?T_Us.ZeeYb_TS@T
---- Dateilaenge: 839 Bytes ----

voss@maria:~/Kryptologie/Vigenere >
```

Algorithmus 4.1: Vigenère-Verschlüsselung

```java
 1 class Vigenere {       // Vigenereverschluesselung
 2
 3   public static void main( String[] arg) {
 4     String SchluesselWort=" ";
 5     Datei Original;
 6     int c, i, laengeSW;
 7     if (arg.length > 0) SchluesselWort = (arg[0]);
 8     else        System.exit(0);
 9     laengeSW = SchluesselWort.length();
10     int[] s = IO.Unicode(SchluesselWort.getBytes());
11     if (arg.length > 1) { Original = new Datei(arg[1]); }
12     else { Original = new Datei(); }
13     int[] p = Original.liesUnicode();
14     System.out.print("Originaltext ausgeben? (J/N): ");
15     if (IO.JaNein()) {
16       System.out.println("---- Originaltext von: "+Datei.dateiname+"
          ----");
17       for (i=0; i < p.length; i++) {
18         IO.printChar(p[i]);   // druckbares Zeichen?
19         if (((i+1)%80)==0) System.out.println();
20       }
21     }
```

```
22   System.out.println("\n-- Verschluessele Text von: "+Datei.
       dateiname+" --");
23   for (i = 0; i < p.length; i++) {
24     c = (s[i%laengeSW]+p[i])%256;
25     p[i] = c;              // nur wegen abspeichern
26   }
27   System.out.print("Verschluesselten Text ausgeben? (J/N): ");
28   if (IO.JaNein()) {
29     System.out.println("\n\n-- Verschluesselter Text von: "+Datei.
         dateiname+" --");
30     for (i = 0; i < p.length; i++) {
31       IO.printChar(p[i]);
32       if (((i+1)%80)==0) System.out.println();   // neue Zeile
33     }
34   }
35   System.out.println(
36             "\n---- Dateilaenge: "+p.length+" Bytes ----\n ");
37   Datei Kodiert = new Datei();
38   Kodiert.schreib(p);
39   System.exit(0);
40   }
41 }
```

Bei der Ausgabe ist zu beachten, dass der Zeilenumbruch nur wegen der Übersichtlichkeit vom Programm eingefügt wurde, jedoch nicht Bestandteil des Originaltextes war. Vergleicht man die ersten drei Buchstaben von Originaltext und verschlüsseltem Text, so lässt sich leicht kontrollieren, ob der Algorithmus fehlerfrei gearbeitet hat:

Tabelle 4.4: Kontrolle des Algorithmus

Schlüsselwort (S):	S	c	h	l	u
Klartext (P):	B	e	i		d
Geheimtext (C):	.	H	Q	.	Y

Dem Schlüsselwortbuchstaben „S" entspricht die Zahl 83 − 32 = 51, denn S ist im ASCII Nr. 83 und wird auf „space" (Nr. 32) bezogen. „B" entspricht 66 − 32 = 34, woraus dann mit Gl. 4.3 unter Beachtung der Tatsache, dass das Alphabet wegen der zugelassenen Groß-/Kleinschreibung und Sonderzeichen insgesamt 96 Zeichen umfasst, das Geheimzeichen $G = (51 + 34)$ mod 96 = 85 wird, was dem Zeichen mit der Nummer 85+32 = 117, also dem „u" entspricht. Die anderen Buchstaben können ebenso leicht nachvollzogen werden:

Tabelle 4.5: Die ersten fünf verschlüsselten Zeichen ($C = (S + P)$ mod 96) mit den Vorgaben Schlüsselwort: „SchluesselWort"; Klartext: „Bei d" und Chiffre: „.HQ.Y"

(s):	$83 - 32 = 51$	$99 - 32 = 67$	$104 - 32 = 72$	$108 - 32$	$117 - 32$
(p):	$66 - 32 = 34$	$101 - 32 = 69$	$105 - 32 = 73$	$32 - 32$	$100 - 32$
(c):	85 mod $96 = 85$	40	49	76	57
ASCII	$85 + 32 \rightarrow$u	$40 + 32 \rightarrow$H	$49 + 32 \rightarrow$Q	$76 + 32 \rightarrow$l	$57 + 32 \rightarrow$Y

4.1.2 Vigenère-Dekodierung bei bekanntem Schlüsselwort

Dem Empfänger der Nachricht muss neben der Nachricht das Schlüsselwort und die zugrunde liegende Vigenère-Tabelle vorliegen. Die Tabelle bzw. die erste Zeile ist jedoch nur dann wichtig, wenn diese nicht unbedingt mit dem Alphabet in der Standardreihenfolge (ABCDE...) beginnt. Ansonsten wird der Vorgang des Kodierens formal einfach umgekehrt; eine entsprechende Zeile des Vigenère-Quadrats wird dem ersten Buchstaben des Schlüsselwortes zugeordnet, also die „H"-Zeile. In dieser Zeile wird bis zum betreffenden Buchstaben („R") der verschlüsselten Nachricht nach rechts gegangen. Wieder befindet man sich in dem in Tab. 4.2 eingezeichneten Fadenkreuz, welches dann den unverschlüsselten Buchstaben „k" aus der ersten Zeile dem verschlüsselten Buchstaben „R" zuordnet. Alle anderen Buchstaben werden entsprechend entschlüsselt. Berücksichtigt man die mathematische Beziehung der **Verschlüsselung**[1]

$$c_i = (p_i + s_i) \text{ mod } 256 \qquad (4.4)$$

in der gilt:

- p: Klartext mit $p = p_0, p_1, ..., p_i, ..., p_{n-2}, p_{n-1}$
- s: Schlüsseltext mit $s = s_0, s_1, ..., s_i, ..., s_{m-2}, s_{m-1}$
- c : Chiffre (verschlüsselter Text) mit $p = c_0, c_1, ..., c_i, ..., c_{n-2}, c_{n-1}$

so lässt sich diese nach dem Klartext p umstellen, wobei wegen der Modulofunktion nicht einfach mit den Rechenoperationen Addition und Division gearbeitet werden kann. Hat man einerseits z. B. 131 mod 17 = 12 vorliegen, so gilt andererseits $n \cdot 17 + 12 = 131$, $n \in \mathbb{N}$. Somit gilt auch für Gl. 4.4:

$$n \cdot 256 + c_i = p_i + s_i \qquad (4.5)$$

$$n \cdot 256 + c_i - s_i = p_i \qquad n \in \mathbb{N} \qquad (4.6)$$

Aufgrund der Tatsache, dass p_i nicht beliebige Werte annehmen kann, denn $p_i \in \{0..255\}$, kann n nur $n \in \{0, 1\}$ sein, da auch für die Schlüsselbuchstaben $s_i \in$

---

[1]Bei Verwendung des reinen Unicode mit 16 Bit ist natürlich ein anderes Vorgehen zu empfehlen. Da die meisten Anwendungen jedoch noch immer mit 8Bit Zeichen arbeiten, wird dieser Punkt hier nicht weiter diskutiert. Er ändert ohnehin nichts am formalen Ablauf.

{0..255} gilt. Damit liegt die mathematische Beziehung für die **Entschlüsselung** fest:

$$p_i = \begin{cases} c_i - s_i & \text{wenn } c_i > s_i \\ 256 + c_i - s_i & \text{wenn } c_i < s_i \end{cases} \qquad (4.7)$$

Ausgehend von Tab. 4.5 soll dieser Vorgang exemplarisch gezeigt werden, wobei dort nur mit den 96 druckbaren Zeichen im Intervall 32..127 gearbeitet wurde, d. h. nur Modulo 96:

Tabelle 4.6: Die ersten fünf verschlüsselten Zeichen mit den Vorgaben aus Tab. 4.5

(S):	83	99	104	108	117
(C):	117	72	81	108	89
(P):	117 − 83 = 34	72 − 99 = −27	−23	0	−28
ASCII	34 + 32 →B	96 − 27 + 32 →e	i	(Space)	d

Grundsätzlich braucht die Abfrage auf ein druckbares Zeichen nicht vorgenommen zu werden, denn die Bildschirmausgabe dient hier dem Verstehensprozess.

```
───────── Programmausgabe ─────────
voss@maria:~/ > java Vig_Decode SchluesselWort Text.kodiert2

---- Chiffretext von: Text.kodiert2 ----
.HQ.YNXfJ^wEWfFFPXjJffJXL]Yg@H\TdIX.\UIS.X4V.[gNZ\SMCT.5?SPMWJg.J
UEUSW;.P[gNmbS'8[.j8U[O]TUXS.w1W]sHQZZR.FHTCdWgFHT.kTa.X)..i]EG.f
#'!.IQI.4i6K['VGX..-y.gasGZQ^.5hHTJcSV8Q.ZVH[.WQ:WfgsYM^hH[bGQE..
k<UL.VQfb.fL.W]AHU..).!.G=^ahAR\QR.?TJ_Jc.a4Q.Q^SX._eB[[g6KM.KJeg
FaJRZiAJ.fj..fT.BP'bsD]O].aTHTw[[b>V.bZWfVM[9T'.JHZPZS!....Pe.:OM
UXMX.UMJb[YEW.Y^Y.WJZwP'X8UMZ.'hVM_KPTYA.QY.&_cMM9Tf sGMZc.'\SP<b
fYAV.RjJe.JUET'.'H''.F_f.38]1YF.UahX.WNQJTd.&FPXjJffJXwV^Y<FP.hJ\
a...\.9AGM.YJf.&XGWSV8W[.[FXaL'wTe.7DVZ.\\XIQI.hcA.^[gSX.FZ..3iF.
MUcJ'.?.NXdXsGIZc.X\S...ggJ..OV.W\J_<b.J8UNM]WXa.T<dfYsZMSZS.fJUE
Td.FHP^.QX\HTKT'..HS[YNXeGMIZW]G.SQ^SX.&ZNT'XHQO.bJ[e.R@]VYG..UhY
.XX.8dU\sPIQhX\Z.a<QWfsHQZZ.4a\QESgb:.QZZSe[FX9.VYF.)?8.<._awS[g>
X\UZWXa...Pe.)HZRVMeXS.?Pf.4O[[.She.ZFRZ.;L['dW\fHT<].K8U\.jSW.JU
>]WhsVQO].[bJO?bfYAV.MaX.8NZJc[Y:.QZ.ITf.@?T_Us.ZeeYb_TS@T

-- Originaltext von: Text.kodiert2 --
Bei dieser Verschluesselungsmethode wird das originale Alphabet e
infach horizontal verschoben. Bei einem Schluessel von s=3 wird z
.B. der Buchstabe "A" um drei Buchstaben nach rechts verschoben,
wird also zu einem "D".([footnote] Laesst man eine zyklische Vert
auschung zu, so kann auch nach links verschoben werden.)  Das gle
iche passiert mit den anderen Buchstaben im Alphabet, denn mindes
tens fuer einen Text als Ganzes muss dieser Schluessel gleich sei
n. Am Ende des Alphabets faengt es dann wieder von vorne an. Aus
einem Z wird dann ein C usw. Da dieses Verfahren heute wegen sein
er sehr leichten Dekodierbarkeit keine Anwendung mehr findet, ist
 es auch maessig ueber eine Anwendung inenrhalb des ASCII zu disk
 utieren. Das Verfahren hat also nur noch historischen Wert und e
ignet sich hoechstens als Einstieg in das Thema Kryptologie.
---- Dateilaenge: 839 Bytes ----
```

Algorithmus 4.2: Vigenere Entschlüsselung analog zu 4.1

```
class Vig_Decode {    // Vigenereentschluesselung mit bekanntem
  Schluesselwort!
  public static void main( String[] arg) {
    String SchluesselWort=" ";
    Datei Chiffre;
    int p, i, laengeSW;
    if (arg.length > 0) SchluesselWort = (arg[0]);
    else                System.exit(0);
    laengeSW = SchluesselWort.length();
    int[] s = IO.Unicode(SchluesselWort.getBytes());
    if (arg.length > 1) Chiffre = new Datei(arg[1]);
    else                Chiffre = new Datei();
    System.out.println("Datei einlesen ...");
    int[] c = Chiffre.liesUnicode();   // Datei einlesen
    System.out.print("\nChiffrierte Datei ausgeben? (J/N): ");
    if (IO.JaNein()) {
      System.out.println("---- Chiffretext von: "+Datei.dateiname+"
        ----");
      for (i=0; i < c.length; i++) {
        IO.printChar(c[i]);
        if (((i+1)%80)==0) System.out.println();   // neue Zeile
      }
    }
    System.out.println("\nBeginne Entschluesselung ... ");
    for (i=0; i<c.length; i++) {
      p = c[i]-s[i%laengeSW];        // c-s
      if (p < 0) p+=256;
      c[i] = p;                // wegen Abspeichern von P
    }
    System.out.print("\nOriginal-Datei ausgeben? (J/N): ");
    if (IO.JaNein()) {
      System.out.println("\n\n-- Originaltext von: "+Datei.dateiname+"
        --");
      for (i=0; i<c.length; i++) {
        IO.printChar(c[i]);
        if (((i+1)%80)==0) System.out.println();   // neue Zeile
      }
      System.out.println("\n---- Dateilaenge: "+c.length+" Bytes ----\
        n ");
    }
    Datei Original = new Datei();
    Original.schreib(c);
    System.exit(0);
  }
}
```

4.1.3 Vigenère-Dekodierung bei unbekanntem Schlüsselwort

Häufigkeitsverteilungen

Was bei der monoalphabetischen Verschlüsselung noch recht einfach war, erfordert hier einen erheblich höheren Aufwand, obwohl die Methode, die im vorhergehenden Kapitel angewandt wurde, prinzipiell auch hier zum Ziel führen kann. Ausgehend von Tab. 4.1 erscheint es einleuchtend, dass jeder fünfte Buchstabe einer monoalphabetischen Verschlüsselung unterliegt. Die folgende Tabelle zeigt die jeweilige Differenz zwischen dem Schlüsselwortbuchstaben und dem Geheimtextbuchstaben, wobei es wegen der Differenz unerheblich ist, ob die Zählung mit $A = 0$ oder $A = 1$ beginnt.

Tabelle 4.7: „Caesar im Vigenère … "

Schlüsselwort (S):	H	A	L	L	O	H	A	L	L	O	H	A
Klartext (K):	K	R	Y	P	T	O	G	R	A	F	I	E
Geheimtext (G):	R	R	J	A	H	V	G	C	L	T	P	E
Differenz (G-K):	7	0	-15	-15	-12	7	0	-15	11	14	7	0
mod 26	7	0	11	11	14	7	0	11	11	14	7	0

Die letzte Zeile der Tabelle 4.7 erhält man unter Beachtung der Buchstabenrotation (mod 26), die die Aussage bestätigt, dass jeder i-te Buchstabe mit $i = 1, 2, \ldots$, Schluesselwortlaenge um denselben Wert gegenüber dem Originalalphabet verschoben wurde, also einer monoalphabetischen Chiffrierung unterliegt. Als Beispiel wird im Folgenden ein etwas umfangreicherer Text zugrunde gelegt, und zwar die ASCII-Version dieses Manuskriptes, die zu diesem Zeitpunkt genau eine Größe von 178054 Byte aufweist, wobei CRLF-Zeichen beseitigt wurden.[2] Diese wird mit dem Schlüsselwort „HALLO" verschlüsselt und anschließend einer Zeichenstatistik unterworfen.

Ausgegeben wurde die Häufigkeitsverteilung unter Berücksichtigung des gesamten Textes, jedes zweiten Zeichens, jedes dritten, usw. bis zur letzten, die eine Verteilung unter Berücksichtigung jedes 16-ten Zeichens darstellt. Dabei sind die einzelnen Häufigkeitsverteilungen von oben beginnend jeweils von links nach rechts zu lesen. Um einen besseren Überblick zu erhalten, sind alle Häufigkeitsverteilungen auf ihr relatives Maximum bezogen, was jedoch auf den relativen Vergleich wenig Auswirkungen hat. Weiterhin sind nur die ersten 127 ASCII-Zeichen ausgegeben worden, da die nationalen Sonderzeichen nicht den wesentlichen Beitrag liefern.

Es ist sofort zu beobachten, dass die Häufigkeitsverteilungen des 5., 10. und des 15. Zeichens völlig aus dem Rahmen fallen. Daher kann hier die Vermutung ge-

---

[2]CRLF: Carriage Return/Line Feed - der Zeilenvorschub mit Wagenrücklauf. Auch ohne diese Maßnahme ergibt sich eine ähnliche Häufigkeitsverteilung!

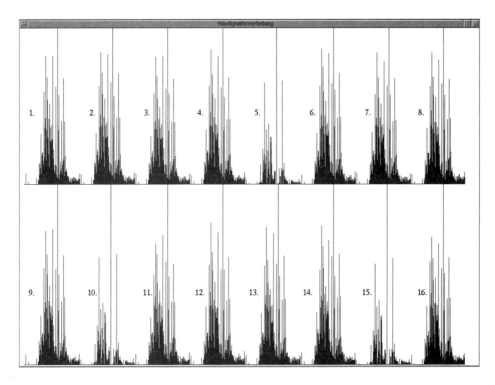

Abbildung 4.2: Häufigkeitsverteilung einer verschlüsselten Textdatei

äußert werden, dass das Schlüsselwort aus fünf Zeichen besteht, was in diesem Fall ja durch die Wahl von „HALLO" schon vorher klar war. Diese Vorgehensweise kann jedoch nur funktionieren, wenn der Geheimtext erheblich länger als das Schlüsselwort ist. Den Algorithmus zur Bestimmung einer derartigen Häufigkeitsverteilung zeigt Alg. 4.3.

Algorithmus 4.3: Bestimmung der Häufigkeitsverteilungen

```java
1  import java.awt.*;
2
3  class Statistik extends Frame {     // zaehlt die Buchstaben
4    private int[]  h = new int[256];
5    static Datei d;
6    private byte [] mtext;
7
8    public Statistik(String titel) {
9      super(titel);
10     setBackground(Color.white);
11     System.out.println("Lese Datei");
12     mtext = d.lies();
13   }
14
```

```
15    public void paint (Graphics g) {
16      for (int j=1; j<17; j++) {
17        for (int i=0; i<256; i++) h[i]=0;
18        for (int i=0; i<mtext.length; i+=j)
19          h[Math.abs((int)mtext[i])]++;
20        int Max=0; byte zeichen=0;
21        for (int i=0; i<256; i++)
22          if (Max < h[i]) {
23            Max = h[i];
24            zeichen = mtext[i];
25          }
26        System.out.println(
27        "Maximale Haeufigkeit= "+Max+" mal Nr. "+zeichen);
28        for (int i=0; i<127; i++)
29          if (j<9)
30            g.drawLine((i+10)+(j-1)*125,400,(i+10)+(j-1)*125,400-(h[i
              ]*400)/Max);
31          else
32            g.drawLine((i+10)+(j-9)*125,800,(i+10)+(j-9)*125,800-(h[i
              ]*400)/Max);
33      }
34    }
35
36    public static void main( String[] arg) {
37      if (arg.length== 0)  d = new Datei();
38      else                 d = new Datei(arg[0]);
39      Statistik app = new Statistik("Haeufigkeitsverteilung");
40      app.setSize(1100,800);
41      app.setVisible(true);
42    }
43  }
```

Der Kappa-Test

Der vom Amerikaner Friedman entwickelte Kappa-Test gestattet auf eine relativ anschauliche Weise die Bestimmung der Schlüsselwortlänge. Diese Zeile soll mit einem anderen gleich langen Text auf übereinstimmende Zeichen verglichen werden, wobei nicht zwischen Groß- und Kleinschreibung unterschieden wird, denn dies ist für die Kryptografie ohnehin nicht wichtig. Dagegen werden die nationalen Sonderzeichen beibehalten und auch die Leerzeichen als solche gezählt:

```
diese zeile soll mit einem anderen gleich langen text auf übereinstimmen
dagegen werden die nationalen sonderzeichen beibehalten und auch die lee
+                         +     +     ++++                              +
```

Hierbei ergeben sich für einzelne Fälle (durch Kreuze markiert) gleiche Buchstaben, und es entsteht die Frage, ob dahinter ein System steckt. Bei insgesamt 75 Zeichen gab es 8 Übereinstimmungen, was ca. 10, 7% entspricht, wobei dies vorrangig durch die Häufung der Teilzeichenkette „eich" entstanden ist. Da beide Sätze willkürlich gewählt wurden, könnte man die Untersuchung fortführen, indem statt eines anderen Vergleichssatzes einfach eine Verschiebung mit Rotation des zweiten Satzes um ein Zeichen vorgenommen wird:

```
diese zeile soll mit einem anderen gleich langen text auf übereinstimmen
agegen werden die nationalen sonderzeichen beibehalten und auch die leer
  + +                        +                                +              +
```

Diesmal sind es genau fünf Übereinstimmungen, was natürlich wieder reiner Zufall sein kann. Also wird noch einmal geschoben und dann sind es genau elf. Nun soll dieser Sachverhalt für alle möglichen Verschiebungen untersucht werden, um so etwas genauere Aussagen über die Häufigkeit der Übereinstimmungen zu bekommen. Ein kleines Programm permutiert die Zeilen und bestimmt das Auftreten gleicher Zeichen, addiert dies und bestimmt zum Schluss den arithmetischen Mittelwert, der sich hier näherungsweise zu:

$$\overline{\kappa} = \frac{n_{Zeichen}}{n_{Text}} = \frac{6,78}{74} \approx 0,092 \tag{4.8}$$

ergibt. Abb.4.3 zeigt, dass dieser Mittelwert relativ schnell erreicht wird und dann nur noch minimalen Schwankungen unterliegt. Definiert ist dieser Mittelwert durch

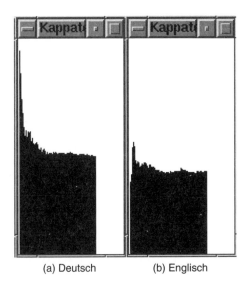

(a) Deutsch   (b) Englisch

Abbildung 4.3: κ als Funktion der einzelnen Durchläufe für Deutsch und Englisch

die folgende Summenformel:

$$\overline{\kappa}(P_1 P_2) = \sum_{i=1}^{n} \frac{\kappa(p_{1i}, p_{2i})}{n} \tag{4.9}$$

mit der zugehörigen **Indikatorfunktion**

$$\kappa(x, y) = \begin{cases} 1, & x = y \\ 0, & x \neq y \end{cases} \tag{4.10}$$

P_1 und P_2 sind zwei beliebige Texte der gleichen Länge n und es erscheint einleuchtend, dass $\overline{\kappa} < 1$ gelten **muss**, wenn die Texte verschieden sind.

Noch bleibt die Frage zu klären, was diese Zahl $\overline{\kappa}$ mit dem Entschlüsseln zu tun hat. Dazu vergleichen wir einfach einmal zwei englischsprachige Zeichenfolgen, z. B.:

```
sometimes␣it␣is␣hard␣enough␣to␣realize␣all␣these␣complicated␣things␣for␣
it␣is␣useless␣to␣expect␣rational␣behavior␣from␣the␣people␣you␣work␣with␣
```

In diesem Beispiel gibt es bis auf den letzten Leerschritt keinerlei Übereinstimmung, was noch nichts weiter besagen muss. Bestimmt man den Mittelwert κ über alle Durchgänge, so ergibt sich für diese englische Zeichenfolge

$$\overline{\kappa} = \frac{n_{Zeichen}}{n_{Text}} = \frac{5,74}{74} \approx 0,078 \tag{4.11}$$

Es ist somit eine signifikante Unterscheidung zur deutschen Sprache festzustellen, was jedoch wegen der relativ geringen Zahl an Gesamtbuchstaben noch unsicher ist. Erhöht man die Zahl der Gesamtbuchstaben, z. B. auf über 75.000, so erhält man nur noch eine sehr geringe Streuung des $\overline{\kappa}$-Wertes, wie Abb. 4.4 zeigt. Unabhängig von der Art des Textes ergibt sich aufgrund der Wahrscheinlichkeitsverteilung der einzelnen Buchstaben ein für die jeweilige Sprache typischer $\overline{\kappa}$ Wert. Dieser Kappa-Test wird auch als Zeichenkoinzidenz[3] bezeichnet.

Für den deutschen Text ergibt sich als mittlerer Wert $\overline{\kappa} = 0,058$ und für den englischen Text $\overline{\kappa} = 0,053$.[4]

Dass derartig konstante Werte entstehen, hängt mit der Häufigkeitsverteilung der Buchstaben in einer bestimmten Sprache zusammen (Abb. 3.2). Da z. B. in einem

---

[3] Engl.: index of coincidence.

[4] Beide Texte enthielten keine ASCII-Steuerzeichen (CRLF) und keine Leerzeichen. Die Werte ändern sich bei Berücksichtigung der Leerzeichen zwar absolut, aber nicht relativ zu anderen Sprachen. Gemittelt über alle Textarten und **sehr** langen Texten soll sich $\overline{\kappa_D} \approx 0,076$ und $\overline{\kappa_E} \approx 0,06577$ ergeben [48].

allgemeinen deutschen Text[5] ca. 15% aller Zeichen dem Buchstaben „e" entsprechen, gibt es auch eine Wahrscheinlichkeit für das Aufeinandertreffen zweier „e" in zwei verschiedenen Texten.

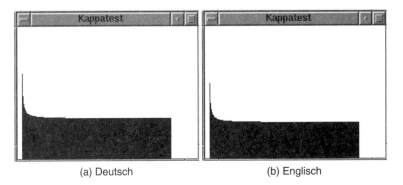

(a) Deutsch (b) Englisch

Abbildung 4.4: κ als Funktion der einzelnen Durchläufe für sehr lange Texte

Es bleibt die Frage, was mit der relativen Häufigkeit von $\overline{\kappa}$ passiert, wenn der Text nur chiffriert vorliegt? Ausgehend von dem Klartext p, der der Zeichenfolge $p_0 p_1 p_2 ... p_i ... p_{n-1}$ entspricht und einem Schlüsseltext s, der wiederum der Zeichenfolge $s_0 s_1 s_2 ... s_i ... s_{m-1}$ entspricht, erhält man für den Geheimtext c

$$
\begin{array}{cccccccc}
p_0 & p_1 & p_2 & \cdots & p_m & p_{m+1} & \cdots & p_{n-1} \\
s_0 & s_1 & s_2 & \cdots & s_m & s_0 & s_1 & \cdots \\
c_0 & c_1 & c_2 & \cdots & c_m & c_{m+1} & \cdots & c_{n-1}
\end{array}
\tag{4.12}
$$

Es ist sofort zu erkennen, dass $c_i = c_{m+i}$ gilt, wenn $p_i = p_{m+i}$, was bedeutet, dass zwei gleiche Zeichen, die um die Schlüsselwortlänge m gegeneinander verschoben sind, auch durch das gleiche Zeichen verschlüsselt werden. Daraus folgt dann aber die folgende wichtige Erkenntnis:

Theorem 4-1 *Das $\overline{\kappa}$ des um m Positionen gegen sich **selbst verschobenen** Geheimtextes ist gleich dem $\overline{\kappa}$ des Klartextes, wobei m der Schlüsselwortlänge entspricht!*

Für alle anderen Verschiebungen ergibt sich ein $\overline{\kappa}$, welches wesentlich von dem des Klartextes abweicht! Abb. 4.5 zeigt die Verteilungen der einzelnen $\overline{\kappa}$-Werte für einen Klartext, der jedoch mit verschiedenen Schlüsselwörtern dekodiert wurde. Zu beachten ist, dass der erste $\overline{\kappa}$-Wert nur der Optik wegen aufgeführt wurde, denn hier wurde der Text auf sich selbst gelegt und weist somit einen 100%-igen $\overline{\kappa}$ Wert auf. Andererseits kann so sofort die angesprochene Verschiebung um m Positionen erkannt werden.

---

[5]Was ein *allgemeiner* Text ist bleibt schwierig zu beantworten, weshalb die Werte für die Häufigkeitsverteilungen in der Literatur stark schwanken.

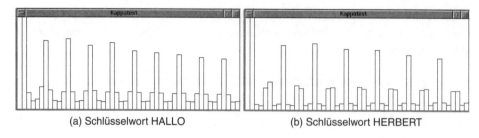

(a) Schlüsselwort HALLO   (b) Schlüsselwort HERBERT

Abbildung 4.5: κ-Werte eines verschlüsselten Textes

Abb. 4.5a zeigt deutlich, dass sich bei einer Schlüsselwortlängenverschiebung um fünf Zeichen jeweils ein Maximum ergibt, womit eindeutig eine Schlüsselwortlänge von fünf Zeichen vorliegen muss. Bei Abb. 4.5b ist es beginnend beim ersten Maximum das jeweils siebte Zeichen, was der Schlüsselwortlänge „HERBERT" entspricht. Alle anderen $\overline{\kappa}$-Werte beziehen sich auf zufällig angeordnete Zeichen, die keiner Sprache zugrundeliegen und somit sehr kleine Werte aufweisen.[6]

Der Algorithmus zur Bestimmung der $\overline{\kappa}$-Werte ist wieder relativ einfach, denn er unterteilt einfach die chiffrierte Datei in zwei Hälften und vergleicht diese miteinander (Alg.4.4), wobei die erste Hälfte konstant bleibt und die zweite permutiert wird. In Abb. 4.5 ist zu beachten, dass aufgrund der Übersichtlichkeit Rechtecke für die einzelnen Durchgänge eingezeichnet wurden, während in den vorhergehenden Grafiken immer Linien den Verlauf von κ angegeben haben.

Algorithmus 4.4: Grafische Ausgabe der $\overline{\kappa}$ Werte einer verschlüsselten Datei

```
1  import java.awt.*;
2
3  class KappaBig4 extends Frame {      // bestimmt Kappa
4    public static byte [] mtext;       // indem der Text gegen
5    public static int mlaenge;         // sich selbst verschoben wird.
6    public KappaBig4(String titel) {
7      super(titel);
8      setBackground(Color.white);
9    }
10
11   public void paint (Graphics g) {
12     double kappaG=0.0, kappaM=0.0;
13     int i,j,k,kappa;
14     for (j=0; (j<mlaenge)&&(j<100); j++) {
15       kappa=0;                // Beginn ohne Verschiebung
16       k=0;
17       for (i=j; i<(j+mlaenge); i++) {
```

---

[6] $\overline{\kappa}$ = 0,025 ist ein typischer Wert für einen zufällig verteilte Buchstabenanordnung.

```
18    if (mtext[i%mlaenge]==mtext[k])
19       kappa++;
20      k++;
21    }
22    kappaM=(double)kappa/(double)mlaenge;   // Mittelwert
23    g.drawRect(10+j*10,200-(int)(kappaM*1000),10,(int)(kappaM*1000))
      ;
24   }
25   System.out.println("Kappa gemittelt: "+kappaM);
26  }
27
28  public static void main( String[] arg) {
29   Datei d;
30   if (arg.length== 0)   d = new Datei();
31   else                  d = new Datei(arg[0]);
32   mtext = d.lies();              // Text holen
33   mlaenge = mtext.length;
34   KappaBig4 app = new KappaBig4("Kappatest");
35   app.setSize(500,200);
36   app.setVisible(true);
37  }
38 }
```

Erklärung des Friedman-Tests

Es soll noch einmal auf die Theorie des Friedman-Tests eingegangen werden, denn er hat eine große Bedeutung für die Kryptoanalyse. Es liege die einfache Vigenère-Verschlüsselung nach Tab. 4.1 vor, welche aufgrund des Schlüsselworts „HALLO" eine Periode von $T = 5$ aufweist. Der Einfachheit halber sollen die rechten beiden Spalten unberücksichtigt bleiben, d. h. die Periode (Schlüsselwortlänge) ist ein Teiler der Gesamtzeichenzahl n des Textes:

$$n = t \cdot m \quad t \in \mathbb{N} \tag{4.13}$$

$$n : \text{Zeichenzahl des Textes}$$

$$m : \text{Schlüsselwortlänge}$$

Verschieben wir die verschlüsselte Zeile G_1 jetzt von rechts nach links mit Rotation m-mal, wobei m als Periode die Länge des Schlüsselwortes ist, so kommen Buchstaben übereinander zu stehen, die nach derselben monoalphabetischen Chiffrierung verschoben wurden![7]

---

[7]Die Richtung der Verschiebung ist beliebig, sie darf nur nicht zwischendurch gewechselt werden!

Tabelle 4.8: Verschiebung der Chiffre gegen sich selbst

Schlüsselwort (S):	H	A	L	L	O	H	A	L	L	O
Klartext (P):	K	R	Y	P	T	O	G	R	A	F
Geheimtext (G):	R	R	J	A	H	V	G	C	L	T
1. Verschiebung G_1	T	R	R	J	A	H	V	G	C	L
2. Verschiebung G_2	L	T	R	R	J	A	H	V	G	C
3. G_3	C	L	T	R	R	J	A	H	V	G
4. G_4	G	C	L	T	R	R	J	A	H	V
5. G_5	V	G	C	L	T	R	R	J	A	H

Zum besseren Verständnis sollen jetzt nur noch die betreffenden beiden Zeilen G_0 und G_5, die genau eine Schlüsselwortlänge zueinander verschoben[8] wurden, übereinander geschrieben werden:

Tabelle 4.9: Der Friedman-Test

Klartext (P):	K	R	Y	P	T	O	G	R	A	F
Geheimtext (G_0):	R	R	J	A	H	V	G	C	L	T
G_5	V	G	C	L	T	R	R	J	A	H
Verschiebung	7	0	11	11	14	7	0	11	11	14
Verschiebung	7	0	11	11	14	7	0	11	11	14

Die beiden Buchstaben „R"(G_0) und „V"(G_5) haben jetzt von dem zugehörigen Klartextbuchstaben denselben Abstand. Das Chiffrierzeichen „R" entstand aus dem Originalzeichen „K" und das Chiffrierzeichen „V" aus dem Originalzeichen „O", womit sich folgende Verschiebung ergibt:

$$K \rightarrow R: \quad +7 \tag{4.14}$$

$$O \rightarrow V: \quad +7 \tag{4.15}$$

Diese beiden Originalzeichen wurden also jeweils um 7 Zeichen verschoben, um die entsprechenden Chiffrierzeichen zu erhalten. Betrachten wir zur Kontrolle noch die zweite Spalte, die für die Chiffrezeichen „R"(G_0) und „G"(G_5) wieder dieselbe Verschiebungslänge vorsieht. Zu „R" gehört der Originalbuchstabe „R" und zu „G" der Originalbuchstabe „G", womit beide Zeichen tatsächlich dieselbe Verschiebung aufweisen, denn sie wurden beide nicht verschoben.

Wären die letzten beiden Spalten nicht gelöscht worden, so hätte es Probleme mit der linken oder rechten Seite (je nach Schieberichtung) gegeben, da bei der Rotation eine Asymmetrie vorgelegen hätte und somit für einen kleinen Bereich nicht die Übereinstimmung der Zeichen gegeben ist. Ist die Schlüsselwortlänge

---

[8]Die Verschiebungen wurden nur in eine Richtung Modulo 26 bestimmt, d. h. nach dem Buchstaben „Z" kam vereinbarungsgemäß wieder „A".

bekannt, so kann der Gesamttext entsprechend angepasst werden, andernfalls muss der Text um ein Vielfaches länger als die Schlüsselwortlänge sein, damit dieser Effekt keinen störenden Einfluss hat. Aus der Beschreibung des Friedman-Tests wird deutlich, dass dieser versagt, wenn die Schlüsselwortlänge m größer als $\frac{n}{2}$ ist, dann kann eine zyklische Vertauschung nicht erreicht werden. Denn nur bei einer derartigen Vertauschung kommen die Buchstaben übereinander zu liegen, die um den gleichen Betrag verschoben wurden. Dadurch ist gewährleistet, dass prinzipiell zwei Texte **derselben Häufigkeitsverteilung** miteinander verglichen werden und den für diese Sprache typischen κ-Wert liefern. Für alle anderen Verschiebungen liegt im Prinzip eine Gleichverteilung der Häufigkeiten vor, sodass ein z. B. deutscher Text mit „keinem" Text verglichen wird, was zu sehr geringen Übereinstimmungen beim Zeichenvergleich führt. Dies wird auch durch die Abb. 4.5 bestätigt, die den sehr kleinen $\overline{\kappa}$-Wert von $0,03$ für gleichverteilte Buchstabenanordnung anschaulich darstellen.

Der Kasiski-Test

Jede Sprache hat bestimmte Eigenheiten bezüglich bestimmter Buchstabenkombinationen, die zum Teil sehr häufig auftreten können. Im Deutschen sind dies unter anderem „-tion", „-ung", „-ern", usw. Aufgrund der polyalphabetischen Verschiebung beim Verschlüsseln werden diese Buchstabenkombinationen aufgelöst und können formal nicht wiederholt auftreten. Haben zwei Buchstabenfolgen im Klartext einen Abstand, der ein **Vielfaches** der Schlüsselwortlänge ist, dann wird die originale Buchstabenkombination zwar aufgelöst, es entsteht aber eine neue. Dieser Wiederholungsabstand kann demnach ein Maß für die Schlüssellänge sein und ist umso sicherer je länger die Buchstabenfolge ist. Untersucht werden daher Zeichenfolgen mindestens der Länge drei. Die folgende Teilbildschirmausgabe gibt beginnend mit dem i-ten Zeichen des verschlüsselten Textes die jeweiligen Abstände in Zeichen an, die vergehen, bis die Dreierkombination $(i, i + 1, i + 2)$ wieder auftritt.

```
──────────────────── Programmausgabe ────────────────────
1 5630 1400 790 490 2445 865 350 50 15190 5100 470 335 4815 3820 1280 695 2215
  2825 2670 930 1765 640 2180 7290 960 430 3705 605 1060 4670 215 3245 650 205
  375 900 50 390 14000 10275 175 625 25 420 5690 665 1020 1875 3280 1590 2255 570
  1220 735 1460 2000 5050 895 305 5360 7580 825 7495 4645 6495 75 6785 610 495
2 69335 6335 4110 205 15715 10275 175 8445 1875 3280 37340
3 157090
4 72155 84935
5 72155 78790 2105 4040
6 1230 2535 3090 6640 6330 9255 255 1420 4695 180 995 4070 5060 740 2305 1575
  2655 880 5735 1760 2280 80 8390 3790 2375 2300 2770 10135 600 10105 4390 1080
  11010 550 85 4240 2885 330 2730 100 400 2660 225 660 745 1730 3005 2590 1955
  3900 1055 1850 595 50 4040 15170 2255 425 70 2915
```

Es fällt auf, dass ausnahmslos alle Abstände Vielfache von fünf sind. Aufgrund der auftretenden Werte ist letztlich nur eine Schlüssellänge von fünf möglich, denn alle anderen Vielfachen können nicht Teiler aller Werte sein. Betrachtet wurde der verschlüsselte Text, dem der Schlüssel „HALLO" zugrunde lag. Im Prinzip brauchen keine längeren Zeichenkombinationen untersucht zu werden, da insbesondere die kleinen Abstände aufgrund der geringeren Teiler die möglichen Schlüssellängen extrem einschränken. So zeigt das nächste Beispiel, dass wegen der Abstände 21, 91, 168 eigentlich nur eine Schlüsselwortlänge von $s = 7$ möglich sein kann. Zu beachten ist jedoch, dass jeder einzeln oder auch mehrfach auftretende Wert für die Wiederholung einer Zeichenkette Zufall sein kann. So tritt die 21 nur ein einziges Mal auf, während die 91 häufiger auftritt.

```
──────────────── Programmausgabe ────────────────
1 4697 497 294 2121 4011 350 812 3157 693 875 15701 3549 8351 10003 4865 2877
  21 1344 1176 1043 1757 1141 6335 2037 329 1442 882 2464 11018 10577 7028 1463
  665 3157 749 182 490 364 1036 2093 7966 1680 2562 2597 4739 714 889 2604 469
  13748 2121 6286 91 91 1274 1001 861 4361 518
2 68194 1141 6335 2037 329 1442 3346 11018 22890 749 182 490 364 1036 22351
  26117 91 91 1274 1001 861
3 65178 17646 33017 13331 12732 4849 168 511
4 2826 9583 54245 16170 57428 1652 30994 343
5 66654 16170 57428 1652 16324
```

Algorithmus 4.5: Der Kasiski-Test

```java
import java.awt.*;

class Kasiski {                    // bestimmt die Wieder-
  public static byte [] mtext;        // holungsperioden
  public static int mlaenge;
  public static void main( String[] arg) {
    int start, ende=1, TeilStringLaenge=3;
    boolean Ausgabe;
    Datei d;
    if (arg.length== 0)  d = new Datei();
    else                 d = new Datei(arg[0]);
    mtext = d.lies();               // Text holen
    String mStr = new String(mtext);
    mlaenge = mtext.length;
    System.out.print("Länge der zu untersuchenden Teilstringlänge (>2)
       : ");
    TeilStringLaenge = IO.ganzeZahl();
    if ((TeilStringLaenge<3)||(TeilStringLaenge>mtext.length))
        TeilStringLaenge=3;
    for (int i=0; i<mlaenge-TeilStringLaenge+1; i++) {
      String sub = mStr.substring(i,i+TeilStringLaenge);
      start=mStr.indexOf(sub);
      Ausgabe = false;
      while (start > 0) {
        ende = mStr.indexOf(sub,start+1);
        if (ende > 0) {
          if (!Ausgabe) {
            System.out.print(start+" ");
```

```
28      Ausgabe = true;
29      }
30      System.out.print((ende-start)+" ");
31      }
32      start=ende;
33      }
34      if (Ausgabe) System.out.println("\n");
35      }
36      System.exit(0);
37      }
38  }
```

Der Algorithmus

In den vorhergehenden Kapiteln wurden alle notwendigen Theorien für einen Angriff auf einen polyalphabetisch verschlüsselten Text behandelt, sodass jetzt ein allgemeiner Algorithmus erstellt werden kann, dessen globaler Aufbau relativ einfach ist:

1. Bestimmung der Schlüsselwortlänge m;
2. Für die Zeichen $i = 1, 1 + m, 1 + 2m, ...; i = 2, 2 + m, 2 + 2m, ..$ usw. jeweils die Häufigkeitsverteilung bestimmen, um die Verschiebung zu „raten";
3. Die einzelnen Verschiebungen in „Einklang" bringen, sodass ein sinnvoller Text entsteht.

Das Bestimmen der Schlüsselwortlänge soll mit der Kappa-Methode erfolgen, was nur eine kleine Erweiterung des Alg. 4.4 erfordert. Da je nach Größe und Art des verschlüsselten Textes mehrere Versuche zur Bestimmung notwendig sein können, hat die Methode int bestimmeSL() (Alg. 4.6) eine Abfrage eingebaut, ob weitere Durchläufe erfolgen sollen. Wie die folgende Bildschirmausgabe zeigt, reichen bei der dort vorliegenden Textart und Textlänge (Handbuch einer Software) die ersten zehn Durchgänge nicht aus, um eine sichere Aussage über die Schlüsselwortlänge zu treffen.

```
─────────────── Programmausgabe ───────────────
voss@maria:~/Kryptologie/Vigenere > java Vigenere_Decode2
──── Verschlüsselte Datei: kryptologie.Herbert (178054 Bytes) ────
j=0     SL=-1   Kappa=1.0
j=4     SL=4    Kappa=0.0610432790052456
j=7     SL=3    Kappa=0.14158626034798433
j=10    SL=3    Kappa=0.05389937884012715
j=14    SL=4    Kappa=0.14523122198883484
j=21    SL=7    Kappa=0.13318993114448427
j=24    SL=3    Kappa=0.05082727711817763
j=28    SL=4    Kappa=0.13118492142833074
j=35    SL=7    Kappa=0.12057016410751795
j=42    SL=7    Kappa=0.11382501937614431
Weitermachen (J/N)? >j
j=49    SL=7    Kappa=0.1125388926954744
```

```
j=56    SL=7    Kappa=0.10186235636379974
j=63    SL=7    Kappa=0.0929380974311164
j=70    SL=7    Kappa=0.08945600772799263
j=77    SL=7    Kappa=0.08577173217113909
j=84    SL=7    Kappa=0.07204555921237378
j=91    SL=7    Kappa=0.07339908117762027
j=98    SL=7    Kappa=0.06630572747593427
j=105   SL=7    Kappa=0.06738405202915969
j=112   SL=7    Kappa=0.06468262437238141
Weitermachen (J/N)? >n
voss@maria:~/Kryptologie/Vigenere >
```

Algorithmus 4.6: Schlüssellängenbestimmung

```java
int bestimmeSL() {    // gibt 0 zurück, falls nicht erfolgreich
  double kDeutsch=0.05, kappaM=0.0;
  int i,j,k,kappa,SL=1,iD=0,MaxDurchlauf=10;
  boolean ende=false;
  j=0;
  while ((j<mlaenge) && (ende==false)) {
    kappa=0;
    k=0;
    for (i=j; i<(j+mlaenge); i++) {
      if (mtext[i%mlaenge]==mtext[k]) kappa++;
      k++;
    }
    kappaM=(double)kappa/(double)mlaenge;   // Mittelwert
    if (kappaM>kDeutsch) {
      SL=j-SL;
      System.out.println("j="+j+"\tSL="+SL+"\tKappa="+kappaM);
      iD++;
      if((iD%MaxDurchlauf)==0) {
        System.out.print("Weitermachen (J/N)? >");
        if (!Eingabe.JaNein()) return SL;
      }
      SL=j;
    }
    j++;
  }
  return 0;             // falls ende erreicht
}
```

Weitaus aufwendiger ist das Erstellen der Häufigkeitsverteilung, denn dies muss in Abhängigkeit der Schlüsselwortlänge geschehen. Der prinzipielle Algorithmus liegt schon aus dem Kapitel über monoalphabetische Chiffren vor (Algorithmus CaesarDecode.java) und kann übernommen werden.

Algorithmus 4.7: Erstellen einer internen Statistik

```java
void erstelleStatistik(int SL) {
```

```
2    int i,j,k,l;
3    int [] h = new int[256];              // Zahlenstatistik
4    for (j=0; j<SL; j++) {
5      System.out.print(".");
6      for (i=0; i<h.length; i++) h[i]=0;   // alles auf Null
7      for (i=j; i<c.length; i+=SL ) h[c[i]]++;  // erstmal alles
         zaehlen
8      for (i=0; i<10; i++) {               // 10 haeufigsten 10 Buchstaben
9        k=0;
10       for (l=1; l<256; l++)
11         if (h[l] > h[k]) k=l;
12       sSpitze[j][i]=(double)(h[k]*SL)/(double)(cLaenge);  // relativ
13       cSpitze[j][i]=k;
14       h[k]=0;
15     }
16    }
17  }
```

Zu beachten ist lediglich, dass die Anzahl der Schlüsselwortbuchstaben die Anzahl der Statistiken bestimmt, denn nur die $i, i + m, i + 2m, i + 3m, ...$ gehören zu ein- und derselben Caesar-Chiffrierung. Diese Statistiken werden von der Methode zwar ausgegeben, stellen jedoch keinen großen Informationsgehalt für den Anwender dar. Entscheidend ist dann die Methode void bildeKlartext(SL), die verschiedene Schlüsselwörter ausprobieren kann (Alg. 4.8), wobei für das hier gewählte Beispiel auf ein Permutieren der Buchstaben durch den Algorithmus verzichtet wurde. Das Programm gibt für ein erstes Schlüsselwort, welches aus den m häufigsten Zeichen unter der willkürlichen Vorgabe, dass dies jeweils der Buchstabe sei, ermittelt wird.

```
───────────────── Programmausgabe ─────────────────
voss@maria:~/Kryptologie/Vigenere > java Vigenere_Decode2 kryptologie.YETI2
Lese Datei ...
---- Verschluesselte Datei: kryptologie.YETI2 (178054 Bytes) ----
j=0     SL=-1    Kappa=1.0
j=4     SL=4     Kappa=0.1842306266638211
j=8     SL=4     Kappa=0.17140867377312502
[ ...   SL=4     ... ]
j=36    SL=4     Kappa=0.12149684927044604
Weitermachen (J/N)? >
Schluesselwortlaenge= 4
....
----- Die Statistik ----
0:
0:
(121): 13.86%   (190): 8.32%   (134): 8.13%   (199): 4.79%   (194): 4.49%
(205): 4.05%    (203): 3.76%   (204): 3.23%   (186): 2.8%    (197): 2.69%
1:
(101): 15.53%   (170): 8.56%   (114): 7.96%   (179): 4.84%   (174): 4.34%
(183): 3.86%    (185): 3.84%   (184): 3.26%   (177): 2.72%   (166): 2.7%
2:
(116): 14.48%   (129): 8.9%    (185): 8.23%   (194): 4.57%   (189): 4.48%
(198): 4.01%    (200): 3.65%   (199): 3.36%   (181): 2.91%   (192): 2.78%
3:
(105): 15.48%   (118): 8.65%   (174): 8.35%   (183): 4.72%   (178): 4.51%
(189): 3.67%    (187): 3.6%    (188): 3.34%   (181): 2.83%   (170): 2.8%
```

```
Starte Entschluesselung ...
Bestimme wahrscheinlichste Anordnung ...
1 1 1 1
89 69 28 17    Schluesselwort: YE..
\e..{c..te..\n..pa..\p..en..be..ng..om..} X.er..rtX.o.dXBe..indXM... 2hhOv..s@..
Schluesselwort veraendern? (J/N): j
Aktuelle Anordnung: 1 1 1 1
Neue Anordnung:      1 1 2 1
89 69 84 17    Schluesselwort: YET.
\en.{ce.ter.\ne.pag.\pa.enu.ber.ng{.oma.}  .erb.rt .o.,XBer.in,XM.r. 20hOvo.s@p.
Schluesselwort veraendern? (J/N): j
Aktuelle Anordnung: 1 1 2 1
Neue Anordnung:      1 1 2 2
89 69 84 73    Schluesselwort: YETI
\end{center}\newpage\pagenumbering{Roman}  Herbert Voß, Berlin, März 2000voss@pe
Schluesselwort veraendern? (J/N):
Jetzt komplett entschluesseln? (J/N): j

\end{center}\newpage\pagenumbering{Roman}  Herbert Voß, Berlin, März 2000voss@pe
rce.de\tableofcontents{}\newpage \pagenumbering{arabic}1 Allgemein1.1 Lernziele
Lernziele werden hier nur formal angegeben, eine Operationalisierungerfolgt nich

[... Rest des Textes ... ]
```

Die Methode void bildeKlartext(SL) ermöglicht eine wiederholte Änderung der für das Schlüsselwort zu berücksichtigenden Buchstaben der Häufigkeitsverteilung. Das Schlüsselwort setzt sich aus den vermuteten vier Zeichen zusammen:

$$s = s_0 s_1 s_2 s_3 \tag{4.16}$$

Jedes der Zeichen s_i muss aus den möglichen 256 Zeichen ausgewählt werden:

$$s = (s_{i0} s_{j1} s_{k2} s_{l3}) \in \begin{pmatrix} s_{0,0} & s_{0,1} & s_{0,2} & s_{0,3} \\ s_{1,0} & s_{1,1} & s_{1,2} & s_{1,3} \\ \cdots & \cdots & \cdots & \cdots \\ s_{i,0} & s_{i,1} & s_{i,2} & s_{i,3} \\ \cdots & \cdots & \cdots & \cdots \\ s_{254,0} & s_{254,1} & s_{254,2} & s_{254,3} \\ s_{255,0} & s_{255,1} & s_{255,2} & s_{255,3} \end{pmatrix} \quad i,j,k,l \in \mathbb{N} \tag{4.17}$$

womit es insgesamt $\binom{256}{4} = \dfrac{256!}{4! \cdot 252!} \approx 1{,}75 \cdot 10^8$ Möglichkeiten gibt. Da dies bei einer Einschränkung auf die Ermittlung der 10 häufigsten Zeichen immer noch 210 Möglichkeiten für ein Schlüsselwort mit vier Zeichen sind, ist ein halbautomatisches Vorgehen effektiver. Nach der Theorie würde für jeden einzelnen Buchstaben der folgende mathematische Ausdruck bearbeitet werden:

$$(pc_0 - p_0)^2 + (pc_1 - p_1)^2 + \ldots + (pc_{254} - p_{254})^2 + (pc_{255} - p_{255})^2 = min \tag{4.18}$$

Hierbei entsprechen die pc_i den Wahrscheinlichkeiten des verschlüsselten Textes und die p_i den Wahrscheinlichkeiten einer Textklasse, die den verschlüsselten Text wahrscheinlich enthält. Minimiert man die einzelnen Abweichungen, so steigt zwar die Wahrscheinlichkeit, dass ein Buchstabe des Schlüsselwortes gefunden wurde, eine 100%-ige Sicherheit bietet aber auch dieses Verfahren nicht. Insbesondere bei speziellen Texten, so wie dem hier vorliegenden mit mehr als 170.000 Zeichen, können mehrere Einzelwahrscheinlichkeiten von Zeichen erheblich von Abb. 3.2 abweichen.[9] Für das Schlüsselwort liegt theoretisch die Anordnung $s = s_{0,0}s_{0,1}s_{0,2}s_{0,3}$ vor, d. h. von allen vier Einzelstatistiken wird angenommen, dass dies das im Klartext am häufigsten auftretende Zeichen ist.

Die Methode `int[] bildeGrundanordnung(int Schluessellaenge)` versucht über eine zu erwartende Wahrscheinlichkeit für den Buchstaben „e" von ca. 17% eine bessere Grundanordnung zu finden. Diese Häufigkeit hängt sehr von der Textwahl ab und unterliegt daher extremen Schwankungen. Legt man eine Wahrscheinlichkeitsverteilung aller Zeichen entsprechend Abb. 3.2 zugrunde, so fällt auf, dass die dem „e" folgende Wahrscheinlichkeit erheblich kleiner ist. Daher wird im hier vorgelegten Algorithmus eine Wahrscheinlichkeit von $p_e = 0,1$ angenommen, womit immer noch ein genügend großer Abstand zum Buchstaben „n" gilt, der mit einer Wahrscheinlichkeit von ca. $p_n = 0,08$ auftritt. Die Methode bestimmt für alle Buchstaben des erwarteten Schlüsselwortes das Zeichen, welches in seiner Häufigkeit dem Buchstaben „e" am nächsten kommt. Dies ergibt dann die Kombination $s = s_{1,0}s_{1,1}s_{1,2}s_{1,3}$, im Folgenden nur noch kurz als „1 1 1 1" usw. bezeichnet, d. h. das jeweils zweithäufigste Zeichen der ermittelten Wahrscheinlichkeiten. Das Schlüsselwort enthält damit bereits die Zeichenfolge „YE.." (vgl. Bildschirmausdruck).

Im zweiten Durchgang wurde dies aufgrund einer Betrachtung der Häufigkeitsverteilung zu „1 1 2 1" geändert, womit für das Schlüsselwort bereits drei druckbare Zeichen „YET" folgen, aber immer noch keine eindeutige Ausgabe vorliegt. Der dritte Durchgang mit „1 1 2 2" führt dann zum gewünschten Ergebnis und zu einem Text ohne Fehler. Das Verfahren lässt sich natürlich beschleunigen, wenn Erkenntnisse darüber vorliegen, ob der chiffrierte Text Leerzeichen enthält oder nicht. Wie Abb. 3.2 zeigt, treten diese am häufigsten auf, sodass eine Entschlüsselung dann schon meistens im ersten Durchgang erfolgreich ist. Anwendung auf das hier gewählte Beispiel liefert sofort für die von der Methode ermittelte Anordnung „0 0 0 0" den richtigen dechiffrierten Text, wobei lediglich die Programmzeilen 9 und 10 in Alg. 4.8 geändert wurden:[10]

```
—————————————————— Programmausgabe ——————————————————
Starte Entschluesselung ...
Bestimme wahrscheinlichste Anordnung ...
0 0 0 0
89 69 84 73    Schluesselwort: YETI
```

[9]Dem Bildschirmausdruck kann entnommen werden, dass die auftretende Wahrscheinlichkeit für das Leerzeichen (ca.15%) der Vorgabe sehr nahe kommt, für den Buchstaben „e" aber erheblich abweicht! Statt der erwarteten $14,7\%$ treten durchweg nur knapp 9% auf.

[10]Der Leerschritt entspricht ASCII 32 und tritt in deutschen Texten mit einer Wahrscheinlichkeit von $p_{space} = 15,15\%$ auf.

```
\end{center}\newpage\pagenumbering{Roman}   Herbert Voß, Berlin, März 200|
Schluesselwort veraendern? (J/N):
```

Eine weitere Anwendung des Alg. 4.8 auf einen englischsprachigen Text (Programmbeschreibung) führt zu analogen Ergebnissen:

```
─────────────────────────── Programmausgabe ────────────
voss@maria:~/Vigenere > java Vigenere_Decode2 Englisch.Herbert
Lese Datei ...
---- Verschluesselte Datei: Englisch.Herbert (125376 Bytes) ----
j=0     SL=-1   Kappa=1.0
j=7     SL=7    Kappa=0.059054364471669216
j=14    SL=7    Kappa=0.060059341500765695
j=21    SL=7    Kappa=0.05777820316488004
j=28    SL=7    Kappa=0.05857580398162328
j=35    SL=7    Kappa=0.05931757274119449
j=42    SL=7    Kappa=0.05933352475752935
j=49    SL=7    Kappa=0.060314573762123534
j=56    SL=7    Kappa=0.058264739663093416
j=63    SL=7    Kappa=0.05917400459418071
Weitermachen (J/N)? >
Schluesselwortlaenge= 7
.......
----- Die Statistik ----
0:
(173): 11.45%  (188): 8.28%   (183): 7.0%    (169): 6.79%   (177): 6.35%
(182): 6.05%   (187): 5.54%   (186): 5.06%   (180): 4.22%   (176): 3.98%
1:
(202): 11.56%  (217): 8.35%   (198): 6.68%   (212): 6.61%   (211): 6.16%
(206): 6.13%   (216): 5.47%   (215): 5.4%    (209): 4.12%   (205): 3.94%
2:
(215): 11.56%  (230): 8.56%   (225): 6.86%   (211): 6.59%   (224): 6.19%
(219): 5.95%   (229): 5.55%   (228): 5.01%   (222): 4.0%    (218): 3.78%
3:
(199): 11.82%  (214): 8.66%   (195): 6.86%   (209): 6.85%   (203): 6.03%
(208): 5.63%   (213): 5.49%   (212): 5.28%   (206): 3.95%   (202): 3.91%
4:
(202): 11.68%  (217): 8.73%   (212): 6.77%   (198): 6.61%   (211): 6.12%
(206): 5.92%   (216): 5.55%   (215): 5.2%    (209): 4.04%   (205): 3.93%
5:
(215): 11.68%  (230): 8.74%   (225): 6.9%    (211): 6.51%   (219): 6.06%
(224): 5.81%   (229): 5.59%   (228): 5.25%   (218): 4.04%   (222): 4.02%
6:
(217): 11.29%  (232): 8.66%   (227): 7.08%   (213): 6.82%   (221): 6.16%
(226): 6.09%   (231): 5.32%   (230): 5.01%   (224): 4.09%   (220): 4.08%

Starte Entschluesselung ...
Bestimme wahrscheinlichste Anordnung ...
0 0 1 1 1 1 0
72 101 129 113 116 129 116   Schluesselwort: He.qt.t
ExeV_UedLjI7VatucVdSythV=jITea^.LWoot_'eV]ThZdWZleidTfcrene]j^aineRZ_edb
Schluesselwort veraendern? (J/N): j
Aktuelle Anordnung: 0 0 1 1 1 1 0
Neue Anordnung:     0 0 0 1 1 0 0
72 101 114 113 116 114 116   Schluesselwort: Herqtrt
ExtV_dedLyI7eaturVdbythe=jXTeam.Lfootn'ee]ThidWileisTfrrent]jmaintRZnedb
Schluesselwort veraendern? (J/N): j
Aktuelle Anordnung: 0 0 0 1 1 0 0
Neue Anordnung:     0 0 0 0 0 0 0
72 101 114 98 101 114 116   Schluesselwort: Herbert
ExtendedLyXFeaturesbytheLyXTeam([footnote]Thisfileiscurrentlymaintainedb
Schluesselwort veraendern? (J/N):
Jetzt komplett entschluesseln? (J/N): j
```

```
ExtendedLyXFeaturesbytheLyXTeam([footnote]Thisfileiscurrentlymaintainedb
yMikeRessler,mike.ressler@alum.mit.edu.Pleasesendcommentsorerrorcorrecti
onstothataddress.)\tableofcontents{}SupplementalDocumentPreparationTools
1.1IntroductionTheExtendedLyXFeaturesmanual,whichyouarenowreading,isesse
ntiallyPartIIoftheUser'sGuide\@.Thereasonforsplittingthisdocumentissimpl
e:theUser'sGuideisalreadyhuge,anditconta
```

Diesmal lag ein Text zugrunde, der keine Leerzeichen enthielt, so dass sich eine etwas andere Häufigkeitsverteilung für die vermutete Schlüsselwortlänge $SL = 7$ ergibt, wobei $SL = 7$ relativ schnell und sicher bestimmt werden konnte. Wegen $\kappa \approx 0.059$, lässt dies auf einen normalen, englischsprachigen Text schließen. Die erste ermittelte Schlüsselwortlänge bleibt konstant, d. h. dass jeder der sieben Textteile $P_0, ..., P_6$, der sich aus jedem 7. Zeichen des Gesamttextes mit $m = 7$ als Periodenlänge ergibt, sich gleich verhält und somit dem Gesamttext entspricht!

$$P_0 = p_0, p_{0+m}p_{0+2m}\cdots = p_0p_7p_{14}\cdots \tag{4.19}$$

$$P_1 = p_1, p_{1+m}p_{1+2m}\cdots = p_1p_8p_{15}\cdots \tag{4.20}$$

$$\cdots\cdots$$

$$P_6 = p_6, p_{6+m}p_{6+2m}\cdots = p_6p_{13}p_{20}\cdots \tag{4.21}$$

Das vom Alg. 4.8 ermittelte erste Schlüsselwort „He.qt.t", welches sich aus „0 0 1 1 1 1 0" ergab, führte noch zu keinem sinnvollen Klartext.[11] Dieses „vorläufige" Schlüsselwort weist an der dritten und fünften Position nicht druckbare Zeichen auf, sodass in einem ersten Schritt diese beiden geändert werden, d. h. es wird die Anordnung „0 0 0 1 1 0 0" vorgegeben. Dies führt im nächsten Durchlauf zum vermuteten Schlüsselwort „Herqtrt", was immer noch zu keinem lesbaren Text führt, wenn auch schon einzelne Vorteile erkennbar sind. Eine weitere Änderung auf „0 0 0 0 0 0 0" führt zum gewünschten Ergebnis; der Text ist vollständig entschlüsselt. Der Algorithmus 4.8 lässt verschiedene Textarten zu:

- Alle 256 Zeichen des erweiterten ASCII waren beim Verschlüsseln zugelassen;
- Der reine Klartext bestand fast nur aus Großbuchstaben, sodass das häufigste Zeichen nicht mehr „e", sondern der Großbuchstabe „E" ist, was auf die Ordinalziffer dieses Bezugsbuchstabens einen Einfluss hat;
- Der Klartext bestand nur aus Großbuchstaben und es galt $A = 0$;
- Der Klartext bestand nur aus Kleinbuchstaben und es galt $a = 0$;

---

[11] „0 0 1 1 1 1 0 ="" bedeutet, dass für die ersten beiden Zeichen der vorgegebene Vergleichsbuchstabe „e" dem im verschlüsselten Text am häufigsten aufgetretenen Zeichen entsprach (0), für die nächsten vier das am zweithäufigsten (1) und für das letzte wieder das am häufigsten aufgetretene Zeichen (0).

- Der Klartext besteht nur aus Buchstaben, aber Groß- und Kleinbuchstaben erscheinen in einer normalen Schreibweise, so wie diese Zeile.

Algorithmus 4.8: Dekodierung eines verschlüsselten Textes

```java
1  class Vigenere_Decode2 {
2
3    public static int [] c;
4    public static int cLaenge;
5    double [][] sSpitze;            // absolute Haeufigkeit
6    byte [][] cSpitze;             // zugehoerige Zeichen
7    byte bezug_e=101;              // entspricht "e"
8    byte bezug_a=0;
9  // nur interessant, wenn verschluesselter Text die Zaehlung der Zeichen
10 // bei a=0 bzw. A=0 begonnen hat, dann muss bezug_a=97 sein, bzw.
11 // muss korrigiert werden, falls im Text mehr Gross- als
12 // Klein-Buchstaben auftreten!  -> bezug_E=69, bezug_A=65
13   double pEsoll=0.15;            // Wahrscheinlichkeit fuer "e"
14
15   public Vigenere_Decode2() {
16
17 [ ... Textart festlegen ... ]
18
19     int SL=bestimmeSL();          // Schluessellaenge
20     System.out.println("Schluesselwortlaenge= "+SL);
21     sSpitze = new double [SL][10];    // die Haeufigkeiten
22     cSpitze = new byte[SL][10];       // die zugehoerigen Zeichen
23     erstelleStatistik(SL);
24     System.out.println("\n----- Die Statistik ----");
25     for (int j=0; j<SL; j++) {        // gleiche Abstaende
26       System.out.println(j+":");
27       for (int i=0; i < 10; i++) {
28 //        IO.printChar(cSpitze[j][i]);    // Unicode-Ausgabe
29         System.out.print("("+cSpitze[j][i]+")"+": "+IO.DM(100.0*
             sSpitze[j][i])+"% \t");
30         if (((i+1)%5)==0) System.out.println();
31       }
32     }
33 //
34 // Entschluesselungsversuche bis ein sinnvoller Text erscheint
35 //
36     System.out.println("\nStarte Entschluesselung ...");
37     bildeKlartext(TextArt,SL);
38     System.exit(0);
39   }
40
41   byte[] bildeGrundanordnung(int Schluessellaenge) {
42     System.out.println("Bestimme wahrscheinlichste Anordnung ...");
```

```
43    byte [] Anordnung = new byte[Schluessellaenge];
44    double pEist;
45    double diff;
46    for (int i=0; i<Schluessellaenge; i++) {
47      diff=pEsoll;              // Vorgabe
48      for (int j=0; j<10; j++) {
49        if ((Math.abs(sSpitze[i][j]-pEsoll)) < diff) {
50          diff = sSpitze[i][j]-pEsoll;
51          Anordnung[i]=(byte)j;
52        }
53      }
54    }
55    return Anordnung;
56  }
57
58  void bildeKlartext(int TextArt, int SL) {
59    byte[] s = new byte[SL];
60    int p, k, l;
61    String datStr;
62 //
63 // jetzt muessen alle moeglichen Zeichen permutiert werden
64 //
65    byte[] Anordnung = bildeGrundanordnung(SL);
66    for (int i=0; i<SL; i++) System.out.print(Anordnung[i]+" ");
67    System.out.println();
68    boolean SchluesselWortOK=false;
69    boolean SLWort=false;
70    do {
71      if (!SLWort)
72        for (int i=0; i<SL; i++)
73          s[i] = (byte)(cSpitze[i][Anordnung[i]]-bezug_e+bezug_a);
74      for (int i=0; i<SL; i++) System.out.print(s[i]+" ");
75      System.out.print("  Schluesselwort: ");
76      for (int i=0; i<SL; i++) IO.printChar(s[i]);
77      System.out.println();
78      for (int i = 0; i<80; i++) {
79        p = c[i]-s[i%SL];
80        if ((TextArt==4)&& (c[i]<97)) p-=26; // GROSSbuchstabe???
81        if (p<0)
82          if (TextArt>1) p+=26;
83          else           p+=256;
84        p+=bezug_a;
85        IO.printChar(p);
86      }
87      System.out.print("\nSchluesselwort veraendern? (J/N): ");
88      if (IO.JaNein()) {
89        System.out.print("Aktuelle Anordnung: ");
```

```
90      for (int i=0; i<SL; i++) System.out.print(Anordnung[i]+" ");
91      System.out.println();
92      System.out.print("Neue Anordnung:      ");
93      datStr = IO.Satz();
94      if (datStr.indexOf(" ")<0) {   // kein Space??
95        SLWort=true;
96        s = datStr.getBytes();
97      }
98      else {
99        SLWort=false;
100       datStr = datStr+" ";        // Space wegen Umwandlung
101       k=0; l=0;
102       for (int i=0; i<SL; i++) {
103         k = datStr.indexOf(" ",l);
104         Anordnung[i] = Byte.parseByte(datStr.substring(l,k));
105         l = k+1;
106       }
107     }
108   }
109   else SchluesselWortOK=true;
110 } while (!SchluesselWortOK);
111 System.out.print("Jetzt komplett entschluesseln? (J/N): ");
112 if (!IO.JaNein()) System.exit(0);
113 System.out.println("\n");
114 for (int i = 0; i<c.length; i++) {
115   p = c[i]-s[i%SL];
116   if ((TextArt==4)&& (c[i]<97)) p-=26;   // GROSSbuchstabe???
117   if (p<0)
118     if (TextArt>1) p+=26;
119     else           p+=256;
120   p+=bezug_a;
121   IO.printChar(p);
122   c[i] = p;             // wegen evtuellem Speichern
123   if (((i+1)%80)==0) System.out.println();  // neue Zeile
124 }
125 System.out.println("\n---- Dateilaenge: "+c.length+" Bytes ----\n
    ");
126 }
127
128 [ ... Rest wie angegeben ... ]
```

4.2 Die Hill-Verschlüsselung

Den Nachteil der Vigenère-Verschlüsselung versuchte Lester Hill 1929 mit seinem Vorschlag zu vermeiden. [26, 27] Dieser wurde zwar praktisch nie aufgegriffen, hatte jedoch eine große Bedeutung für das theoretische Verständnis kryptografischer Verfahren [4]. Während bei Vigenère noch einzelne Zeichen ersetzt wurden, sind dies bei Hill gleich mehrere, weshalb auch von den so genannten Blockchiffren gesprochen wird. Die Blocklänge ist grundsätzlich beliebig, kann somit maximal gleich der gesamten Textlänge sein: $m \leq n$. Das zugrunde liegende Alphabet $\mathbb{A}$ sei im mathematischen Sinne ein Körper, sodass $\mathbb{A}^m$ einen so genannten Vektorraum über $\mathbb{A}$ darstellt.

4.2.1 Der Verschlüsselungsvorgang

Die Verschlüsselungsfunktion lässt sich einfach formulieren:

$$E_m(\mathbf{p}, s) = (\mathbf{A} \cdot \mathbf{p} + \mathbf{b}) \bmod k \qquad \text{mit } s = (\mathbf{A}, \mathbf{b}) \tag{4.22}$$

Hierin sind $\mathbf{A}$ eine $(m \times m)$ Matrix und $\mathbf{p}$ und $\mathbf{b}$ jeweils m-dimensionale Spaltenvektoren. k steht für die Anzahl der Elemente des Alphabets $\mathbb{A}$ und wird in der Demonstration gleich den 26 Großbuchstaben gesetzt. Ausgehend von Tab. 4.1 ergibt sich $m = 5$, womit für $\mathbf{A}$ eine 5×5 Matrix und für $\mathbf{b}$ ein m-dimensionaler Spaltenvektor willkürlich gewählt werden:

$$\mathbf{A} = \begin{pmatrix} 3 & 5 & 1 & 0 & 8 \\ 2 & 7 & 18 & 1 & 2 \\ 13 & 24 & 6 & 11 & 20 \\ 21 & 25 & 17 & 13 & 19 \\ 9 & 3 & 11 & 4 & 5 \end{pmatrix} \qquad \mathbf{b} = \begin{pmatrix} 0 \\ 1 \\ 3 \\ 2 \\ 1 \end{pmatrix} \tag{4.23}$$

Wir nehmen einen ersten Nachrichtenblock:

$$\begin{pmatrix} K \\ R \\ Y \\ P \\ T \end{pmatrix} \,\hat{=}\, p_0 = \begin{pmatrix} 11 \\ 18 \\ 25 \\ 15 \\ 20 \end{pmatrix} \tag{4.24}$$

Dieser ergibt sich als erster Block aus „KRYPTologie" mit der bekannten Zuordnung $A = 0$, $B = 1$, usw. Daraus folgt dann für die Verschlüsselungsfunktion[12] E:

---

[12]Zu beachten ist wieder, dass bei diesem Beispiel keine Unterscheidung hinsichtlich Klein-/Großschreibung erfolgt

$$E : c = (\mathbf{A} \cdot \mathbf{p}_0 + \mathbf{b}) \bmod 26 \tag{4.25}$$

$$= \left(\begin{pmatrix} 3 & 5 & 1 & 0 & 8 \\ 2 & 7 & 18 & 1 & 2 \\ 13 & 24 & 6 & 11 & 20 \\ 21 & 25 & 17 & 13 & 19 \\ 9 & 3 & 11 & 4 & 5 \end{pmatrix} \cdot \begin{pmatrix} 11 \\ 18 \\ 25 \\ 15 \\ 20 \end{pmatrix} + \begin{pmatrix} 0 \\ 1 \\ 3 \\ 2 \\ 1 \end{pmatrix} \right) \bmod 26 \tag{4.26}$$

Unter Berücksichtigung der mathematischen Regeln für die Matrizen- bzw. Vektormultiplikation folgt weiter:

$$c = \left(\begin{pmatrix} 298 \\ 653 \\ 1290 \\ 1681 \\ 588 \end{pmatrix} + \begin{pmatrix} 0 \\ 1 \\ 3 \\ 2 \\ 1 \end{pmatrix} \right) \bmod 26 = \begin{pmatrix} 298 \\ 654 \\ 1293 \\ 1683 \\ 589 \end{pmatrix} \bmod 26 = \begin{pmatrix} 12 \\ 4 \\ 19 \\ 19 \\ 17 \end{pmatrix} \tag{4.27}$$

Die Zeichenfolge **KRYPT** wird also in **METTR**[13] chiffriert. Vergleicht man dies mit **RRJAH** der Vigenère-Chiffrierung des vorhergehenden Kapitels, so ist auf den ersten Blick kein Unterschied festzustellen. Durch geeignete Wahl der Matrix **A** kann eine stärkere Durchmischung (Diffusion) der Buchstaben in einem vergleichbaren Block erreicht werden, andererseits gilt wieder, dass die Chiffrierung schlechter wird, wenn die Blocklänge verkleinert wird. Die so genannte Schlüsselmatrix kann prinzipiell beliebig gewählt werden, wobei es allerdings bei negativen Werten zu Problemen beim Subtrahieren kommen kann. So wäre beispielsweise:

$$A = \begin{pmatrix} 1 & 0 & 0 & 0 & 1 \\ 0 & 1 & 1 & 0 & 0 \\ 1 & 0 & 1 & 1 & 0 \\ 1 & 1 & 0 & 1 & 1 \\ 0 & 1 & 0 & 0 & 1 \end{pmatrix} \tag{4.28}$$

eine zulässige Vorgabe und würde mit demselben Vektor *b* (Gl. 4.25) den Klartext „KRYPT" in „FSCNN" verschlüsseln. Um den relativ aufwändigen Eingabevorgang der Matrix **A** und des Vektors *b* zu vermeiden, enthält der Algorithmus 4.9 die Möglichkeit des Einlesens dieser beiden Größen aus einer Datei. Im Wesentlichen ist nur die Methode `Chiffriere(int[] A,int[b])` für den Hill-Algorithmus entscheidend, der Rest sind nur die bekannten Ein- und Ausgabefunktionen. Der Algorithmus lässt alle 256 möglichen Zeichen zu, sodass *k* in Gl. 4.22 entsprechend einzusetzen ist. Zur Kontrolle wird bei der Verschlüsselung *det*(**A**) ausgegeben, um sicher zu gehen, dass eine Entschlüsselung möglich ist, denn zur Bestimmung der inversen Matrix $\mathbf{A}^{-1}$ ist *det*(**A**) $\neq$ 0 eine zwingende Vorausset-

---

[13]$M \stackrel{\wedge}{=} 12$; $E \stackrel{\wedge}{=} 4$; $T \stackrel{\wedge}{=} 19$; $R \stackrel{\wedge}{=} 17$.

zung. Zudem kann mit $ggT(det(\mathbf{A}), k)$[14] sichergestellt werden, dass auch für den Fall, dass das zugrunde liegende Alphabet kein Körper ist, eine Entschlüsselung ermöglicht wird.

```
 ──────────────────── Programmausgabe ────────────────────
voss@maria:~/Kryptologie/Hill > java -classpath ./:JNL.jar Hill_Encode
Lese Datei ...
---- Datei: Test20.txt (35 Bytes) ----
Blocklänge: 5
Matrix A aus Datei einlesen? (J/N): j
1       0       0       0       1
0       1       1       0       0
1       0       1       1       0
1       1       0       1       1
0       1       0       0       1
det(A)=1.0  ggT(det(A),256)=1
Vektor b aus Datei einlesen? (J/N): j
0       1       3       2       1
Chiffrierte Datei ausgeben? (J/N): j
...C...å...f.,..xï.t.Üý_Ù@.....È..Ô
159     172     247     67      167     149     154     229     31      142
156     102     181     44      153     167     120     239     10      116
146     220     253     95      217     64      198     247     25      133
186     200     22      134     212
Fertig!
```

Algorithmus 4.9: Eine Verschlüsselung nach der Hill-Chiffre

```java
 1  class Hill_Encode {
 2
 3    static int[] p;
 4    static int pLaenge;
 5
 6    static long ggT(long a, long b) {
 7      long d,r;
 8      do {
 9        if (a<b) { r=b; b=a; a=r; }
10        r = a; d = a-b;
11        a = b; b = d;
12      } while (d != 0);
13      return r;
14    }
15
16    public Hill_Encode() {
17      System.out.print("Blocklänge: ");
18      int BlockL = IO.ganzeZahl();
19      int[][] A;
20      System.out.print("Matrix A aus Datei einlesen? (J/N): ");
21      if (IO.JaNein()) {
22        A = IO.liesIntsAusDatei(BlockL,BlockL);
23        IO.printMatrix(A);
24      }
```

[14]Größter gemeinsamer Teiler der Determinante und der Größe des Alphabets (hier 256).

```
25    else {
26      A = Matrix.regulaereMatrix(BlockL); // Schluesselmatrix A
27      IO.printMatrix(A);
28      System.out.print("Matrix abspeichern? (J/N)");
29      if (IO.JaNein()) IO.schreibeIntsInDatei(A);
30    }
31    double detA = Matrix.Determinante(A);
32    System.out.print("det(A)="+IO.DM(detA));
33    long cgd = ggT((int)Math.abs(detA),256);
34    System.out.println("  ggT(det(A),256)="+cgd);
35    if ( cgd > 1) {
36      System.out.println("ggT="+cgd);
37      System.exit(0);
38    }
39    int[] b;
40    System.out.print("Vektor b aus Datei einlesen? (J/N): ");
41    if (IO.JaNein()) {
42      b = IO.liesIntsAusDatei(BlockL);
43    }
44    else {
45      System.out.println("Eingabe des Störvektors b("+BlockL+"):");
46      System.out.println("(einzelne Werte durch SPACE getrennt!");
47      b = IO.liesVektorB(BlockL);              // Störvektor B
48    }
49    IO.printVektor(b);
50    Chiffriere(A,b);
51    Datei C=new Datei();
52    C.schreib(p);
53    System.out.print("\nChiffrierte Datei ausgeben? (J/N): ");
54    if (IO.JaNein()) {
55      for (int i=0; i<p.length; i++) IO.printChar(p[i]);
56      System.out.println();
57      for (int i=0; i<p.length; i++) System.out.print(p[i]+"\t");
58    }
59    System.out.println("\nFertig!\n");
60    System.exit(0);
61  }
62
63  void Chiffriere(int[][] A,int[] b) {
64    int BlockL = b.length;
65    int[] c = new int[BlockL];
66    for (int i=0; i< pLaenge; i+=BlockL) {   // gesamten Text
                                               durchgehen
67      for (int j=0; j<BlockL; j++)
68        c[j]=p[i+j];                         // p-Block zuweisen
69      c = Matrix.add(Matrix.mult(A,c),b);    // AxC+b
70      for (int j=0; j<BlockL;  j++)
```

```
71    p[i+j]=c[j]%256;              // Modulo 256
72  }
73 }
74
75 public static void main( String[] arg) {
76   Datei P;
77   if (arg.length== 0)  P = new Datei();
78   else                 P = new Datei(arg[0]);
79   System.out.println("Lese Datei ... ");
80   p = P.liesUnicode();             // Text holen
81   System.out.println("---- Datei: "+P.dateiname+" ("+p.length+"
       Bytes) ----");
82   pLaenge = p.length;
83   Hill_Encode app = new Hill_Encode();
84  }
85 }
```

4.2.2 Der Entschlüsselungsvorgang

Gl. 4.22 kann unter Beachtung der Rechenregeln für Matrizen nach dem Klartext **p** umgestellt werden:

$$c = A \cdot p + b \tag{4.29}$$

$$c - b = A \cdot p \tag{4.30}$$

$$A^{-1} \cdot (c - b) = A^{-1}A \cdot p = E_p(c, s) \tag{4.31}$$

$$A^{-1} \cdot (c - b) = p \tag{4.32}$$

Hierbei ist zum einen die Rechenregel für die Multiplikation mit der inversen Matrix[15] zu beachten und zum anderen die Tatsache, dass sowohl **A** als auch A^{-1} in der Restmenge k zu betrachten sind, wobei hier $k = 256$ ist! Letzteres ist insofern wichtig, als $p_i \in \{0..255\}$ Voraussetzung für ein erfolgreiches Entschlüsseln ist! Das im Folgenden angegebene Beispiel dechiffriert das oben verschlüsselte Textstück „KRYPTOGRAFIE IST WAS fuer das Leben".

```
──────────────────── Programmausgabe ────────────────────
voss@maria:~/Kryptologie/Hill > java -classpath ./:JNL.jar Hill_Decode
Lese Datei ...
---- Datei: Test20.kodiert (35 Bytes) ----
Blocklänge: 5

Matrix A aus Datei einlesen? (J/N): j
1      0      0      0      1
0      1      1      0      0
1      0      1      1      0
1      1      0      1      1
```

---

[15] $A^{-1} \cdot A = E$ (Einheitsvektor).

```
0          1          0          0          1
Bestimme inverse Matrix ...
Inverse Matrix:
1          1         -1          1         -2
0          1         -1          1         -1
0          0          1         -1          1
-1         -1          1          0          1
0         -1          1         -1          2
Bestimme a zur Restklasse 256 ...
1          1        255          1        254
0          1        255          1        255
0          0          1        255          1
255        255          1          0          1
0        255          1        255          2

Vektor b aus Datei einlesen? (J/N): j
0          1          3          2          1

Dechiffrierte Datei ausgeben? (J/N): j
KRYPTOGRAFIE IST WAS fuer das Leben
75         82         89         80         84         79         71         82         65         70
73         69         32         73         83         84         32         87         65         83
32        102        117        101        114         32        100         97        115         32
76        101         98        101        110
Fertig!
```

Algorithmus 4.10: Entschlüsselung nach der Hill-Chiffre

```java
1  class Hill_Decode {
2
3    static int[] c;
4    static int cLaenge;
5
6    public Hill_Decode() {
7      System.out.print("Blocklänge: ");
8      int BlockL = IO.ganzeZahl();
9      int[][] A=new int[BlockL][BlockL];
10     System.out.print("Matrix A aus Datei einlesen? (J/N): ");
11     if (IO.JaNein()) {
12       A = IO.liesIntsAusDatei(BlockL,BlockL);
13       IO.printMatrix(A);
14     }
15     else {
16       System.out.println("Eingabe der Schluesselmatrix A("+BlockL+","+
                BlockL+"):");
17       System.out.println("(Eingabe zeilenweise und einzelne Werte
                durch SPACE getrennt!");
18       A = IO.liesMatrixA(BlockL,BlockL);       // Schluesselmatrix A
19     }
20     System.out.println("Bestimme inverse Matrix ... ");
21     A=Matrix.Inverse(A);
22     if (!Matrix.Fehler) {
23       System.out.println("Inverse Matrix:");
24       IO.printMatrix(A);
```

```
25     }
26     else {
27       System.out.println(Matrix.Fehlermeldung);
28       System.exit(0);
29     }
30     System.out.println("Bestimme a zur Restklasse 256 ... ");
31     for (int i=0; i< BlockL; i++)
32       for (int j=0; j< BlockL; j++)
33         while (A[i][j]<0) A[i][j]+=256;
34     IO.printMatrix(A);
35     int[] b;
36     System.out.print("Vektor b aus Datei einlesen? (J/N): ");
37     if (IO.JaNein()) {
38       b = IO.liesIntsAusDatei(BlockL);
39     }
40     else {
41       System.out.println("Eingabe des Störvektors b("+BlockL+"):");
42       System.out.println("(einzelne Werte durch SPACE getrennt!)");
43       b = IO.liesVektorB(BlockL);           // Störvektor B
44     }
45     IO.printVektor(b);
46     Dechiffriere(A,b);
47     int[]P = new int[cLaenge];
48     Datei PD=new Datei();
49     PD.schreib(c);
50     System.out.print("\nDechiffrierte Datei ausgeben? (J/N): ");
51     if (IO.JaNein()) {
52       for (int i=0; i<c.length; i++) IO.printChar(c[i]);
53       System.out.println();
54       for (int i=0; i<c.length; i++) System.out.print(c[i]+"\t");
55     }
56     System.out.println("\nFertig!\n");
57     System.exit(0);
58   }
59
60   void Dechiffriere(int[][] a,int[] b) {
61     int BlockL = b.length;
62     int[] p = new int[BlockL];
63     int[] cBlock = new int[BlockL];
64     for (int i=0; i< cLaenge; i+=BlockL) {
65       for (int j=0; j<BlockL; j++)
66         cBlock[j] = c[i+j];
67       p = Matrix.mult(a,Matrix.sub(cBlock,b));  // AInv*(c-b)
68       for (int j=0; j<BlockL; j++)
69         c[i+j] = p[j]%256;
70     }
71   }
```

```
72
73  public static void main( String[] arg) {
74    Datei C;
75    if (arg.length== 0)  C = new Datei();
76    else               C = new Datei(arg[0]);
77    System.out.println("Lese Datei ... ");
78    c = C.liesUnicode();                // Text holen
79    cLaenge = c.length;
80    System.out.println("---- Datei: "+C.dateiname+
81            " ("+cLaenge+" Bytes) ----");
82    Hill_Decode app = new Hill_Decode();
83  }
84 }
```

4.3 Der Wegwerfschlüssel

Ein triviales und doch sehr sicheres Verfahren erhält man, wenn die Periodenlänge größer als die Textlänge ist. Das Entschlüsseln einer Vigenère-Chiffrierung
war letztlich nur erfolgreich, weil aufgrund der kurzen Periode des Schlüsselwortes Eigenheiten einer Sprache hinsichtlich ihrer Buchstabenhäufigkeit erhalten
blieben. Diese Eigenschaften gehen völlig verloren, wenn es faktisch keine Periode mehr gibt, weil die Schlüssellänge mindestens gleich der Textlänge ist. Weiterhin können alle Schlüssel nur einmal bzw. zufällig[16] gewählt werden (One-
Time-pad). Da sowohl die Kasiski- als auch die Friedman-Methode versagen,
bleibt nichts weiter als der so genannte Brute-Force-Angriff[17], der hier aber wegen der großen Schlüsselwortlänge erfolglos bleiben dürfte.

Die einzigen beiden Nachteile beim *One-Time-Pad*-Verfahren ist die Frage, wie
man einen zufälligen Schlüssel bekommt und man diesen geheim hält, insbesondere bei der Übertragung des Geheimtextes. Denn ohne diesen Schlüssel ist
dieser wertlos. Und will man z. B. 1000 Seiten verschlüsseln, so muss man noch
einmal mindestens 1000 Seiten für den Schlüssel vorsehen!

Ein kurzes Beispiel soll im Folgenden gezeigt werden. Als Klartext liegen die beiden ersten Absätze dieses Kapitels und als Schlüsseldatei das entsprechende
Javaprogramm (Alg. 4.11 auf Seite 68). Der Bildschirmausdruck zeigt jeweils die
Anfänge der beiden Dateien. Der Algorithmus würde die Bearbeitung abbrechen,
wenn die Schlüssellänge nicht mindestens gleich der Textlänge ist, sodass sichergestellt ist, dass es sich hier wirklich um einen Wegwerfschlüssel handelt.

---

[16]Dabei soll die Frage, ob im Zusammenhang mit dem Computer von Zufall gesprochen werden
kann, hier nicht weiter behandelt werden.
[17]Ausprobieren aller möglichen Schlüssel.

```
_____ Programmausgabe _____
voss@maria:~/Vigenere > java OneTimePad OneTimePad.txt OneTimePad.java
Lese Klartextdatei ... fertig!
Lese Schluesseldatei ... fertig!
Originaltext ausgeben? (J/N): j
---- Originaltext von: OneTimePad.txt ----
Ein triviales und doch sehr sicheres Verfahren erhält man, wenn die
Periodenlänge größerer als die Textlänge ist. Das Entschlüsseln einer
 -Chiffrierung war letztlich nur erfolgreich, weil aufgrund der kurzen
Periode des Schlüsselwortes Eigenheiten einer Sprache hinsichtlich
ihrer Buchstabenhäufigkeit erhalten blieben. Diese Eigenschaften
gehen völlig verloren, wenn es faktisch keine Periode mehr gibt, weil

[ ... Rest vom Klartext ... ]

---- Schluesseltext von: OneTimePad.java ----

class OneTimePad {              // Vigenereverschluesselung

  public static void main( String[] arg) {
     String SchluesselWort=" ";
     Datei Original, Schluessel;
     int c, i, laengeSW;
//
// Zwei Argumente werden erwartet: KlartextDatei und SchluesselDatei
//
     if (arg.length < 2) System.exit(0);

[ ... Rest vom Schluesseltext ...]

-- Verschluessele Text von: OneTimePad.java --
Verschluesselten Text ausgeben? (J/N): j


-- Verschluesselter Text von: OneTimePad.java --
.............p.....xl.O.........................r..ä.....@........y...
......7......S..ä....*...@.....K.................§..................
...........[v....

[ ... Rest vom verschluesselten Text ... ]

---- Dateilaenge: 1262 Bytes ----
voss@maria:~/texte/Aufsatz/Kryptologie/Vigenere >
```

Das Verhalten einer derartigen Chiffre lässt sich leicht überprüfen, indem einfach
die Schlüsselwortlänge bestimmt werden soll, wie sie in mehreren Beispielen bereits erfolgreich vorgeführt wurde. Der folgende Bildschirmausdruck zeigt, dass
die Kappamethode völlig versagt.

```
_____ Programmausgabe _____
voss@maria:~/> java Vigenere_Decode2 OneTimePad.kodiert
Lese Datei ...
---- Verschluesselte Datei: OneTimePad.kodiert (1262 Bytes) ----
Bitte Textart angeben:
alle 256 Zeichen ------------------------> 0
alle 256 Zeichen, aber GROSSbuchstaben -> 1
nur GROSSbuchstaben --------------------> 2
nur Kleinbuchstaben --------------------> 3
nur Buchstaben, aber GROSS/klein -------> 4
Eingabe: 0
```

```
j=0    SL=-1   Kappa=1.0
Schluesselwortlaenge= 0
```

Durch eine fehlende Periode bei der Anwendung des gegebenen Schlüsselwortes bzw. Schlüsseltextes, kann es keine Häufungen sowohl bei einzelnen Zeichen als auch Zeichenketten geben. Es bleibt in diesem Fall nichts weiter übrig, als die so genannte Brute-Force-Attacke anzuwenden, wenn der Schlüsseltext nicht vorliegt, was als fast aussichtsloses Unternehmen bei einer Textlänge von ca. 1000 Zeichen erscheint.

Algorithmus 4.11: Vigenère-Verschlüsselung mit langen Schlüsseln

```java
class OneTimePad {         // Vigenereverschluesselung

  public static void main( String[] arg) {
    String SchluesselWort=" ";
    Datei Original, Schluessel;
    int c, i, laengeSW;
//
// Zwei Argumente werden erwartet: KlartextDatei und SchluesselDatei
//
    if (arg.length < 2) System.exit(0);
    Original = new Datei(arg[0]);
    System.out.print("Lese Klartextdatei ... ");
    int[] p = Original.liesUnicode();
    System.out.println("fertig!");
    Schluessel = new Datei(arg[1]);
    System.out.print("Lese Schluesseldatei ... ");
    int[] k = Schluessel.liesUnicode();
    System.out.println("fertig!");
    laengeSW = k.length;
    if (laengeSW < p.length) {
      System.out.println("Schluesselwort MUSS laenger als der Text
          sein!");
      System.exit(0);
    }
    System.out.print("Originaltext ausgeben? (J/N): ");
    if (IO.JaNein()) {
      System.out.println("---- Originaltext von: "+Original.dateiname+
          " ----");
      for (i=0; i < p.length; i++)
        System.out.print((char)p[i]);   // druckbares Zeichen?
    }
    System.out.print("Schluesseltext ausgeben? (J/N): ");
    if (IO.JaNein()) {
      System.out.println("---- Schluesseltext von: "+Schluessel.
          dateiname+" ----");
```

```
33      for (i=0; i < p.length; i++)
34        System.out.print((char)k[i]);   // druckbares Zeichen?
35      }
36      System.out.println("\n-- Verschluessele Text von: "+Original.
          dateiname+" --");
37      for (i = 0; i < p.length; i++)
38        p[i] = (k[i]+p[i])%256;
39      System.out.print("Verschluesselten Text ausgeben? (J/N): ");
40      if (IO.JaNein()) {
41        System.out.println("\n\n-- Verschluesselter Text von: "+Original
            .dateiname+" --");
42        for (i = 0; i < p.length; i++) {
43          IO.printChar(p[i]);
44          if (((i+1)%80)==0) System.out.println();   // neue Zeile
45        }
46      }
47      System.out.println("\n---- Dateilaenge: "+p.length+" Bytes ----\n
          ");
48      Datei Kodiert = new Datei();
49      Kodiert.schreib(p);
50      System.exit(0);
51    }
52 }
```

5 Data Encryption Standard

Inhalt

Bekannter unter der Abkürzung DES[1] ist der Data Encryption Standard trotz AES[2] das zur Zeit immer noch bekannteste und auch sehr häufig angewendete symmetrische Verschlüsselungsverfahren. Es ist das Ergebnis von Untersuchungen der Firma IBM über kryptografische Verfahren und mittlerweile in mehreren Varianten vorhanden (Tab. 9.1). Es unterlag in der Vergangenheit, insbesondere in den USA, bezüglich seiner Anwendung und Verbreitung mehreren Restriktionen, da es offiziell vom U.S. Department of Commerce zum Standard erklärt wurde [37]. Aufgrund der immer wieder auftretenden Angriffe auf das DES-Verfahren

---

[1] Häufig auch als Data Encrpytion System bezeichnet, obwohl die eigentliche von IBM gewählte Bezeichnung Data Encryption Algorithm (DEA) war.

[2] Vgl. Kapitel 7.

wurde bis zur Entwicklung und Implementation eines anderen Verfahrens (AES) nur noch das so genannte Triple-DES[3] angewendet.

5.1 Die Feistel-Chiffre

Das DES basiert auf der so genannten Feistel-Chiffre[4] [13, 22], die Ähnlichkeiten zum Vigenère-Verfahren aufweist und im Folgenden an einem Beispiel erklärt werden soll.

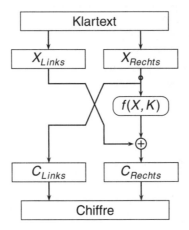

Abbildung 5.1: Feistelnetzwerk mit $f(X, K)$ als Funktion der Daten und eines Schlüssels

Gegeben ist ein zu verschlüsselnder Text der Länge 2t und dem Alphabet $\{0, 1\}$, also ein Binärtext geradzahliger Länge,

$$p = 01010110_2 = 56_{16} = 96_{10} \tag{5.1}$$

der dem Zeichen ' entspricht (Hochkomma). Der Binärtext wird in eine linke und rechte Hälfte unterteilt:

$$p = p_0 = (L_0, R_0) = (0101, 0110) \tag{5.2}$$

Mit der noch festzulegenden Schlüsselfunktion $f_K(x)$ wird eine Folge von links- und rechtsseitigen Binärfolgen erzeugt. Je größer die Folge desto größer auch die Sicherheit der Feistel-Chiffre:

$$p_i = (L_i, R_i) = \left(R_{i-1}, L_{i-1} \oplus f_{K_i}\left(R_{i-1} \right) \right), \qquad i = 1, 2, \dots, r \quad r \in \mathbb{N} \tag{5.3}$$

---

[3]Vgl. Kapitel 5.5.
[4]Horst Feistel (IBM Deutschland) veröffentlichte 1973 dieses Verfahren.

Der verschlüsselte Text entspricht dann $E(p) = E_r(L_0, R_0) = (R_r, L_r)$. In Gl. 5.3 sind die f_{K_i} die einzelnen Schlüssel der Schlüsselfolge, die letztlich willkürlich gewählt werden können und für das hier gegebene Beispiel als reine Schiebeschlüssel[5] definiert werden.

$$f_{K_1} : \text{shift Rechts}$$

$$f_{K_2} : \text{shift Links} \tag{5.4}$$

$$f_{K_3} : \text{doppelt shift Rechts}$$

$$\text{(Shiften jeweils mit Rotation)}$$

Eine willkürliche Zuordnung wäre zum Beispiel $f_K = \begin{pmatrix} 1 & 2 & 3 & 4 \\ 2 & 4 & 1 & 3 \end{pmatrix}$[6], d. h. das erste Bit wandert an die zweite Stelle, das zweite Bit an die vierte, das dritte an die erste und das vierte Bit an die dritte Stelle. Insgesamt gibt es bei dem hier gewählten Beispiel 2^4 verschiedene Schlüssel. Für die so genannte Rundenzahl ergibt sich aus Gl. 5.3 $r = 3$. Sämtliche Durchgänge sollen in aller Ausführlichkeit erklärt werden:

$$(L_1, R_1) = \left(R_0, L_0 \oplus f_{K_1}(R_0)\right) \tag{5.5}$$

$$= \left(0110, 0101 \oplus f_{K_1}(0110)\right) \tag{5.6}$$

$$f_{K_1}(0110) = 0011 \quad \text{(rechts shiften)} \tag{5.7}$$

$$0101 \oplus 0011 = 0110 \tag{5.8}$$

$$(L_1, R_1) = (0110, 0110) \tag{5.9}$$

Die logische Verknüpfung „$\oplus$" entspricht hier der binären Addition ohne Übertrag (Exclusiv-Oder).[7] Die folgenden Runden der Chiffrierung laufen analog zu Gl. 5.1 ab:

$$(L_2, R_2) = \left(R_1, L_1 \oplus f_{K_2}(R_1)\right) \tag{5.10}$$

$$= \left(0110, 0110 \oplus f_{K_2}(0110)\right) \tag{5.11}$$

$$f_{K_2}(0110) = 1100 \quad \text{(links shiften)} \tag{5.12}$$

---

[5] Shift rechts auf 0001 angewendet ergibt dann unter Berücksichtigung der Rotation 1000. Doppelt shift rechts führt zu 0100.

[6] Die erste Zeile der Schlüsselmatrix entspricht dem Original, die zweite der Verschlüsselung.

[7] Mathematisch betrachtet ist es eine binäre Addition Modulo 2.

$$(0 + 0) \bmod 2 = 0$$
$$(0 + 1) \bmod 2 = 1$$
$$(1 + 0) \bmod 2 = 1$$
$$(1 + 1) \bmod 2 = 0$$

$$0110 \oplus 1100 = 1010 \tag{5.13}$$

$$(L_2, R_2) = (0110, 1010) \tag{5.14}$$

$$(L_3, R_3) = \left(R_2, L_2 \oplus f_{K_3}(R_2)\right) \tag{5.15}$$

$$= \left(1010, 0110 \oplus f_{K_3}(1010)\right) \tag{5.16}$$

$$f_{K_3}(1010) = 1010 \quad \text{(doppelt rechts shiften)} \tag{5.17}$$

$$0110 \oplus 1010 = 1100 \tag{5.18}$$

$$(L_3, R_3) = (1010, 1100) \tag{5.19}$$

Damit ist die Verschlüsselung des Originalwortes (Gl. 5.1) beendet, dem Zeichen ' (Hochkomma) wird also das Zeichen Ê mit der dezimalen Ordnungszahl 202 zugeordnet.

$$p = 01010110 \Rightarrow E_3 = (R_r, L_r) = 11001010_2 = CA_{16} = 202_{10} \tag{5.20}$$

Die Feistel-Chiffre als so genannte symmetrische Chiffre wird mit demselben Schlüssel, bzw. derselben Schlüsselfolge entschlüsselt, wobei sich der Algorithmus eigentlich aus Gl. 5.3 ergibt:

$$\left(R_{i-1}, L_{i-1}\right) = \left(L_i, R_i \oplus f_{K_i}(L_i)\right), \qquad i = 1, 2, \ldots, r \quad r \in \mathbb{N} \tag{5.21}$$

Hierbei sind die Schlüsselfolgen in umgekehrter Reihenfolge anzuwenden, was im Folgenden wieder ausführlich gezeigt werden soll. Ausgangspunkt ist das verschlüsselte Wort nach Gl. 5.20, die Anwendung der verschiedenen Schlüssel erfolgt jetzt rückwärts ($i = r, r - 1, r - 2, \ldots, 3, 2, 1$):

$$(R_3, L_3) = (1100, 1010) \tag{5.22}$$

$$(R_2, L_2) = \left(L_3, R_3 \oplus f_{K_3}(L_3)\right) \tag{5.23}$$

$$= \left(1010, 1100 \oplus f_{K_3}(1010)\right) \tag{5.24}$$

$$f_{K_3}(1010) = 1010 \quad \text{(doppelt rechts shiften)} \tag{5.25}$$

$$1100 \oplus 1010 = 0110 \tag{5.26}$$

$$(R_2, L_2) = (1010, 0110) \tag{5.27}$$

$$(R_1, L_1) = \left(L_2, R_2 \oplus f_{K_2}(L_2)\right) \tag{5.28}$$

$$= \left(0110, 1010 \oplus f_{K_2}(0110)\right) \tag{5.29}$$

$$f_{K_2}(0110) = 1100 \quad \text{(links shiften)} \tag{5.30}$$

$$1010 \oplus 1100 = 0110 \tag{5.31}$$

$$(R_1, L_1) = (0110, 0110) \tag{5.32}$$

$$(R_0, L_0) = \left(L_1, R_1 \oplus f_{K_1}(L_1)\right) \tag{5.33}$$

$$= \left(0110, 0110 \oplus f_{K_2}(0110)\right) \tag{5.34}$$

$$f_{K_1}(0110) = 0011 \quad \text{(rechts shiften)} \tag{5.35}$$

$$0110 \oplus 0011 = 0101 \tag{5.36}$$

$$(R_0, L_0) = (0110, 0101) \tag{5.37}$$

Das entschlüsselte Originalwort ist $p = (L_0, R_0) = 01010110$ und entspricht somit eindeutig Gl. 5.1.

5.2 DES-Key

Prinzipiell unterscheidet sich der DES-Algorithmus nicht wesentlich von der Feistel-Chiffre, wenn man hier einmal davon absieht, dass im Gegensatz zum obigen Beispiel natürlich erheblich längere Blocklängen verwendet werden. Grundsätzlich wird für das DES-Verschlüsselungsverfahren wieder ein binäres Alphabet $\{0, 1\}$ mit einer Blocklänge von 64 Bit $\{0, 1\}^{64}$ berücksichtigt. Da aufgrund des Verfahrens Blocklänge und Schlüssellänge identisch sind, gibt es formal 2^{64} verschiedene Schlüssel. Um technisch bedingte Fehler bei der Datenübertragung leichter erkennen zu können, reduziert man die Möglichkeiten, indem die 64 Bit in 8 Byte-Blöcke unterteilt werden, wobei das letzte Bit eines jeden Byte-Blocks in Abhängigkeit der anderen Bits gesetzt wird:

Definition 5-1 *Für einen gültigen n-Byte langen DES-Schlüssel wird das letzte Bit eines jeden Byte-Blocks in der Art gesetzt, dass die Summe der gesetzten Bits einschließlich des letzten Bits **ungeradzahlig** ist.*

Ein gültiger Schlüssel wäre dann z. B.

$$
\begin{array}{cccccccc}
0 & 0 & 0 & 0 & 0 & 0 & 0 & 1 \quad 8.\,Byte \\
1 & 1 & 1 & 1 & 1 & 1 & 1 & 0 \quad 7.\,Byte \\
0 & 0 & 0 & 0 & 0 & 1 & 1 & 1 \quad 6.\,Byte \\
1 & 0 & 1 & 0 & 1 & 0 & 1 & 1 \quad 5.\,Byte \\
0 & 1 & 0 & 1 & 0 & 1 & 0 & 0 \quad 4.\,Byte \\
1 & 1 & 0 & 0 & 1 & 1 & 0 & 1 \quad 3.\,Byte \\
1 & 1 & 1 & 0 & 0 & 0 & 1 & 1 \quad 2.\,Byte \\
1 & 1 & 1 & 1 & 0 & 0 & 1 & 0 \quad 1.\,Byte
\end{array}
\tag{5.38}
$$

Es lässt sich leicht überprüfen, dass das jeweils rechte Bit einer jeden Zeile in Abhängigkeit der ersten sieben Bits derart gesetzt wurde, dass die Anzahl der gesetzten Bits („1") ungeradzahlig ist. In hexadezimaler Form entspricht dieser Schlüssel κ = 01FE07AB54CDE3F2$_{16}$. Mathematisch formuliert ergeben sich die gültigen Schlüssel aus:

$$\kappa = \{(b_{63}, \ldots, b_0) \in \{0, 1\}^{64} : \sum_{i=0}^{i=7} b_{8k+i} \bmod 2 = 1, \quad k = 0, 2, \ldots, 7 \quad (5.39)$$

Bedingt durch das letzte Kontrollbit gibt es insgesamt $2^{56} \approx 7,2 \cdot 10^{16}$ mögliche DES-Schlüssel, die alle bezüglich ihrer Sicherheit formal gleichwertig sind. In Abschnitt 5.5 auf Seite 108 wird allerdings gezeigt, dass es so genannte schwache und halbschwache Schlüssel gibt. Algorithmus 5.1 zeigt die beiden Methoden `ByteFeldSchluessel(byte[][] Feld)` und `BigInteger BigSchluessel()` zum Generieren eines gültigen DES-Schlüssels, wie ihn die folgende Programmausgabe zeigt. Dabei wird die Klasse `java.math.BigInteger` benutzt, die sich insbesondere dann eignet, wenn einem die arithmetischen Bitoperationen nicht so vertraut sind oder aber nicht die Geschwindigkeit, sondern der Algorithmus im Vordergrund stehen soll.

```
──────────── Programmausgabe ────────────
voss@maria:~/Kryptologie > java DES
DES-Schluessel mit Bytefeld byte[64]
0 0 0 0 0 0 0 1
1 1 1 1 1 1 1 0
0 0 0 0 0 1 1 1
1 0 1 0 0 1 0 0
0 1 0 1 0 1 0 0
1 1 0 0 0 1 1 1
1 1 1 0 0 0 1 1
1 1 1 1 0 0 1 0

DES-Schluessel als BigInteger (dezimal): 143560640500851698
  (binaer)   :
  0000000111111110000000111101001000101010011000111111000111110010

In Matrixform (Bytefolgen)  :
0 0 0 0 0 0 0 1
1 1 1 1 1 1 1 0
0 0 0 0 0 1 1 1
1 0 1 0 0 1 0 0
0 1 0 1 0 1 0 0
1 1 0 0 0 1 1 1
1 1 1 0 0 0 1 1
1 1 1 1 0 0 1 0
voss@maria:~/Kryptologie >
```

Algorithmus 5.1: Generieren eines gültigen DES-Schlüssels

```java
1  public byte[] ByteFeldSchluessel() {      // Schluessel als Bytefeld
2    byte[] s = new byte[64];
3    BigInteger dummy = new BigInteger("0");
4    dummy = BigSchluessel();
5    for (int i=0; i<dummy.bitLength(); i++)
6      if (dummy.testBit(i))
7        s[i] = 1;
```

```
8    return s;
9  }
10 public BigInteger BigSchluessel() {        // Schluessel mit
     BigInteger
11   byte zeile, spalte, quersumme;
12   BigInteger schluessel = new BigInteger(64,new Random());
13   for (zeile=0; zeile<=7; zeile++) {
14     quersumme=0;
15     for (spalte=0; spalte<=6; spalte++)
16       if (schluessel.testBit(zeile*8+spalte))
17         quersumme++;
18     if ((quersumme%2)==0)
19       schluessel = schluessel.setBit(zeile*8+7);
20     else
21       schluessel = schluessel.clearBit(zeile*8+7);
22   }
23   return schluessel;
24 }
```

Eine erheblich schnellere Variante erhält man durch Anwendung reiner arithmetischer Operationen auf der Bitebene. Algorithmus 5.2 benötigt für die Erstellung von 100.000 DES-Schlüsseln auf einem alten 600MHz Pentium III gerade mal 2,1 Sekunden.

Algorithmus 5.2: Generieren eines gültigen DES-Schlüssels mithilfe eines Bytefeldes

```
1  import java.util.*;                  // nur fuer Zeitmessung
2
3  class DESKey {                       // DES-Key Klasse
4    protected boolean isWeak(byte[] key) {     // Test for weak keys
5      int a = (key[0] & 0xFE) << 8 | (key[1] & 0xFE);
6      int b = (key[2] & 0xFE) << 8 | (key[3] & 0xFE);
7      int c = (key[4] & 0xFE) << 8 | (key[5] & 0xFE);
8      int d = (key[6] & 0xFE) << 8 | (key[7] & 0xFE);
9      return (a == 0x0000 || a == 0xFEFE) &&
10            (b == 0x0000 || b == 0xFEFE) &&
11            (c == 0x0000 || c == 0xFEFE) &&
12            (d == 0x0000 || d == 0xFEFE);
13   }
14   protected byte[] fixParity(byte[] key) {        // parity-bits setzen
15     int b;
16     for (int i = 0; i < key.length; i++) {
17       b = key[i];                    // key zwischenspeichern
18       key[i] = (byte)((b&0xFE) | (
19                 ~((b>>1)^(b>>2)^(b>>3)^(b>>4)^(b>>5)^(b>>6)^(b
                   >>7)) & 0x01));
```

```
20      }
21      return key;
22    }
23    protected byte[] makeKey() {
24      byte[] b = new byte[8];              // 64 Bit
25      do {
26        for (int i=0; i<8; i++) b[i] = (byte)(Math.random()*256.0f);
27        b = fixParity(b);
28      } while (isWeak(b));                 // solange wie "weich"
29      return (b);
30    }
31    byte[] Key = makeKey();                // bestimme Schluessel
32 }
33
34 public class DESKeyGenerator {
35   public static void main (String[] MyArgs) {        // main-Methode
36     Date dat1 = new Date();
37     long ms = dat1.getTime();             // millisekunden
38     DESKey myKey = new DESKey();          // Konstruktor aufrufen
39     if (MyArgs.length>0) {                // Zeittest
40       for (int i=0; i<100000; i++)
41         myKey = new DESKey();             // Schluessel bilden
42       dat1 = new Date();
43       ms = dat1.getTime()-ms;
44       System.out.println("100.000 Schluessel in "+ms+" msek bestimmt!"
            );
45     }
46     else {
47       for (int i=0; i<8;i++) {
48         for (int j=7; j>=0; j--)
49           if ( ((myKey.Key[i]>>>j)&0x01)>0) System.out.print("1 ");
50           else                       System.out.print("0 ");
51         System.out.println();            // CLRF
52       }
53     }
54   }
55 }
```

5.3 Die Verschlüsselung

5.3.1 Die initiale Permutation

Auf jedes Original p der Länge 64 Bit wird eine so genannte *initiale* Permutation angewendet, die unabhängig vom gewählten Schlüssel ist, aber dennoch einer initialen Chiffrierung entspricht. Ausgehend von dem 64 Bit-Block:

$$p = \begin{pmatrix} 63 & 62 & 61 & 60 & 59 & 58 & 57 & 56 \\ 55 & 54 & 53 & 52 & 51 & 50 & 49 & 48 \\ 47 & 46 & 45 & 44 & 43 & 42 & 41 & 40 \\ 39 & 38 & 37 & 36 & 35 & 34 & 33 & 32 \\ 31 & 30 & 29 & 28 & 27 & 26 & 25 & 24 \\ 23 & 22 & 21 & 20 & 19 & 18 & 17 & 16 \\ 15 & 14 & 13 & 12 & 11 & 10 & 9 & 8 \\ 7 & 6 & 5 & 4 & 3 & 2 & 1 & 0 \end{pmatrix} \tag{5.40}$$

erfolgt eine erste Anwendung durch die folgende initiale Bitpermutation

$$IP(p) = \begin{pmatrix} 6 & 14 & 22 & 30 & 38 & 46 & 54 & 62 \\ 4 & 12 & 20 & 28 & 36 & 44 & 52 & 60 \\ 2 & 10 & 18 & 26 & 34 & 42 & 50 & 58 \\ 0 & 8 & 16 & 24 & 32 & 40 & 48 & 56 \\ 7 & 15 & 23 & 31 & 39 & 47 & 55 & 63 \\ 5 & 13 & 21 & 29 & 37 & 45 & 53 & 61 \\ 3 & 11 & 19 & 27 & 35 & 43 & 51 & 59 \\ 1 & 9 & 17 & 25 & 33 & 41 & 49 & 57 \end{pmatrix} \tag{5.41}$$

Die erste Zeile der initialen Permutation *IP* entspricht der umgekehrten zweiten Spalte des Originals *p*, die zweite Zeile von *IP* der umgekehrten vierten Spalte usw. Beginnt man die Zählung der Zeilen und Spalten mit 0, so kommt auf den Platz (*zeile, spalte*) der initialen Matrix *IP*(*zeile, spalte*) das Element, welches in der originalen Matrix auf dem Platz (7 − *spalte*; (*zeile* · 2 + 1) mod 9) war.[8] Anders ausgedrückt: Das erste Bit des ersten Bytes des Originals (p_0 : 0.Bit) wandert durch die initiale Permutation also an die letzte Stelle des fünften Bytes: $p_0 \to p_{39}$, während p_{39} an die vierte Stelle des vierten Bytes wandert: $p_{39} \to p_{27}$. Gl. 5.42 zeigt an einem willkürlichen Beispiel die Anwendung der initialen Permutation, während die Ausgabe die Anwendung der Methode auf das oben angegeben Beispiel von Alg. 5.1 zeigt:

---

[8]Das erste Element der ersten Zeile von *IP* steht auf dem Platz (0; 0). Diesem wird jetzt das Element *P*(7 − *spalte*; (*zeile* · 2 + 1) mod 9) = *P*(7; 1) zugewiesen.

$$
\begin{pmatrix}
0 & 0 & 0 & 0 & 0 & 0 & 0 & 1 \\
1 & 1 & 1 & 1 & 1 & 1 & 1 & 0 \\
0 & 0 & 0 & 0 & 0 & 1 & 1 & 1 \\
1 & 0 & 1 & 0 & 1 & 0 & 1 & 1 \\
0 & 1 & 0 & 1 & 0 & 1 & 0 & 0 \\
1 & 1 & 0 & 0 & 1 & 1 & 0 & 1 \\
1 & 1 & 1 & 0 & 0 & 0 & 1 & 1 \\
1 & 1 & 1 & 1 & 0 & 0 & 1 & 0
\end{pmatrix}
\rightarrow
\begin{pmatrix}
1 & 1 & 1 & 1 & 0 & 0 & 1 & 0 \\
1 & 0 & 0 & 1 & 0 & 0 & 1 & 0 \\
0 & 0 & 1 & 1 & 0 & 1 & 1 & 0 \\
0 & 1 & 1 & 0 & 1 & 1 & 0 & 0 \\
1 & 1 & 1 & 0 & 1 & 0 & 1 & 0 \\
1 & 1 & 0 & 0 & 1 & 0 & 1 & 0 \\
0 & 0 & 1 & 0 & 1 & 0 & 1 & 0 \\
1 & 1 & 0 & 0 & 1 & 1 & 1 & 0
\end{pmatrix}
\tag{5.42}
$$

$$
p \rightarrow IP(p) \tag{5.43}
$$

Algorithmus 5.3 zeigt die entsprechende Methode für die initiale Permutation.

```
———————————————— Programmausgabe ————————————————
DES-Schluessel als BigInteger (dezimal): 143560640500851698
 (binaer)  : 0000000111111110000001110100100010101001100011111100011111110010

In Matrixform (Bytefolgen)  :
0 0 0 0 0 0 0 1
1 1 1 1 1 1 1 0
0 0 0 0 0 1 1 1
1 0 1 0 0 1 0 0
0 1 0 1 0 1 0 0
1 1 0 0 0 1 1 1
1 1 1 0 0 0 1 1
1 1 1 1 0 0 1 0

Initiale Permutation:
1 1 1 1 0 0 1 0
1 0 0 1 0 0 1 0
0 0 1 1 1 1 1 0
0 1 1 0 0 1 0 1
1 1 1 0 1 0 1 0
1 1 0 0 1 0 1 0
0 0 0 0 0 0 1 0
1 1 1 0 0 1 1 0
```

Algorithmus 5.3: Initiale Permutation

```
 1   public BigInteger initialePermutation (BigInteger P) {
 2     int bP, bIP;
 3     BigInteger PIP = new BigInteger("00000000");
 4     for (int zeile=0; zeile<=7; zeile++)
 5       for (int spalte=0; spalte<=7; spalte++) {
 6         bP = zeile*8+spalte;
 7         bIP = (7-spalte)*8+(zeile*2+1)%9;
 8         if (P.testBit(bIP))
 9           PIP = PIP.setBit(bP);
10       }
11     return PIP;
12   }
```

5.3.2 Anwendung der Feistel-Chiffre

Mit dieser ersten Veränderung des originalen Klartextes wird jetzt eine 16-Runden-Feistel-Chiffre durchgeführt, die analog zum vorhergehenden Kapitel verläuft, d. h. es erfolgt wieder eine Unterteilung in eine linke L_0 und eine rechte Hälfte R_0, die jeweils eine Länge von 32-Bit haben. Gl. 5.42 ergibt daher die folgenden beiden Blöcke:

$$L_0 = 11110010100100100011011001101100 \tag{5.44}$$

$$R_0 = 11101010110010100010101011001110 \tag{5.45}$$

Bei der „normalen" Feistel-Chiffre würde jetzt direkt Gl. 5.3 angewendet. Beim DES-Verfahren wird dies leicht modifiziert, indem für die einzelnen Runden gilt:

$$E_{i+1} = (L_{i+1}, R_{i+1}) = (R_i, L_i \oplus f(R_i, K_{i+1})) \tag{5.46}$$

Der einzige Unterschied zu Gl. 5.3 ergibt sich durch die Funktion $f(R_i, K_{i+1})$. Abb. 5.2 zeigt den gesamten Vorgang der Bildung dieser Teilfunktion im Überblick. Ausgehend von der rechten Hälfte R_i und dem Grundschlüssel K erfolgt zuerst eine Expansion der rechten Hälfte von 32 Bit auf 48 Bit und eine Reduktion des Grundschlüssels von 64 Bit auf ebenfalls 48 Bit, dann eine normale binäre Addition ohne Übertrag[9] und eine abschließende Reduktion, um wieder auf die

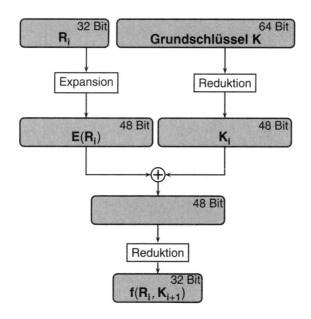

Abbildung 5.2: Bildung der Funktion $f(R_i, K_{i+1})$

---

[9]Entspricht binärer Addition modulo 2.

32-Bit-Länge für eine Hälfte zu kommen. Anwendung von Gl. 5.46 führt dann zur Feistel-Chiffre $E_{i+1} = (L_{i+1}, R_{i+1})$, die nach 16-maliger Anwendung dann das Zwischenergebnis der DES-Verschlüsselung ergibt:

$$E_{16} = (L_{16}, R_{16}) \tag{5.47}$$

5.3.3 Die inverse initiale Permutation

Auf das Endergebnis der Feistel-Chiffre wird jetzt noch abschließend die so genannte *inverse* initiale Permutation IP^{-1} angewendet, sodass man als endgültiges Ergebnis einer Verschlüsselung nach dem DES-Verfahren erhält:

$$c = IP^{-1}(R_{16}, L_{16}) = E_K(p) \tag{5.48}$$

Diese inverse initiale Permutation besagt lediglich, dass formal $p \to IP(p) \to IP^{-1}(IP(p))$ wieder zum Originalbit führt $p = IP^{-1}(IP(p))$, d. h. dass das Bit, welches durch IP vom ersten Bit des ersten Bytes auf das letzte Bit des fünften Bytes transformiert wurde, wieder auf das erste Bit des ersten Bytes zurücktransformiert wird. Damit lässt sich IP^{-1} leicht bestimmen:

$$IP^{-1} = \begin{pmatrix} 24 & 56 & 16 & 48 & 8 & 40 & 0 & 32 \\ 25 & 57 & 17 & 49 & 9 & 41 & 1 & 33 \\ 26 & 58 & 18 & 50 & 10 & 42 & 2 & 34 \\ 27 & 59 & 19 & 51 & 11 & 43 & 3 & 35 \\ 31 & 60 & 20 & 52 & 12 & 44 & 4 & 36 \\ 29 & 61 & 21 & 53 & 13 & 45 & 5 & 37 \\ 30 & 62 & 22 & 54 & 14 & 46 & 6 & 38 \\ 31 & 63 & 23 & 55 & 15 & 47 & 7 & 39 \end{pmatrix} \tag{5.49}$$

Die erste Spalte von IP^{-1} entspricht der rückwärts gelesenen fünften Zeile von IP (Gl. 5.42), die zweite Spalte der rückwärts gelesenen ersten Zeile, usw.

Die Matrix $IP^{-1}(zeile, spalte)$ bekommt also die Elemente zugewiesen, die auf $IP((spalte * 5 + 4) \bmod 9; 7 - zeile)$ stehen, womit sich die Methode

```
public BigInteger inverseInitialePermutation(BigInteger IP)
```

leicht implementieren lässt. Anhand der Programmausgabe ergibt sich eindeutig, dass die Anwendung von $IP^{-1}(IP(p))$ wieder zum Ausgangswert p führt.

```
──────────── Programmausgabe ────────────
DES-Schluessel als BigInteger (dezimal): 143560640500851698
 (binaer) :
 000000011111111000000111101001000101010011000111111000111111110010

In Matrixform (Bytefolgen)  :
0 0 0 0 0 0 0 1
1 1 1 1 1 1 1 0
0 0 0 0 0 1 1 1
```

```
1 0 1 0 0 1 0 0
0 1 0 1 0 1 0 0
1 1 0 0 0 1 1 1
1 1 1 0 0 0 1 1
1 1 1 1 0 0 1 0

Initiale Permutation:
1 1 1 1 0 0 1 0
1 0 0 1 0 0 1 0
0 0 1 1 1 1 1 0
0 1 1 0 0 1 0 1
1 1 1 0 1 0 1 0
1 1 0 0 1 0 1 0
0 0 0 0 0 0 1 0
1 1 1 0 0 1 1 0

Inverse Initiale Permutation:
0 0 0 0 0 0 0 1
1 1 1 1 1 1 1 0
0 0 0 0 0 1 1 1
1 0 1 0 0 1 0 0
0 1 0 1 0 1 0 0
1 1 0 0 0 1 1 1
1 1 1 0 0 0 1 1
1 1 1 1 0 0 1 0
voss@maria:~/Kryptologie >
```

Algorithmus 5.4: Inverse initiale Permutation

```
1   public BigInteger inverseInitialePermutation (BigInteger IP) {
2     int bP, bIP;
3     BigInteger P = new BigInteger("00000000");  // 64 Bit
4     for (int zeile=0; zeile<=7; zeile++)
5       for (int spalte=0; spalte<=7; spalte++) {
6         bP = zeile*8+spalte;
7         bIP = ((spalte*5+4)%9)*8+7-zeile;
8         if (IP.testBit(bIP))
9           P = P.setBit(bP);
10      }
11    return P;
12  }
```

5.3.4 Die Expansionsfunktion

Die Expansionsfunktion kann willkürlich gewählt werden, muss jedoch für einzelne zusammenhängende Chiffrierungs- und Dechiffrierungsvorgänge konstant bleiben. Mathematisch formuliert bildet E eine 32-Bitkette auf eine 48-Bitkette ab:

$$E: \quad \{0,1\}^{32} \rightarrow \{0,1\}^{48} \tag{5.50}$$

Analog zur initialen Permutation kann auch hier mit einer Zuordnungsmatrix gearbeitet werden:

$$
\begin{pmatrix}
31 & 30 & 29 & 28 & 27 & 26 & 25 & 24 \\
23 & 22 & 21 & 20 & 19 & 18 & 17 & 16 \\
15 & 14 & 13 & 12 & 11 & 10 & 9 & 8 \\
7 & 6 & 5 & 4 & 3 & 2 & 1 & 0
\end{pmatrix}
\rightarrow
\begin{pmatrix}
0 & 31 & 30 & 29 & 28 & 27 \\
28 & 27 & 26 & 25 & 24 & 23 \\
24 & 23 & 22 & 21 & 20 & 19 \\
20 & 19 & 18 & 17 & 16 & 15 \\
16 & 15 & 14 & 13 & 12 & 11 \\
12 & 11 & 10 & 9 & 8 & 7 \\
8 & 7 & 6 & 5 & 4 & 3 \\
4 & 3 & 2 & 1 & 0 & 31
\end{pmatrix}
\tag{5.51}
$$

Ein formaler Zusammenhang lässt sich einfach herstellen, da ab der zweiten Zeile der expandierten Matrix jeweils (Zeilennummer − 1) · 2 von der laufenden Platznummer $i = 1..48$ abgezogen werden muss und das ganze Modulo 32 arbeitet. Bezieht man sich wieder auf die übliche mit Null beginnende Zählung, so ergibt sich Algorithmus 5.5.

```
────────────── Programmausgabe ──────────────
Beispiel fuer eine 4*8 Matrix
0 1 1 0 0 0 1 1
1 1 1 1 1 0 0 1
0 1 1 1 1 1 1 0
0 1 0 0 0 1 0 0

Expandiert auf 48 Bit
0 0 1 1 0 0
0 0 0 1 1 1
1 1 1 1 1 1
1 1 0 0 1 0
1 0 1 1 1 1
1 1 1 1 0 0
0 0 1 0 0 0
0 0 1 0 0 0
```

Algorithmus 5.5: Expansion einer 4*8 Matrix auf eine 8*6 Matrix

```
1   public BigInteger Expand (BigInteger P) {  // 32->48 Bit
2     int iP, j;
3     BigInteger ExpP = new BigInteger("000000");  // 48 Bit
4     for (iP=0; iP<48; iP++) {
5       j = (iP+31-(iP/6)*2)%32;
6       if (P.testBit(j))
7         ExpP = ExpP.setBit(iP);
8     }
9     return ExpP;
10  }
```

Angewendet auf das Beispiel nach Gl.5.44 ergibt sich

$$
R_0 = 11101010\,11001010\,00101010\,11001110 \tag{5.52}
$$

$$
E(R_0) = 01110101\,01010110\,01010100\,00010101\,01010110\,01011101 \tag{5.53}
$$

5.3.5 Die Reduktion des Grundschlüssels

Die so genannten Rundenschlüssel sind wie der Grundschlüssel prinzipiell frei wählbar, müssen jedoch für einen chiffrierten Text bekannt sein, sonst kann keine Dechiffrierung erfolgen. K_i, $i = 1, 2, ..., 16$ seien die einzelnen Rundenschlüssel, die aus dem 64-Bit Grundschlüssel bestimmt werden und v_i $i = 1, 2, ..., 16$ sowie PC1 und PC2 folgende Hilfsgrößen:

$$v_i = \begin{cases} 1 & \text{für } i \in \{1, 2, 9, 16\} \\ 2 & \text{andernfalls} \end{cases} \tag{5.54}$$

$$PC1 : \{0, 1\}^{64} \rightarrow \{0, 1\}^{28} \times \{0, 1\}^{28} = C_0 \times D_0 \tag{5.55}$$

$$C_1 = v_i \times \text{shift links}(C_0) \tag{5.56}$$

$$D_0 = v_i \times \text{shift links}(D_0) \tag{5.57}$$

$$PC2 : C_1 \times D_1 = \{0, 1\}^{28} \times \{0, 1\}^{28} \rightarrow \{0, 1\}^{48} = K_i \tag{5.58}$$

Die Funktion PC1 ordnet **einer** Matrix mit 8 × 8 Elementen (64 Bit) **zwei** Matrizen mit jeweils 4 × 7 Elementen (28 Bit) zu, wobei die letzte Spalte $(8, 16, 24, 32, ...)$ unberücksichtigt bleibt, die beim Schlüssel ja den Paritätsbits entspricht (vgl. Gl. 5.38). Die Funktion PC2 ordnet **zwei** 4 × 7 Matrizen **eine** 8 × 6 Matrix zu, was nach einem festen Schema erfolgt:

$$\begin{pmatrix} 63 & 62 & 61 & 60 & 59 & 58 & 57 & 56 \\ 55 & 54 & 53 & 52 & 51 & 50 & 49 & 48 \\ 47 & 46 & 45 & 44 & 43 & 42 & 41 & 40 \\ 39 & 38 & 37 & 36 & 35 & 34 & 33 & 32 \\ 31 & 30 & 29 & 28 & 27 & 26 & 25 & 24 \\ 23 & 22 & 21 & 20 & 19 & 18 & 17 & 16 \\ 15 & 14 & 13 & 12 & 11 & 10 & 9 & 8 \\ 7 & 6 & 5 & 4 & 3 & 2 & 1 & 0 \end{pmatrix} \rightarrow \begin{cases} \begin{pmatrix} 7 & 15 & 23 & 31 & 39 & 47 & 55 \\ 63 & 6 & 14 & 22 & 30 & 38 & 46 \\ 54 & 62 & 5 & 13 & 21 & 29 & 37 \\ 45 & 53 & 61 & 4 & 12 & 20 & 28 \end{pmatrix} \\ \begin{pmatrix} 1 & 9 & 17 & 25 & 33 & 41 & 49 \\ 57 & 2 & 10 & 18 & 26 & 34 & 42 \\ 50 & 58 & 3 & 11 & 19 & 27 & 35 \\ 43 & 51 & 59 & 36 & 44 & 52 & 60 \end{pmatrix} \end{cases} \tag{5.59}$$

Derartige Matrizen sind natürlich schlecht zu merken, sodass die verkürzte Schreibweise gewählt wird:

$$PC1 \rightarrow \left\{ \begin{pmatrix} C_0 \\ D_0 \end{pmatrix} \right. = C_0 \times D_0 \tag{5.60}$$

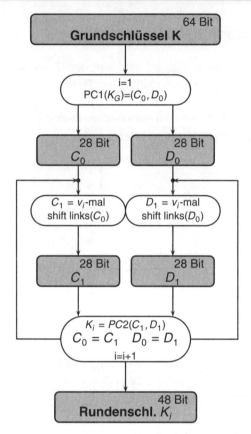

Abbildung 5.3: Bildung des Rundenschlüssels K_1

Den formalen Ablauf zur Bestimmung des Rundenschlüssels zeigt anschaulich Abb. 5.3. Das Prinzip für C_0 ist relativ leicht zu erkennen:

- Beginnend mit dem 0. Platz (unten rechts) ergeben die ersten vier Elemente von D_0 und C_0 zusammen die vierte Spalte der 8×8 Matrix $(60, 52, 44, 36)$ die ersten Elemente von D_0 und $28, 20, 12, 4$ die ersten von C_0;
- Nach dem zugeordneten Element Nr. 4 kommt bei C_0 das 61. Element der 8 × 8 Matrix. Das nächste Element ist das um 8 Plätze „kleinere" Element, das dann folgende das 16 Plätze kleinere usw. Wird diese Platznummer negativ, dann wird einfach mit dem 61 + 1. Element weitergemacht, bis wieder durch die Verringerung um 8 Plätze eine negative Zahl erreicht wird und es dann mit dem 61 + 2. Platz weitergeht usw. bis die Matrix C_0 gefüllt ist (Alg. 5.6).

Für D_0 verläuft dies analog, wenn beachtet wird, dass nach den ersten vier Elementen mit der Platznummer 59 der 8×8 Matrix weitergemacht wird, bei negativer Platznummer der neue „Startwert" 59 − 1 ist, der nächste bei ständiger Verringerung um 8 Plätze 59 − 2 usw.

```
───────────────────────── Programmausgabe ─────────────────────
voss@maria:~/Kryptologie > java DES
DES-Schluessel als BigInteger (dezimal): 143560640500851698
 (binaer):
 0000000111111110000001111010010001010100110001111110001111110010

In Matrixform (Bytefolgen)  :
0 0 0 0 0 0 0 1
1 1 1 1 1 1 1 0
0 0 0 0 0 1 1 1
1 0 1 0 0 1 0 0
0 1 0 1 0 1 0 0
1 1 0 0 0 1 1 1
1 1 1 0 0 0 1 1
1 1 1 1 0 0 1 0

C-Matrix aus Schluessel
1 1 1 0 1 0 1
0 1 1 1 1 0 0
1 0 1 1 0 0 1
0 1 0 1 0 0 1

D-Matrix aus Schluessel
1 1 1 0 0 1 1
0 0 0 1 1 1 1
1 0 0 0 0 0 0
0 1 0 0 0 1 0
```

Algorithmus 5.6: Aufspalten des Schlüssel in zwei 4 × 7 Matrizen

```
 1   public BigInteger PC1 (BigInteger Key, String Typ) {  // 64->28 Bit
 2     int i, j, k;
 3     BigInteger C = new BigInteger("0000");  // 28 Bit
 4     if (Typ.equals("C")) k = 28;         // Matrix C - oben
 5     else              k = 60;            // Matrix D - unten
 6     for (j=0; j<4; j++) {
 7       if (Key.testBit(k)) C = C.setBit(j);
 8       k-=8;
 9     }
10     if (Typ.equals("C")) i = 61;         // Matrix C - oben
11     else              i = 59;            // Matrix D - unten
12     k = i;
13     for (j=4; j<28; j++) {
14       if (Key.testBit(k)) C = C.setBit(j);
15       k-=8;
16       if (k<0) {
17         if (Typ.equals("C")) i++;
18         else              i--;
19         k = i;
20       }
21     }
22     return C;    // steht für C oder D
23   }
```

Die Funktion *PC2* erstellt aus den beiden ein- oder zweifach links geschobenen[10] Matrizen $C_1 = v_i$ shift links C_0; $D_1 = v_i$ shift links D_0 den Rundenschlüssel K_i. Die obere Hälfte von K_i wird durch Elemente von C_1 und die untere Hälfte von K_i durch Elemente von D_1 gefüllt. Damit keine Verwechslungen auftreten, wurden in Gl. 5.61 die Platznummern der „oberen" Matrix C_1 nicht mit 0..27, sondern mit 28..55 bezeichnet:

$$
\left.
\begin{pmatrix}
55 & 54 & 53 & 52 & 51 & 50 & 49 \\
48 & 47 & 46 & 45 & 44 & 43 & 42 \\
41 & 40 & 39 & 38 & 37 & 36 & 35 \\
34 & 33 & 32 & 31 & 30 & 29 & 28
\end{pmatrix}
\atop
\begin{pmatrix}
27 & 26 & 25 & 24 & 23 & 22 & 21 \\
20 & 19 & 18 & 17 & 16 & 15 & 14 \\
13 & 12 & 11 & 10 & 9 & 8 & 7 \\
6 & 5 & 4 & 3 & 2 & 1 & 0
\end{pmatrix}
\right\}
\rightarrow
\begin{pmatrix}
42 & 39 & 45 & 32 & 55 & 51 \\
53 & 28 & 41 & 50 & 35 & 46 \\
33 & 37 & 44 & 52 & 30 & 48 \\
40 & 49 & 29 & 36 & 43 & 54 \\
- & - & - & - & - & - \\
15 & 4 & 25 & 19 & 9 & 1 \\
26 & 16 & 5 & 11 & 23 & 8 \\
12 & 7 & 17 & 0 & 22 & 3 \\
10 & 14 & 6 & 20 & 27 & 24
\end{pmatrix}
\tag{5.61}
$$

$$
C_1 \times D_1 = \left. \begin{pmatrix} C_1 \\ D_1 \end{pmatrix} \right\} \rightarrow PC2 = K_i \tag{5.62}
$$

Für die Funktion $PC2(C, D)$ ist kein formaler mathematischer Zusammenhang möglich, sodass eine normale Zuordnung der einzelnen Elemente innerhalb der Matrizen vorzusehen ist (Alg. 5.7).

```
————————————————— Programmausgabe —————————————————
C-Matrix aus Schluessel
1 1 1 0 1 0 1
0 1 1 1 1 0 0
1 0 1 1 0 0 1
0 1 0 1 0 0 1

D-Matrix aus Schluessel
1 1 1 0 0 1 1
0 0 0 1 1 1 1
1 0 0 0 0 0 0
0 1 0 0 0 1 0

PC2-Matrix aus C UND D
0 1 1 0 1 1
1 1 1 0 1 1
1 0 1 0 0 0
0 1 0 0 0 1
1 0 1 0 0 1
1 1 1 0 0 0
0 0 1 0 1 0
0 1 0 0 1 0
 und als Bitkette:
011011111011101000010001101001111000001010010010
voss@maria:~/Kryptologie >
```

---

[10]je nach dem Wert von v_i (Gl. 5.54).

Algorithmus 5.7: Zusammenfassen zweier 4 × 8-Matrizen zu einer 8 × 7 Matrix

```
 1  public BigInteger PC2 (BigInteger C, BigInteger D) { // 28,28->48 Bit
 2  //
 3  // D: 0..27  C: 28..47
 4  //
 5    BigInteger P = new BigInteger("000000");   // 48 Bit
 6    if(D.testBit(24)) P=P.setBit(0);  if(C.testBit(26)) P=P.setBit(24);
 7    if(D.testBit(27)) P=P.setBit(1);  if(C.testBit(15)) P=P.setBit(25);
 8    if(D.testBit(20)) P=P.setBit(2);  if(C.testBit(8))  P=P.setBit(26);
 9    if(D.testBit(6))  P=P.setBit(3);  if(C.testBit(1))  P=P.setBit(27);
10    if(D.testBit(14)) P=P.setBit(4);  if(C.testBit(21)) P=P.setBit(28);
11    if(D.testBit(10)) P=P.setBit(5);  if(C.testBit(12)) P=P.setBit(29);
12    if(D.testBit(3))  P=P.setBit(6);  if(C.testBit(20)) P=P.setBit(30);
13    if(D.testBit(22)) P=P.setBit(7);  if(C.testBit(2))  P=P.setBit(31);
14    if(D.testBit(0))  P=P.setBit(8);  if(C.testBit(24)) P=P.setBit(32);
15    if(D.testBit(17)) P=P.setBit(9);  if(C.testBit(16)) P=P.setBit(33);
16    if(D.testBit(7))  P=P.setBit(10); if(C.testBit(9))  P=P.setBit(34);
17    if(D.testBit(12)) P=P.setBit(11); if(C.testBit(5))  P=P.setBit(35);
18    if(D.testBit(8))  P=P.setBit(12); if(C.testBit(18)) P=P.setBit(36);
19    if(D.testBit(23)) P=P.setBit(13); if(C.testBit(7))  P=P.setBit(37);
20    if(D.testBit(11)) P=P.setBit(14); if(C.testBit(22)) P=P.setBit(38);
21    if(D.testBit(5))  P=P.setBit(15); if(C.testBit(13)) P=P.setBit(39);
22    if(D.testBit(16)) P=P.setBit(16); if(C.testBit(0))  P=P.setBit(40);
23    if(D.testBit(26)) P=P.setBit(17); if(C.testBit(25)) P=P.setBit(41);
24    if(D.testBit(1))  P=P.setBit(18); if(C.testBit(23)) P=P.setBit(42);
25    if(D.testBit(9))  P=P.setBit(19); if(C.testBit(27)) P=P.setBit(43);
26    if(D.testBit(19)) P=P.setBit(20); if(C.testBit(4))  P=P.setBit(44);
27    if(D.testBit(25)) P=P.setBit(21); if(C.testBit(17)) P=P.setBit(45);
28    if(D.testBit(4))  P=P.setBit(22); if(C.testBit(11)) P=P.setBit(46);
29    if(D.testBit(15)) P=P.setBit(23); if(C.testBit(14)) P=P.setBit(47);
30    return P;
31  }
```

Die Funktionen $PC1$ und $PC2$ werden für die einzelnen Rundenschlüssel benötigt, für die der folgende Algorithmus zugrunde liegt:

1. Das Matrizenpaar $(C_0, D_0) = PC1\,(K_G)$[11] liegt durch den Schlüssel K_G fest;
2. Setze $i = 1$;
3. $C_1 =$ shift v_i – mal links (C_0) und $D_1 =$ shift v_i – mal links (D_0)[12], wobei für v_i Gl. 5.54 zu berücksichtigen ist;
4. $K_i = PC2\,(C_1, D_1)$ $i = 1, 2, ..., 16$;
5. Setze $C_0 = C_1$, $D_0 = D_1$ und $i = i + 1$;
6. Ist $i < 17$ dann gehe zu 3;

---

[11] K_G entspricht dem gewählten Grundschlüssel (vgl. Gl. 5.38).
[12] wobei das Shiften wieder mit Rotation erfolgt (vgl. Fußnote 5 auf Seite 73).

Einmalig angewendet auf Gl. 5.38 ergibt sich:

$$C_0 = \begin{pmatrix} 1 & 1 & 1 & 0 & 1 & 0 & 1 \\ 0 & 1 & 1 & 1 & 1 & 0 & 0 \\ 1 & 0 & 1 & 1 & 0 & 0 & 1 \\ 0 & 1 & 0 & 1 & 0 & 0 & 1 \end{pmatrix} \qquad D_0 = \begin{pmatrix} 1 & 1 & 0 & 0 & 1 & 1 & 1 \\ 0 & 0 & 0 & 1 & 1 & 0 & 1 \\ 1 & 0 & 0 & 0 & 1 & 0 & 1 \\ 0 & 1 & 0 & 0 & 0 & 1 & 0 \end{pmatrix} \qquad (5.63)$$

Für den ersten Rundenschlüssel K_i ($i = 1$ und $v_i = 1$)[13] folgt mit C_1 und D_1:

$$C_1 = \text{Shift links } C_0 = \begin{pmatrix} 1 & 1 & 0 & 1 & 0 & 1 & 0 \\ 1 & 1 & 1 & 1 & 0 & 0 & 1 \\ 0 & 1 & 1 & 0 & 0 & 1 & 0 \\ 1 & 0 & 1 & 0 & 0 & 1 & 1 \end{pmatrix} \qquad (5.64)$$

$$D_1 = \text{Shift links } D_0 = \begin{pmatrix} 1 & 0 & 0 & 1 & 1 & 1 & 0 \\ 0 & 0 & 1 & 1 & 0 & 1 & 1 \\ 0 & 0 & 0 & 1 & 0 & 1 & 0 \\ 1 & 0 & 0 & 0 & 1 & 0 & 1 \end{pmatrix} \qquad (5.65)$$

$$K_1 = PC2(C_1, D_1) = \begin{pmatrix} 1 & 1 & 1 & 1 & 1 & 0 \\ 0 & 1 & 0 & 1 & 0 & 1 \\ 0 & 0 & 0 & 1 & 0 & 1 \\ 1 & 0 & 1 & 1 & 0 & 1 \\ 1 & 0 & 0 & 0 & 0 & 0 \\ 0 & 0 & 0 & 0 & 1 & 1 \\ 0 & 0 & 1 & 1 & 1 & 0 \\ 1 & 1 & 1 & 0 & 1 & 1 \end{pmatrix} = F9516D8033BB_{16} \qquad (5.66)$$

Es muss nur noch eine Schiebemethode erstellt werden, dann kann dieser Algorithmus angewendet werden. Die Klasse `java.math.BigInteger` sieht nur ein Schieben ohne Rotation vor, sodass eine eigene Methode erstellt werden muss. Hierbei ist zu berücksichtigen, dass Java die Schieberichtung in Bezug auf die Binärentwicklung der BigInteger-Zahl setzt. Hier wurde jedoch jede Binärentwicklung bislang als reine Bitkette von links nach rechts gelesen, sodass auch die Schieberichtung sich darauf beziehen soll. Daher muss im Alg. 5.8 die Schieberichtung intern umgekehrt werden. Weiterhin erfolgt jedes Schieben grundsätzlich inklusive Rotation. Die Methode `public BigInteger schiebeBigInt()` hat folgende Parameter:

- Die zu schiebende BigInteger-Variable;
- Die Bitlänge der BigInteger-Variable; diese wird hier benötigt, weil Java selbst keine Rotation vorsieht und daher führende Nullen nicht für die Methode `BigInteger.bitLength()` berücksichtigt werden;
- Die Anzahl der zu schiebenden Bits;
- Die Schieberichtung.
    - „->" für rechts
    - „<-„ für links

---

[13]Siehe Gl. 5.54 auf Seite 85.

Im hier angegeben Beispiel wurde viermal links und anschließend viermal rechts geschoben, sodass sich bei Verwendung der Rotation die Bitkette vor dem Links-schieben ergeben muss.

──────────────── Programmausgabe ────────────────

```
PC2-Matrix aus C UND D
0 1 1 0 1 1
1 1 1 0 1 1
1 0 1 0 0 0
0 1 0 0 0 1
1 0 1 0 0 1
1 1 1 0 0 0
0 0 1 0 1 0
0 1 0 0 1 0
 und als Bitkette:
011011111011101000010001101001111000001010010010

PC2-Matrix aus C UND D viermal links geschoben (mit Rotation)
111110111010000100011010011110000010100100100110

Jetzt wieder viermal rechts geschoben (mit Rotation)
011011111011101000010001101001111000001010010010
voss@maria:~/Kryptologie >
```

Algorithmus 5.8: Schieben einer Bitkette in Form eines BigIntegers

```
1   public BigInteger schiebeBigInt(BigInteger BigI,int Bits,int anzahl,
        String Richtung) {
2   //
3   // das Schieben erfolgt GRUNDSAETZLICH mit Rotation! Ohne Rotation
4   // kann direkt die Methode der Klasse BigInteger verwendet werden!
5   //
6       boolean Bit;
7       if (Richtung.equals("<-"))
8         for (int i=0; i<anzahl; i++) {
9           Bit = false;
10          if (BigI.testBit(Bits-1))     // Bit zwischenspeichern
11            Bit = true;
12          BigI = BigI.shiftLeft(1);
13          if (Bit)
14            BigI=BigI.setBit(0);
15        }
16      if (Richtung.equals("->"))
17        for (int i=0; i<anzahl; i++) {
18          Bit = false;
19          if (BigI.testBit(0))          // Bit zwischenspeichern
20            Bit = true;
21          BigI = BigI.shiftRight(1);
22          if (Bit)
23            BigI=BigI.setBit(Bits-1);
24        }
25      return BigI;
26   }
```

5.3.6 Reduktion von $E(R_i) \oplus K_i$

Dies entspricht der letzten Stufe in Abb. 5.2. Nachdem die binäre Addition des expandierten Wertes der rechten Hälfte und des reduzierten Grundschlüssels erfolgt ist, liegt die 48-Bitkette $E(R_i) \oplus K_i$ vor, die auf 32 Bit zu reduzieren ist, um Gl. 5.46 anwenden zu können. Abb. 5.4 zeigt das Prinzip der Vorgehensweise. $E(R_i) \oplus K_i$ wird in 8 Blöcke zu je 6 Bit unterteilt:

$$E(R_i) \oplus K_i = B_8 B_7 B_6 B_5 B_4 B_3 B_2 B_1 \qquad (5.67)$$

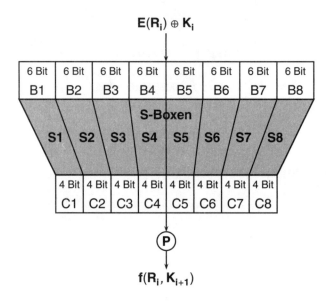

Abbildung 5.4: Die Funktion S-Boxen

Die so genannten S-Boxen[14] reduzieren diese einzelnen Blöcke von 6 auf 4 Bit, sodass letztlich die geforderte 32-Bitlänge erreicht wird:

$$S_i: \quad \{0,1\}^6 \rightarrow \{0,1\}^4, \qquad i = 1, 2, ..., 8 \qquad (5.68)$$

Jede der S-Boxen besteht aus einer Matrix von vier Zeilen und 16 Spalten. Für ein gegebenes Wort "010110" der Länge 6 Bit erfolgt die Umrechnung in eine 4-Bitlänge wie folgt:

- Die Binärzahl, bestehend aus erstem und letztem Bit entspricht dem Zeilenindex der i-ten S-Box ($z_1 = 00_2 = 0_{10}$);
- Die Binärzahl, bestehend aus den anderen Bits (2...5) entspricht dem Spaltenindex der i-ten S-Box ($sp_1 = 1011_2 = 11_{10}$);

---

[14]Im Englischen auch als „primitive functions" bezeichnet.

- Das Element der Matrix an der Stelle (z_1, sp_1) wird binär mit Nullen auf vier Stellen aufgefüllt: $(z_1, sp_1) = 12_{10} = 1100_2$ hat bereits vier Stellen, sodass $S_1(010110) = 1100$ gilt.

Die Datei SBoxen.dat enthält als laufende Zahlenfolge die Werte der einzelnen S-Boxen. Diese werden einmal von der Hauptmethode eingelesen und stehen dann allgemein zur Verfügung (Alg.5.9). Dazu wurde das dreidimensionale Feld byte [][][] SBoxen definiert (vgl. Alg. 5.9, Zeile 1).

Algorithmus 5.9: Einlesen der Zahlenwerte der S-Boxen

```
1   byte [][][] SBoxen = new byte [8][4][16];    // die SBoxen 1..8
2   int zeile=0, spalte=0;
3  //
4  // S-Boxen einlesen
5  //
6   Datei SBoxDat = new Datei("SBoxen.dat");
7   byte[] datByte = SBoxDat.lies();
8   String datStr = new String(datByte);
9   System.out.println(datStr);
10  for (int i=0; i<8; i++)          // SBox-Nr
11   for (int j=0; j<4; j++)         // SBox-Zeile
12    for (int k=0; k<16; k++) {    // SBox-Spalte
13      zeile = datStr.indexOf(" ",spalte);
14      SBoxen[i][j][k] = Byte.parseByte(datStr.substring(spalte,
            zeile));
15      spalte = zeile+1;
16     }
```

Alg. 5.10 zeigt die Methode public BigInteger SBox(BigInteger Arg), welche die 48 Bit-Zahl arg als 32 Bit-Zahl zurückgibt.

```
──────────────────── Programmausgabe ────────────────────
Eine BigInteger mit 48 Bit:
110101111100111010101101100010010110001010011110
i=42  Zeile=3  spalte=10   SBox0=0011
i=36  Zeile=2  spalte=14   SBox1=0010
i=30  Zeile=2  spalte=13   SBox2=1010
i=24  Zeile=3  spalte=6    SBox3=1101
i=18  Zeile=2  spalte=1    SBox4=0010
i=12  Zeile=0  spalte=11   SBox5=0100
i=6   Zeile=0  spalte=5    SBox6=0000
i=0   Zeile=0  spalte=15   SBox7=0111

Dieselbe durch die S-Boxen gejagt (32 Bit):
01110000010000101101101000100011
voss@maria:~/Kryptologie >
```

Tabelle 5.1: Die S-Boxen des DES

Spalte	[0]	[1]	[2]	[3]	[4]	[5]	[6]	[7]	[8]	[9]	[10]	[11]	[12]	[13]	[14]	[15]
Zeile								S_1								
[0]	14	4	13	1	2	15	11	8	3	10	6	12	5	9	0	7
[1]	0	15	7	4	14	2	13	1	10	6	12	11	9	5	3	8
[2]	4	1	14	8	13	6	2	11	15	12	9	7	3	10	5	0
[3]	15	12	8	2	4	9	1	7	5	11	3	14	10	0	6	13
								S_2								
[0]	15	1	8	14	6	11	3	4	9	7	2	13	12	0	5	10
[1]	3	13	4	7	15	2	8	14	12	0	1	10	6	9	11	5
[2]	0	14	7	11	10	4	13	1	5	8	12	6	9	3	2	15
[3]	13	8	10	1	3	15	4	2	11	6	7	12	0	5	14	9
								S_3								
[0]	10	0	9	14	6	3	15	5	1	13	12	7	11	4	2	8
[1]	13	7	0	9	3	4	6	10	2	8	5	14	12	11	15	1
[2]	13	6	4	9	8	15	3	0	11	1	2	12	5	10	14	7
[3]	1	10	13	0	6	9	8	7	4	15	14	3	11	5	2	12
								S_4								
[0]	7	13	14	3	0	6	9	10	1	2	8	5	11	12	4	15
[1]	13	8	11	5	6	15	0	3	4	7	2	12	1	10	14	9
[2]	10	6	9	0	12	11	7	13	15	1	3	14	5	2	8	4
[3]	3	15	0	6	10	1	13	8	9	4	5	11	12	7	2	14
								S_5								
[0]	2	12	4	1	7	10	11	6	8	5	3	15	13	0	14	9
[1]	14	11	2	12	4	7	3	1	5	0	15	10	3	9	8	6
[2]	4	2	1	11	10	13	7	8	15	9	12	5	6	3	0	14
[3]	11	8	12	7	1	14	2	13	6	15	0	9	10	4	5	3
								S_6								
[0]	12	1	10	15	9	2	6	8	0	13	3	4	14	7	5	11
[1]	10	15	4	2	7	12	9	5	6	1	13	14	0	11	3	8
[2]	9	14	15	5	2	8	12	3	7	0	4	10	1	13	11	6
[3]	4	3	2	12	9	5	15	10	11	14	1	7	6	0	8	13
								S_7								
[0]	4	11	2	14	15	0	8	13	3	12	9	7	5	10	6	1
[1]	13	0	11	7	4	9	1	10	14	3	5	12	2	15	8	6
[2]	1	4	11	13	12	3	7	14	10	15	6	8	0	5	9	2
[3]	6	11	13	8	1	4	10	7	9	5	0	15	14	2	3	12
								S_8								
[0]	13	2	8	4	6	15	11	1	10	9	3	14	5	0	12	7
[1]	1	15	13	8	10	3	7	4	12	5	6	11	0	14	9	2
[2]	7	11	4	1	9	12	14	2	0	6	10	13	15	3	5	8
[3]	2	1	14	7	4	10	8	13	15	12	9	0	3	5	6	11

Algorithmus 5.10: Die SBox-Methode

```
1   public BigInteger SBox(BigInteger Arg) {  // 48 Bit->32 Bit
2     byte zeile, spalte;
3     BigInteger S = new BigInteger("0");  // 32 Bit
4     BigInteger dummy = new BigInteger("0");
5     for (int i=42; i>=0; i-=6) {
6       dummy=BigInteger.valueOf(0);
7       spalte=0; zeile=0;
8       if (Arg.testBit(i)) zeile+=1;    // Zeilenindex
9       if (Arg.testBit(i+5)) zeile+=2;
10      if (Arg.testBit(i+1)) spalte+=1;
11      if (Arg.testBit(i+2)) spalte+=2;
12      if (Arg.testBit(i+3)) spalte+=4;
13      if (Arg.testBit(i+4)) spalte+=8;
14      dummy = BigInteger.valueOf(SBoxen[7-i/6][zeile][spalte]);
15      S = S.add(dummy.shiftLeft((28-(i+i)/3)));
16    }
17    return S;
18  }
```

5.3.7 Die P-Funktion

Die S-Boxen (Abb. 5.4) liefern für jede Runde acht Blöcke zu je vier Bit, sodass die geforderte Länge von 32 Bit erreicht wird. Diese wird für jede Runde noch einmal mit der P-Funktion permutiert. $P(S(E(R_0) \oplus K_1))$ liefert das jeweilige Zwischenergebnis $f(R_0, K_1)$ einer Runde:

$$S(E(R_0) \oplus K_1) \rightarrow P(S(E(R_0) \oplus K_1)) = f(R_0, K_1) \tag{5.69}$$

Die Permutierungsfunktion $P(x)$ ist durch Gleichung 5.70 gegeben und wieder wie üblich zu interpretieren:[15]

$$
\begin{pmatrix}
31 & 30 & 29 & 28 \\
27 & 26 & 25 & 24 \\
23 & 22 & 21 & 20 \\
19 & 18 & 17 & 16 \\
15 & 14 & 13 & 12 \\
11 & 10 & 9 & 8 \\
7 & 6 & 5 & 4 \\
3 & 2 & 1 & 0
\end{pmatrix}
\rightarrow
\begin{pmatrix}
16 & 25 & 22 & 11 \\
3 & 20 & 4 & 15 \\
31 & 17 & 9 & 6 \\
27 & 14 & 1 & 12 \\
30 & 24 & 8 & 18 \\
0 & 5 & 29 & 23 \\
13 & 19 & 2 & 26 \\
10 & 21 & 28 & 7
\end{pmatrix}
\tag{5.70}
$$

---

[15]Das erste Element der ersten Zeile wandert an die erste Stelle der dritten Zeile, das zweite Element der ersten Zeile an die erste Stelle der fünften Zeile usw.

Eine formale mathematische Zuordnung ist nicht möglich, sodass die einzelnen Elemente zugeordnet werden müssen (Alg. 5.11).

```
──────────────── Programmausgabe ────────────────
Dieselbe durch die S-Boxen gejagt (32 Bit):
01110000010000101101101000100011
Als Matrix:
0 1 1 1
0 0 0 0
0 1 0 0
0 0 1 0
1 1 0 1
1 0 1 0
0 0 1 0
0 0 1 1
Dieselbe durch die P-Funktion permutiert (32 Bit):
0 0 0 0
1 1 1 0
0 0 0 0
0 0 0 1
0 1 1 0
0 1 1 1
0 0 1 1
0 1 0 1
```

Algorithmus 5.11: Die P-Funktion

```java
public BigInteger PFunc (BigInteger C) { // 32-32 Bit
  BigInteger P=new BigInteger("0000");  // 32 Bit
  if(C.testBit(7))  P=P.setBit(0);  if(C.testBit(12)) P=P.setBit(16);
  if(C.testBit(28)) P=P.setBit(1);  if(C.testBit(1))  P=P.setBit(17);
  if(C.testBit(21)) P=P.setBit(2);  if(C.testBit(14)) P=P.setBit(18);
  if(C.testBit(10)) P=P.setBit(3);  if(C.testBit(27)) P=P.setBit(19);
  if(C.testBit(26)) P=P.setBit(4);  if(C.testBit(6))  P=P.setBit(20);
  if(C.testBit(2))  P=P.setBit(5);  if(C.testBit(9))  P=P.setBit(21);
  if(C.testBit(19)) P=P.setBit(6);  if(C.testBit(17)) P=P.setBit(22);
  if(C.testBit(13)) P=P.setBit(7);  if(C.testBit(31)) P=P.setBit(23);
  if(C.testBit(23)) P=P.setBit(8);  if(C.testBit(15)) P=P.setBit(24);
  if(C.testBit(29)) P=P.setBit(9);  if(C.testBit(4))  P=P.setBit(25);
  if(C.testBit(5))  P=P.setBit(10); if(C.testBit(20)) P=P.setBit(26);
  if(C.testBit(0))  P=P.setBit(11); if(C.testBit(3))  P=P.setBit(27);
  if(C.testBit(18)) P=P.setBit(12); if(C.testBit(11)) P=P.setBit(28);
  if(C.testBit(8))  P=P.setBit(13); if(C.testBit(22)) P=P.setBit(29);
  if(C.testBit(24)) P=P.setBit(14); if(C.testBit(25)) P=P.setBit(30);
  if(C.testBit(30)) P=P.setBit(15); if(C.testBit(16)) P=P.setBit(31);
  return P;
}
```

5.3.8 Beispiel

In den vorhergehenden Kapiteln wurden bereits einzelne konkrete Beispiele zum Permutieren und zur Schlüsselbildung angegeben. Hier soll jetzt noch einmal die

Verschlüsselung eines Originalwortes vollständig durchgeführt werden. Abb. 5.5 zeigt noch einmal den kompletten formalen Aufbau einer Runde, bzw. ganz speziell der 1. Runde. Gegeben sei das Wort „Cornelia", welches in eine Form nach Gl. 5.42 zu bringen ist:

$$
\left.\begin{array}{l}
C:\ 67_{10} = 43_{16} = 01000011_2 \\
o:\ 111_{10} = 6F_{16} = 01101111_2 \\
r:\ 114_{10} = 72_{16} = 01110010_2 \\
n:\ 110_{10} = 6E_{16} = 01101110_2 \\
e:\ 101_{10} = 65_{16} = 01100101_2 \\
l:\ 108_{10} = 6C_{16} = 01101100_2 \\
i:\ 105_{10} = 69_{16} = 01101001_2 \\
a:\ 97_{16} = 61_{16} = 01100001_2
\end{array}\right\} p =
\begin{pmatrix}
0 & 1 & 0 & 0 & 0 & 0 & 1 & 1 \\
0 & 1 & 1 & 0 & 1 & 1 & 1 & 1 \\
0 & 1 & 1 & 1 & 0 & 0 & 1 & 0 \\
0 & 1 & 1 & 0 & 1 & 1 & 1 & 0 \\
0 & 1 & 1 & 0 & 0 & 1 & 0 & 1 \\
0 & 1 & 1 & 0 & 1 & 1 & 0 & 0 \\
0 & 1 & 1 & 0 & 1 & 0 & 0 & 1 \\
0 & 1 & 1 & 0 & 0 & 0 & 0 & 1
\end{pmatrix}
\tag{5.71}
$$

Die initiale Permutation nach Gl. 5.41 liefert $IP(p)$:

$$
\begin{pmatrix}
0 & 1 & 0 & 0 & 0 & 0 & 1 & 1 \\
0 & 1 & 1 & 0 & 1 & 1 & 1 & 1 \\
0 & 1 & 1 & 1 & 0 & 0 & 1 & 0 \\
0 & 1 & 1 & 0 & 1 & 1 & 1 & 0 \\
0 & 1 & 1 & 0 & 0 & 1 & 0 & 1 \\
0 & 1 & 1 & 0 & 1 & 1 & 0 & 0 \\
0 & 1 & 1 & 0 & 1 & 0 & 0 & 1 \\
0 & 1 & 1 & 0 & 0 & 0 & 0 & 1
\end{pmatrix}
\rightarrow
\begin{pmatrix}
1 & 1 & 1 & 1 & 1 & 1 & 1 & 1 \\
0 & 0 & 0 & 0 & 0 & 1 & 0 & 0 \\
0 & 0 & 1 & 1 & 1 & 0 & 1 & 0 \\
1 & 1 & 0 & 1 & 0 & 0 & 1 & 1 \\
0 & 0 & 0 & 0 & 0 & 0 & 0 & 0 \\
1 & 1 & 1 & 1 & 1 & 1 & 1 & 0 \\
0 & 1 & 1 & 0 & 1 & 0 & 1 & 0 \\
0 & 0 & 0 & 0 & 1 & 1 & 1 & 1
\end{pmatrix}
= IP(p)
\tag{5.72}
$$

woraus sich die beiden Hälften L_0 und R_0 ergeben:

$$
L_0 = 11111111000001000011101011010011 \tag{5.73}
$$
$$
R_0 = 00000000111111001101010000001111 \tag{5.74}
$$

Die beiden Matrizen C_0 und D_0 liegen bereits durch den Grundschlüssel fest: $(C_0; D_0) = PC1(K)$. Für den ersten Rundenschlüssel K_1 folgt mit dem Rundenindex $i = 1$ nach Seite 89 $v_1 = 1$. Die beiden Matrizen C_1 und D_1 entstehen also durch einen einfachen Links-Shift mit Rotation, auf die jetzt mit dem bereits durch Gl. 5.38 gegebenen Grundschlüssel die Beziehung nach Gl. 5.46 anzuwenden ist. Damit ergibt sich nach Abschnitt 5.3.5 auf Seite 85 der erste Rundenschlüssel K_1, der direkt aus Gl. 5.66 übernommen werden kann. Bei diesem Beispiel liege derselbe Grundschlüssel aus Gl. 5.38 vor, sodass durch Anwendung der Gl. 5.51 $E(R_0)$ berechnet werden kann, womit dann auch das Ergebnis der binären Addition ohne Übertrag $E(R_0) \oplus K_1$ feststeht:

$$
K_1 = 111110010101000101101101100000000011001110111011 \tag{5.75}
$$
$$
E(R_0) = 100000000001011111111000011010101000000001010000 \tag{5.76}
$$
$$
E(R_0) \oplus K_1 = 011110010100011010010001101101010111001111101011 \tag{5.77}
$$

Anwendung der S-Boxen auf $E(R_0) \oplus K_1$ führt zu $S(E(R_0) \oplus K_1)$ mit einer 32 Bitlänge:

$$
\begin{array}{llll}
011110 & S_1(00, 1111) \rightarrow S_1(0, 15) & = 7_{10} & = 0111_2 \\
010100 & S_2(00, 1010) \rightarrow S_2(0, 10) & = 2_{10} & = 0010_2 \\
011010 & S_3(00, 1101) \rightarrow S_3(0, 13) & = 4_{10} & = 0100_2 \\
010001 & S_4(01, 1000) \rightarrow S_4(1, 8) & = 4_{10} & = 0100_2 \\
101101 & S_5(11, 0110) \rightarrow S_5(3, 6) & = 2_{10} & = 0010_2 \\
010111 & S_6(01, 1011) \rightarrow S_6(1, 11) & = 14_{10} & = 1110_2 \\
001111 & S_7(01, 0111) \rightarrow S_7(1, 7) & = 10_{10} & = 1010_2 \\
101011 & S_8(11, 0101) \rightarrow S_8(3, 5) & = 10_{10} & = 1010_2
\end{array}
\tag{5.78}
$$

Für $f(R_0, K_1) = P(S(E(R_0) \oplus K_1))$ folgt jetzt durch Anwendung der Funktion P:

$$
\begin{pmatrix}
0\ 1\ 1\ 1 \\
0\ 0\ 1\ 0 \\
0\ 1\ 0\ 0 \\
0\ 1\ 0\ 0 \\
0\ 0\ 1\ 0 \\
1\ 1\ 1\ 0 \\
1\ 0\ 1\ 0 \\
1\ 0\ 1\ 0
\end{pmatrix}
\rightarrow
\begin{pmatrix}
0\ 1\ 1\ 1 \\
1\ 0\ 0\ 0 \\
0\ 0\ 1\ 0 \\
0\ 0\ 1\ 0 \\
1\ 0\ 0\ 1 \\
0\ 1\ 1\ 0 \\
1\ 0\ 0\ 0 \\
1\ 0\ 1\ 1
\end{pmatrix}
= f(R_0, K_1)
\tag{5.79}
$$

Jetzt kann mit den letzten Zwischenrechnungen das Ergebnis der ersten Runde angegeben werden

$$
E_1 = (L_1, R_1) = (R_0,\ L_0 \oplus f(R_0, K_1)) \tag{5.80}
$$
$$
L_0 = 1111111100000100001110101101 0011 \tag{5.81}
$$
$$
f(R_0, K_1) = 01111000001000101001011010001011 \tag{5.82}
$$
$$
L_0 \oplus f(R_0, K_1) = 10000111001001101010110001011000 \tag{5.83}
$$
$$
E_1 = (00000000111111100110101000001111, \tag{5.84}
$$
$$
10000111001001101010110001011000) \tag{5.85}
$$

In der ersten Runde wurde der Klartext „Cornelia" in die hier hexadezimal dargestellte Chiffre „00FE6A0F8726AC58" verschlüsselt. Alle weiteren sieben Runden sind nun analog anzuwenden und in der folgenden Programmausgabe zu sehen. Der Algorithmus DES-Beispiel.java.demo zeigt den wesentlichen Teil des Algorithmus, welcher der Klasse DES zugrunde liegt. Der Schlüssel wird normalerweise grundsätzlich über eine Zufallsfunktion bestimmt. Um die Zwischenergebnisse reproduzierbar zu machen, wurde jedesmal derselbe Schlüssel verwendet.

```
─────────────────────── Programmausgabe ───────────────────────
--- Ein Beispiel ---
Originalwort "Cornelia" als BitFeld:
0 1 0 0 0 0 1 1
0 1 1 0 1 1 1 1
0 1 1 1 0 0 1 0
0 1 1 0 1 1 1 0
```

```
0 1 1 0 0 1 0 1
0 1 1 0 1 1 0 0
0 1 1 0 1 0 0 1
0 1 1 0 0 0 0 1
Originalwort "Cornelia" als BitKette:
01000011011011110111001001101110011001010110001101001011
00001

IP("Cornelia") bilden:
1 1 1 1 1 1 1 1
0 0 0 0 0 1 0 0
0 0 1 1 1 0 1 0
1 1 0 1 0 0 1 1
0 0 0 0 0 0 0 0
1 1 1 1 1 1 1 0
0 1 1 0 1 0 1 0
0 0 0 0 1 1 1 1
als BitKette:
11111111000001000011101011010011000000001111111001101010000
01111
Linke Haelfte als BitKette:
11111111000001000011101011010011
Rechte Haelfte als BitKette:
00000000111111100110101000001111

Die einzelnen Runden mit Ki sowie (Li;Ri):
1. Runde:
11111001010100010110110110000011001000111001110011010
00000000111111100110101000001111   100110111100101000110110111111011
2. Runde:
00001111101111001111101010010101001001110100011
100110111100101000110110111111011   011011110101000100000101011011111
3. Runde:
11111110011001001101101000111111010000010010001100
011011110101000100000101011011111   011000011110010101000111101111110
4. Runde:
011111101100111100001000010100001110010111000110
011000011110010101000111101111110   011111100111011001000010010001001
5. Runde:
010010101011100100011111001011001010010010001001
011111100111011001000010010001001   101100010000101110100000011000111
6. Runde:
001011011010110001011111110101001110100010000011
101100010000101110100000011000111   010110001011010001110000011111010
7. Runde:
011001110110110010101010001011101100001100101010
010110001011010001110000011111010   100110100101110000100110110011001001
8. Runde:
111110101011011011000010010100010111010100001011
100110100101110000100110110011001001   100101000101010010111101000001011
9. Runde:
100100111101100001100111010011010001100101010100
100101000101010010111101000001011   111001011101110010010100011010011
10. Runde:
101010010110101111001101100000111000000111110000
111001011101110010010100011010011   1010111110011101011110010011000
11. Runde:
101100000111011110101101010000011001111000001101
10101111100111010111100100110000   01011000000101000101011001101010
12. Runde:
110100010001011101110001100110100001010010111100
010110000000101000101011001101010   01100001011011010110000000000011
13. Runde:
110001011101101011110101000010010101011011100101
01100001011011010110000000000011   00101111001100000101111100110000
```

```
14. Runde:
10010111111100111100011000010010011010010110001
0010111100110000010111110011000 0   100000111101110111110000100101110
15. Runde:
00111010010101011111100011111000110000100100010101
100000111101110111110000100101110   00101110001010101011000000110001001
16. Runde:
0110111110111010000100011010011110000010100010010
00101110001010101011000000110001001   010100010001110001100001101101100
```

Das Endergebis:
In Matrixform:
```
0 1 1 0 1 1 1 0
1 0 1 0 0 0 0 0
1 0 0 1 0 0 0 1
1 0 1 1 0 0 1 1
0 1 0 1 0 0 0 0
1 0 1 0 0 1 0 1
0 1 0 0 0 1 0 0
0 0 0 0 1 0 1 1
```

Als Bitkette:
```
0110111010100000100100011011001101010000101001010100010000001011
```

Algorithmus 5.12: Eine komplette „Runde" DES ...

```java
1  import java.math.*;
2  import java.util.Random;
3
4  class DES_Beispiel {
5    byte [][][] SBoxen = new byte [8][4][16];    // die SBoxen 1..8
6
7    public static void main (String[] args) {
8      DES_Beispiel zeigeDES = new DES_Beispiel();
9    }
10   public void BigIntAusgeben (BigInteger b, int Zeilen, int Spalten) {
       ... }
11   public void BigIntAusgeben (BigInteger b,int bits) { ... }
12   public void BigIntAusgeben (BigInteger b) { ... }
13   public BigInteger BigSchluessel() {         // Schluessel mit
       BigInteger
14
15 [ ... Schluessel bestimmen ... ]
16
17   }
18   public BigInteger initialePermutation (BigInteger P) {...}
19   public BigInteger inverseInitialePermutation (BigInteger IP) {...}
20   public BigInteger Expand (BigInteger P) {  // 32->48 Bit...}
21   public BigInteger PC1 (BigInteger Key, String Typ) {...}
22   public BigInteger PC2 (BigInteger C, BigInteger D) {...}
23   public BigInteger schiebeBigInt(BigInteger BigI,int Bits,int anzahl,
       String Richtung) {...}
24   public BigInteger SBox(BigInteger Arg) {...}
25   public BigInteger PFunc (BigInteger C) {...}
```

```
26  public BigInteger holeHaelfte(BigInteger BigI, String LR, int Bits)
      {...}
27
28  public DES_Beispiel() {
29    int zeile=0, spalte=0;
30  //
31  // S-Boxen einlesen
32
33  [ ... ]
34
35  // Jeweils eine der folgenden vier auswaehlen
36  //  BigInteger DESSchluessel = new BigInteger("0101010101010101",16);
37  //  BigInteger DESSchluessel = new BigInteger("01FE07A454C7E3F2",16);
38      BigInteger DESSchluessel = new BigInteger("0101010101010101",16);
39  //  DESSchluessel = BigSchluessel();    // fuer zufaelligen Schluessel
40      System.out.println("\nDES-Schluessel als BigInteger (dezimal): "+
        DESSchluessel);
41      System.out.print(   " (binär mit 64 Bit)  : ");
42      BigIntAusgeben(DESSchluessel,64);
43      System.out.println("\nIn Matrixform (Bytefolgen)  : ");
44      BigIntAusgeben(DESSchluessel,8,8);
45  //
46  // Startwerte C und D bestimmen
47  //
48      BigInteger C = new BigInteger("0000");
49      C = PC1(DESSchluessel,"C");
50      System.out.println("\nC-Matrix aus Schluessel");
51      BigIntAusgeben(C,4,7);
52      BigInteger D = new BigInteger("0000");
53      D = PC1(DESSchluessel,"D");
54      System.out.println("\nD-Matrix aus Schluessel");
55      BigIntAusgeben(D,4,7);
56  //
57  // Beispiel
58  //
59      System.out.print("\n\nEin Beispiel\n");
60      System.out.print("------------\n");
61      datStr = "436F726E656C6961";     // "Cornelia" IN HEX;
62  //   datStr = "0000000000000000";     // 64 Bit;
63      BigInteger Wort = new BigInteger(datStr,16);
64      BigInteger Links = new BigInteger("0");
65      BigInteger Rechts = new BigInteger("0");
66      System.out.println("Originalwort \"Cornelia\" als BitFeld:");
67      BigIntAusgeben(Wort,8,8);
68      System.out.println("Originalwort \"Cornelia\" als BitKette:");
69      BigIntAusgeben(Wort,64);
70  // Anwenden der IP
```

```
71   Wort=initialePermutation(Wort);
72   System.out.println("\nIP(\"Cornelia\") bilden:");
73   BigIntAusgeben(Wort,8,8);
74   System.out.println("als BitKette:");
75   BigIntAusgeben(Wort,64);
76   Links = holeHaelfte(Wort,"<-",64);
77   Rechts = holeHaelfte(Wort,"->",64);
78   System.out.println("Linke Haelfte als BitKette:");
79   BigIntAusgeben(Links,32);
80   System.out.println("Rechte Haelfte als BitKette:");
81   BigIntAusgeben(Rechts,32);
82   System.out.println("\nDie einzelnen Runden mit Ki sowie (Li;Ri): "
        );
83 // 
84 // Damit liegen L0 und R0 fest, C und D sind oben definiert
85 // 
86   BigInteger C1 = new BigInteger("0");
87   BigInteger D1 = new BigInteger("0");
88   BigInteger Ki = new BigInteger("0");
89   int vi;
90   for (int Runde=1; Runde<=16; Runde++) {
91     vi = 2;
92     if ((Runde<3)||(Runde==9)||(Runde==16))
93       vi = 1;
94     C1 = schiebeBigInt(C,28,vi,"<-");
95     D1 = schiebeBigInt(D,28,vi,"<-");
96     Ki = PC2(C1,D1);                    // der Rundenschluessel
97 // 
98 // C und D werden ab hier nicht mehr benoetigt, koennen daher zum
99 // Zwischenspeichern von Werten benutzt werden
100 // 
101     D = Ki.xor(Expand(Rechts));       // Exclusiv-Oder
102     D = PFunc(SBox(D));               // Zwischenergebnis
103     D = Links.xor(D);                 // Links+f(Rechts,K)
104     Links = Rechts;
105     Rechts = D;                       // Runde i erledigt
106     System.out.println(Runde+". Runde:");
107     BigIntAusgeben(Ki,48);
108     BigIntAusgeben(Links,32); BigIntAusgeben(Rechts,32);
109     C = C1; D = D1;                   // auf ein Neues!
110   }
111   Rechts = Rechts.shiftLeft(32);
112   Wort = inverseInitialePermutation(Rechts.add(Links));
113   System.out.println("\n\nDas Endergebis:");
114   System.out.println("In Matrixform:");
115   BigIntAusgeben(Wort,8,8);
116   System.out.println("\nAls Bitkette:");
```

```
117    BigIntAusgeben(Wort,64);
118  }
119 }
```

5.4 Entschlüsselung

Analog zur Feistel-Chiffre erfolgt die Entschlüsselung durch die umgekehrte Anwendung der Schlüsselfolge K_i, wohingegen der gesamte Algorithmus erhalten bleibt! Statt der Reihenfolge $K_1, ..., K_{16}$ ist jetzt $K_{16}, ..., K_1$ anzuwenden. Wie Abb. 5.5 zeigt, ist die Berechnung der Rundenschlüssel unabhängig von dem Ablauf des Algorithmus, d. h. **sämtliche** Schlüssel können vorab berechnet werden. Dazu wurde die Methode BestimmeAlleSchlüssel geschrieben, die – wie Alg. 5.13 zeigt – sehr einfach aufgebaut ist.

Algorithmus 5.13: Das Bestimmen aller Rundenschlüssel

```
1   BigInteger [] SchluesselFeld = new BigInteger[16];   // alle
      Schluessel
2
3   void BestimmeAlleSchluessel(BigInteger DESSchluessel) {
4   //
5   // Startwerte C und D bestimmen
6   //
7     BigInteger C = new BigInteger("0000");
8     C = PC1(DESSchluessel,"C");
9     BigInteger D = new BigInteger("0000");
10    D = PC1(DESSchluessel,"D");
11    BigInteger C1 = new BigInteger("0");
12    BigInteger D1 = new BigInteger("0");
13    int vi;
14    for (int Runde=1; Runde<=16; Runde++) {
15      vi = 2;
16      if ((Runde<3)||(Runde==9)||(Runde==16))
17        vi = 1;
18      C1 = schiebeBigInt(C,28,vi,"<-");
19      D1 = schiebeBigInt(D,28,vi,"<-");
20      SchluesselFeld[Runde-1] = PC2(C1,D1);     // der
          Rundenschluessel
21      C = C1; D = D1;                 // auf ein Neues!
22    } // for (Runde ...
23  }
```

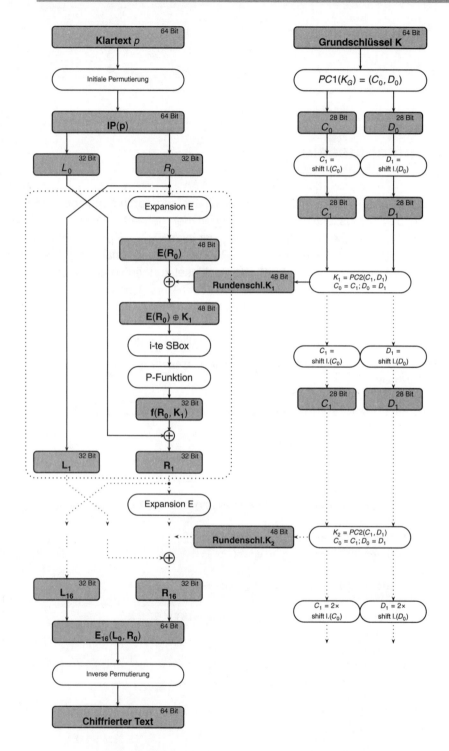

Abbildung 5.5: Die komplette 1. Runde im DES

Die Anwendung des kompletten Entschlüsselungsvorgangs zeigt die folgende Bildschirmausgabe, die den im vorigen Kapitel beschriebenen Verschlüsselungsvorgang wieder rückgängig macht. Das gesamte Programm braucht hier nicht angegeben zu werden, da im Prinzip lediglich die for-Schleife mit Runde-- arbeitet (Zeile 32 in Alg. 5.14), sodass Alg. 5.14 nur diese Schleife beschreibt.

```
───────────────────────── Programmausgabe ─────────────────────────
--- Ein Beispiel ---
Chiffre "6EA091B350A5440B" als BitFeld:
0 1 1 0 1 1 1 0
1 0 1 0 0 0 0 0
1 0 0 1 0 0 0 1
1 0 1 1 0 0 1 1
0 1 0 1 0 0 0 0
1 0 1 0 0 1 0 1
0 1 0 0 0 1 0 0
0 0 0 0 1 0 1 1
Chiffre "6EA091B350A5440B" als BitKette:
0110111010100000100100011011001101010000101001010100010000001011

IP("6EA091B350A5440B") bilden:
0 1 0 1 0 0 0 1
0 0 0 1 1 1 0 0
0 1 1 0 0 0 0 1
1 0 1 0 1 1 0 0
0 0 1 0 1 1 1 0
0 0 1 0 1 0 1 1
1 0 0 0 0 0 0 1
1 0 0 0 1 0 0 1
als BitKette:
0101000100011100011000011010110000101110001010111000000110001001
Linke Haelfte als BitKette:
01010001000111000110000110101100
Rechte Haelfte als BitKette:
00101110001010111000000110001001

Die einzelnen Runden mit Ki sowie (Li;Ri):
16. Runde:
011011111011101000010001101001111100000101001 0010
0010111000101011100000011000 1001   10000011110111011110000100101110
15. Runde:
001110100101011111100011111000110000100100010101
10000011110111011110000100101110   0010111100110000010111110011 0000
14. Runde:
1001011111110011110001100001001001101 00010110001
0010111100110000010111110011 0000   01100001011011010110000000000011
13. Runde:
11000101110110101111010100001001010110 1110100101
01100001011011010110000000000011   0101100000010100010101100110 1010
12. Runde:
110100010001011101110001100110100001010010111100
0101100000010100010101100110 1010   101011111001110101111100100110000
11. Runde:
101100001110111101011010100000110011110000001101
1010111110011101011111001001 10000   11100101110111001001010001101011
10. Runde:
101010010110101111100110110000011100000011111000
11100101110111001001010001101011   100101000010101001011110100001011
9. Runde:
100100111011000010011101001101000110010101 0100
100101000010101001011110100001011   10011010010111000010011011001001
8. Runde:
```

```
1111101010101101101100001001010001011101010 00010
1001101001011100001001101 1001001   0101100010110100011000001111010
7. Runde:
0110011101101100101010100010111011000011001 01010
0101100010110100011000001111010   1011000100001011101000001100 0111
6. Runde:
0010110110110010110111111110101001110100010 00011
1011000100001011101000001100 0111   01111110011101100100001001 001001
5. Runde:
0100101010101110010001111100101100101001001 0001001
0111111001110110010000100 1001001   0110000111100101010001111 0111110
4. Runde:
0111111011001110000100001010000111001011100 0110
0110000111100101010001111 0111110   0110111101010001000001010 1101111
3. Runde:
1111111001100100110110100011111010000010010 00100
0110111101010001000001010 1101111   10011011110010100011011011 111011
2. Runde:
0000111110111100111110101001010100100111010 00011
1001101111001010001101101 1111011   0000000011111110011010101 0000 1111
1. Runde:
1111100101010001011011011000001100100011100 11010
0000000011111110011010101 00001111   1111111100000100001110101 1010011

Das Endergebis:
In Matrixform:
0 1 0 0 0 0 1 1
0 1 1 0 1 1 1 1
0 1 1 1 0 0 1 0
0 1 1 0 1 1 1 0
0 1 1 0 0 1 0 1
0 1 1 0 1 1 0 0
0 1 1 0 1 0 0 1
0 1 1 0 0 0 0 1

Als Bitkette:
010000110110111101110010011011100110010101101100011010010 1100001

Als Hex-Zahlen:
436f726e656c6961

Als ASCII:
Cornelia
```

Algorithmus 5.14: Der wesentliche Teil des Entschlüsselungsprogramms

```java
 1  import java.math.*;
 2  import java.util.*;
 3
 4  class DES_Decrypt_Beispiel {
 5    byte [][][] SBoxen = new byte [8][4][16];      // die SBoxen 1..8
 6    BigInteger [] SchluesselFeld = new BigInteger[16]; // alle
         Schluessel
 7  [ ... alle Methoden aus DES_Encrypt_Beispiel.java ... ]
 8    void BestimmeAlleSchluessel(BigInteger DESSchluessel) {
 9  [ ... wie beschrieben ... ]
10    }
11    public DES_Decrypt_Beispiel() {
12  [ ... wie in DES_Encrypt ... ]
```

```
13 //
14 // Alle Schluessel vorab bestimmen
15 //
16     BestimmeAlleSchluessel(DESSchluessel);
17 [ ... wie in DES_Encrypt ... ]
18 //
19 // Damit liegen L0 und R0 fest, C und D sind oben definiert
20 //
21     BigInteger Dummy = new BigInteger("0");
22     for (int Runde=16; Runde>0; Runde--) {
23         Dummy = SchluesselFeld[Runde-1].xor(Expand(Rechts));      //
              Exclusiv-Oder
24         Dummy = PFunc(SBox(Dummy));                // Zwischenergebnis
25         Dummy = Links.xor(Dummy);                  // Links+f(Rechts,K)
26         Links = Rechts;
27         Rechts = Dummy;                            // Runde i erledigt
28         System.out.println(Runde+". Runde:");
29         BigIntAusgeben(SchluesselFeld[Runde-1],48);
30         BigIntAusgeben(Links,32); BigIntAusgeben(Rechts,32);
31     }
32     Rechts = Rechts.shiftLeft(32);
33     Wort = inverseInitialePermutation(Rechts.add(Links));
34     System.out.println("\n\nDas Endergebis:");
35     System.out.println("In Matrixform:");
36     BigIntAusgeben(Wort,8,8);
37     System.out.println("\nAls Bitkette:");
38     BigIntAusgeben(Wort,64);
39     System.out.println("\nAls Hex-Zahlen:");
40     String Klartext = Wort.toString(16);  // in String wandeln (16-er
              System)
41     byte b1, b2;;
42     System.out.println(Klartext);
43     System.out.println("\nAls ASCII:");
44     for (int i=0; i<Klartext.length(); i+=2) {
45         b1 = (byte)(Klartext.charAt(i)-48);       // Zeichen "0" in Wert
              Null
46         if (b1>9) b1-=39;     // HEX-Ziffern a,b,c,d,e,f
47         b2 = (byte)(Klartext.charAt(i+1)-48);
48         if (b2>9) b2-=39;
49         System.out.print((char)(b1*16+b2));       // als ASCII
50     }
51     System.out.println();
52   }
53 }
```

5.5 Sicherheit

Der Entwicklung von DES gingen lange Forschungen voraus, die von ebenso langen gefolgt wurden, die sich mit der Möglichkeit des Angriffs auf einen nach DES verschlüsselten Text beschäftigten. Aufgrund der enormen technischen Entwicklung im Bereich der Hardware reduziert sich ein Angriff auf das einfache Durchlaufen des gesamten Schlüsselraumes. Schaltet man dazu mehrere Rechner parallel, so benötigt man heute kaum einen Tag, um jeden Text, der nach DES verschlüsselt wurde, zu entschlüsseln.[16] Allerdings bedarf es dazu einer ganz erheblichen Rechnerperformance.

Gl. 5.48 beschreibt mathematisch den Vorgang der DES-Verschlüsselung, der einer Einfach-Verschlüsselung entspricht. Die Sicherheit kann massiv erhöht werden, wenn auf eine Mehrfachverschlüsselung übergegangen wird, d. h. dass der verschlüsselte Text $c = E_K(p)$ als neuer Klartext aufgefasst wird und erneut nach DES verschlüsselt wird, wobei zwingend ein anderer Schlüssel zu verwenden ist: $c = E^*_{K2}(E_{K1}(p))$. Üblich ist zur Zeit die Dreifachverschlüsselung (triple encryption), die nach dem so genannten EDE-Prinzip[17] arbeitet:

$$c = E_{K3}(D_{K2}(E_{K1}(p)))$$ (5.86)

Dies bedeutet, dass der Originaltext p mit dem Schlüssel $K1$ wie oben beschrieben verschlüsselt wird, danach wird mit dem Schlüssel $K2$ der mit $K1$ verschlüsselte Text entschlüsselt, was wegen der verschiedenen Schlüssel letztlich zu einer weiteren Verschlüsselung führt. Anschließend erfolgt mit dem Schlüssel $K3$ wieder eine Verschlüsselung nach bekanntem Muster.

Grundsätzlich sind alle DES-Schlüssel gleichberechtigt, dennoch gibt es vier so genannte **weak keys**, die einen feindlichen Entschlüsselungsvorgang vereinfachen. Wie man Abb. 5.5 entnehmen kann, finden zur Bestimmung der Rundenschlüssel lediglich Permutierungen bzw. Schiebungen mit Rotation statt. Dies bedeutet, dass einzelne Bits „auf Wanderschaft" gehen, aber nicht grundsätzlich verändert werden! Gilt für $C_0 = 000...000$ und $D_0 = 000...000$, so würden alle Rundenschlüssel denselben Wert annehmen $K_i = 0000...0000$; $i = 1, 2, .., 16$, denn mit der Bestimmung von C_0 und D_0 finden nur noch die erwähnten Permutierungen und Schiebungen statt. Zu klären ist jedoch, ob es überhaupt gültige Schlüssel gibt, die zu solchen C_0 und D_0 führen können, denn DES-Schlüssel müssen wie Gl. 5.38 zeigt, bestimmte Voraussetzungen bezüglich der einzelnen Bytes erfüllen. Betrachtet man Gl. 5.60, so fällt auf, dass die so genannten Paritätsbits, die dafür sorgen, dass die Summe der gesetzten Bits in einem Byte ungeradzahlig ist, nicht in C_0 und D_0 erscheinen, womit man sofort mit der folgenden Anordnung

---

[16]Siehe http://cryptome.org/cracking-des.htm
[17]E: **E**ncryption (Verschlüsseln); D: **D**ecryption (Entschlüsseln)
Es existieren auch noch andere Möglichkeiten, z. B. EEE, DED usw. [32]

$$\begin{pmatrix} 0 & 0 & 0 & 0 & 0 & 0 & 1 \\ 0 & 0 & 0 & 0 & 0 & 0 & 1 \\ 0 & 0 & 0 & 0 & 0 & 0 & 1 \\ 0 & 0 & 0 & 0 & 0 & 0 & 1 \\ 0 & 0 & 0 & 0 & 0 & 0 & 1 \\ 0 & 0 & 0 & 0 & 0 & 0 & 1 \\ 0 & 0 & 0 & 0 & 0 & 0 & 1 \\ 0 & 0 & 0 & 0 & 0 & 0 & 1 \end{pmatrix} = 0101010101010101_{16} \tag{5.87}$$

einen gültigen Schlüssel erhält, der zum beschriebenen Verhalten für C_0 und D_0 führt. Angewendet auf das angegebene Beispiel ergibt sich damit:

```
──────────────────────── Programmausgabe ────────────────────────
DES-Schluessel als BigInteger (dezimal): 72340172838076673
  (binaer)  :
  0000000100000001000000010000000100000001000000010000000100000001
In Matrixform (Bytefolgen)  :
0 0 0 0 0 0 0 1
0 0 0 0 0 0 0 1
0 0 0 0 0 0 0 1
0 0 0 0 0 0 0 1
0 0 0 0 0 0 0 1
0 0 0 0 0 0 0 1
0 0 0 0 0 0 0 1
0 0 0 0 0 0 0 1
C-Matrix aus Schluessel
0 0 0 0 0 0 0
0 0 0 0 0 0 0
0 0 0 0 0 0 0
0 0 0 0 0 0 0
D-Matrix aus Schluessel
0 0 0 0 0 0 0
0 0 0 0 0 0 0
0 0 0 0 0 0 0
0 0 0 0 0 0 0

--- Ein Beispiel ---
Originalwort "Cornelia" als BitFeld:
0 1 0 0 0 0 1 1
0 1 1 0 1 1 1 1
0 1 1 1 0 0 1 0
0 1 1 0 1 1 1 0
0 1 1 0 0 1 0 1
0 1 1 0 1 1 0 0
0 1 1 0 1 0 0 1
0 1 1 0 0 0 0 1
Originalwort "Cornelia" als BitKette:
0100001101101111011100100110111001100101011011000110100101100001

IP("Cornelia") bilden:
1 1 1 1 1 1 1 1
0 0 0 0 0 1 0 0
0 0 1 1 1 0 1 0
1 1 0 1 0 0 1 1
0 0 0 0 0 0 0 0
1 1 1 1 1 1 1 0
0 1 1 0 1 0 1 0
0 0 0 0 1 1 1 1
als BitKette:
1111111100000100001110101101001100000000111111100110101000001111
```

```
Linke Haelfte als BitKette:
11111111100000100001110101101011010011
Rechte Haelfte als BitKette:
00000000111111100110101000001111

Die einzelnen Runden mit Ki sowie (Li;Ri):
1. Runde:
000000000000000000000000000000000000000000000000
00000000111111100110101000001111   0111100001001100110111001110011100101
2. Runde:
000000000000000000000000000000000000000000000000
0111100001001100110111001110011100101   11100010010011011100000001111001
3. Runde:
000000000000000000000000000000000000000000000000
11100010010011011100000001111001   0001100110100100011001010101000100
4. Runde:
000000000000000000000000000000000000000000000000
0001100110100100011001010101000100   011010100011011101001110000001101
5. Runde:
000000000000000000000000000000000000000000000000
011010100011011101001110000001101   10101100100010010010100101011100
6. Runde:
000000000000000000000000000000000000000000000000
10101100100010010010100101011100   0100011000000111010110011111111111
7. Runde:
000000000000000000000000000000000000000000000000
0100011000000111010110011111111111   100101110110000100110100101010100
8. Runde:
000000000000000000000000000000000000000000000000
100101110110000100110100101010100   1100100111100000101110001010101111
9. Runde:
000000000000000000000000000000000000000000000000
1100100111100000101110001010101111   100010100000001100110111111110100
10. Runde:
000000000000000000000000000000000000000000000000
100010100000001100110111111110100   1001000010000011001011011010101011
11. Runde:
000000000000000000000000000000000000000000000000
1001000010000011001011011010101011   100001001001011101000100000010011
12. Runde:
000000000000000000000000000000000000000000000000
100001001001011101000100000010011   1100111111011100110000101100000
13. Runde:
000000000000000000000000000000000000000000000000
1100111111011100110000101100000   0010111110000011001111000010010001
14. Runde:
000000000000000000000000000000000000000000000000
0010111110000011001111000010010001   010100010010110111110010010010010
15. Runde:
000000000000000000000000000000000000000000000000
010100010010110111110010010010010   0001001011010001100000011010010100
16. Runde:
000000000000000000000000000000000000000000000000
0001001011010001100000011010010100   1011010001101000011001011010101111

Das Endergebis:
In Matrixform:
0 0 1 0 1 1 0 1
1 0 0 0 0 0 0 1
0 1 0 0 0 1 1 1
0 0 0 1 0 0 0 1
1 1 1 0 0 0 0 0
0 1 0 1 0 1 1 1
0 0 1 1 0 1 0 0
0 1 1 0 1 0 1 1
```

Als Bitkette:
0010110110000001010001110001000111100000010101110011010001101011

An der Verschlüsselung des Originalwortes ist nicht zu erkennen, dass ein „schwacher" Schlüssel zugrunde gelegt wurde, insofern ist bereits der Begriff des „schwachen" Schlüssels „schwach"... Es ist leicht nachzuvollziehen, dass das Inverse von Gl. 5.87 ebenfalls ein gültiger „schwacher" Schlüssel ist:

$$
\begin{pmatrix}
1 & 1 & 1 & 1 & 1 & 1 & 1 & 0 \\
1 & 1 & 1 & 1 & 1 & 1 & 1 & 0 \\
1 & 1 & 1 & 1 & 1 & 1 & 1 & 0 \\
1 & 1 & 1 & 1 & 1 & 1 & 1 & 0 \\
1 & 1 & 1 & 1 & 1 & 1 & 1 & 0 \\
1 & 1 & 1 & 1 & 1 & 1 & 1 & 0 \\
1 & 1 & 1 & 1 & 1 & 1 & 1 & 0 \\
1 & 1 & 1 & 1 & 1 & 1 & 1 & 0
\end{pmatrix}
= FEFEFEFEFEFEFEFE_{16} \tag{5.88}
$$

Zusätzlich zu diesen beiden wird auch die Kombination als „schwach" angesehen, denn auch hier verändern sich die einzelnen Rundenschlüssel nicht. Kombination bedeutet, dass C_0 = 000...000 und D_0 = 111...111 gilt (bzw. umgekehrt). Man kann leicht mit Gl. 5.60 zeigen, dass dazu der folgende Schlüssel gehört (bzw. der dazu inverse):

$$
\begin{pmatrix}
0 & 0 & 0 & 1 & 1 & 1 & 1 & 1 \\
0 & 0 & 0 & 1 & 1 & 1 & 1 & 1 \\
0 & 0 & 0 & 1 & 1 & 1 & 1 & 1 \\
0 & 0 & 0 & 1 & 1 & 1 & 1 & 1 \\
0 & 0 & 0 & 0 & 1 & 1 & 1 & 0 \\
0 & 0 & 0 & 0 & 1 & 1 & 1 & 0 \\
0 & 0 & 0 & 0 & 1 & 1 & 1 & 0 \\
0 & 0 & 0 & 0 & 1 & 1 & 1 & 0
\end{pmatrix}
= 1F1F1F1F0E0E0E0E_{16} \tag{5.89}
$$

Da DES schon einen ziemlichen Aufwand bei der Verschlüsselung betreibt, sollten diese „schwachen" Schlüssel grundsätzlich nicht verwendet werden, worauf bei einer automatischen Schlüsselwahl geachtet werden sollte (Tab. 5.2).

Tabelle 5.2: Schwache DES-Schlüssel (mit Paritätsbit)

S_1 = 0000000100000001000000010000000100000001000000010000000100000001
S_2 = 1111111011111110111111101111111011111110111111101111111011111110
S_3 = 0001111100011111000111110001111100001110000011100000111000001110
S_4 = 1110000011100000111000001110000011110001111100011111000111110001

Schneier[18] definiert noch „halbschwache Schlüsselpaare" und „möglicherweise schwache" Schlüssel. Halbschwache Paare haben die Eigenschaft, dass der

---

[18]siehe [42, Tab. 12.11-12.13]

eine jeweils den chiffrierten Text dechiffriert, was nach der Definition des symmetrischen Verfahrens eigentlich nicht möglich ist. So bekommt man einen mit dem Schlüssel $01FE01FE01FE01FE_{16}$ verschlüsselten Text mit $FE01FE01FE01FE01_{16}$ entschlüsselt. Dies liegt an der dem DES-Verfahren zugrunde liegenden Methode der Teilschlüsselgenerierung, die nicht zwingend verschiedene Teilschlüssel liefern muss, was am Beispiel der schwachen Schlüssel bereits gezeigt wurde. Auch wenn bei insgesamt 2^{56} möglichen Schlüsseln die Möglichkeit einen schwachen Schlüssel zu generieren sehr gering ist, spricht jedoch nichts dagegen eine Überprüfung vorzunehmen, die – wie Alg. 5.15 zeigt – relativ einfach ist. Eine Überprüfung ist sowohl für BigInteger als auch ein Bytefeld möglich.

Algorithmus 5.15: Überprüfung der weak keys

```
1  import java.math.BigInteger;
2
3  public class key {
4
5    static boolean isWeak(byte[] key) {
6      int a = (key[0] & 0xFE) << 8 | (key[1] & 0xFE);
7      int b = (key[2] & 0xFE) << 8 | (key[3] & 0xFE);
8      int c = (key[4] & 0xFE) << 8 | (key[5] & 0xFE);
9      int d = (key[6] & 0xFE) << 8 | (key[7] & 0xFE);
10     return (a==0x0000 || a==0xFEFE)&&(b==0x0000 || b==0xFEFE)&&
11            (c==0x0000 || c==0xFEFE)&&(d==0x0000 || d==0xFEFE);
12   }
13   static boolean isWeak(BigInteger key) {
14     int[] ikey = new int[8];
15     ikey = DES.BigInt2IntFeld(key);
16     byte[] bkey = new byte[8];
17     for (int i=0; i<8;i++) {
18       bkey[i]=(byte)ikey[i];
19     }
20     return isWeak(bkey);
21   }
22   public static void main (String[] args) {
23     System.out.print("Schlüssel: "+args[0]+" ist ");
24     if (isWeak(new BigInteger(args[0],16),0))
25       System.out.println("ein weicher Schlüssel!");
26     else
27       System.out.println("kein weicher Schlüssel!");
28   }
29 }
```

Insbesondere die Firma RSA-Laboratories initiierte immer wieder einen Wettbewerb um zu zeigen, dass DES „unsicher" sei:

RSA's original DES Challenge was launched in January 1997 with the aim of demonstrating that DES offers only marginal protection against a committed adversary. This was confirmed when a team led by Rocke Verser of Loveland, Colorado recovered the secret key in 96 days, winning DES Challenge I. Since that time, improved technology has made much faster exhaustive search efforts possible. In February 1998, Distributed.Net won RSA's DES Challenge II-1 with a 41-day effort, and in July, the Electronic Frontier Foundation (EFF) won RSA's DES Challenge II-2 when it cracked the DES message in 56 hours.[19]

Berücksichtigt man allerdings, welch immenser technischer Aufwand dazu betrieben werden musste, so ist der Begriff „unsicher" zu relativieren, zumal schon per Definition feststand, dass jedes kryptografische Verfahren, welches in der Handhabung praktikabel sein soll, nicht völlige Sicherheit bieten kann.

Breaking the previous record of 56 hours, Distributed.Net, a worldwide coalition of computer enthusiasts, worked with the Electronic Frontier Foundation's (EFF) '"Deep Crack"', a specially designed supercomputer, and a worldwide network of nearly 100,000 PCs on the Internet, to win RSA Data Security's DES Challenge III in a record-breaking 22 hours and 15 minutes. The worldwide computing team deciphered a secret message encrypted with the United States government's Data Encryption Standard (DES) algorithm using commonly available technology. From the floor of the RSA Data Security Conference Expo, a major data security and cryptography conference being held in San Jose, Calif., EFF's '"Deep Crack"' and the Distributed.Net computers were testing 245 billion keys per second when the key was found.[20]

5.6 Die Zukunft

Bereits seit 1998 ist es den einzelnen Ministerien der US-Regierung nicht mehr erlaubt das Einfach-DES zu verwenden. Bis neue Verfahren praktikabel und voll einsatzbereit sind (z. B. AES), ist ausnahmslos Dreifach-DES zu verwenden [32, S.71]. Das wesentliche Problem ist und bleibt bei allen symmetrischen Verfahren die sichere Übermittlung des Schlüssels an den Empfänger der verschlüsselten Informationen.

---

[19]http://www.rsasecurity.com/press_release.asp?doc_id=729&id=1034
[20]dito.

5.7 Betriebsarten

Nachdem der Algorithmus des DES hinreichend geklärt wurde, bleibt die Frage nach der Art und Weise der Datenübertragung. Schon 1980 wurden im Rahmen der Standardisierung des DES vier Betriebsarten festgelegt. Jede hat wieder ihre ganz spezifischen Vor- und Nachteile, sodass eine Wertung sehr schwierig ist. Diese Übertragungsarten setzen lediglich eine feste Blockgröße der Eingabedaten voraus, sodass sie grundsätzlich auf alle Verschlüsselungsverfahren übertragen werden können, denen eine symmetrische Blockchiffre zugrunde liegt.

5.7.1 ECB-Modus

Der **E**lectronic-**C**ode-**B**ook-Modus ist die einfachste Betriebsart, in der entsprechend Abb. 5.5 der zu übertragende Klartext in Blöcke zu 64 Bit (8 Byte/Zeichen) zerlegt, komplett verschlüsselt und dann übertragen wird. Allen Blöcken liegen dabei dieselben Rundenschlüssel zugrunde.

$$c_n = DES(p_n) \tag{5.90}$$

$$p_n = DES^{-1}(c_n) \tag{5.91}$$

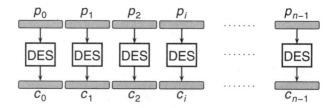

Abbildung 5.6: Der ECB-Modus

Ein wesentlicher Vorteil dieser Übertragungsmethode ist die Tatsache, dass ein Fehler in einem einzelnen Block praktisch keine großen Auswirkungen auf den Gesamtinformationsinhalt hat. Dabei spielt es keine Rolle, ob dieser Fehler durch aktive oder passive Einwirkungen auf den Übertragungsweg erfolgte. Dem gegenüber stehen zwei wesentlichen Nachteile, zum einen die Tatsache, dass gleiche, aufeinander folgende Klartextblöcke auch identische verschlüsselte Blöcke liefern, was Angriffe auf die Information erleichtert. Zum anderen ist der geschilderte Vorteil auch ein Nachteil, denn der Empfänger der Nachricht hat keinerlei Informationen, ob ein Block fehlerhaft ist oder nicht. Da die einzelnen Blöcke nur lediglich Informationen über acht Zeichen (64 Bit) enthalten, kann es zu schwerwiegenden Missverständnissen kommen, wenn z. B. ein Geldbetrag falsch übermittelt wird. Derartige Fehler spielen dagegen bei der Übertragung von Bildmaterial überhaupt keine Rolle, wenn sie zum Beispiel im ohnehin fehlerbehafteten jpeg-Format übermittelt werden.

Der folgende Bildschirmausschnitt zeigt die Anwendung des DES-ECB-Algorithmus auf einen längeren Text. Dieser gestattet sowohl das Ver- als auch Entschlüsseln. Verschlüsselt wurde der Quelltext DES_ECB.java selbst, was anhand der Kontrollausgabe nach der Entschlüsselung leicht zu erkennen ist. Die Zahlenangaben in eckigen Klammern haben lediglich informellen Wert, sie geben den Stand der Ver- bzw. Entschlüsselung an, wobei die Zahl die bereits bearbeiteten Bytes darstellt.

```
─────────────── Programmausgabe ───────────────
voss@maria:~/Kryptologie > java DES_ECB
C)hiffrieren oder D)echiffrieren? (C/D):c
Lese Datei: DES_ECB.java (4449 Bytes) ...
Lese S-Boxen aus Datei ...
Bestimme zufälligen Schlüssel ...

DES-Schluessel als BigInteger (dezimal): 11181585116884197859
Beginne Verschlüsselung nach dem ECB-Modus ...
[0][64][128][192][256][320][384][448][512][576][640][704][768][832][896]
[960][1024][1088][1152][1216][1280][1344][1408][1472][1536][1600][1664]
[1728][1792]
[ ... ]
Speichere Datei ...
Datei ausgeben? (J/N):j

|e..7...8Z.g.A....&].vm+$.ov^Ts6.......-.a.a.vu..Z.h)H.......h..c.z.?...
D.Z......#.ZG.....).............:...l.....(...6...C.......b..OJ..'..t.;..%.
'.h.%..O.i$.E...
[ ... ]
voss@maria:~/Kryptologie >

voss@maria:~/texte/Aufsatz/Kryptologie > java DES_ECB
C)hiffrieren oder D)echiffrieren? (C/D):d
Lese Datei: AAA.kodiert (4449 Bytes) ...
Lese S-Boxen aus Datei ...
Schlüssel eingeben (dezimal!!):11181585116884197859
Beginne Entschlüsselung nach dem ECB-Modus ...
[0][64][128][192][256][320][384][448][512][576][640][704][768][832][896]
[960][1024][1088][1152][1216][1280][1344][1408][1472][1536][1600][1664]
[1728][1792]
[ ... ]
Speichere Datei ...
Datei ausgeben? (J/N):j

import java.math.*;
import java.util.*;

class DES_ECB {
  public static void main (String[] arg) {
    System.out.print("C)hiffrieren oder D)echiffrieren? (C/D):");
    String CD = IO.Satz();
    String str;
    if (arg.length==0) str="";
[ ... ]
voss@maria:~/Kryptologie >
```

Interessant für den ECB-Modus sind letztlich nur die Zeilen 77-86 in Alg. 5.16 und die Methode `int[] Chiffre(...)`, alles andere wird auch bei den anderen Verfahren in der gleichen Form benötigt. Der ECB-Modus entspricht grundsätzlich dem in den vorhergehenden Kapiteln besprochenen DES, wird hier jedoch noch einmal gesondert hervorgehoben, um einen besseren Vergleich mit den anderen Übertragungsverfahren zu ermöglichen. Grundsätzlich erwartet DES lediglich einen 64 Bit-Block zum Verschlüsseln, wo dieser seinen Ursprung hat, interessiert dabei überhaupt nicht.

Algorithmus 5.16: DES und der ECB-Modus

```
 1  import java.math.*;
 2  import java.util.*;
 3
 4  class DES_ECB {
 5    public static void main (String[] arg) {
 6      System.out.print("C)hiffrieren oder D)echiffrieren? (C/D):");
 7      String CD = IO.Satz();
 8      String str;
 9      if (arg.length==0) str="";
10      else        str=arg[0];
11      DES_ECB zeigeDES = new DES_ECB(str,CD);
12    }
13    String Int2HexString (int[] B) {
14      String str="", digit;
15      for (int i=7; i>=0; i--) {
16        digit = Integer.toHexString(B[i]);
17        if (digit.length()<2) digit="0"+digit;
18        str=str+digit;
19      }
20      return str;
21    }
22    int[] Chiffre (int[] Wort,BigInteger[] SchluesselFeld,byte[][][] SBoxen,
23                       int Runde, int Step) {
24      BigInteger Links = new BigInteger("0");
25      BigInteger Rechts = new BigInteger("0");
26      BigInteger Dummy = new BigInteger(Int2HexString(Wort),16);
27      Dummy=DES.initialePermutation(Dummy);        // IP bilden
28      Links = DES.holeHaelfte(Dummy,"<-",64);      // Links 32 Bit
29      Rechts = DES.holeHaelfte(Dummy,"->",64);     // Rechts 32 Bit
30      for (int i=0; i<16; i++) {                    // Die 16 Runden
31        Dummy = SchluesselFeld[Runde-1].xor(DES.Expand(Rechts));//
                Exclusiv-Oder
32        Dummy = DES.PFunc(DES.SBox(Dummy,SBoxen));  // Zwischenergebnis
33        Dummy = Links.xor(Dummy);                   // Links+f(Rechts,K)
34        Links = Rechts;
```

```
35     Rechts = Dummy;                        // Runde i erledigt
36     Runde+=Step;               // +1/-1 je nach CD
37   }
38   Rechts = Rechts.shiftLeft(32);
39   Dummy= DES.inverseInitialePermutation(Rechts.add(Links));
40   return DES.BigInt2IntFeld(Dummy);
41 }
42 public DES_ECB(String DatName, String CD) {
43   Datei P;
44   int pLaenge=8;        // die Anzahl der Klartextzeichen
45   int[] p;
46   if (DatName.length()>0) P = new Datei(DatName);
47   else                    P = new Datei();
48   p = P.liesUnicode();            // Text holen
49   pLaenge = p.length;            // Textlaenge
50   System.out.println("Lese Datei: "+P.dateiname+" ("+pLaenge+" Bytes
       ) ...");
51   System.out.println("Lese S-Boxen aus Datei ...");
52   byte [][][] SBoxen = new byte [8][4][16];    // die SBoxen 1..8
53   SBoxen = DES.LiesSBoxen("SBoxen.dat");
54   boolean Chiffrieren;
55   BigInteger DESSchluessel;
56   int Anfang=1, Step=1;         // Werte für Verschlüsseln
57   if (CD.equals("C")||CD.equals("c")) {
58     Chiffrieren=true;
59     System.out.println("Bestimme zufälligen Schlüssel ...");
60     DESSchluessel = DES.BigSchluessel();  // fuer zufaelligen
         Schluessel
61     System.out.println("\nDES-Schluessel als BigInteger (dezimal): "
         +DESSchluessel);
62   }
63   else {
64     Chiffrieren=false;
65     System.out.print("Schlüssel eingeben (dezimal!!):");
66     DESSchluessel = new BigInteger(IO.Satz());
67     Anfang=16; Step=-1;      // Werte für Entschlüsseln
68   }
69   BigInteger[] SchluesselFeld = new BigInteger[16];// alle
       Schluessel
70   SchluesselFeld=DES.BestimmeAlleSchluessel(DESSchluessel);// die
       Rundenschlüssel K1..K16
71 //
72 //--------------- Verschlüsseln/Entschlüsseln! -------------------
73 //
74   if (Chiffrieren) System.out.println("Beginne Verschlüsselung nach
       dem ECB-Modus ...");
75   else             System.out.println("Beginne Entschlüsselung nach
```

```
          dem ECB-Modus ...");
76    int[] Wort = new int[8];          // Der ChiffreBlock
77    for (int i=0; i<pLaenge; i+=8) {        // Blockweise verschlüsseln
78      if ((i%64)==0) System.out.print("["+i+"]");// optische Kontrolle
79      for (int j=i; j<(i+8); j++)      // Block ermitteln
80        if (j<pLaenge) Wort[j-i]=p[j];    // letzter Block??
81        else              Wort[j-i]=0; // letzten Block mit 0 auffüllen
82      Wort=Chiffre(Wort,SchluesselFeld,SBoxen,Anfang,Step);//
          Chiffrieren
83      for (int j=i; j<(i+8); j++)   // Chiffrierten Block speichern
84        if (j<pLaenge)
85          p[j]=Wort[j-i];
86    }
87 //
88 //---------------- Ende Ver- /Entschlüsseln --------------------
89 //
90    System.out.println();
91    System.out.println("Speichere Datei ...");
92    Datei C = new Datei();
93    C.schreib(p);
94    System.out.print("\nDatei ausgeben? (J/N):");
95    if (IO.JaNein())
96      for (int i=0; i< pLaenge; i++) {
97        if ((i%80)==0) System.out.println();
98        IO.printChar(p[i]);
99      }
100   System.out.println();
101   System.exit(0);
102  }
103 }
```

5.7.2 CBC-Modus

Der **C**ipher-**B**lock-**C**haining-Modus[21] unterscheidet sich von dem ECB-Modus nur durch die Tatsache, dass jeder aktuelle 64-Bit Klartextblock mit seinem **verschlüsselten** Vorgänger bitweise modulo 2 addiert wird, was wieder der Exclusiv-Oder-Verknüpfung entspricht. Dadurch wird verhindert, dass zwei aufeinanderfolgende Klartextblöcke zwei gleiche verschlüsselte Blöcke liefern.

$$c_{n+1} = DES(p_{n+1} \oplus c_n); \quad n = 0, 1, 2.. \qquad c_0 = DES(p_0 \oplus I)$$

$$p_{n+1} = DES^{-1}(c_{n+1}) \oplus c_n; \quad n = 0, 1, 2, \ldots \quad p_0 = DES(c_0) \oplus I \qquad (5.92)$$

$$I: \text{Initialisierungsvektor} (64 \, Bit)$$

---

[21]chain: (engl) Kette

Da der erste Klartextblock logischerweise keinen Vorgänger besitzen kann, wird mit einem Initialisierungsvektor begonnen. Dieser kann willkürlich gewählt werden und muss zusammen mit dem Schlüssel dem Empfänger der Nachricht übermittelt werden. Dies kann aber auch ganz einfach dadurch geschehen, dass dieser Initialisierungsvektor als erster, normal mit DES verschlüsseltem Chiffre-Block gesendet wird.

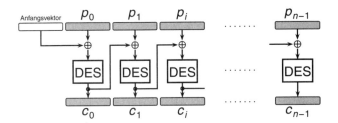

Abbildung 5.7: Der CBC-Modus

Erscheinen beim CBC-Modus trotzdem identische Chiffreblöcke, so liegen diesen dann verschiedene Klartextblöcke zugrunde, woraus allerdings weitere Schlüsse gezogen werden können. Unter der Annahme, dass z. B. $C_3 = C_5$ gleich sind, folgt weiter:

$$DES(c_2 \oplus p_3) = DES(c_4 \oplus p_5)$$
$$(c_2 \oplus p_3) = (c_4 \oplus p_5)$$
$$c_2 = c_4 \oplus (p_5 \oplus p_3) \qquad (5.93)$$
$$c_2 \oplus c_4 = p_3 \oplus p_5$$

Somit kennt ein potentieller Angreifer zumindest die Verkettung zweier Klartextblöcke und kann damit weitere Anstrengungen unternehmen, um den gesamten Text zu entschlüsseln. Die Entschlüsselung erfolgt analog, indem der jeweilige Chiffreblock mit DES entschlüsselt und mit seinem Vorgänger bitweise modulo 2 addiert wird (Gl. 5.92).

5.7.3 CFB-Modus

Der **C**ipher-**F**eed-**B**ack-Modus versucht insbesondere die Nachteile der festen Blockgröße von 64 Bit zur Datenübertragung auszugleichen. Wenn beispielsweise jemand per `telnet` auf einem anderen Rechner eingeloggt ist und den Datenverkehr verschlüsselt betreibt, so kommt es immer dann zu Problemen, wenn weniger als acht Zeichen (ein Block) übertragen werden müssen, was bei Online-Anwendungen nicht gerade selten ist. Soll die Datenübertragung überhaupt noch sinnvoll vonstatten gehen, so muss innerhalb eines bestimmten Zeitrahmens dafür gesorgt werden, dass Blöcke auf acht Byte (64 Bit) aufgefüllt und dann mit relativ großer Redundanz gesendet werden. Eine Modifizierung des gesamten Verfahrens schafft hier Abhilfe.

$$c_{i+1} = p_{i+1} \oplus DES(c_i) \qquad i = 0, 1, 2, ..., n - 1$$
$$p_{i+1} = c_{i+1} \oplus DES(c_i) \qquad i = 0, 1, 2, ..., n - 1 \qquad (5.94)$$
$$c_0 = p_0 \oplus DES(AV) \qquad AV : \text{Anfangsvektor}$$

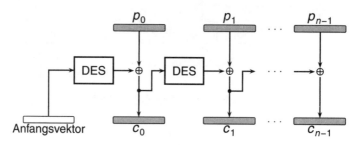

Abbildung 5.8: Der CFB-Modus

Die Ausgabe eines jeden verschlüsselten Klartextblockes c_i wird auf den DES-Block zurückgekoppelt (cipher-feedback), womit erreicht wird, dass der Entschlüsselungsvorgang sofort weiter laufen kann, denn es muss nicht darauf gewartet werden, dass der Klartext p_{i+1} auf 64 Bit aufgefüllt wurde. Selbst bei Änderung eines einzigen Bits kann eine Verschlüsselung vorgenommen werden, sodass man auch von einer Stromchiffrierung spricht. Der Anfangsvektor kann beliebig gewählt und prinzipiell sogar sehr häufig gewechselt werden, wenn er einfach als erster verschlüsselter Block übertragen wird. Angreifer auf den Datenstrom haben keinerlei Möglichkeit an einem Block zu erkennen, ob es sich um einen verschlüsselten Klartext oder einen Anfangsvektor handelt, denn beide haben eine Größe von 64 Bit.

Interessant beim CFB-Modus ist vor allen Dingen die Tatsache, dass der DES-Algorithmus nur zum Verschlüsseln benutzt wird, sozusagen im Einwegverfahren. Aus Gl. 5.94 ist ersichtlich, dass im Gegensatz zu Gl. 5.92 DES^{-1} nicht angewendet werden muss. Damit lässt sich dieses Verfahren auch sehr gut zur Passwortkontrolle bei Multiusersystemen wie z. B. Unix einsetzen.

5.7.4 OFB-Modus

Der **O**utput-**F**eed-**B**ack-Modus hat große Ähnlichkeit zum CFB-Modus und unterscheidet sich prinzipiell nur durch die Rückkopplung. Wurde beim CFB jeder verschlüsselte Block (cipher) als Eingabe für die nächste Blockchiffre (DES-Block) benutzt, so wird beim OFD-Modus die Ausgabe einer Blockchiffre (DES-Block) wieder als Eingabe für denselben Funktionsblock benutzt. Zusätzlich wird diese Ausgabe mit dem jeweiligen Klartext zum verschlüsselten Text Exclusiv-Oder verknüpft.

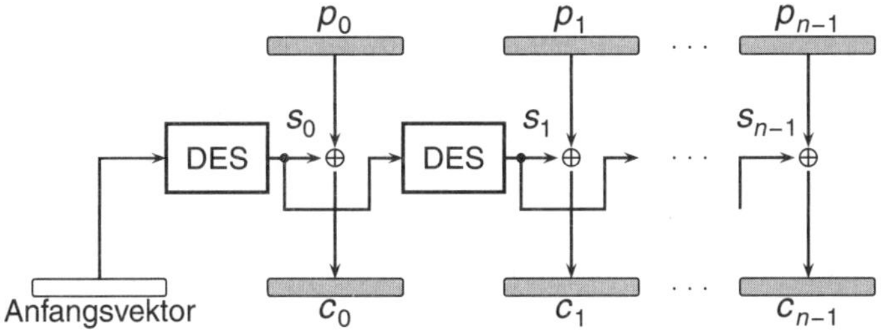

Abbildung 5.9: Der OFB-Modus

Es ergibt sich auch hier ein einfacher mathematischer Zusammenhang, der aufzeigt, dass der DES-Algorithmus wieder nur zum Verschlüsseln benutzt wird, wobei wieder die im vorhergehenden Kapitel beschriebenen Vorteile auftreten.

$$c_i = s_i \oplus p_i \qquad i = 0, 1, 2, \dots, n-1 \qquad (5.95)$$

$$s_i = DES(s_{i-1}) \quad s_0 = DES(AV) \qquad (5.96)$$

$$p_i = s_i \oplus c_i \qquad i = 0, 1, 2, \dots, n-1 \qquad (5.97)$$

$$AV : \text{Anfangsvektor (beliebig)}$$

Weiterhin kann sowohl Gl. 5.95 als auch Abb. 5.9 entnommen werden, dass die Folge der Blockchiffren s_i vorab berechnet werden kann, da sie sowohl vom Klartext als auch vom verschlüsselten Text unabhängig ist. Damit eignet sich dieses Verfahren für schnelle Verschlüsselungen, wie sie insbesondere für Online-Verfahren benötigt werden, und auch für *encrypted filesystems*, wie sie beispielsweise Unix kennt.

5.8 DES-Formelsammlung

Ausgegangen wird von einem Originalwort p, dem so genannten Klartext, dessen Bits wie folgt angeordnet sind:

$$p = \begin{pmatrix} 63 & 62 & 61 & 60 & 59 & 58 & 57 & 56 \\ 55 & 54 & 53 & 52 & 51 & 50 & 49 & 48 \\ 47 & 46 & 45 & 44 & 43 & 42 & 41 & 40 \\ 39 & 38 & 37 & 36 & 35 & 34 & 33 & 32 \\ 31 & 30 & 29 & 28 & 27 & 26 & 25 & 24 \\ 23 & 22 & 21 & 20 & 19 & 18 & 17 & 16 \\ 15 & 14 & 13 & 12 & 11 & 10 & 9 & 8 \\ 7 & 6 & 5 & 4 & 3 & 2 & 1 & 0 \end{pmatrix} \qquad (5.98)$$

Eine (initiale) Permutation verschiebt die Bits:

$$IP(p) = \begin{pmatrix} 6 & 14 & 22 & 30 & 38 & 46 & 54 & 62 \\ 4 & 12 & 20 & 28 & 36 & 44 & 52 & 60 \\ 2 & 10 & 18 & 26 & 34 & 42 & 50 & 58 \\ 0 & 8 & 16 & 24 & 32 & 40 & 48 & 56 \\ 7 & 15 & 23 & 31 & 39 & 47 & 55 & 63 \\ 5 & 13 & 21 & 29 & 37 & 45 & 53 & 61 \\ 3 & 11 & 19 & 27 & 35 & 43 & 51 & 59 \\ 1 & 9 & 17 & 25 & 33 & 41 & 49 & 57 \end{pmatrix} \qquad (5.99)$$

Eine dazu inverse initiale Permutation führt aufgrund der Umkehrfunktion wieder zum Originalwort $IP^{-1}(IP(p)) = p$. Bezogen auf die Anordnung der Bits des Klartextes gilt:

$$IP^{-1}(p) = \begin{pmatrix} 24 & 56 & 16 & 48 & 8 & 40 & 0 & 32 \\ 25 & 57 & 17 & 49 & 9 & 41 & 1 & 33 \\ 26 & 58 & 18 & 50 & 10 & 42 & 2 & 34 \\ 27 & 59 & 19 & 51 & 11 & 43 & 3 & 35 \\ 31 & 60 & 20 & 52 & 12 & 44 & 4 & 36 \\ 29 & 61 & 21 & 53 & 13 & 45 & 5 & 37 \\ 30 & 62 & 22 & 54 & 14 & 46 & 6 & 38 \\ 31 & 63 & 23 & 55 & 15 & 47 & 7 & 39 \end{pmatrix} \qquad (5.100)$$

Eine beliebige Bitkette der Länge 64 Bit wird in eine linke L_0[22] und rechte Hälfte R_0 unterteilt

$$p = \text{shiftLeft}(L_0, 32) + R_0 = L_0 R_0 \qquad (5.101)$$
$$L_0 = 1111001010010010001101100110110 0$$
$$R_0 = 11101010110010100010101011001110$$

Eine Runde der **Feistel-Chiffre**, wobei $i = 0, 1, \ldots, 15$ gilt:

$$E_{i+1} = (L_{i+1}, R_{i+1}) = (R_i, L_i \oplus f(R_i, K_{i+1})) \qquad (5.102)$$

Das „Endergebnis" einer DES-Verschlüsselung entspricht dann der 16. Runde der Feistel-Chiffre:

$$c = IP^{-1}(R_{16}, L_{16}) = E_K(p) \qquad (5.103)$$

Die **Expansionsfunktion** E bildet eine 32-Bitkette auf eine 48-Bitkette ab:

$$E: \quad \{0, 1\}^{32} \rightarrow \{0, 1\}^{48} \qquad (5.104)$$

---

[22] L_0 entspricht den oberen 32 Bit, muss also bei einer Addition mit R_0 um 32 Stellen nach links geschoben werden (ohne Rotation!).

Die Zuordnungsmatrix für $x \rightarrow E(x)$:

$$
\begin{pmatrix}
31 & 30 & 29 & 28 & 27 & 26 & 25 & 24 \\
23 & 22 & 21 & 20 & 19 & 18 & 17 & 16 \\
15 & 14 & 13 & 12 & 11 & 10 & 9 & 8 \\
7 & 6 & 5 & 4 & 3 & 2 & 1 & 0
\end{pmatrix}
\rightarrow
\begin{pmatrix}
0 & 31 & 30 & 29 & 28 & 27 \\
28 & 27 & 26 & 25 & 24 & 23 \\
24 & 23 & 22 & 21 & 20 & 19 \\
20 & 19 & 18 & 17 & 16 & 15 \\
16 & 15 & 14 & 13 & 12 & 11 \\
12 & 11 & 10 & 9 & 8 & 7 \\
8 & 7 & 6 & 5 & 4 & 3 \\
4 & 3 & 2 & 1 & 0 & 31
\end{pmatrix}
\tag{5.105}
$$

Die **Rundenschlüssel** K_i, $i = 1, 2, \ldots, 16$ werden über die Hilfsgrößen v_i $i = 1, 2, \ldots, 16$ sowie $PC1$ und $PC2$ bestimmt:

$$
v_i = \begin{cases} 1 & \text{für } i \in \{1, 2, 9, 16\} \\ 2 & \text{andernfalls} \end{cases}
\tag{5.106}
$$

$$
PC1 : \{0, 1\}^{64} \rightarrow \{0, 1\}^{28} \times \{0, 1\}^{28} = C \times D
\tag{5.107}
$$

$$
PC2 : C \times D = \{0, 1\}^{28} \times \{0, 1\}^{28} \rightarrow \{0, 1\}^{48}
\tag{5.108}
$$

$$
\begin{pmatrix}
63 & 62 & 61 & 60 & 59 & 58 & 57 & 56 \\
55 & 54 & 53 & 52 & 51 & 50 & 49 & 48 \\
47 & 46 & 45 & 44 & 43 & 42 & 41 & 40 \\
39 & 38 & 37 & 36 & 35 & 34 & 33 & 32 \\
31 & 30 & 29 & 28 & 27 & 26 & 25 & 24 \\
23 & 22 & 21 & 20 & 19 & 18 & 17 & 16 \\
15 & 14 & 13 & 12 & 11 & 10 & 9 & 8 \\
7 & 6 & 5 & 4 & 3 & 2 & 1 & 0
\end{pmatrix}
\rightarrow
\begin{cases}
\begin{pmatrix}
7 & 15 & 23 & 31 & 39 & 47 & 55 \\
63 & 6 & 14 & 22 & 30 & 38 & 46 \\
54 & 62 & 5 & 13 & 21 & 29 & 37 \\
45 & 53 & 61 & 4 & 12 & 20 & 28
\end{pmatrix} \\[2em]
\begin{pmatrix}
1 & 9 & 17 & 25 & 33 & 41 & 49 \\
57 & 2 & 10 & 18 & 26 & 34 & 42 \\
50 & 58 & 3 & 11 & 19 & 27 & 35 \\
43 & 51 & 59 & 36 & 44 & 52 & 60
\end{pmatrix}
\end{cases}
\tag{5.109}
$$

$$
PC1 \rightarrow \begin{cases} C \\ D \end{cases} = C \times D
\tag{5.110}
$$

$$
\left.
\begin{aligned}
&\begin{pmatrix}
55 & 54 & 53 & 52 & 51 & 50 & 49 \\
48 & 47 & 46 & 45 & 44 & 43 & 42 \\
41 & 40 & 39 & 38 & 37 & 36 & 35 \\
34 & 33 & 32 & 31 & 30 & 29 & 28
\end{pmatrix} \\[1em]
&\begin{pmatrix}
27 & 26 & 25 & 24 & 23 & 22 & 21 \\
20 & 19 & 18 & 17 & 16 & 15 & 14 \\
13 & 12 & 11 & 10 & 9 & 8 & 7 \\
6 & 5 & 4 & 3 & 2 & 1 & 0
\end{pmatrix}
\end{aligned}
\right\}
\rightarrow
\begin{pmatrix}
42 & 39 & 45 & 32 & 55 & 51 \\
53 & 28 & 41 & 50 & 35 & 46 \\
33 & 37 & 44 & 52 & 30 & 48 \\
40 & 49 & 29 & 36 & 43 & 54 \\
15 & 4 & 25 & 19 & 9 & 1 \\
26 & 16 & 5 & 11 & 23 & 8 \\
12 & 7 & 17 & 0 & 22 & 3 \\
10 & 14 & 6 & 20 & 27 & 24
\end{pmatrix}
\tag{5.111}
$$

$$
\left. C \times D = \begin{matrix} C \\ D \end{matrix} \right\} \rightarrow PC2
\tag{5.112}
$$

Der Algorithmus für die **Rundenschlüssel** (vgl. S. 89):

1. Das Matrizenpaar $(C_0, D_0) = PC1(K_G)$ liegt durch den Grundschlüssel K_G fest;

2. $C_i = $ Shift v_i – mal links (C_{i-1}) und $D_i = $ Shift v_i – mal links (D_{i-1}), wobei für v_i Gl. 5.54 zu berücksichtigen ist;

3. $K_i = PC2(C_i, D_i)$ $i = 1, 2, ..., 16$

Die **S-Boxen** bilden eine 6-er Bitkette auf eine 4-er Bitkette ab (der Algorithmus ist auf Seite 92 beschrieben):

$$S_i: \quad \{0, 1\}^6 \rightarrow \{0, 1\}^4, \qquad i = 1, 2, ..., 8 \tag{5.113}$$

Die **P-Funktion**:

$$S(E(R_0) \oplus K_1) \rightarrow P(S(E(R_0) \oplus K_1)) = f(R_0, K_1) \tag{5.114}$$

Die Zuordnungsvorschrift der Permutierungsfunktion $P(x)$:

$$\begin{pmatrix} 31 & 30 & 29 & 28 \\ 27 & 26 & 25 & 24 \\ 23 & 22 & 21 & 20 \\ 19 & 18 & 17 & 16 \\ 15 & 14 & 13 & 12 \\ 11 & 10 & 9 & 8 \\ 7 & 6 & 5 & 4 \\ 3 & 2 & 1 & 0 \end{pmatrix} \rightarrow \begin{pmatrix} 16 & 25 & 22 & 11 \\ 3 & 20 & 4 & 15 \\ 31 & 17 & 9 & 6 \\ 27 & 14 & 1 & 12 \\ 30 & 24 & 8 & 18 \\ 0 & 5 & 29 & 23 \\ 13 & 19 & 2 & 26 \\ 10 & 21 & 28 & 7 \end{pmatrix} \tag{5.115}$$

6 IDEA

Inhalt

Das IDEA-Verfahren wurde erstmals 1990 unter der Bezeichnung PES (Proposed Encryption Standard) von Lai und Massey[1] veröffentlicht. Nach ersten erfolgreichen Angriffen auf den Algorithmus, wurde dieser 1992 zum jetzt noch gültigen IDEA (International **D**ata **E**ncryption **A**lgorithm) weiterentwickelt. Obwohl in Deutschland allgemein Algorithmen an sich zur Zeit nicht patentierbar sind, ist Vorsicht geboten, wenn entsprechende Abkommen mit anderen Ländern bestehen, die sehr wohl Algorithmen patentieren, wie eben z. B. die Schweiz, wo die Firma ASCOM den IDEA-Algorithmus patentiert hat. So darf IDEA[2] erst nach dem Jahr 2011 lizenzfrei benutzt werden. Für Privatpersonen ist es zwar von Anfang an unentgeltlich zur Benutzung freigegeben worden, die Lizenzbestimmungen verlangen jedoch einen entsprechenden Hinweis in der Software, die IDEA anwendet.[3]

IDEA hat allgemein den Ruf als sehr sicher zu gelten, was vor allem an den zugrunde liegenden mathematischen Beziehungen liegt. Zur Anwendung kommen ausschließlich Exclusiv-Oder-Additionen (XOR), Additionen modulo 2^{16} und Multiplikationen modulo $2^{16}+1$, d. h. es wird völlig auf Permutationen verzichtet. Diese Operationen erfolgen ausschließlich auf 16-Bit-Blöcken, womit an die Hardware fast keine Bedingungen gestellt werden. Zudem sind 16-Bit-Mikroprozessoren[4] extrem preisgünstig (wenige €) und benötigen lange nicht die Kühlerleistung wie beispielsweise zur Zeit gängige 32-Bit-Prozessoren.

Im Gegensatz zu DES verwendet IDEA einen 128-Bit-Schlüssel und nur acht Runden. Der Grundschlüssel wird zudem in 52 Teilschlüssel zerlegt, sechs davon

---

[1] X. Lai und J. Massey, ETH Zürich.

[2] http://www.ascom.com/

[3] http://www.uni-trier.de/infos/pgp/pgp2.5.html

[4] Ab Intel 80286.

für jede der acht Runden und vier für eine abschließende Ausgabetransformation.

6.1 Schlüsselbildung

Das Prinzip der Schlüsselbildung lässt sich leicht beschreiben:
1. Setze K gleich dem 128-Bit-Grundschlüssel K_G und $i = 0$;
2. Zerlege 128-Bit-Schlüssel K in acht 16-Bit Teilschlüssel $K_i..K_{i+8}$;
3. Schiebe Schlüssel K um 25 Bit nach links mit Rotation und setze $i = i + 8$;
4. Gehe zu 2. solange wie $i < 52$.

Tabelle 6.1: Zuordnung der Teilschlüssel zu den einzelnen Runden für den Vorgang des Verschlüsselns

Runde	Teilschlüssel
1	$K_0 - K_1 - K_2 - K_3 - K_4 - K_5$
2	$K_6 - K_7 - K_8 - K_9 - K_{10} - K_{11}$
...	ldots
8	$K_{42} - K_{43} - K_{44} - K_{45} - K_{46} - K_{47}$

Damit erhält man für die einzelnen Runden formal die in Tab. 6.1 angegebenen Schlüssel. Zum Schluss werden dann noch die letzten vier Teilschlüssel $K_{48} - K_{49} - K_{50} - K_{51}$ benötigt. Im Alg. 6.1 wird dies von der Methode makeKey() übernommen. Da IDEA ein symmetrisches Verfahren ist, wird für die Entschlüsselung derselbe Grundschlüssel benötigt. Analog zum DES-Verfahren werden diese aber in der umgekehrten Reihenfolge angewendet, entsprechend Tab. 6.1 beginnend mit $K_{51} - K_{50} - K_{49} - K_{48} - K_{47} - K_{46}$... und endend mit den letzten vier Teilschlüsseln für die Ausgabeverschlüsselung $K_3 - K_2 - K_1 - K_0$. Die dafür zuständige Methode ist invertKey().

6.2 Algorithmus

Der IDEA zugrunde liegende Algorithmus ist erstaunlich einfach, insbesondere unter dem Aspekt, dass das weit aufwändiger erscheinende DES-Verfahren in keiner Weise sicherer als IDEA ist. Es wird ausschließlich mit den folgenden drei mathematischen Operationen gearbeitet:

ⓔ Bitweise Exclusiv-Oder-Verknüpfung;
⊕ Addition von 16-Bit-Zahlen modulo 2^{16};
⊙ Multiplikation von 16-Bit-Zahlen modulo $2^{16} + 1$, wobei die Null 2^{16} zugeordnet wird.

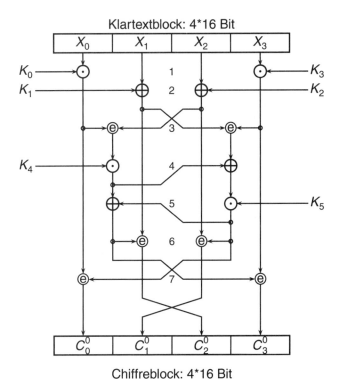

Abbildung 6.1: Die komplette 1. Runde in IDEA:
$\odot$: Multiplikation zweier 16-Bit-Zahlen modulo $2^{16} + 1$;
alle anderen Operationen erfolgen modulo 16 (siehe auch Tab. B.1 auf Seite 290 für die anderen Symbole).

Die Abb. 6.1 zeigt den formalen Aufbau einer kompletten Runde bei IDEA, wobei die Überkreuzkopplungen auffällig sind. Ansonsten handelt es sich um ein fast völlig symmetrisch aufgebautes Verfahren. Lediglich bei den Schlüsseln K_4 und K_5 besteht eine unterschiedliche Verfahrensweise; die Addition mit folgender Multiplikation wurden in der Reihenfolge vertauscht. Alle weiteren sieben Runden sind völlig analog zu Abb. 6.1 und bedürfen daher keiner weiteren Erklärung. Dies ergibt sich auch aus dem Alg. 6.1, denn keine der acht Runden erfährt eine Sonderbehandlung. Zum Schluss der acht Runden wird jede der vier 16-Bit-Chiffreteile noch einmal per Addition, bzw. Multiplikation mit den Schlüsseln $K_{48}, \ldots, K_{51}$ verknüpft (Abb. 6.2)[5]. In IDEA folgt auf eine bestimmte Operation grundsätzlich eine eines anderen Typs, sodass niemals zwei gleichartige Operationen hintereinander ausgeführt werden. Insbesondere die zentrale „Multiplikation → Addition → Transformation"[6] erzielt den so genannten Diffusionseffekt,

---

[5]Erklärung der Symbole siehe Abb. 6.1.
[6]auch MA-Transformation genannt [49].

d. h. hier werden die Bits stark „durcheinandergewürfelt", was sich leicht beweisen lässt.

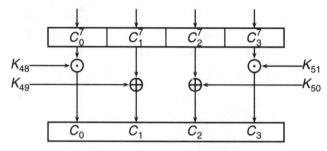

End-Chiffreblock: 4*16 Bit

Abbildung 6.2: Die Ausgangstransformation bei IDEA

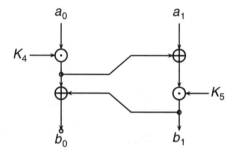

Abbildung 6.3: Der „Kern" des Algorithmus'

Ohne Einschränkung der Allgemeinheit kann angenommen werden, dass z. B. folgende Werte für a_0, a_1, K_4, K_5 vorliegen:

$$a_0 = 0101_{16} = 0000000100000001$$
$$a_1 = 8888_{16} = 1000100010001000$$
$$K_4 = 1111_{16} = 0001000100010001$$
$$K_5 = aaaa_{16} = 1100110011001100$$

(6.1)

Für die beiden Zwischenausgangswerte b_0, b_1 ergibt sich dann:

$$K_4 \cdot a_0 = 2200_{16} \bmod (2^{16} + 1) = 0010001000000000$$
$$a_1 + (K_4 \cdot a_0) = aa88_{16} \bmod 2^{16} = 1010101010001000$$
$$K_5 + (a_1 + (K_4 \cdot a_0)) = 1ca1_{16} \bmod (2^{16} + 1) = 1000111010100001 = b_1$$
$$(K_4 \cdot a_0) + b_1 = c729_{16} \bmod 2^{16} = 1100011100101001 = b_0$$

(6.2)

Verändert wird jetzt lediglich ein einziges Bit und zwar bei K_4, denn der jetzt gültige Wert sei $K_4' = 1110_{16}$. Aus den vorhergehenden Beziehungen ist leicht zu erkennen, dass sich die Änderung von K_4 durch alle Gleichungen zieht. Trotzdem bleibt die Frage, in welchem Maß ein einzelnes Bit die Werte b_0, b_1 beeinflussen wird:

$$K_4' \cdot a_0 = 20ff_{16} \mod \left(2^{16} + 1\right) = 0010000011111111$$
$$a_1 + \left(K_4' \cdot a_0\right) = 2200_{16} \mod 2^{16} = 0010001000000000 \qquad (6.3)$$
$$K_5 + \left(a_1 + \left(K_4' \cdot a_0\right)\right) = 7d56_{16} \mod \left(2^{16} + 1\right) = 0111110101010110 = b_1'$$
$$\left(K_4' \cdot a_0\right) + b_1 = 9e55_{16} \mod 2^{16} = 1001111001010101 = b_0'$$

Tabelle 6.2: Vergleich der Werte für b bei minimaler Veränderung des Teilschlüssels K_4

b_0	1100011100101001	b_1	1000111010100001
b_0'	1001111001010101	b_1'	0111110101010110
	-+-++--+-+++++--		++++--+++++++-+++

Vergleicht man die Werte von b_0', b_1' mit den vorher ermittelten, so fällt auf, dass es bei b_0 insgesamt neun und bei b_1 insgesamt 13 Änderungen gab. Da diese Änderungen zudem über die ganze 16-Bit-Länge verteilt sind, kann angenommen werden, dass sich eine minimale Änderung in einem Schlüssel in einer starken Änderung bei den Ausgangswerten bemerkbar macht. Allerdings ist zu berücksichtigen, dass sich eine Änderung des Teilschlüssel K_4 durch alle Operationen innerhalb der MA-Transformation zieht. Bleibt die Frage, wie groß der Einfluss einer minimalen Änderung bei K_5 ist. Dazu wird angenommen, dass $K_5' = baaa_{16}$ sei, was wiederum nur einer Änderung eines einzelnen Bits entspricht.

$$K_4 \cdot a_0 = 2200_{16} \mod \left(2^{16} + 1\right) = 0010001000000000$$
$$a_1 + (K_4 \cdot a_0) = aa88_{16} \mod 2^{16} = 1010101010001000 \qquad (6.4)$$
$$K_5' + (a_1 + (K_4 \cdot a_0)) = 91f9_{16} \mod \left(2^{16} + 1\right) = 1001000111111001 = b_1'$$
$$(K_4 \cdot a_0) + b_1' = b3f9_{16} \mod 2^{16} = 1011001111111001 = b_0'$$

Tabelle 6.3: Vergleich der Werte für b bei minimaler Veränderung des Teilschlüssels K_5

b_0	1100011100101001	b_1	1000111010100001
b_0'	1011001111111001	b_1'	1001000111111001
	-+++-+--++-+----		---+++++-+-++--

Diesmal sind nicht ganz soviele Änderungen die Folge wie im vorhergehenden Beispiel, dennoch sind es weitaus mehr als wahrscheinlich vermutet. Dies ist deswegen erstaunlich, weil eine Änderung bei K_5 sich schließlich nur in zwei Operationen bemerkbar machen kann. Ohne weiteren Beweis leuchtet ein, dass minimale Änderungen in den Eingangsdaten a_0, a_1 ebensolche Konsequenzen nach sich ziehen wie eine Änderung von K_4.

6.3 Beispiel

Gegeben sei wieder wie beim DES das Wort „Cornelia", welches mit acht Zeichen genau die notwendige 64-Bit-Größe eines Klartextblockes aufweist:

$$
\begin{aligned}
C &: \ 67_{10} = 43_{16} = 01000011_2 \\
o &: 111_{10} = 6F_{16} = 01101111_2 \\
r &: 114_{10} = 72_{16} = 01110010_2 \\
n &: 110_{10} = 6E_{16} = 01101110_2 \\
e &: 101_{10} = 65_{16} = 01100101_2 \\
l &: 108_{10} = 6C_{16} = 01101100_2 \\
i &: 105_{10} = 69_{16} = 01101001_2 \\
a &: \ 97_{16} = 61_{16} = 01100001_2
\end{aligned}
\tag{6.5}
$$

beziehungsweise als reine Bitkette:

01000011 01101111 01110010 01101110 01100101 01101100 01101001 01100001

Der 128-Bit-Schlüssel wird willkürlich festgelegt und lautet im Hexadezimalsystem wie folgt:

$$
0123456789abcdeffedcba9876543210_{16} \tag{6.6}
$$

Zuerst werden die 52 Schlüssel festgelegt, wie es in Abschnitt 6.1 beschrieben wurde. Die ersten acht Schlüssel erhält man, indem Gl. 6.6 einfach in 16-Bit-Blöcke aufgeteilt wird, die jeweils vier Nibbles entsprechen:

$$
\begin{aligned}
0123 &: 0000000100100011 = K_0^0 \\
4567 &: 0100010101100111 = K_1^0 \\
89ab &: 1000100110101011 = K_2^0 \\
cdef &: 1100110111101111 = K_3^0 \\
fedc &: 1111011110110011 = K_4^0 \\
ba98 &: 1101010110010001 = K_5^0 \\
7654 &: 1110011010100010 = K_0^1 \\
3210 &: 0011001000010000 = K_1^1
\end{aligned}
\tag{6.7}
$$

Damit liegen die sechs Schlüssel $(K_0^0...K_5^0)$ für die erste Runde sowie bereits zwei für die zweite Runde $(K_0^1; K_1^1)$ fest. Da im Folgenden nur die erste Runde komplett durchgeführt werden soll, wird auf den Rundenindex der Schlüssel und des Klartexts aus Übersichtsgründen verzichtet. Der 64-Bit-Klartextblock wird in vier 16-Bit-Blöcke aufgeteilt, was mit Gl. 6.5 sehr einfach ist:

$$X_0 = 0100001101101111_2 = 436f_{16}$$
$$X_1 = 0111001001101110_2 = 726e_{16}$$
$$X_2 = 0110010101101100_2 = 656c_{16}$$
$$X_3 = 0110100101100001_2 = 6961_{16}$$

(6.8)

Entsprechend Abb. 6.1 kann jetzt parallel von oben nach unten der Algorithmus angewendet werden, wobei die Ziffern 1...7 in Abb. 6.1 diese Ebenen markieren. Abb. 6.4 erleichtert das Verständnis, weil dort alle Zwischenergebnisse in Hexadezimalform eingetragen sind.

$$X_0 \cdot K_0 = 436f_{16} \cdot 0123_{16} = 4ea72d_{16} \mod (2^{16} + 1) = a6e1_{16}$$
$$X_1 + K_1 = 726e_{16} + 4567_{16} = b7d5_{16} \mod 2^{16} = b7d5_{16}$$
$$X_2 + K_2 = 656c + 89ab_{16} = ef17_{16} \mod 2^{16} = ef17_{16}$$
$$X_3 \cdot K_3 = 6961_{16} \cdot cdef_{16} = 54c50e8f_{16} \mod (2^{16} + 1) = b9cb_{16}$$

(6.9)

Damit sind die ersten vier Verknüpfungen der Ebenen 1 und 2 erledigt und es folgen die beiden Exclusiv-Oder-Verknüpfungen der Ebene 3:

$$(X_0 + K_0) \oplus (X_2 + K_2) = a6e1_{16} \oplus ef17_{16} = 49f6_{16}$$
$$(X_1 + K_1) \oplus (X_3 + K_3) = b7d5_{16} \oplus b9cb_{16} = 0e1e_{16}$$

(6.10)

Das erste Ergebnis wird mit dem Schlüssel K_4 multipliziert und dient zusammen mit dem zweiten Ergebnis als Eingabe für Addition (Ebene 4). Analog folgt dann für die Ebene 5:

$$67e5_{16} \cdot ba98_{16} = 4bba11f8_{16} \mod \left(2^{16} + 1\right) = c63f_{16}$$
$$0e1e_{16} + c63f_{16} = 012006_{16} \mod 2^{16} = 2006_{16}$$

(6.11)

Die Ebenen 6 und 7 verknüpfen jetzt wieder die erhaltenen Zwischenergebnisse der Ebenen 3-5 mit den Klartextdaten $X_0...X_3$ aus der Gleichung 6.9:

$$a6e1_{16} \oplus c63f_{16} = 60de_{16}$$
$$b7d5_{16} \oplus 2006_{16} = 97d3_{16}$$
$$ef17_{16} \oplus c63f_{16} = 2928_{16}$$
$$b9cb_{16} \oplus 2006_{16} = 99cd_{16}$$

(6.12)

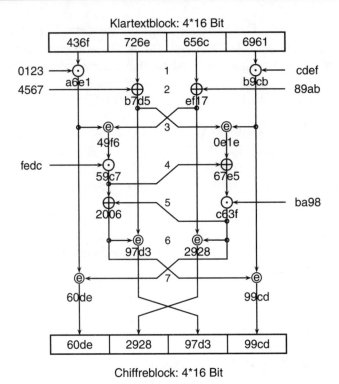

Abbildung 6.4: Beispiel für die 1. Runde in IDEA (Erklärung der Symbole durch Abb. 6.1 und Tab. B.1)

Damit liegt das verschlüsselte Endergebnis der ersten Runde fest. Nach sieben weiteren Runden und der Abschlusstransformation ergibt sich für die Chiffre: EF95BB42EE478D8D. Die Entschlüsselung setzt lediglich eine Umkehrung der Teilschlüsselreihenfolge voraus, d.h. der Grundschlüssel ist derselbe, denn IDEA ist, wie bereits erwähnt, ein symmetrisches Verfahren. Die Umkehrung der Teilschlüssel übernimmt die Methode invertKey(). Die letzte Runde beim Entschlüsseln entspricht dadurch vollständig der in Abb. 6.4 dargestellten ersten Runde für das Verschlüsseln.

Eine Anwendung von IDEA auf einen längeren Text zeigt die folgende Bildschirmausgabe, wo eine Anwendung auf den eigenen zugrunde liegenden Quelltext vorgenommen wurde. Eine anschließende Entschlüsselung stellt dann wieder den Klartext her. Der der ersten Verschlüsselung zugrunde liegende Grundschlüssel wurde zufällig ermittelt.

```
————————————— Programmausgabe —————————————
voss@maria:~/IDEA > java IDEA IDEA.java
Starte Verschlüsselung ...
Lese Datei: IDEA.java ...
7911 Bytes)
Schlüssel: 60704011020B2C036F13642E09413742
```

```
989 64-Bit-Blöcke = 7912 Bytes

Verschlüsselte Datei ausgeben? (J/N):j

[ ... ]

voss@maria:~/ > java IDEA 60704011020B2C036F13642E09413742 IDEA.encrypt
Starte Entschlüsselung ...
Lese Datei: IDEA.encrypt ...7912 Bytes)
989 64-Bit-Blöcke7912 Bytes

Entschlüsselte Datei ausgeben? (J/N):j
public final class IDEA {
  private static final int
    ROUNDS              = 8,
    BLOCK_SIZE          = 8,
    KEY_LENGTH          = 16,
    INTERNAL_KEY_LENGTH = 52,
    MaxCharProZeile     = 100;

[ ... ]
```

Das in Alg. 6.1 angegebene Javaprogramm arbeitet aufgrund der 16-Bit-Struktur von IDEA mit dem Zahlentyp `short`, der dem 16-Bit-Integertyp von Pascal entspricht. Dass dabei auch negative Zahlen zulässig sind, ist hier nicht von Interesse, da nur die Bitstruktur der Zahl interessiert. Aufgrund der Multiplikation Modulo $2^{16} + 1$ kann die Multiplikation **nicht** in der Menge der `short`-Zahlen durchgeführt werden, denn jede Operation mit `short` ergibt automatisch Modulo 2^{16}. Aus diesem Grund wird in der Methode `mult(int a,int b)` erst mit Integern gearbeitet.

Algorithmus 6.1: Verschlüsselungsalgorithmus IDEA

```
1  public final class IDEA {
2    private static final int
3      ROUNDS              = 8,
4      BLOCK_SIZE          = 8,
5      KEY_LENGTH          = 16,
6      INTERNAL_KEY_LENGTH = 52,
7      MaxCharProZeile     = 100;
8
9    private byte[]key = new byte[KEY_LENGTH];
10   private short[]ks = new short[INTERNAL_KEY_LENGTH];// Instance
       variables
11   public IDEA(String DatName) {     // Constructor encrypt
12   [ ... analog zu den anderen Verfahren ... ]
13   }
14   public IDEA(byte[] skey, String DatName) {// Constructor decrypt
15   [ ... analog zu den anderen Verfahren ... ]
16   }
17   protected void Init(boolean decrypt) {
18     if (!decrypt) {
```

```
19    for (int i=0; i<16; i++)
20      key[i]=(byte)(Math.random()*127.0);
21    makeKey();          // internen key generieren
22    }
23    else {
24      makeKey();
25      invertKey();
26    }
27  }
28  protected void coreCrypt(byte[] in,int inOffset,byte[] out,int
      outOffset) {
29    short
30      x1=(short)(((in[inOffset++]&0xFF)<<8) | (in[inOffset++]&0xFF)),
31      x2=(short)(((in[inOffset++]&0xFF)<<8) | (in[inOffset++]&0xFF)),
32      x3=(short)(((in[inOffset++]&0xFF)<<8) | (in[inOffset++]&0xFF)),
33      x4=(short)(((in[inOffset++]&0xFF)<<8) | (in[inOffset  ]&0xFF));
34    short s2, s3;
35    int i     = 0;
36    int round = ROUNDS;
37    while (round-- > 0) {
38      x1 = mul(x1, ks[i++]);
39      x2 += ks[i++];
40      x3 += ks[i++];
41      x4 = mul(x4, ks[i++]);
42      s3 = x3;
43      x3 = mul(x1 ^ x3, ks[i++]);
44      s2 = x2;
45      x2 = mul(x3 + (x2 ^ x4), ks[i++]);
46      x3 += x2;   x1 ^= x2;
47      x4 ^= x3;   x2 ^= s3;
48      x3 ^= s2;
49    }
50    s2 = mul(x1, ks[i++]);
51    out[outOffset++] = (byte)(s2 >>> 8);
52    out[outOffset++] = (byte) s2;
53    s2 = (short)(x3 + ks[i++]);
54    out[outOffset++] = (byte)(s2 >>> 8);
55    out[outOffset++] = (byte) s2;
56    s2 = (short)(x2 + ks[i++]);
57    out[outOffset++] = (byte)(s2 >>> 8);
58    out[outOffset++] = (byte) s2;
59    s2 = mul(x4, ks[i]);
60    out[outOffset++] = (byte)(s2 >>> 8);
61    out[outOffset  ] = (byte) s2;
62  }
63  private void makeKey() {
64  [ ... Schlüssel erstellen ... ]
```

```
65 |   }
66 |   private void invertKey() {
67 | [ ... Schl|ssel invertieren ... ]
68 |   }
69 |   private static short inv(short xx) {
70 |     int x = xx & 0xFFFF;    // only lower 16 bits
71 |     if (x <= 1)
72 |       return (short)x;      // 0 and 1 are self-inverse
73 |     int t1 = 0x10001/x;     // Since x >= 2, this fits into 16 bits
74 |     int y = 0x10001%x;
75 |     if (y == 1)
76 |       return (short)(1 - t1);
77 |     int t0 = 1;
78 |     int q;
79 |     do {
80 |       q = x / y;
81 |       x = x % y;
82 |       t0 += q * t1;
83 |       if (x == 1)
84 |         return (short)t0;
85 |       q = y / x;
86 |       y %= x;
87 |       t1 += q * t0;
88 |     }
89 |     while (y != 1);
90 |     return (short)(1 - t1);
91 |   }
92 |   private static short mul(int a, int b) {
93 |     a &= 0xFFFF;            // short- format
94 |     b &= 0xFFFF;
95 |     int p;
96 |     if (a != 0) {
97 |       if (b != 0) {
98 |         p = (int)a * (int)b;
99 |         b = p & 0xFFFF;
100|         a = p >>> 16;
101|         return (short)(b - a + (b < a ? 1 : 0));
102|       }
103|       else return (short)(1 - a);
104|     }
105|     else return (short)(1 - b);
106|   }
107|   public static void main (String[] arg) {
108|     IDEA makeIDEA;
109|     switch(arg.length) {
110|       case 0: makeIDEA = new IDEA("");
111|               break;
```

```
112    case 1: makeIDEA = new IDEA(arg[0]);
113            break;
114    case 2: makeIDEA = new IDEA(Hex.fromString(arg[0]),arg[1]);
115            break;   // decrypt
116    }
117  }
118 }
```

6.4 Sicherheitsfragen

Es wurde bereits darauf hingewiesen, dass IDEA ein sehr sicheres Verfahren zu sein scheint, denn es ist bis heute kein erfolgreicher Angriff bekannt. Schwache Schlüssel in dem Sinne, wie sie beim DES-Verfahren diskutiert wurden (vgl. Abschnitt 5.5, existieren nicht bei IDEA. Dennoch gibt es sozusagen halbschwache Grundschlüssel der Art

$$0000\ 0000\ 0x00\ 0000\ 0000\ 000x\ xxxx\ x000_{16} \qquad (6.13)$$

x steht dabei für eine beliebige hexadezimale Ziffer $0...f$ [42]. Derartige Schlüssel lassen sich bei einem chosen-plaintext-Angriff leicht identifizieren und sollten daher ganz einfach vermieden werden, wenn auch die Wahrscheinlichkeit für das Auftreten eines derartigen Schlüssels sehr klein ist. Alternativ kann nach [16] auch zu jedem Teilschlüssel der Wert $0dae_{16}$ mit Exclusiv-Oder verknüpft werden.

6.5 Betriebsarten

IDEA ist genau wie DES eine Blockchiffre und wird somit formal genauso wie DES angewendet. Es stehen also auch für IDEA alle Betriebsarten zur Verfügung, wie sie in dem Abschnitt 5.7 beschrieben wurden. Dies gilt auch für alle Abbildungen und Gleichungen, sodass hier nicht neu darauf eingegangen werden muss.

7 Advanced Encryption Standard

Inhalt

Mehrere Jahre lang versuchte man offiziell einen geeigneten Nachfolger für das DES, einen so genannten AES (**A**dvanced **E**ncryption **S**tandard), zu entwickeln. Unter der Federführung des NIST[1] wurde bereits 1997 ein entsprechendes formales Verfahren eingeleitet:

> On January 2, 1997, NIST announced the initiation of the AES development effort and made a formal call for algorithms on September 12, 1997. The call stipulated that the AES would specify an unclassified, publicly disclosed encryption algorithm(s), available royalty-free, worldwide. In addition, the algorithm(s) must implement symmetric key cryptography as a block cipher and (at a minimum) support block sizes of 128-bits and key sizes of 128–, 192–, and 256-bits.[2]

Ein sehr wesentlicher Punkt ist zum einen die weltweite freie Verfügbarkeit des Algorithmus' und die Verwendung eines symmetrischen Verfahrens. Neue Forderungen waren die Flexibilität hinsichtlich der möglichen Unterstützung verschiedener Blocklängen und verschiedener Schlüssellängen, womit IDEA kein Kandidat sein konnte, obwohl es seine Vorteile auf anderem Gebiet hat.

- Schlüssellänge **mindestens** mit den Standardwerten 128 Bit, 192 Bit und 256 Bit;
- Blocklänge **mindestens** 128 Bit.

„Mindestens" ist hier nicht im mathematischen Sinne als untere Grenze zu verstehen, sondern als Mindestanforderung im Aufzählungssinne; wenn es mehr als die hier geforderten Möglichkeiten gibt, desto besser.

Tabelle 7.1: Die ehemaligen „Bewerber" um den Nachfolger von DES

Mars	IBM, Armonk, New York
RC6	RSA Laboratories, Bedford, Massachusetts
Rijndael	Joan Daemen, Vincent Rijmen (Belgien)
Serpent	Ross Anderson (Großbritannien), Eli Biham (Israel), Lars Knudsen (Norwegen)
Twofish	Bruce Schneier, John Kelsey, Doug Whiting, David Wagner, Chris Hall, Niels Ferguson (USA)

Grundsätzlich wurde das gesamte Verfahren von der NIST öffentlich durchgeführt, sodass eine eingehende Begutachtung der den jeweiligen Verfahren zugrunde liegenden Algorithmen gewährleistet war. Dieser Vorgang der öffentlichen Analyse der einzelnen Verfahren war seit dem Mai 2000 abgeschlossen, und es begann eine letzte Runde der Kandidatenauswahl, die 2001 abgeschlossen wurde. Nach einer längeren Diskussion der bis dahin vorgebrachten Standpunkte, entschied sich die Auswahlkommission Ende 2003 für Rijndael als Nach-

---

[1]National Institut of **S**tandards and **T**echnology - http://www.nist.gov
[2]http://www.nist.gov/aes/

folger für den DES. Dies ist ein einmaliger Vorgang für die USA, sich für ein im Ausland entwickeltes Verfahren zu entscheiden, denn gerade im Bereich der nationalen Sicherheit waren sehr restriktive Vorgehensweisen allgemein die Regel.

Von den zahlreichen Bewerbern der ersten Runde, unter anderem auch die Deutsche Telekom mit Magenta, blieben fünf übrig, aus denen später Rijndael als Sieger gekührt wurde: MARS[3], RC6[4], Rijndael[5], Serpent[6] und Twofish[7]. Wer jeweils an den einzelnen Verfahren beteiligt war, zeigt Tab. 7.1. Das sich die einzelnen Bewerber dabei gegenseitig bemühten, das jeweils andere Verfahren als nicht sicher zu belegen, versteht sich von selbst. Einen Vergleich aller in der ersten AES-Runde beteiligten 15 Verfahren findet man bei `http://www.schneier.com/paper-aes-performance.html`. Wenn auch mit der Entscheidung für Rijndael **das** AES eigentlich eindeutig bestimmt ist, soll in diesem Kapitel trotzdem eine Behandlung der anderen Bewerber erfolgen, da dies für das Verständnis der einzelnen Verfahren und der Kryptografie wichtig sind.

7.1 MARS

MARS wurde von Mitarbeitern[8] der Firma IBM unter anderem mit dem Motto „Robustness" entwickelt. Hierbei stellt sich die Frage, wie ein rein ideeller Algorithmus robuste Eigenschaften haben soll, die doch eher affektiven Bereichen zugeordnet werden:

> MARS is a shared-key (symmetric) block cipher, supporting 128-bit blocks and variable key size. It is designed to take advantage of the powerful operations supported in today's computers, resulting in a much improved security/performance tradeoff over existing ciphers. As a result, MARS offers better security than triple DES while running significantly faster than single DES.
> [. . .]
> We postulate that the main criterion for the choise os an AES winner is and should be *robustness* against future advances in cryptoanalysis. With 128 bit blocks and key length up to 256 bits, there is no technological reason why the AES cannot withstand brute force key

---

[3] `http://www.research.ibm.com/security/mars.html`

[4] `http://www.rsasecurity.com/press_release.asp?doc_id=276&id=1034`

[5] `http://www.esat.kuleuven.ac.be/~rijmen/rijndael/`

[6] `http://www.cl.cam.ac.uk/~rja14/serpent.html`

[7] `http://www.schneier.com/twofish.html`

[8] C. Burwick, D. Coppersmith, E. D'Avignon, R. Gennaro, S. Halevi, C. Jutla, S.M. Matayas jr, L. O'Connor, M. Peyravian, D. Safford, N. Zunic.

exhaustion attacks for a very long time (25 years, 50 years, perhaps longer).[9]

7.1.1 Das Verschlüsseln

MARS hat eine fixe Blocklänge von 128 Bit und Schlüssellängen wahlweise von 128 Bit - 256 Bit, wobei ausschliesslich mit 32- Bit-Wortlängen gearbeitet wird. Den globalen Aufbau von MARS zeigt Abb. 7.1, wobei die Bedeutung der einzelnen Stufen mit angegeben ist.

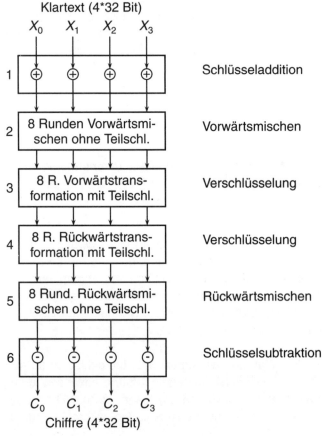

Abbildung 7.1: Globaler Funktionsaufbau von MARS

Die ersten beiden Stufen können als „Vorwärtsmischen" bezeichnet werden, denn alle vier Teilblöcke $X_0...X_3$ werden miteinander durch Exclusiv-Oder, Addition und Rotationen miteinander verknüpft. Zusätzlich erfolgt der Einsatz von den aus DES

---

[9] http://www.research.ibm.com/security/mars.html

bekannten S-Boxen[10], die hier ebenfalls nicht durch eine einfache numerische Beziehung berechnet werden können und daher ebenso wie bei DES über Konstanten definiert werden. Während der globale Algorithmus (Abb. 7.1) noch relativ einfach zu durchschauen ist, erkennt man an dem Vorgang des Vorwärtsmischens bereits die Komplexität des MARS-Algorithmus. Abb. 7.2 zeigt den formalen Aufbau der Stufen 1 und 2 aus Abb. 7.1, wobei der gestrichelte Bereich zweimal durchlaufen wird. Wesentlich ist hierbei, dass die einzelnen Bytes eines Blockes stark durchgemischt werden. Die Bedeutung der einzelnen Symbole auch für die noch folgenden Abbildungen ist hierbei in Tab. B.1 erklärt, die man im Anhang findet.

Die entsprechenden Zeilen im Alg. 7.1 für den Vorgang des insgesamt 8 Runden dauernden Verschlüsselns/Durchmischens sind 94-130. Dabei den Zusammenhang zwischen dem Java-Quelltext und der Abb. 9.2 herzustellen ist nicht unbedingt einfach. Dies lässt sich leichter nachvollziehen, wenn eine andere Darstellung gewählt wird, aus der das Rotationsprinzip sehr einfach zu erkennen ist. Eine entsprechende Grafik zeigt Abb. 7.3, die die ersten beiden von insgesamt acht Durchläufen darstellt. Die Rotation

$$X[0] \leftarrow X[1] \qquad X[1] \leftarrow X[2] \qquad X[2] \leftarrow X[3] \qquad X[3] \leftarrow X[0] \qquad (7.1)$$

führt dazu, dass sich das Prinzip überhaupt nicht verändert, der zweite Durchlauf entspricht somit formal dem ersten, sodass mit einer For-Schleife gearbeitet werden kann. Wie in Abb. 7.3 hervorgehoben, gibt es lediglich einen Unterschied zwischen den einzelnen Runden, der durch den grau unterlegten Rahmen hervorgehoben wurde (Zeilen 8 und 18 in Abb. 7.3). Je nach Schleifendurchlauf wird hier eine Kopplung zweier Datenbytes vorgenommen, womit man der so genannten differentiellen Kryptoanalyse von Angreifern vorbeugen will.

Tabelle 7.2: Kopplung zwischen den Daten in Abhängigkeit der Rundenzahl für den Vorgang des Vorwärtsmischens

Runde	Verschlüsseln	Entschlüsseln
0 und 4	$X_0 \leftarrow X_0 + X_3$	
1 und 5	$X_0 \leftarrow X_0 + X_1$	
2 und 6		$X_0 \leftarrow X_0 + X_3$
3 und 7		$X_0 \leftarrow X_0 + X_1$

Mit dieser Zuordnung lässt sich der entsprechende Klartext des Java-Programms (Alg. 7.1) relativ leicht nachvollziehen. Für die eigentlichen Transformationen wird auf Typ-3-Feistel-Netzwerke[11] zurückgegriffen, denen eine ganz spezielle Funktion $f(X, K)$ zugrunde liegt, die im Aufbau komplizierter ist als das Feistelnetzwerk selbst.

---

[10] http://www.research.ibm.com/security/sbox-diffs.txt
[11] Siehe dazu Abb. 5.1 auf Seite 72 und das entsprechende Kapitel.

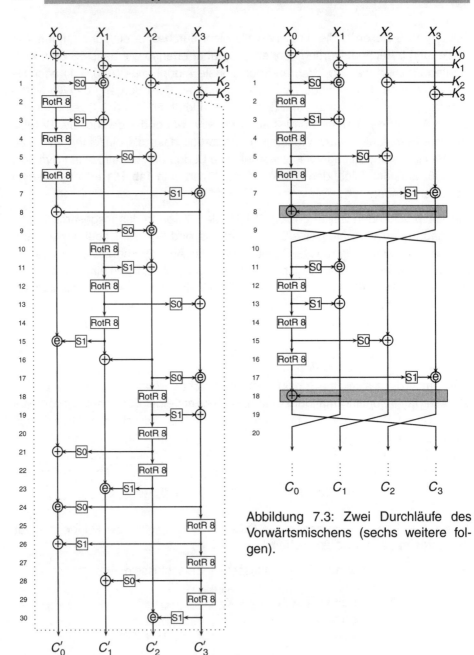

Abbildung 7.2: Der Vorgang des Vorwärtsmischen (Stufen 1 und 2) mit zweimaligem Durchlauf des gestrichelten Bereichs.

Abbildung 7.3: Zwei Durchläufe des Vorwärtsmischens (sechs weitere folgen).

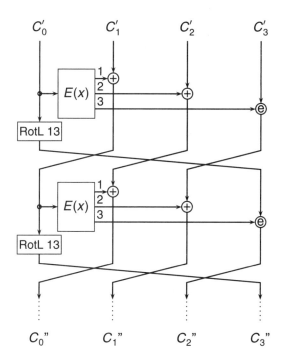

Abbildung 7.4: Zwei Durchläufe des Feistel-Netzwerkes für den Vorwärtsmodus

Insgesamt werden 16 Runden durchlaufen, 8 im Rahmen der Vorwärtstransformation und 8 für die Rückwärtstransformation, wobei nach jeder Runde eine Rotation entsprechend Abb. 7.4 durchgeführt wird. Das Feistelnetzwerk kann als der eigentliche Kern von MARS bezeichnet werden, ist daher auch etwas aufwändiger in seinem Aufbau.

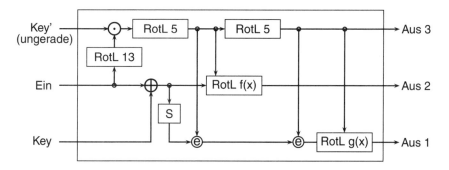

Abbildung 7.5: Die Expansionsfunktion des Feistel-Netzwerks

Für die Expansionsfunktion $E(x)$, die **einem** 32-Bitwert **drei** 32-Bitwerte zuordnet, werden folgende Operationen angewendet:

- Exclusiv-Oder
- Addition Modulo 32
- Multiplikation Modulo 32
- S-Boxen (9· 32 S-Box)
- Links-Rotation mit festem Wert (Bsp. `rotL 5`)
- Links-Rotation in Abhängigkeit von $f(x)$ bzw. $g(x)$

Die Rotation in Abhängigkeit der Funktionen $f(x)$ bzw. $g(x)$ ist so definiert, dass sie den Wert für die Schiebelänge aus den kleinsten fünf Bit der Variablen x bilden, womit maximal wegen $2^5 - 1 = 31$ eine Rotation um 31 Stellen möglich ist. Das folgende Beispiel zeigt eine einfache Bestimmung der Schiebelänge aus einem 32-Bitwert:

$$f(1ad65378_{16}) = 1ad65378_{16} \wedge 1f_{16} = 18_{16} = 24_{10} \qquad (7.2)$$

Der Algorithmus von MARS ist, wie Abb. 7.1 zeigt, symmetrisch aufgebaut, sodass den bislang beschriebenen drei in der so genannten „Vorwärtsrichtung" betriebenen Teilalgorithmen

- Schlüsseladdition
- Mischen ohne Schlüssel
- Transformation mit Schlüssel

die gleichen in umgekehrter Reihenfolge in der so genannten „Rückwärtsrichtung" folgen. Die Transformation in Rückwärtsrichtung unterscheidet sich dabei nur unwesentlich (Abb. 7.6), was nicht bedeutet, dass die Auswirkungen auf die Daten ebenfalls unwesentlich bleiben!

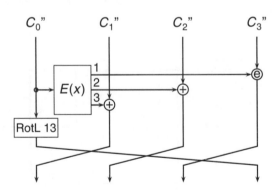

Abbildung 7.6: Änderung im Feistelnetzwerk für den Rückwärtsmodus

Der Vorgang des Rückwärtsmischens mit anschließender Schlüsselsubtraktion zeigt Abb. 7.7. Dieser Vorgang ist prinzipiell identisch zum Vorwärtsmischen, wenn beachtet wird, dass der gesamte Vorgang im Ablauf umgedreht wird. Die grau unterlegten Bereiche dienen wieder analog zu Abb. 7.3 der Verdeutlichung, dass dies die einzigen Teile des Algorithmus sind, die in Abhängigkeit der Durchlauftiefe zu modifizieren sind.

Tabelle 7.3: Kopplung zwischen den Daten in Abhängigkeit der Rundenzahl für den Vorgang des Rückwärtsmischens

Runde	Verschlüsseln	Entschlüsseln
0 und 4		$X_0 \leftarrow X_0 - X_3$
1 und 5		$X_0 \leftarrow X_0 - X_1$
2 und 6	$X_0 \leftarrow X_0 - X_3$	
3 und 7	$X_0 \leftarrow X_0 - X_1$	

Damit ist der komplette Algorithmus für den Vorgang des Verschlüsselns ausführlich beschrieben worden. Es bleiben nur noch die Bestimmung der S-Boxen und die Berechnung der Teilschlüssel aus dem Grundschlüssel.

7.1.2 Das Entschlüsseln

Dieses läuft fast vollständig in der umgekehrten Reihenfolge ab. Der Algorithmus 7.1 enthält in der Methode `private final void coreCrypt (...)` sowohl den Verschlüsselungs- als auch Entschlüsselungsteil, sodass an dieser Stelle nicht weiter darauf eingegangen werden muss, denn alles Wesentliche wurde im vorhergehenden Kapitel besprochen.

7.1.3 Die S-Boxen

Beim DES-Verfahren wurde bereits darauf hingewiesen, dass das Design der S-Boxen zu den schwierigsten Dingen gehört, denn gerade sie sind es bei den entsprechenden Verfahren, die eine Kryptoanalyse erheblich erschweren können und natürlich auch sollen! Für MARS wurde auf Zufallszahlen zurückgegriffen, wobei das Problem natürlich in der Güte des zugrunde liegenden Pseudozufallszahlengenerators liegt. Den Pseudozufallscharakter erhalten die S-Boxen durch die Anwendung der Hashfunktion SHA-1:

$$S[5i + j] = SHA - 1(5i|c1|c2|c3)$$

$$i = 0, 1, 2, ..., 102$$

$$j = 0, 1, 2, 3, 4$$

(7.3)

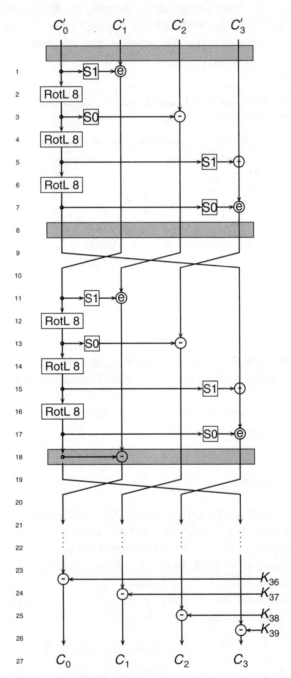

Abbildung 7.7: Zwei Durchläufe des Rückwärtsmischens (sechs weitere folgen) und die abschließende Schlüsselsubtraktion.

Hierbei sind die c_1 und c_2 Konstanten, die in binärer Form den Nachkommateil der transzendenten Zahlen e bzw. π darstellen:

$$c_1 = b7e15162_{16}$$
$$c_2 = 243f6a88_{16} \qquad (7.4)$$

Die dritte Konstante c_3 wurde schlichtweg ausprobiert, bis zufriedenstellende S-Boxen das Ergebnis waren. Zufriedenstellend bedeutet unter anderem:

- Keine S-Boxwerte, deren Bits ausschließlich Nullen oder Einsen enthalten;
- Zwei benachbarte S-Boxwerte differieren mindestens in drei von den letzten niederwertigen fünf Bits;
- Zwei beliebige Einträge erfüllen für $i \neq j$ folgende Bedingungen[12]

$$S[i] \neq S[j]$$
$$S[i] \neq \neg S[j] \qquad (7.5)$$
$$S[i] \neq -S[j]$$

- zwei beliebige S-Box Einträge unterscheiden sich in mindestens vier Bits.

7.1.4 Die Teilschlüssel

Aufgrund der Forderung nach flexibler Schlüssellänge ergaben sich gewisse Probleme beim Algorithmus zur Bestimmung der Teilschlüssel. Bei MARS gibt es eine minimale und eine maximale Schlüssellänge, was einem Bitbereich von $128 - 448$ Bit entspricht, womit ein Schlüssel von der DES-Länge (56 Bit) nicht mehr möglich ist:

$$16\,Byte \leq \text{KeyLength} \leq 56\,Byte \qquad (7.6)$$

Das variable Schlüsselfeld `byte[] key` wird in ein Teilschlüsselfeld fester Größe `int[] key_intern=new int[40]` transformiert. Obwohl der Grundschlüssel völlig frei gewählt werden kann, gelten für die Teilschlüssel zwei Bedingungen:

- Alle Teilschlüssel, die für die Multiplikation[13] benötigt werden, haben jeweils Bit 0 und 1 gesetzt;
- Keiner der Teilschlüssel enthält eine Bitfolge von zehn binären 0 oder binären 1.[14];

Die variable Grundschlüssellänge n wird dadurch ermöglicht, dass zuerst ein temporäres Feld von 15 Integern wie folgt aufgefüllt wird:

---

[12] „¬" entspricht der Negation.
[13] vgl. Abb. 7.5.
[14] Die Gründe für diese Bedingungen können in [15, S. 38ff] nachgelsen werden.

$$T[i] = K[i] \quad i = 0, 1, \ldots, n$$
$$T[n] = n \tag{7.7}$$
$$T[j] = 0 \quad j = n+1, n+2, \ldots, 14$$

Bei einer maximalen Schlüssellänge von 448 Bit (56 Byte$\neq$14 32-Bit-Wörter) wird also nur noch die Schlüssellänge in binärer Form dahintergesetzt, während bei der minimalen Schlüssellänge von 128 Bit (16 Byte $\neq$ 4 32-Bit-Wörter) insgesamt zehn 32-Bit-Wörter bestehend aus binären Nullen dahinter gehängt werden. In mehreren Durchläufen wird jetzt mit Hilfe eines Feistel-Netzwerks eine Expansion der temporären Schlüssel $T_i (i = 0, \ldots, 14)$ auf die vorgegebenen 40 Teilschlüssel $k_j (j = 0, \ldots, 39)$ vorgenommen. Anschließend wird dann noch die Bedingung bezüglich der Multiplikation überprüft, die die Teilschlüssel $k_5, k_7, \ldots, k_{33}, k_{35}$ betrifft. Dieser Vorgang ist wiederum etwas aufwändiger, lässt sich jedoch mithilfe des Alg. 7.1 nachvollziehen.

7.1.5 Beispiele

Der folgende Bildschirmausdruck zeigt die Anwendung des MARS-Verfahrens auf einen 16 Byte Testdatenblock, der aus lauter binären Nullen besteht. Der Schlüssel wurde ebenso einfach gewählt[15], sodass eine hinreichende Durchmischung der Eingangsdaten leicht zu erkennen ist. Dieses Beispiel findet sich zusammen mit dem zu erwartenden Ergebnis der Verschlüsselung in dem Cryptix-Paket, sodass[16] eine einfache Kontrolle möglich ist. Die anschließende Entschlüsselung führt dann zum ursprünglichen Klartext, womit die Richtigkeit des Algorithmus bestätigt erscheint.

```
———————————— Programmausgabe ————————————
voss@maria:~/Kryptologie/MARS > java MARSDemo
Klartext in hexadezimaler Form:
00000000000000000000000000000000
(16 Bytes)
Lese SBoxen: SBoxen.dat ... erledigt!
Schlüssel: 80000000000000000000000000000000
1 128-Bit-Blöcke = 16 Bytes
Starte Verschlüsselung ...

Verschlüsselte Datei in hexadezimaler Form:
B3E2AD5608AC1B6733A7CB4FDF8F9952
Starte Entschlüsselung ...
(16 Bytes)
1 128-Bit-Blöcke = 16 Bytes

Entschlüsselte Datei in hexadezimaler Form:
00000000000000000000000000000000
voss@maria:~/Kryptologie/MARS >
```

---

[15] $K = 80000000000000000000000000000000_{16}$, was einer Länge von 128 Bit entspricht.

[16] siehe http://www.cryptix.org/

Eine Anwendung auf den hier verwendeten Musterklartext von ca. 700 kByte führt bereits nach 5 Sekunden zum verschlüsselten Ergebnis, wobei die meiste Zeit wieder vorher für das Einlesen des Textes benötigt wird. Verwendet wurde ein 256 Bit langer Schlüssel. Die Ausgabe der Bytefolge des verschlüsselten Textes kann leicht kontrolliert werden, da sehr häufig Werte auftreten, die außerhalb der ASCII-Werte $20_{16}...7f_{16}$ liegen. Die anschließende Entschlüsselung führt ebenso schnell wieder zum ursprünglichen Text. Wegen der umfangreichen Text- und Schlüsselwortlänge wurden einzelne Bereiche durch „[...]" abgekürzt.

```
───────────────── Programmausgabe ─────────────
voss@maria:~/java MARS ../Test.dat
Lese Klartext ...
Lese Datei: ../Test.dat ... benötigte Zeit: 134.308 sek
(4931784 Bytes)
Lese SBoxen: SBoxen.dat ... erledigt!
Schlüssellänge (128,192,256): 128
Schlüssel: 614D43450F33642B07600C6E6F351936
308237 128-Bit-Blöcke = 4931792 Bytes
Starte Verschlüsselung ...
Verschlüsselung beendet.
Benötigte Zeit: 37.814 sek
In Datei speichern ...

Verschlüsselte Datei ausgeben? (J/N):j

B8DD2994A75BE38CCA554F322AEBB3DFAEF12115E4BFF4E63A9C4F271306
CDF66A4015FC9A66A677C18C430FF157960437F50EB63BBB6877D261C925
05BFBDBF28008167A9E0A397B6143E73787070D104D17787A4A4F2703001
[...]

voss@maria:~/> java MARS 614D43450F33642B07600C6E6F351936 Test.encrypt
Starte Entschlüsselung ...
Lese Datei: Test.encrypt ... benötigte Zeit: 117.375 sek
(4931792 Bytes)
Lese SBoxen: SBoxen.dat ... erledigt!
308237 128-Bit-Blöcke = 4931792 Bytes
Entschlüsselung beendet.
Benötigte Zeit: 13.071 sek
In Datei speichern ...

Entschlüsselte Datei ausgeben? (J/N):j
%!PS-Adobe-2.0
%%Creator: dvips(k) 5.86 Copyright 1999 Radical Eye Software
%%Title: Manuscript.dvi
%%Pages: 228
%%PageOrder: Ascend
%%BoundingBox: 0 0 596 842
[...]
```

Der im Folgenden angegebene Algorithmus benutzt die auf der beiliegenden CD vorhandenen S-Boxen. Das Einlesen über eine Datei erfolgt ausschließlich aus Gründen der Übersichtlichkeit. Bei einem schnellen Algorithmus sollten die S-Boxen direkt als Konstanten in Alg. 7.1 integriert werden.

Algorithmus 7.1: Verschlüsselungsalgorithmus MARS

```
 1 public final class MARS {
 2   static final int
 3     BlockSize = 16,              // Byte eines Datenblocks
 4     Runden    = 32,              // Anzahl Runden
 5     MaxCharProZeile = 30;
 6   private static final int[] S = new int[128*4];   // Die S-Boxen
 7   private boolean decrypt;       // Instanzvariablen
 8   private byte[] key;            // Grundschlüssel
 9   private int KeyLength;
10   private final int[] K = new int[40];      // Teilschlüssel
11 //------------------------------------------------------------
12   public MARS(String DatName) {        // Constructor encrypt
13 [ ... analog zu den anderen Verfahren ... ]
14   }
15 //------------------------------------------------------------
16   public MARS(byte[] skey, String DatName) {   // Constructor decrypt
17 [ ... analog zu den anderen Verfahren ... ]
18   }
19 //------------------------------------------------------------
20   protected void Init() {
21     liesSBoxen();
22     if (!decrypt) { System.out.print("Schlüssellänge (128,192,256): ")
       ;
23       switch (Integer.parseInt(IO.Satz())) {
24         case 256: key=new byte[32]; break;
25         case 192: key=new byte[24]; break;
26         default: key=new byte[16];       // entspricht 128 Bit
27       }
28       for (int i=0; i<key.length; i++)
29         key[i]=(byte)(Math.random()*127.0);
30     }
31     KeyLength = key.length;
32     generateSubKeys();
33   }
34 //------------------------------------------------------------
35   private final void liesSBoxen() {
36 [ ... SBoxen einlesen ... ]
37   }
38 //------------------------------------------------------------
39   private final void generateSubKeys() {
40 [ ... Teilschl|ssel bestimmen ... ]
41   }
42 //------------------------------------------------------------
43   private static int maskFrom(int x) {
44     int m;
```

```
45    m = (~x ^ (x >>> 1)) & 0x7fffffff;
46    m &= (m >>> 1) & (m >>> 2); m &= (m >>> 3) & (m >>> 6);
47    m <<= 1;
48    m |= (m << 1); m |= (m << 2);
49    m |= (m << 4);
50    return m & 0xfffffffc;
51  }
52 //-------------------------------------------------------------------
53  private final void coreCrypt(byte[] in,int inOffset,byte[] out,int
       outOffset) {
54    int i, t;
55    int[] ia;
56    int[] X = new int[4];
57    for (i=0; i<4; i++)
58      X[i] =(in[inOffset++] & 0xFF)      | (in[inOffset++] & 0xFF)<< 8
            |
59          (in[inOffset++] & 0xFF)<<16 | (in[inOffset++] & 0xFF)<<24;
60    if (decrypt) {              // Entschlüsseln?
61      for (i=0; i<4; i++)       // Ja
62        X[i] += K[36+i];        // 1. Ebene: Schlüsseladdition
63      for (i = 7; i >= 0; i--) {
64        t = X[3]; X[3] = X[2]; X[2] = X[1]; X[1] = X[0]; X[0] = t;
65        X[3] ^= S[ X[0] & 0xFF     ]; X[0] = rotIntRechts(X[0],8);
66        X[3] += S[(X[0] & 0xFF)+256]; X[0] = rotIntRechts(X[0],8);
67        X[2] += S[ X[0] & 0xFF     ]; X[0] = rotIntRechts(X[0],8);
68        X[1] ^= S[(X[0] & 0xFF)+256];
69        if ((i==2)||(i==6)) X[0] += X[3];
70        else
71          if ((i==3)||(i==7)) X[0] += X[1];
72      }
73      for (i = 15; i >= 0; i--) {
74        t = X[3]; X[3] = X[2]; X[2] = X[1]; X[1] = X[0]; X[0] = t;
75        X[0] = rotIntRechts(X[0],13);
76        ia = E(X[0],K[2*i+4],K[2*i+5]);        // e-Funktion
77        X[2] -= ia[1];
78        if (i < 8) { X[1] -= ia[0]; X[3] ^= ia[2]; }
79        else { X[3] -= ia[0]; X[1] ^= ia[2]; }
80      }
81      for (i = 7; i >= 0; i--) {
82        t=X[3]; X[3]=X[2]; X[2]=X[1]; X[1]=X[0]; X[0]=t;
83        if ((i==0)||(i==4)) X[0] -= X[3];
84        else
85      if ((i==1)||(i==5)) X[0] -= X[1];
86        X[3] ^= S[(X[0] & 0xFF)+256]; X[0] = rotIntLinks(X[0],8);
87        X[2] -= S[ X[0] & 0xFF     ]; X[0] = rotIntLinks(X[0],8);
88        X[1] -= S[(X[0] & 0xFF)+256]; X[0] = rotIntLinks(X[0],8);
89        X[1] ^= S[ X[0] & 0xFF     ];
```

```
 90        }
 91        for (i=0; i<4; i++)
 92          X[i] -= K[i];
 93      }
 94      else {                      // Verschlüsseln
 95        for (i=0; i<4; i++)
 96          X[i] += K[i];                // 1. Ebene: Schlüsseladdition
 97        for (i = 0; i < 8; i++) {          // 2. Ebene: Vorwärtsmischen
 98          X[1] ^= S[ X[0] & 0xFF];          X[0] = rotIntRechts(X[0],8);
 99          X[1] += S[(X[0] & 0xFF)+256]; X[0] = rotIntRechts(X[0],8);
100          X[2] += S[ X[0] & 0xFF];          X[0] = rotIntRechts(X[0],8);
101          X[3] ^= S[(X[0] & 0xFF)+256];
102          if ((i==0)||(i==4)) X[0] += X[3];
103          else
104            if ((i==1)||(i==5)) X[0] += X[1];
105          t = X[0]; X[0] = X[1]; X[1] = X[2]; X[2] = X[3]; X[3] = t;
106        }
107        for (i = 0; i < 16; i++) {        // 3. Ebene: Transformation
108          ia = E(X[0],K[2*i+4],K[2*i+5]);          // e-Funktion
109          X[0] = rotIntLinks(X[0],13);
110          X[2] += ia[1];
111          if (i < 8) { X[1] += ia[0];  X[3] ^= ia[2]; }
112          else { X[3] += ia[0];  X[1] ^= ia[2]; }
113          t=X[0]; X[0]=X[1]; X[1]=X[2]; X[2]=X[3]; X[3]=t;
114        }
115        for (i = 0; i < 8; i++) {          // 5. Ebene:
           Rückwärtsmischen
116          if ((i==2)||(i==6)) X[0] -= X[3];
117          else
118            if ((i==3)||(i==7)) X[0] -= X[1];
119          X[1] ^= S[256 + (X[0] & 0xFF)]; X[0] = rotIntLinks(X[0],8);
120          X[2] -= S[        X[0] & 0xFF ]; X[0] = rotIntLinks(X[0],8);
121          X[3] -= S[256 + (X[0] & 0xFF)]; X[0] = rotIntLinks(X[0],8);
122          X[3] ^= S[        X[0] & 0xFF ];
123          t = X[0]; X[0] = X[1]; X[1] = X[2]; X[2] = X[3]; X[3] = t;
124        }
125        for (i=0; i<4; i++)
126          X[i] -= K[36+i];                // 6. Ebene: Schlüsselsubtraktion
127      }
128      for (i=0; i<16; i++)                // die Chiffre-der Text
129        out[outOffset++] = (byte)(X[i/4] >>> (i%4)*8);
130    }
131 //-----------------------------------------------------------------------
132    private static int[] E(int in,int key1,int key2) {  //
         Expansionsfunktion
133      int M = in + key1;
134      int R = rotIntLinks(in,13) * key2;
```

```
135   int L = S[M&0x1FF];              // 8 Bit -> 32 Bit
136   R = rotIntLinks(R,5);
137   M = rotIntLinks(M,(R&0x1F));     // 5 Bit geben zahl an
138   L ^= R;
139   R = rotIntLinks(R,5);
140   L ^= R;
141   L = rotIntLinks(L,(R&0x1F));     // 5 Bit geben zahl an
142   return new int[] { L, M, R };
143   }
144 //-----------------------------------------------------------------
145   private static int rotIntLinks(int val, int amount) { // rot links
146       return (val << amount) | (val >>> (32-amount));
147   }
148 //-----------------------------------------------------------------
149   private static int rotIntRechts(int val, int amount) {// rot
          rechts
150       return (val >>> amount) | (val << (32-amount));
151   }
152 //-----------------------------------------------------------------
153  public static void main (String[] arg) {
154    MARS makeMARS;
155    switch(arg.length) {
156      case 0: makeMARS = new MARS("");
157              break;
158      case 1: makeMARS = new MARS(arg[0]);
159              break;
160      case 2: makeMARS = new MARS(Hex.fromString(arg[0]),arg[1]); //
                decrypt
161    }
162  }
163 }
```

7.2 RC6

Analog zu den verschiedenen Hashalgorithmen der MD-Serie ist auch RC6 das Produkt eines langen evolutionären Entwicklungsprozesses, der insbesondere von den RSA-Laboratories[17] und dem MIT[18] unter der Federführung von Ron Rivest in Massachusetts vorangetrieben wurde.[19] RC6 sollte alle Vorteile besitzen und alle Nachteile vermeiden, die man in jahrelangen Untersuchungen zu

---

[17]http://www.rsasecurity.com
[18]http://www.mit.edu
[19]http://csrc.nist.gov/CryptoToolkit/aes/round2/

DES und anderen Verfahren erkannt und formuliert hatte. Als Vorteile wurden insbesondere genannt [40]:

- Für hard- und softwaremäßige Verschlüsselung gleichermaßen geeignet;
- Schneller Algorithmus, woraus folgt, dass man nur Operationen verwendet, die Assemblerbefehlen der aktuellen Prozessorgeneration entsprechen, wozu neuerdings auch die Multiplikation gehört;
- Leichte Anpassung der verwendeten Wortlänge, z. B. 16 Bit für besonders billige und kleine Prozessoren oder 32 Bit für die zur Zeit gängigen Pentium-Prozessoren;
- Blocklänge, Schlüssellänge, Rundenzahl und Wortlänge sollen prinzipiell variabel sein;
- Minimaler Speicherbedarf um auch für Minimalcomputer, wie sie auf Chipkarten zu finden sind, interessant zu sein.

Die Forderungen nach einem einfachen und sicheren Algorithmus sind evident und brauchen nicht gesondert aufgeführt zu werden. In [40] wird RC6 als RC6-w/r/b bezeichnet, womit man deutlich machen will, dass sowohl eine Variable Wortlänge „w" (z. B. 64 Bit, statt der bei PC's üblichen 32 Bit), eine variable Rundenzahl „r" als auch eine variable Schlüssellänge „b" möglich sind. Im Zusammenhang mit AES interessiert allerdings nur die Option „b".

7.2.1 Das Verschlüsseln

Im Gegensatz zu MARS ist RC6 ähnlich einfach aufgebaut wie IDEA und verwendet die in der Tab. B.1 zusammengestellten Operationen, die im Wesentlichen identisch zu denen der anderen Verfahren sind. RC6 beruht auf dem Rotationsprinzip, was sich leicht aus Abb. 7.8 erkennen lässt.

Als Funktion f kann prinzipiell jede beliebige eindeutige Zuordnung gewählt werden. Sie lautet hier:

$$f(x) = x \cdot (2x + 1) \mod 32 \tag{7.8}$$

Dies entspricht einer quadratischen Abhängigkeit, denn $g(x) \sim x^2$. Da RC6 sowohl eine 32-Bit- als auch eine 64-Bit-Wortlänge zulässt, wird ein Teil der Rotationen entweder mit der Länge $5 = \log_2 32$ oder $6 = \log_2 64$ durchgeführt.[20]

7.2.2 Das Entschlüsseln

Im Prinzip wird der Algorithmus des Verschlüsselns lediglich in umgekehrter Reihenfolge durchlaufen, wobei die Addition mit der Subtraktion und teilweise das Rechtsrotieren mit dem Linksrotieren vertauscht wird. Abb. 7.9 zeigt den formalen

---

[20] entspricht „rotL c" in Abb. 7.8.

Vorgang des Entschlüsselns. Der gestrichelte Bereich ist insgesamt wieder r-mal zu durchlaufen, wobei dies im Gegensatz zum Verschlüsseln mit einer dekrementierenden Schleife erfolgen muss (`for (int i=r; r>0; i--)`).

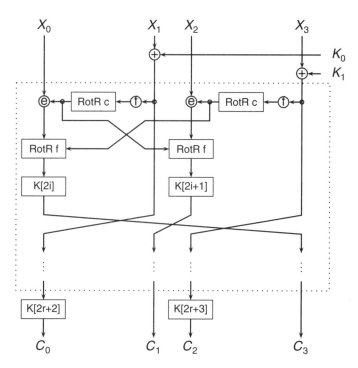

Abbildung 7.8: Das Prinzip von RC6 (Erklärungen der Symbole siehe Tab. B.1). Der markierte Bereich muss n Runden mal durchlaufen werden. $f : f(x) = x \cdot (2x + 1)$

7.2.3 Die Teilschlüssel

Die Bestimmung der Teilschlüssel ist fast aufwändiger als der gesamte Verschlüsselungsalgorithmus an sich. Der gewählte Grundschlüssel K_G wird zuerst dem Integerfeld $L[maxBits/32]$ zugeordnet, was bei einer Schlüssellänge von z. B. 128 Bit einer Feldgröße von 4 Elementen entspricht $L_0, \ldots, L_3$. Ausgangspunkt sind zwei Konstanten:

$$P_{32} = 0xb7e15163_{16}$$
$$Q_{32} = 0x9e3779b9_{16} \tag{7.9}$$

Diese bekommen für den Fall von 64-Bit-Wörtern jeweils den Index 64 zugewiesen. P_{32} wurde dabei dem mathematischen Ausdruck $e-2$ und Q_{32} dem Ausdruck

$\phi - 1$ entnommen.[21] Die nächsten $2r + 3$ Schlüssel werden jeweils rekursiv festgelegt:

$$K_i = K_{i-1} + Q_w \tag{7.10}$$

Bei einer typischen Rundenzahl von $r = 20$ sind damit 64 Schlüssel vorerst vollständig bestimmt $K_0, K_1, \ldots, K_{63}$, während für den Extremfall $r = 0$ Runden vier Schlüssel bestimmt sind. In einer abschließenden Schleife werden diese Teilschlüssel dann noch einmal verändert (vgl. Methode `generateSubKeys` in Alg. 7.2).

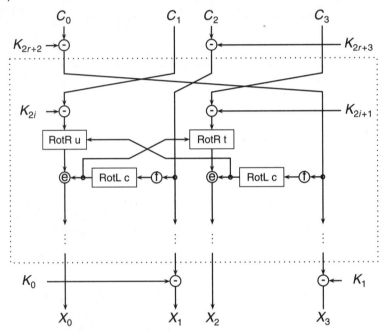

Abbildung 7.9: Entschlüsseln bei RC6 (Erklärungen der Symbole siehe Tab. B.1). Der markierte Bereich muss n Runden mal durchlaufen werden. $f : f(x) = x \cdot (2x + 1)$

7.2.4 Beispiele

In [40] sind verschiedene Beispiele angegeben, u. a. auch der Fall der „leeren" Eingabe sowohl für den Klartext als auch für den Schlüssel. Wie die folgende Bildschirmausgabe zeigt, ist das Ergebnis erwartungsgemäß ein von Null verschiedener Chiffretext. Eine anschließende Entschlüsselung führt dann wieder zum Klartext.

---

[21] ϕ steht hier für den goldenen Radius.

```
───────────────── Programmausgabe ─────────────────
voss@maria:~/Kryptologie/RC6 > java RC6Demo
Klartext (Hex):
00000000000000000000000000000000
(16 Bytes)
Schlüssel: 00000000000000000000000000000000
1 128-Bit-Blöcke = 16 Bytes
Starte Verschlüsselung ...
Verschlüsselter Text (Hex):8FC3A53656B1F778C129DF4E9848A41E
Starte Entschlüsselung ...
(16 Bytes)
Entschlüsselter Text (Hex):
00000000000000000000000000000000
voss@maria:~/Kryptologie/RC6 >
```

Eine Anwendung auf den ca. 5 MByte großen Vergleichstext liefert in wenigen
Sekunden den chiffrierten Text. Der Vorgang des Entschlüsselns benötigt faktisch
denselben Zeitaufwand, da die Zahl der verschiedenen mathematischen Operationen sich nicht verändert hat. Die etwas kleinere Zeit ergibt sich aus der nicht
vorhandenen Schlüsselgenerierung, denn diese wurde bereits beim Verschlüsseln vorgenommen.

```
───────────────── Programmausgabe ─────────────────
voss@maria:~/> java RC6 ../Test.dat
Lese Klartext: ../Test.dat ... benötigte Zeit: 124.393 sek
4931784 Bytes)
Starte Verschlüsselung ...
Schlüssel: 0F490D026E5A34173A76460127633676
308237 128-Bit-Blöcke = 4931792 Bytes
Verschlüsselung beendet.
Benötigte Zeit: 2.616 sek
In Datei speichern ...

Verschlüsselte Datei ausgeben? (J/N):j

B24ED7C71B16769A65B8F27511F4EB53EF565957BA3DAA3254E678B18553
29686B1F9D577171F023440C3FCFA03CD81AEBE9178D21DABD69628F660F
7F57B710DF9840BD125557D000B8298CA622C12BE8698822EBDD9F865A56
[...]

voss@maria:~/> java RC6 0F490D026E5A34173A76460127633676 Test.encrypt
Schlüssel: 0F490D026E5A34173A76460127633676
Lese Datei: Test.encrypt ...(4931792 Bytes)
 benötigte Zeit: 114.119 sek
Starte Entschlüsselung ...
308237 128-Bit-Blöcke = 4931792 Bytes
Entschlüsselung beendet.
Benötigte Zeit: 2.01 sek
In Datei speichern ...

Entschlüsselte Datei ausgeben? (J/N):j

%!PS-Adobe-2.0
%%Creator: dvips(k) 5.86
Copyright 1999 Radical Eye Software
%%Ti
tle: Manuscript.dvi
%%Pages: 228
%%Page0
```

```
rder: Ascend
%%BoundingBox: 0 0 596 842

[...]
```

Algorithmus 7.2: Verschlüsselungsalgorithmus RC6

```
 1  public final class RC6 {
 2  //
 3  // die Anwendung dieses Algorithmus unterliegt den Lizenzbedingungen
 4  // der RSA: http://www.rsa.com
 5  //
 6    private static final int
 7      Runden          = 20,
 8      BlockGroesse    = 16,
 9      KeyLength       = 16,           // 16, 24 oder 32 Byte
10      MaxCharProZeile = 40;
11
12    private static final int
13      P = 0xB7E15163, Q = 0x9E3779B9;     // allgemeine Konstanten
14    private int[] S = new int[2*Runden + 4];   // Teilschluessel
15    private byte[]key = new byte[KeyLength];   // Grundschluessel
16    private boolean decrypt;
17    public RC6(String DatName) {            // Constructor encrypt
18
19  [ ... analog zu den anderen Verfahren ... ]
20
21    }
22    public RC6(byte[] skey, String DatName) {     // Constructor decrypt
23
24  [ ... analog zu den anderen Verfahren ... ]
25
26    }
27    protected void Init() {
28      if (!decrypt)
29        for (int i=0; i<KeyLength; i++)
30          key[i]=(byte)(Math.random()*127.0);
31      generateSubKeys();
32    }
33
34    protected final void coreCrypt(byte[] in, int inOffset,
35                                   byte[] out, int outOffset) {
36      int t, u;
37      int[]X = new int[4];
38      for (int i=0; i<4; i++)
39        X[i] = (in[inOffset++] & 0xFF)         |
40               (in[inOffset++] & 0xFF) <<  8 |
41               (in[inOffset++] & 0xFF) << 16 |
```

```
42          (in[inOffset++] & 0xFF) << 24;
43      if(decrypt) {
44        X[2] -= S[2*Runden+3];
45        X[0] -= S[2*Runden+2];
46        for(int i=2*Runden+2; i>2; ) {
47          t = X[3]; X[3] = X[2]; X[2] = X[1]; X[1] = X[0]; X[0] = t;
48          u = rotLinks(X[3]*(2*X[3]+1),5);
49          t = rotLinks(X[1]*(2*X[1]+1),5);
50          X[2] = rotRechts(X[2]-S[--i],t)^u;
51          X[0] = rotRechts(X[0]-S[--i],u)^t;
52        }
53        X[3] -= S[1];
54        X[1] -= S[0];
55      }
56      else {
57        X[1] += S[0];
58        X[3] += S[1];
59        for(int i=1; i<=2*Runden; ) {
60          t = rotLinks(X[1]*(2*X[1]+1),5);
61          u = rotLinks(X[3]*(2*X[3]+1),5);
62          X[0] = rotLinks((X[0]^t),u)+S[++i];
63          X[2] = rotLinks((X[2]^u),t)+S[++i];
64          t = X[0]; X[0]=X[1]; X[1]=X[2]; X[2]=X[3]; X[3]=t;
65        }
66        X[0] += S[2*Runden+2];
67        X[2] += S[2*Runden+3];
68      }
69      for (int i=0; i<16; i++)          // Speichern
70        out[outOffset++] = (byte)(X[i/4] >>> ((i%4)*8));
71    }
72    private final void generateSubKeys() {
73
74  [ ... Teilschlüssel bestimmen ... ]
75
76    }
77      private static int rotLinks(int val, int amount) {   // rot links
78          return (val << amount) | (val >>> (32-amount));
79      }
80      private static int rotRechts(int val, int amount) {  // rot rechts
81          return (val >>> amount) | (val << (32-amount));
82      }
83
84    public static void main (String[] arg) {
85      RC6 makeRC6;
86      switch(arg.length) {
87        case 0: makeRC6 = new RC6("");
88                break;
```

```
89      case 1: makeRC6 = new RC6(arg[0]);
90              break;
91      case 2: makeRC6 = new RC6(Hex.fromString(arg[0]),arg[1]); //
            decrypt
92              break;
93      }
94    }
95  }
```

7.3 Rijndael[22]

Es war nicht unbedingt zu erwarten, dass die Amerikaner einen nicht in ihrem eigenen Land entwickelten Algorithmus zu ihrem eigenen Standard erklären würden. Realität wurde dies durch die vorrangig veränderte Vorgehensweise, indem kryptografische Verfahren nicht mehr im Geheimen, sondern öffentlich entwickelt und vor allen Dingen auch getestet werden. Rijndael, als AES nun der offizielle DES Nachfolger, besticht gleichermaßen durch seine „Einfachheit" als auch Sicherheit [28].

Entwickelt von Joan Daemen[23] und Vincent Rijmen[24] soll Rijndael folgende Kriterien erfüllen [17]:

> The three criteria taken into account in the design of Rijndael are
> the following:
> • Resistance against all known attacks;
> • Speed and code compactness on a wide range of platforms;
> • Design simplicity.

Die erste und letzte Bedingung sind letztlich evident, wobei die letzte keiner objektiven Betrachtungsweise unterliegt, denn es gibt keine Kriterien, die darüber entscheiden, ob ein Algorithmus einfach ist oder nicht. Abgesehen davon muss ein einfacher Algorithmus nicht notwendigerweise auch der schnellste sein. Abb. 7.10 zeigt das globale Prinzip von Rijndael, welches in dieser Form einfacher erscheint als die anderen Verfahren. Die Komplexität von Rijndael steckt jedoch in der Multiplikation, die im Folgenden ausführlich behandelt werden soll.

---

[22]Ausgesprochen als „Reindahl".
[23]Proton World International, Brüssel, Belgien.
[24]Katholieke Universiteit Leuven, Heverlee, Belgien.

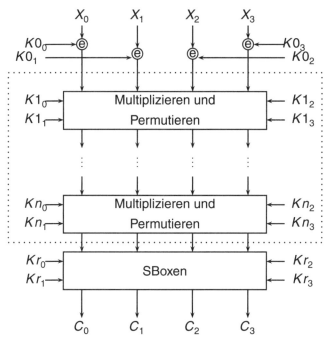

Abbildung 7.10: Das Prinzip von Rijndael – der gestrichelte Bereich wird $n =$ $(r - 1)$-mal durchlaufen; r entspricht der Rundenzahl.

7.3.1 Multiplikationen

Im Gegensatz zu den anderen Verfahren verwendet Rijndael verstärkt die Multiplikation, die hier als Multiplikation von Polynomen in einem Galois-Feld[25] durchgeführt wird. Bezüglich der Addition braucht dies nicht weiter erläutert zu werden, da diese auch bei Polynomen einer Exclusiv-Oder-Operation entspricht. Im Folgenden soll kurz der Vorgang der Multiplikation in einem Galois-Feld GF $\left(2^8\right)$ erläutert werden. Geht man von einem Byte aus, so entsprechen die einzelnen Bits den Koeffizienten eines Polynoms vom Grad 7:

$$9b_{16} = 10011011_2 \hat{=} x^7 + x^4 + x^3 + x + 1 \tag{7.11}$$

Multipliziert man jetzt z. B. die beiden hexadezimalen Zahlen 57_{16} und 83_{16}, dann entspricht dies einer Polynommultiplikation

$$57_{16} = 01010111_2 \hat{=} x^6 + x^4 + x^2 + x + 1 \tag{7.12}$$

$$83_{16} = 10000011_2 \hat{=} x^7 + x + 1 \tag{7.13}$$

---

[25]Galois, Evariste (25.10.1811-30.5.1832), französischer Mathematiker. Ein Galois-Feld $GF(p)$ ist der Körper $\left(Z_p, +, \cdot\right)$, wobei Z_p die Restklassen mod p sind $(0, 1, 2, ..., p - 1)$ und dementsprechend auch die Addition $(+)$ und Multiplikation $(\cdot)$ mod p. Hierbei reicht für p die Bedingung, dass p eine Potenz einer Primzahl ist, z. B. 2^8.

$$57_{16} \cdot 83_{16} = \left(x^6 + x^4 + x^2 + x + 1\right) \cdot \left(x^7 + x + 1\right) \quad (7.14)$$

$$= x^{13} + x^{11} + x^9 + x^8 + x^6 + x^5 + x^4 + x^3 + 1 \quad (7.15)$$

Da es sich um ein Galois-Feld GF$\left(2^8\right)$ handelt, kann das Ergebnis nicht einfach mod 256 bzw. mod 100_{16} genommen werden, sondern muss aufgrund der Gruppeneigenschaften des Galois-Feldes modulo einem Polynom genommen werden, welches nur sich selbst und die Zahl 1 als Teiler enthält sowie vom Grad acht ist. x^8 wäre nicht ein solches Polynom, denn es enthält z. B. x, x^2, ... als Teiler. Grundsätzlich bezeichnet man ein derartiges Polynom als Permutationspolynom[26], welches für Rijndael von der Ordnung 8 ist:

$$m(x) = x^8 + x^4 + x^3 + x + 1 \hat{=} 11b_{16} \quad (7.16)$$

Dieses Permutationspolynom enthält als Teiler also nur sich selbst und die Eins. Für das Ergebnis der Multiplikation aus der Gl. 7.12 folgt daher:

$$x^{13} + x^{11} + x^9 + x^8 + x^6 + x^5 + x^4 + x^3 + 1 \bmod \left(x^8 + x^4 + x^3 + x + 1\right)$$
$$= x^7 + x^6 + 1 = c1_{16} \quad (7.17)$$

Das Ergebnis ergibt sich durch Polynomdivision:

$$\left(x^{13} + x^{11} + x^9 + x^8 + x^6 + x^5 + x^4 + x^3 + 1\right) : \left(x^8 + x^4 + x^3 + x + 1\right)$$
$$= x^5 + x^3 + \text{Rest} \qquad \text{Rest ist vom Grad} < 8 \quad (7.18)$$

Multiplikation des ganzzahligen Teils der Polynomdivision mit dem Permutationspolynom und anschließender Subtraktion liefert dann den Rest, der in hexadezimaler Schreibweise $c1_{16}$ entspricht.

Eine Multiplikation eines Polynoms mit x stellt einen Sonderfall dar. Allgemein erhält man als Ergebnis der Multiplikation $x \cdot a(x)$

$$a_7 x^8 + b_6 x^7 + b_5 x^6 + \ldots + b_1 x^2 + b_0 x \quad (7.19)$$

- $a_7 = 1$: Dieses Ergebnis muss, wie oben erwähnt, mod $m(x)$ genommen werden. Da aber der Grad dieses Polynoms gleich 8 ist, kann das Permutationspolynom nur einmal enthalten sein, sodass gilt:

$$x \cdot a(x) = m(x) + \text{Rest} \quad \Rightarrow \quad (x \cdot a(x)) \bmod m(x) = \text{Rest} \quad (7.20)$$

Hierbei ist der Rest ein Polynom von kleinerem Grad als 8! Grundsätzlich kann damit die Modulo-Operation auf eine einfache Subtraktion bzw. informationstechnisch gesehen auf eine Exclusiv-Oder-Operation zurückgeführt werden. Insgesamt entspricht die Multiplikation eines Polynoms mit x

---

[26]Irreducible binary polynomial (nicht reduzierbares binäres Polynom).

in einem Galois-Feld $GF\left(2^8\right)$ einer Links-Schiebeoperation (entspricht der Multiplikation mit $02_{16}\hat{=}x$) und anschließendem bitweisem Exclusiv-Oder-Vergleich mit $1b_{16}$.[27]

- $a_7 = 0$: Damit ist der höchste auftretende Exponent kleiner als das Permutationspolynom, sodass nach dem Linksshift um eine Stelle (Multiplikation) die Modulo-Operation zu keiner Veränderung führt:

$$a_7 = 0 \quad \Rightarrow \quad (x \cdot a(x)) \bmod m(x) = x \cdot a(x) \tag{7.21}$$

Grundsätzlich werden derartige Multiplikationen[28] bei Rijndael immer als $a = xtime(b)$ bezeichnet, z. B.

$$57_{16} \cdot 02_{16} = xtime(57) = ae_{16} \tag{7.22}$$

Multiplikation mit höheren Potenzen im Galoisfeld $GF\left(2^8\right)$ kann somit auf eine wiederholte Anwendung dieser „Grundmultiplikation" zurückgeführt werden, was an einem Beispiel gezeigt wird:

$$\left(x^6 + x^4 + x^2 + x + 1\right) \cdot \left(x^4 + x + 1\right) \hat{=} 57_{16} \cdot 13_{16} \tag{7.23}$$

$$57_{16} \cdot 01_{16} = 57_{16} \tag{7.24}$$

$$57_{16} \cdot 02_{16} = xtime(57_{16}) = ae_{16} \tag{7.25}$$

$$57_{16} \cdot 04_{16} = xtime(xtime(57)) = xtime(ae_{16}) = 47_{16} \tag{7.26}$$

$$57_{16} \cdot 08_{16} = xtime(47_{16}) = 8e_{16} \tag{7.27}$$

$$57_{16} \cdot 10_{16} = xtime(8e_{16}) = 07_{16} \tag{7.28}$$

$$\Rightarrow \quad 57_{16} \cdot 13_{16} = 57_{16} \cdot (01_{16} \oplus 02_{16} \oplus 10_{16}) \tag{7.29}$$

$$= 57_{16} \oplus ae_{16} \oplus 07_{16} \tag{7.30}$$

$$= fe_{16} \tag{7.31}$$

$$\hat{=} x^7 + x^6 + x^5 + x^4 + x^3 + x^2 + x \tag{7.32}$$

Wichtig ist hierbei die Erkenntnis, dass damit auch die komplexe Multiplikation auf reine Basisoperationen von Mikroprozessoren zurückgeführt werden kann, was einen großen Einfluss auf die Geschwindigkeit des Algorithmus hat.

---

[27] $1b_{16}$, da vom Permutationspolynom bei der Exclusiv-Oder-Operation nur die unteren 8 Bits interessieren.

[28] Da bei $57_{16} = 01010111_2$ das führende Bit $a_7 = 0$ ist, führt ein Linksshift um eine Bistelle bereits zum Ergebnis der Multiplikation; denn ShiftLinks(01010111) ergibt $10101110_2 = ae_{16}$.

7.3.2 Polynome mit Koeffizienten im Galoisfeld GF(2^8)

Die Festlegung der Koeffizienten auf die Menge $\{0, 1\}$ stellt natürlich eine starke Einschränkung dar, weshalb auch Polynome mit Koeffizienten aus der Menge $\{0, 1, 2, ..., 255\}$ definiert werden. Der so genannte n-dimensionale Koeffizientenvektor korrespondiert dann mit einem Polynom vom Grad $n - 1$ bzw. kleiner. Die Addition von derartigen Vektoren entspricht der einfachen Exclusiv-Oder-Verknüpfung der entsprechenden Koeffizienten. Schwieriger gestaltet sich die Multiplikation. Gegeben seien zwei Polynome dritten Grades über dem Galoisfeld GF$\left(2^8\right)$:

$$a(x) = a_3 x^3 + a_2 x^2 + a_1 x + a_0 \tag{7.33}$$
$$b(x) = b_3 x^3 + b_2 x^2 + b_1 x + b_0 \tag{7.34}$$

Das Produkt $c(x) = a(x) \cdot b(x)$ ergibt sich nach einfachen Regeln zu

$$
\begin{aligned}
c(x) &= c_6 x^6 + c_5 x^5 + ... + c_1 x + c_0 \\
c_0 &= a_0 \cdot b_0 \\
c_1 &= a_1 \cdot b_0 \oplus a_0 \cdot b_1 \\
c_2 &= a_2 \cdot b_0 \oplus a_1 \cdot b_1 \oplus a_0 \cdot b_2 \\
c_3 &= a_3 \cdot b_0 \oplus a_2 \cdot b_1 \oplus a_1 \cdot b_2 \oplus a_0 b_3 \\
c_4 &= a_3 \cdot b_1 \oplus a_2 \cdot b_2 \oplus a_1 \cdot b_3 \\
c_5 &= a_3 \cdot b_2 \oplus a_2 \cdot b_3 \\
c_6 &= a_3 \cdot b_3
\end{aligned}
\tag{7.35}
$$

Es erscheint einsichtig, dass der Koeffizientenvektor $\vec{c}$ nicht mehr von der Länge vier ist, sodass hier eine Reduktion notwendig ist, damit der Koeffizientenvektor wieder einem Polynom vom Grad drei entspricht. Rijndael verwendet dazu das Polynom $M(x) = x^4 + 1$. Es gilt daher

$$x^k \bmod (x^4 + 1) = x^{k \bmod 4} \tag{7.36}$$

Angewendet auf alle Potenzen von x größer als 3 in Gl. 7.35 ergeben sich die folgenden Änderungen:

$$c_6 x^6 \bmod \left(x^4 - 1\right) = c_6 x^{6 \bmod 4} = c_6 x^2 \tag{7.37}$$
$$c_5 x^5 \bmod \left(x^4 - 1\right) = c_5 x^{5 \bmod 4} = c_5 x^1 \tag{7.38}$$
$$c_4 x^4 \bmod \left(x^4 - 1\right) = c_4 x^{4 \bmod 4} = c_4 x^0 \tag{7.39}$$

Damit ergibt sich dann das Produkt $d(x) = a(x) \otimes b(x)$ zu

$$d(x) = d_3 x^3 + d_2 x^2 + d_1 x + d_0 \tag{7.40}$$
$$d_3 = c_3 = a_3 \cdot b_0 \oplus a_2 \cdot b_1 \oplus a_1 \cdot b_2 \oplus a_0 b_3 \tag{7.41}$$

$$d_2 = c_2 \oplus c_6 = a_2 \cdot b_0 \oplus a_1 \cdot b_1 \oplus a_0 \cdot b_2 \oplus a_3 \cdot b_3 \qquad (7.42)$$
$$d_1 = c_1 \oplus c_5 = a_1 \cdot b_0 \oplus a_0 \cdot b_1 \oplus a_3 \cdot b_2 \oplus a_2 \cdot b_3 \qquad (7.43)$$
$$d_0 = c_0 \oplus c_4 = a_0 \cdot b_0 \oplus a_3 \cdot b_1 \oplus a_2 \cdot b_2 \oplus a_1 \cdot b_3 \qquad (7.44)$$

Es ist leicht zu erkennen, dass jeweils zuerst eine Multiplikation mit b_0, dann b_1, b_2 und abschließend mit b_3 erfolgt. Daher lässt sich sinnvollerweise die Matrizenschreibweise anwenden:

$$\underline{d} = \underline{A} \cdot \underline{b}$$

$$\begin{pmatrix} d_0 \\ d_1 \\ d_2 \\ d_3 \end{pmatrix} = \begin{pmatrix} a_0 & a_3 & a_2 & a_1 \\ a_1 & a_0 & a_3 & a_2 \\ a_2 & a_1 & a_0 & a_3 \\ a_3 & a_2 & a_1 & a_0 \end{pmatrix} \cdot \begin{pmatrix} b_0 \\ b_1 \\ b_2 \\ b_3 \end{pmatrix} \qquad (7.45)$$

Wie schon im vorhergehenden Abschnitt gezeigt, soll auch hier die Multiplikation mit x gezeigt werden. Ausgehend von einem Polynom des Grades drei ergibt die Multiplikation mit x:

$$b(x) \otimes x = b_3 x^4 + b_2 x^3 + b_1 x^2 + b_0 x \qquad (7.46)$$

Dieses Ergebnis ist Modulo $\left(x^4 + 1\right)$ zu nehmen, was den folgenden Ausdruck ergibt:

$$d(x) = (b(x) \otimes x) \mod \left(x^4 + 1\right) = b_2 x^3 + b_1 x^2 + b_0 x + b_3 \qquad (7.47)$$

Derselbe Ausdruck muss sich natürlich auch durch Anwendung der Matrizengleichung 7.45 ergeben. Durch einfache Überlegung ergibt sich

$$\underline{d} = \begin{pmatrix} 00 & 00 & 00 & 01 \\ 01 & 00 & 00 & 00 \\ 00 & 01 & 00 & 00 \\ 00 & 00 & 01 & 00 \end{pmatrix} \cdot \underline{b} \qquad (7.48)$$

d. h. bis auf $a_1 = 01$ sind alle anderen Koeffizienten logischerweise gleich Null, denn $a(x) = x$ war ja gegeben. Zusammenfassend lässt sich feststellen, dass eine Multiplikation mit x oder Potenzen davon auf einen zyklischen Shift[29] des Koeffizientenvektors hinausläuft.

---

[29] Rotierender Linksshift, wenn man die horizontale Schreibweise nach Gl. 7.47 betrachtet oder rotierender Shift von oben nach unten, wenn die vertikale Vektordarstellung nach Gl. 7.45 berücksichtigt wird.

7.3.3 Die Teilschlüssel

Bei einer Rundenzahl von 10 und einer Blocklänge von 128 Bits werden 1408 Bits für die Rundenschlüssel benötigt.

$$n_{kBits} = n_{Block} \cdot (n_{Runden} + 1) \tag{7.49}$$
$$= 128 \cdot 11 = 1408 \tag{7.50}$$

Der gewählte Grundschlüssel K_G wird zuerst in ein Feld von 4 Byte-Worten expandiert (Integer für Java), wobei sich die Feldgröße aus der Rundenzahl und der Blockgröße ergibt. Der Zusammenhang zwischen Schlüsselgröße, Blockgröße und Rundenzahl zeigt Tab. 7.4, wobei für einen Vergleich mit anderen AES-Kandidaten im Prinzip nur die erste Spalte interessant ist, denn nur diese Blocklänge wird von AES gefordert. Der Größe des expandierten Schlüsselfeldes ist allgemein gegeben durch

$$W \left[\frac{n_B}{32} \cdot (n_R + 1) \right] \tag{7.51}$$

Tabelle 7.4: Rundenzahl n_R in Abhängigkeit von Blockgröße n_B (in Bits) und Schlüssellänge n_K (in Bits)

	$n_B = 128$	192	256
$n_K = 128$	10	12	14
192	12	12	14
256	14	14	14

Bei 10 Runden und einer Blocklänge von 128 Bit ergibt sich somit ein Feld von 44 Elementen. Die ersten $n_K/32$ ergeben sich durch den Grundschlüssel, die anderen werden rekursiv aus diesem bestimmt [17]. Die Größe eines Rundenschlüssels hängt sinnvollerweise von der gewählten Blockgröße ab und beträgt bei 128-Bitblöcken $4 \cdot 128$ Bit.

7.3.4 Die Verschlüsselung

Global besteht der Verschlüsselungsvorgang aus den folgenden drei Sequenzen:

- Initiale Rundenschlüsseladdition
- $(n_R - 1)$ Runden
- Eine Schlussrunde

7.3.5 Die Entschlüsselung

Dieser Vorgang ist formal völlig identisch zum Verschlüsseln. Es werden nur unterschiedliche Rundenschlüssel und unterschiedliche Matrizen benutzt.

7.3.6 Beispiele

Der im Folgenden gezeigte Testlauf von Rijndael liefert das geforderte Ergebnis für den 16 Byte langen „leeren" Text mit dem gewählten Schlüssel $K = 80....._{16}$.

```
───────────────────── Programmausgabe ─────────────────────
voss@maria:~/Kryptologie/Rijndael > java RijndaelDemo
Klartext (16 Bytes):
00000000000000000000000000000000
Starte Verschlüsselung ...
Schlüssellänge (128,192,256): 128
Schlüssel: 80000000000000000000000000000000
1 128-Bit-Blöcke = 16 Bytes
0EDD33D3C621E546455BD8BA1418BEC8
Starte Entschlüsselung ...
00000000000000000000000000000000
```

Die Anwendung auf die große Testdatei liefert für den im Folgenden angegebenen Algorithmus annehmbare Werte. Diese lassen sich noch erheblich optimieren, wenn sämtliche Schleifen soweit wie möglich entfernt werden.

Im Folgenden ist der Quelltext des Javaprogramms angegeben. Deutlich wird dabei der geringe Umfang der Methoden blockEncrypt und blockDecrypt im Verhältnis zur Initialisierung Init und der Methode generateSubKeys zur Bestimmung der Rundenschlüssel. Der hier vorliegende Algorithmus lässt keine explizite Variation der Blocklänge zu, diese müsste bei Bedarf direkt im Quelltext geändert werden, womit dann allerdings eine Neuübersetzung der Klasse Rijndael.java nötig wird.

Algorithmus 7.3: Verschlüsselungsalgorithmus Rijndael

```java
1  public final class Rijndael {
2    boolean decrypt;
3    final int BlockGroesse = 16; // default block size in bytes
4    final int[] alog = new int[256];
5    final int[] log =  new int[256];
6    final byte[] S =  new byte[256];
7    final byte[] Si = new byte[256];
8    final int[][] T = new int[8][256];
9    final int[][] U = new int[4][256];
10   final byte[] rcon = new byte[30];
11   final int[][][] shifts = new int[][][] {
12     { {0, 0}, {1, 3}, {2, 2}, {3, 1} },
```

```
13      { {0, 0}, {1, 5}, {2, 4}, {3, 3} },
14      { {0, 0}, {1, 7}, {3, 5}, {4, 4} }  };
15    byte[][] A = new byte[][] {
16      {1, 1, 1, 1, 1, 0, 0, 0},{0, 1, 1, 1, 1, 1, 0, 0},
17      {0, 0, 1, 1, 1, 1, 1, 0},{0, 0, 0, 1, 1, 1, 1, 1},
18      {1, 0, 0, 0, 1, 1, 1, 1},{1, 1, 0, 0, 0, 1, 1, 1},
19      {1, 1, 1, 0, 0, 0, 1, 1},{1, 1, 1, 1, 0, 0, 0, 1}  };
20    byte[] B = new byte[] { 0, 1, 1, 0, 0, 0, 1, 1};
21    byte[][] cox = new byte[256][8];
22    byte[][] G = new byte[][] {
23      {2, 1, 1, 3},
24      {3, 2, 1, 1},
25      {1, 3, 2, 1},
26      {1, 1, 3, 2}  };
27    byte[][] AA = new byte[4][8];
28    byte pivot, tmp;
29    byte[][] iG = new byte[4][4];
30    int[][] Ke, Kd;          // Keys für encrypt und decrypt
31
32    public Rijndael(String DatName) {       // Constructor encrypt
33 [ ... analog zu den anderen Verfahren ... ]
34    }
35    public Rijndael(byte[] key, String DatName) {    // Constructor
        decrypt
36 [ ... analog zu den anderen Verfahren ... ]
37    }
38    void Init (byte[] key) {
39 [ ... Initialisierungsblock (Boxen) ... ]
40    }
41    private final void generateSubKeys(byte[] k) {
42 [ ... Teilschlüssel berechnen  ... ]
43    }
44    final int mul (int a, int b) {
45      return (a != 0 && b != 0) ? alog[(log[a & 0xFF] + log[b & 0xFF]) %
          255] : 0;
46    }
47    final int mul4 (int a, byte[] b) {
48      if (a == 0)
49        return 0;
50      a = log[a & 0xFF];
51      int a0=(b[0]!=0) ? alog[(a + log[b[0] & 0xFF]) % 255] & 0xFF : 0;
52      int a1=(b[1]!=0) ? alog[(a + log[b[1] & 0xFF]) % 255] & 0xFF : 0;
53      int a2=(b[2]!=0) ? alog[(a + log[b[2] & 0xFF]) % 255] & 0xFF : 0;
54      int a3=(b[3]!=0) ? alog[(a + log[b[3] & 0xFF]) % 255] & 0xFF : 0;
55      return a0 << 24 | a1 << 16 | a2 << 8 | a3;
56    }
57    public void blockEncrypt (byte[] in, int inOffset, byte[] out, int
```

```
       outOffset) {
 58    int ROUNDS = Ke.length - 1;
 59    int[] Ker = Ke[0];
 60    int[] X = new int[4];
 61    for (int i=0; i<4; i++)
 62      X[i]=((in[inOffset++] & 0xFF) << 24 | (in[inOffset++] & 0xFF) <<
            16 |
 63          (in[inOffset++] & 0xFF) <<  8 | (in[inOffset++] & 0xFF)) ^
              Ker[i];
 64    int[] A = new int[4];
 65    for (int r = 1; r < ROUNDS; r++) {          // apply round
         transforms
 66      Ker = Ke[r];
 67      for (int i=0; i<4; i++) {
 68        A[i] = Ker[i];
 69        for (int k=0; k<4; k++)
 70          A[i] ^= T[k][(X[(i+k)%4] >>> ((3-k)*8)) & 0xFF];
 71      }
 72      for (int i=0; i<4; i++)
 73        X[i] = A[i];
 74    }
 75    Ker = Ke[ROUNDS];
 76    for (int i=0; i<4; i++) {
 77      int tt = Ker[i];
 78      out[outOffset++]=(byte)(S[(X[i]      >>>24)& 0xFF]^(tt>>> 24));
 79      out[outOffset++]=(byte)(S[(X[(i+1)%4]>>>16)& 0xFF]^(tt>>> 16));
 80      out[outOffset++]=(byte)(S[(X[(i+2)%4]>>> 8)& 0xFF]^(tt>>>  8));
 81      out[outOffset++]=(byte)(S[ X[(i+3)%4]      & 0xFF]^ tt       );
 82    }
 83  }
 84  public void blockDecrypt (byte[] in, int inOffset,byte[]out,int
       outOffset) {
 85    int ROUNDS = Kd.length - 1;
 86    int[] Kdr = Kd[0];
 87    int[] X = new int[4];
 88    for (int i=0; i<4; i++)
 89      X[i]=((in[inOffset++]&0xFF)<<24|(in[inOffset++]&0xFF)<< 16 |
 90            (in[inOffset++]&0xFF)<< 8|(in[inOffset++]&0xFF))^ Kdr[i];
 91    int[] A = new int[4];
 92    for (int r = 1; r < ROUNDS; r++) {          // apply round
         transforms
 93      Kdr = Kd[r];
 94      for (int i=4; i<8; i++) {
 95        A[i-4] = Kdr[i-4];
 96        for (int k=0; k<4; k++)
 97          A[i-4] ^= T[k+4][(X[(i-k)%4] >>> ((3-k)*8)) & 0xFF];
 98      }
```

```
 99        for (int i=0; i<4; i++)
100          X[i] = A[i];
101      }
102      Kdr = Kd[ROUNDS];
103      for (int i=4; i<8; i++) {
104        int tt = Kdr[i-4];
105        out[outOffset++]=(byte)(Si[(X[i%4]     >>>24)& 0xFF]^(tt>>> 24));
106        out[outOffset++]=(byte)(Si[(X[(i-1)%4]>>>16)& 0xFF]^(tt>>> 16));
107        out[outOffset++]=(byte)(Si[(X[(i-2)%4]>>> 8)& 0xFF]^(tt>>>  8));
108        out[outOffset++]=(byte)(Si[ X[(i-3)%4]       & 0xFF]^ tt        );
109      }
110    }
111    public int getRounds (int keySize, int blockSize) {
112      switch (keySize) {
113        case 16:
114          return blockSize == 16 ? 10 : (blockSize == 24 ? 12 : 14);
115        case 24:
116          return blockSize != 32 ? 12 : 14;
117        default: // 32 bytes = 256 bits
118          return 14;
119      }
120    }
121    private boolean areEqual (byte[] a, byte[] b) {
122      int aLength = a.length;
123      if (aLength != b.length)
124        return false;
125      for (int i = 0; i < aLength; i++)
126        if (a[i] != b[i])
127          return false;
128      return true;
129    }
130    public static void main (String[] arg) {
131      Rijndael makeRijndael;
132      switch(arg.length) {
133       case 0: makeRijndael=new Rijndael("");     // encrypt
134          break;
135       case 1: makeRijndael=new Rijndael(arg[0]);    // encrypt
136          break;
137       case 2: makeRijndael=new Rijndael(Hex.fromString(arg[0]),arg[1]);
138          break;                  //decrypt
139      }
140    }
141 }
```

7.4 Serpent

Im Gegensatz zu fast allen anderen Verfahren, die als anfängliche Kandidaten für den AES galten, berücksichtigt Serpent[30] noch die wesentlichen Prinzipien des alten DES-Standards.[31]

> In this paper, we present a candidate for AES. Our design philosophy has been highly conservative; we did not feel it appropriate to use novel and untested ideas in a cipher which, if accepted after a short review period, will be used to protect enormous volumes of financial transactions, health records and government information over a period of decades. We initially decided to use the S-boxes from DES, which have been studied intensely for many years and whose properties are thus well understood, in a new structure optimized for efficient implementation on modern processors while simultaneously allowing us to apply the extensive analysis already done on DES [2, S. 1].

Serpent arbeitet wie die vorhergehenden Verfahren mit vier 32-Bit-Wörtern, sodass die geforderte Blocklänge von 128 Bit erreicht wird. Weiterhin werden insgesamt 32 Runden durchlaufen, wozu insgesamt 33 Teilschlüssel $K_0, K_1, ..., K_{32}$ der Länge 128 Bit benötigt werden. Die Länge des Grundschlüssels ist prinzipiell variabel, jedoch wegen der Vorgaben zum AES auf die geforderten Werte von 128, 192 oder 256 Bit fixiert.

7.4.1 Das Verschlüsseln

Der Ablauf des Algorithmus beruht im Wesentlichen auf drei Phasen:

1. Initiale Permutation $IP(X)$;
2. 32 Runden, in denen ein Mischen der Daten mit Schlüsseln, ein Durchlauf durch die S-Boxen sowie eine lineare Transformation erfolgen, die in der letzten Runde durch eine abschließende Schlüsseloperation ersetzt werden;
3. Abschließende Permutation $P(X)$

Die beiden Permutationen haben keinerlei kryptografische Eigenschaften, sondern dienen lediglich der Effizienz im allgemeinen Ablauf. Damit ist offensichtlich, dass Serpent faktisch auf DES aufbaut und nur eine größere Schlüssellänge und mehr Runden aufweist.

---

[30] Serpent: die (Gift)schlange.
[31] Vgl. dazu Kapitel 5 auf Seite 71.

Initiale Permutation

Hiermit wird eine 128-Bitfolge einfach einer Permutation der einzelnen Bits unterworfen:

$$X \rightarrow IP(X)$$

$$X = \begin{pmatrix} 0 & \cdots & 15 \\ \cdots & \cdots & \cdots \\ 112 & \cdots & 127 \end{pmatrix} \tag{7.52}$$

$$IP(X) = \begin{pmatrix} 0 & 32 & 64 & 96 & 1 & 33 & 65 & 97 & 2 & 34 & 66 & 98 & 3 & 35 & 67 & 99 \\ 4 & 36 & 68 & 100 & 5 & 37 & 69 & 101 & 6 & 38 & 70 & 102 & 7 & 39 & 71 & 103 \\ 8 & 40 & 72 & 104 & 9 & 41 & 73 & 105 & 10 & 42 & 74 & 106 & 11 & 42 & 75 & 107 \\ 12 & 44 & 76 & 108 & 13 & 45 & 77 & 109 & 14 & 46 & 78 & 110 & 15 & 46 & 79 & 111 \\ 16 & 48 & 80 & 112 & 17 & 49 & 81 & 113 & 18 & 50 & 82 & 114 & 19 & 50 & 83 & 115 \\ 20 & 52 & 84 & 116 & 21 & 53 & 85 & 117 & 22 & 54 & 86 & 118 & 23 & 54 & 87 & 119 \\ 24 & 56 & 88 & 120 & 25 & 57 & 89 & 121 & 26 & 58 & 90 & 122 & 27 & 58 & 91 & 123 \\ 28 & 60 & 92 & 124 & 29 & 61 & 93 & 125 & 30 & 62 & 94 & 126 & 31 & 62 & 95 & 127 \end{pmatrix}$$

$$\tag{7.53}$$

Rundenfunktion

Jede der 32 Runden besteht aus dem Mischen der Daten mit den Rundenschlüsseln, einem Durchgang durch die S-Boxen und einer linearen Transformation, die jedoch in der letzten der 32 Runden entfällt. Alle folgenden „Dachvariablen" sind jeweils auf die Initiale Permutation angewendet, so gilt also z. B. $\hat{S}_i = IP(S_i)$ und entsprechend für die anderen.

$$\hat{B}_0 = IP(X)$$

$$\hat{B}_{i+1} = R_i\left(\hat{B}_i\right) \qquad i = 0, 1, 2, \ldots, 31$$

$$C = FP(\hat{B}_{32})$$

wobei

$$\tag{7.54}$$

$$R_i(x) = L\left(\hat{S}_i\left(x \oplus \hat{K}_i\right)\right) \qquad i = 0, 1, \ldots, 30$$

$$R_{31}(x) = \hat{S}_i\left(x \oplus \hat{K}_i\right) \oplus \hat{K}_{32} \qquad i = 31$$

Die so genannte Rundenfunktion R_i benutzt jeweils eine S-Box sowie den entsprechenden Rundenschlüssel K_i und die lineare Transformation L. Diese stellt praktisch eine Matrix aus 32 × 4 Elementen dar, wovon die erste Zeile im Folgenden dargestellt ist:

$\{16, 52, 56, 70, 83, 94, 105\}$ $\{72, 114, 125\}$ $\{2, 9, 15, 30, 76, 84, 126\}$ $\{36, 90, 103\}\ldots$

Jede Zeile enthält vier Bitpakete, sodass jeweils ein Paket einem von 128 Bit zugeordnet werden kann. Bit 0 der Transformation setzt sich aus der Exclusiv-Oder-Kombination der Bits $\{16, 52, 56, 70, 83, 94, 105\}$ zusammen, Bit 1 aus der Exclusiv-Oder-Kombination der Bits $\{72, 114, 125\}$ usw.

Finale Permutation

Sie entspricht im Wesentlichen der initialen Permutation, wird auf den letzten Durchgang der Rundenfunktion $R_{31}\left(\hat{B}_i\right)$ angewendet und liefert dann als Ergebnis den verschlüsselten Klartext.

$$\hat{B} \rightarrow FP(\hat{B}) \tag{7.55}$$

$$FP(\hat{B}) = \tag{7.56}$$

$$\begin{pmatrix} 0 & 4 & 8 & 12 & 16 & 20 & 24 & 28 & 32 & 36 & 40 & 44 & 48 & 52 & 56 & 60 \\ 64 & 68 & 72 & 76 & 80 & 84 & 88 & 92 & 96 & 100 & 104 & 108 & 112 & 116 & 120 & 124 \\ 1 & 5 & 9 & 13 & 17 & 21 & 25 & 29 & 33 & 37 & 41 & 45 & 59 & 53 & 57 & 61 \\ 65 & 69 & 73 & 77 & 81 & 85 & 89 & 93 & 97 & 101 & 105 & 109 & 113 & 117 & 121 & 125 \\ 2 & 6 & 10 & 14 & 18 & 22 & 26 & 30 & 34 & 38 & 42 & 46 & 50 & 54 & 58 & 62 \\ 66 & 70 & 74 & 78 & 82 & 86 & 90 & 94 & 98 & 102 & 106 & 110 & 114 & 118 & 122 & 126 \\ 3 & 7 & 11 & 15 & 19 & 23 & 27 & 31 & 35 & 39 & 43 & 47 & 51 & 55 & 59 & 63 \\ 67 & 71 & 75 & 79 & 83 & 87 & 91 & 95 & 99 & 103 & 107 & 111 & 115 & 119 & 123 & 127 \end{pmatrix}$$

$$\tag{7.57}$$

7.4.2 Die S-Boxen

In einer ersten Entwicklungsstufe waren die S-Boxen noch vollständig am alten DES orientiert [2], was zum einen den Vorteil der jahrzehntelangen Erfahrung mit sich brachte, zum anderen aber den Nachteil, dass faktisch keinerlei Informationen über die Konstruktion der S-Boxen vom DES vorliegen. Aus diesem Grund orientierten sich die S-Boxen zukünftig am RC4, wo sie aufgrund einfacher mathematischer Beziehungen konstruiert werden können. Bezüglich der Bedingungen und des Algorithmus für die S-Boxen wird auf Anderson u. a. verwiesen [2, Seite 4]. Im Alg. 7.4 sind die S-Boxen in 32-Bit Integern gespeichert und werden in der Initialisierungsphase in das Feld Sbox[8][16] eingelesen:

```
––––––––––––––––– Programmausgabe –––––––––––––
Lese SBoxen ...
––––––––––––––– Die S-Boxen ––––––––––––––
03 08 0F 01 0A 06 05 0B 0E 0D 04 02 07 00 09 0C
0F 0C 02 07 09 00 05 0A 01 0B 0E 08 06 0D 03 04
```

```
08 06 07 09 03 0C 0A 0F 0D 01 0E 04 00 0B 05 02
00 0F 0B 08 0C 0C 09 06 03 0D 01 02 04 0A 07 05 0E
01 0F 08 03 0C 00 0B 06 02 05 04 0A 09 0E 07 0D
0F 05 02 0B 04 0A 09 0C 00 03 0E 08 0D 06 07 01
07 02 0C 05 08 04 06 0B 0E 09 01 0F 0D 03 0A 00
01 0D 0F 00 0E 08 02 0B 07 04 0C 0A 09 03 05 06
fertig!
```

Die beschleunigte Version von Serpent (Algorithmus 7.4) benötigt nicht die inversen S-Boxen für den Vorgang des Entschlüsselns, sodass hier nicht weiter darauf eingegangen wird, da die „reguläre" Serpent-Version, wie noch gezeigt werden wird, praktisch nicht brauchbar ist.

7.4.3 Die Rundenschlüssel

Der Algorithmus benötigt insgesamt 132 128-Bit Rundenschlüssel, die aus dem Grundschlüssel K_G bestimmt werden. Dieser Grundschlüssel kann 128, 196 oder 256 Bit lang sein, wobei Serpent intern immer von der 256-Bit-Version ausgeht. Jeder kürzere Schlüssel wird derart auf 256 Bit erweitert, dass zuerst eine 1 und dann lauter Nullen angehängt werden, bis die interne Länge von 256 Bit erreicht ist. Im nächsten Schritt erfolgt eine Erweiterung auf 33 128-Bit Teilschlüssel $K_0, ..., K_{32}$ indem der 256 Bit Grundschlüssel zuerst in 8 Teilschlüssel $K_G \rightarrow w_{-8}, ..., w_{-1}$ zerlegt wird und diese dann in die so genannten prekeys $w_0, ..., w_{131}$ expandiert werden:

$$w_i = (w_{i-8} \oplus w_{i-5} \oplus w_{i-3} \oplus w_{i-1} \oplus \phi \oplus i) \, \text{rotLinks} \, 11 \qquad (7.58)$$

Hierin ist ϕ der binäre Nachkommateil des goldenen Schnitts $\frac{(\sqrt{5}+1)}{2}$, was einem hexadezimalen Wert von $9e3779b9_{16}$ entspricht. Mit Hilfe der S-Boxen werden jetzt über einen Zwischenschritt die einzelnen Rundenschlüssel $K_0, K_1, ..., K_{32}$ konstruiert:

$$\{k_0, ..., k_3\} = S_3(w_0, ..., w_3)$$
$$\{k_4, ..., k_7\} = S_2(w_4, ..., w_7)$$
$$\{k_8, ..., k_{11}\} = S_1(w_8, ..., w_{11})$$
$$\{k_{12}, ..., k_{15}\} = S_0(w_{12}, ..., w_{15})$$
$$\{k_{16}, ..., k_{19}\} = S_7(w_{16}, ..., w_{19})$$

$$\cdots$$

$$\{k_{124}, ..., k_{127}\} = S_4(w_{124}, ..., w_{127})$$
$$\{k_{128}, ..., k_{131}\} = S_3(w_{128}, ..., w_{131})$$

$$K_i = \{k_{4i}, k_{4i+1}, k_{4i+2}, k_{4i+3}\} \qquad (7.59)$$

7.4.4 Entschlüsseln

Das Entschlüsseln entspricht dem Verschlüsseln unter Berücksichtigung der Tatsache, dass sowohl die S-Boxen als auch die Rundenschlüssel in umgekehrter Reihenfolge anzuwenden sind und die lineare Transformation invers erfolgt. Algorithmisch gesehen gibt es keine Unterschiede, sodass auf eine weitere Behandlung hier verzichtet werden kann.

7.4.5 Beispiele

Eine Anwendung des Algorithmus auf den 16 Byte Text mit $X = 800...000_{16}$ und den einfachen Grundschlüsseln $K_G = 000..000_{16}$ von 128- bzw. 256 Bit liefert folgende Ergebnisse:[32]

```
――――――――――――――――― Programmausgabe ―――――――――――――――
voss@maria:~/Serpent > java SerpentDemo
Klartext (16 Bytes):
80000000000000000000000000000000
Starte Verschlüsselung ...
Lese SBoxen ... fertig!
Schlüssellänge (128,192,256): 128
Schlüssel: 00000000000000000000000000000000
1 128-Bit-Blöcke = 16 Bytes
10B5FFB720B8CB9002A1142B0BA2E94A
Starte Entschlüsselung ...
80000000000000000000000000000000

voss@maria:~/Serpent > java SerpentDemo
Klartext (16 Bytes):
80000000000000000000000000000000
Starte Verschlüsselung ...
Lese SBoxen ... fertig!
Schlüssellänge (128,192,256): 256
Schlüssel:
    0000000000000000000000000000000000000000000000000000000000000000
1 128-Bit-Blöcke = 16 Bytes
DA5A7992B1B4AE6F8C004BC8A7DE5520
Starte Entschlüsselung ...
80000000000000000000000000000000
voss@maria:~/Serpent >
```

Erst die Anwendung auf einen längeren Text ermöglicht wieder eine realistische Einschätzung. Die entsprechenden Zeiten sind in Tab. 7.5 angegeben.

7.4.6 Geschwindigkeitsoptimierung

Der Algorithmus in der vorliegenden Form weist extrem viele Byte- und Bitoperationen auf, die zudem durch vielfältige Schleifen erreicht werden müssen. Die

---

[32]vergleiche auch die Testergebnisse des Cryptix-Paketes (http://www.cryptix.org) bzw. der Angaben in http://www.nist.gov/aes

Einfachheit des Gedankens, der Serpent zugrunde liegt, wird mit einem extremen Zeitaufwand ad absurdum geführt. Wie Tab. 7.5 auf Seite 188 zeigt, liegt der Zeitaufwand für „Standard-Serpent" jenseits des zu vertretenden. Ohne eine eingehende Optimierung des Algorithmus erscheint dieser völlig unbrauchbar.

Osvik zeigt, wie ausgehend von den 32-Bit Operationen der Serpent-Algorithmus derartig beschleunigt werden kann, dass vergleichbare Zeiten in Bezug auf die anderen Verfahren erreicht werden [38]. Der Grundgedanke war, die Anwendung der S-Boxen auf logische 32-Bit-Operationen zurückzuführen[33], sodass auf den Einsatz von Schleifen und Abfragen verzichtet werden kann, was dann zu extremen Geschwindigkeitsvorteilen führt (vgl. Tab. 7.5 auf Seite 188)!

Algorithmus 7.4: Verschlüsselungsalgorithmus Serpent

```java
public final class Serpent {
  private static final int
    BlockGroesse = 16,              // 128 Bits im Datenblock
    Runden = 32,                    // Anzahl Runden
    PHI = 0x9E3779B9;               // (sqrt(5)-1) * 2**31
  private boolean decrypt;
  private byte []key;
  private int[] K=new int[4*(Runden+1)];
  private byte[][] Sbox = new byte[8][16];
  public Serpent(String DatName) {      // Constructor encrypt

[ ... wie bei allen anderen Programmen ... ]


  }
  public Serpent(byte[] key, String DatName) {  // Constructor decrypt

[ ... wie bei allen anderen Programmen ... ]


  }
  private int getNibble (int x,int i) {return (x>>>(4 * i)) & 0x0F;}
  protected void Init(byte[] key) {
    System.out.print("Lese SBoxen ... ");
    final int[] SInt = new int[] {  // jeweils 8 Nibble in einer Int
      0x38f1a65b,0xed42709c,0xfc27905a,0x1be86d34,
      0x86793Caf,0xd1e40b52,0x0fb8c963,0xd124a75e,
      0x1f83c0b6,0x254a9e7d,0xf52b4a9c,0x03e8d671,
      0x72c5846b,0xe91fd3a0,0x1df0e82b,0x74ca9356,
    };
    int zeile=0,spalte=0;
    for (int i=0; i<16; i+=2)
      for (int j=15; j>=0; j--) {
```

---

[33]die zudem sämtlichst durch eigene Prozessorbefehle ausgeführt werden können.

```
32        Sbox[i/2][15-j]=(byte)getNibble(SInt[i+(15-j)/8],j%8);
33      }
34    System.out.println("fertig!");
35    if (!decrypt) {
36      System.out.print("Schlüssellänge (128,192,256): ");
37      switch (Integer.parseInt(IO.Satz())) {
38        case 256: key=new byte[32]; break;
39        case 192: key=new byte[24]; break;
40        default: key=new byte[16];     // entspricht 128 Bit
41      }
42      for (int i=0;i<key.length;i++) key[i]=(byte)(Math.random()*127);
43    }
44    System.out.println("Schlüssel: "+Hex.toString(key));
45    generateSubKeys(key);
46  }
47  private final void generateSubKeys(byte[] key) {
48
49 [ ... subkeys programmieren ... ]
50
51  }
52  protected void LinTransE(int[]X,int[]Y) {
53    X[0]=(Y[0]<< 13) | (Y[0]>>> 19);X[2]= (Y[2]<< 3) | (Y[2] >>> 29);
54    X[1]=Y[1]^ X[0] ^ X[2];          X[3]= Y[3]^ X[2] ^ (X[0] << 3);
55    X[1]=(X[1]<< 1) | (X[1]>>> 31); X[3]= (X[3]<< 7) | (X[3] >>> 25);
56    X[0]=X[0]^ X[1] ^ X[3];          X[2]= X[2]^ X[3] ^ (X[1] << 7);
57    X[0]=(X[0]<< 5) | (X[0]>>> 27); X[2]= (X[2]<< 22) | (X[2] >>> 10);
58  }
59
60  private final void blockEncrypt(byte[] in, int inOffset,
61                                  byte[] out, int outOffset) {
62    int[]X=new int[4], Y=new int[4];
63    for (int k=3; k>=0; k--)
64      X[k]= (in[inOffset++]&0xFF)<<24 | (in[inOffset++]&0xFF)<<16 |
65            (in[inOffset++]&0xFF)<< 8 | (in[inOffset++]&0xFF)        ;
66    int t00, t01, t02, t03, t04, t05, t06, t07, t08, t09, t10;
67    int t11, t12, t13, t14, t15, t16, t17, t18, t19;
68    int z, idxK = 0;
69    for(int i=0; i<4; i++){
70      for (int k=0; k<4; k++)
71        X[k] ^= K[idxK++];
72 // S0:
73      t01=X[1]^ X[2];t02=X[0] | X[3];t03=X[0] ^ X[1]; Y[3]=t02 ^ t01;
74      t05=X[2]| Y[3];t06=X[0] ^ X[3];t07=X[1] | X[2]; t08=X[3] & t05;
75      t09=t03& t07;Y[2]=t09 ^ t08;t11=t09 & Y[2]; t12=X[2] ^ X[3];
76      t13=t07^ t11;t14=X[1]  & t06;t15=t06 ^ t13; Y[0]=~t15;
77      t17=Y[0]^ t14;Y[1]=t12 ^ t17;
78      LinTransE(X,Y);
```

```java
79      for (int k=0; k<4; k++)
80         X[k] ^= K[idxK++];
81
82  [ ... naechste Bloecke S1 bis S7 ... ]
83
84      for (int k=0; k<4; k++)
85         Y[k] ^= K[idxK++];
86      for (int k=15; k>=0; k--)
87         out[outOffset++]= (byte)(Y[k/4] >>> ((k%4)*8));
88  }
89
90  protected void LinTransD(int[]X, int[]Y) {
91      X[2]=(Y[2]<< 10) | (Y[2] >>> 22);X[0]=(Y[0] << 27) | (Y[0] >>> 5);
92      X[2]=X[2]^ Y[3] ^ (Y[1]<< 7);    X[0]=X[0] ^ Y[1] ^ Y[3];
93      X[3]=(Y[3]<< 25) | (Y[3] >>> 7);X[1]=(Y[1] << 31) | (Y[1] >>> 1);
94      X[3]=X[3] ^ X[2] ^ (X[0] << 3);  X[1]=X[1] ^ X[0] ^ X[2];
95      X[2]=(X[2]<< 29) | (X[2] >>> 3);X[0]=(X[0] << 19) | (X[0] >>> 13);
96  }
97
98  private final void blockDecrypt(byte[] in, int inOffset,
99                                  byte[] out, int outOffset) {
100     int[]X=new int[4], Y=new int[4];
101     for (int k=3; k>=0; k--)
102        X[k]= (in[inOffset++] & 0xFF)<<24 | (in[inOffset++]&0xFF)<<16 |
103              (in[inOffset++] & 0xFF)<< 8 | (in[inOffset++]&0xFF);
104     int t00, t01, t02, t03, t04, t05, t06, t07, t08, t09, t10;
105     int t11, t12, t13, t14, t15, t16, t17, t18, t19;
106     int z, idxK=32*4+3;
107     for (int k=3; k>=0; k--)
108        X[k] ^= K[idxK--];
109     for(int i=0; i<4; i++){
110  // InvS7:
111        t01=X[0] & X[1];t02=X[0] | X[1];t03=X[2] | t01;t04=X[3] & t02;
112        Y[3]= t03 ^ t04;t06=X[1] ^ t04;t07=X[3] ^ Y[3];t08=~t07;
113        t09=t06 | t08;t10=X[1] ^ X[3];t11=X[0] | X[3];Y[1]= X[0] ^ t09;
114        t13=X[2]  ^ t06;t14=X[2]  & t11;t15=X[3] | Y[1];t16=t01 | t10;
115        Y[0]= t13 ^ t15;Y[2]= t14 ^ t16;
116        for (int k=3; k>=0; k--)
117           Y[k] ^= K[idxK--];
118        LinTransD(X,Y);
119
120  [ ... naechste Bloecke S6 bis S0 ... ]
121
122     }
123     for (int k=15; k>=0; k--)
124        out[outOffset++]= (byte)(Y[k/4] >>> ((k%4)*8));
125  }
```

```
126
127   public static void main (String[] arg) {
128      Serpent makeSerpent;
129      switch(arg.length) {
130         case 0: makeSerpent = new Serpent("");      // encrypt
131            break;
132         case 1: makeSerpent = new Serpent(arg[0]);  // encrypt
133            break;
134         case 2: makeSerpent = new Serpent(Hex.fromString(arg[0]),arg[1])
               ;
135            break;  // decrypt
136      }
137   }
138 }
```

7.5 Twofish

In Anlehnung an das von Bruce Schneier [42, S. 388ff] entwickelte Verschlüsselungsverfahren Blowfish wurde der diesem Verfahren zugrunde liegende Algorithmus von mehreren Autoren verbessert und unter dem Namen Twofish als DES-Nachfolger vorgeschlagen [44]. Von allen vorgeschlagenen Verfahren hat Twofish die umfangreichste Beschreibung geliefert. Neben den allgemeinen von der NIST geforderten Kriterien, weist dieser Algorithmus noch weitere auf [44]:

- A 128-bit symmetric block cipher.
- Key lengths of 128 bits, 192 bits, and 256 bits.
- No weak keys.
- Efficiency, both on the Intel Pentium Pro and other software and hardware platforms.
- Flexible design: e.g., accept additional key lengths; be implementable on a wide variety of platforms and applications; and be suitable for a stream cipher, hash function, and MAC.

7.5.1 Verschlüsseln

Grundlage von Twofish ist ein 16 Runden Feistel-Netzwerk[34] mit der nichtlinearen und bijektiven[35] Funktion F:

---

[34]Siehe Abb. 5.1 auf Seite 72.

[35]Eine Funktion $f : V \rightarrow N$ heißt bijektiv, falls jedes $y \in N$ ein Original $x \in V$ besitzt ($y \overset{\wedge}{\in} N x \overset{\vee}{\in} V$ $y = f(x)$) und falls kein $y \in N$ mehr als ein Original $x \in V$ besitzt. Für diesen Fall existiert genau eine Umkehrfunktion $f^{-1} : y \rightarrow x$.

$$F : \quad \{0,1\}^{n/2} \times \{0,1\}^N \to \{0,1\}^{n/2} \qquad (7.60)$$

Hierin bezeichnet n die Blockgröße des Feistel-Netzwerks, N die Anzahl der Bits des Schlüssels. Die Funktion F stellt bereits für sich einen einfachen Verschlüsselungsalgorithmus dar, der sich durch wiederholte Anwendung zu einem so genannten „strong encryption algorithm" entwickelt. Verwendet werden von Twofish ebenfalls die bereits mehrfach zitierten S-Boxen. Das Prinzip von Twofish beschreibt Abb. 7.11. Hierin bedeutet der große gestrichelte Rahmen eine komplette Runde, wovon dann noch 15 weitere folgen.

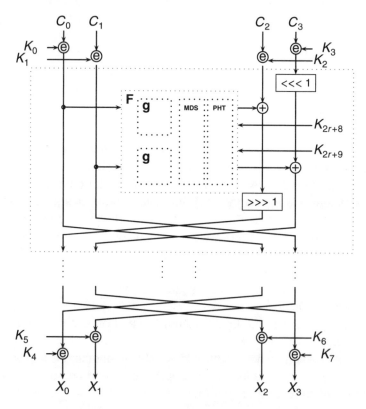

Abbildung 7.11: Das Prinzip von Twofish

Die Funktion F stellt eine schlüsselabhängige (K_{2r+8}, K_{2r+9}) Permutation von 64-Bit Werten dar und setzt sich im Prinzip zusammen aus einer Funktion g, einer so genannten MDS-Matrix[36] und einer **P**seudo-**H**adamard **T**ransformation, die

---

[36]**M**aximum **D**istance **S**eparable code, stellt prinzipiell nichts weiter als eine Matrix mit bestimmten Eigenschaften dar [46]. Siehe auch `http://www.dmi.ens.fr/~vaudenay/pub.html`

nichts weiter als eine Mischoperation von Bits darstellt:

$$a' = (a + b) \bmod 2^{32}$$
$$b' = (a + 2b) \bmod 2^{32}$$

(7.61)

Somit lässt sich die Funktion entsprechend Abb. 7.12 leicht formulieren:

$$T_0 = g(R_0)$$
$$T_1 = g(RotLinks(R_1, 8))$$
$$F_0 = (T_0 + T_1 + K_{2r+8}) \bmod 2^{32}$$
$$F_1 = (T_0 + 2T_1 + K_{2r+9}) \bmod 2^{32}$$

(7.62)

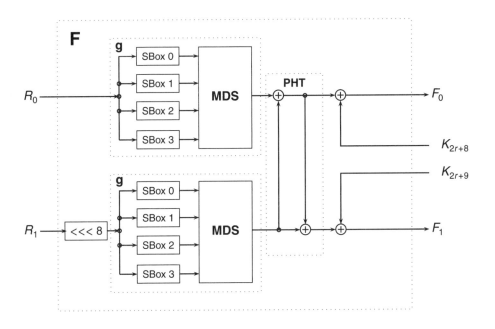

Abbildung 7.12: Der Aufbau der Funktion $F(R_0, R_1, K_{2r+8}, K_{2r+9})$

Die Funktion g, die sowohl die S-Boxen als auch die MDS-Matrix enthält, ist der eigentliche Kern von Twofish. Wie der Grafik Abb. 7.12 entnommen werden kann, wird das 32-Bit-Wort R_0 bzw. R_1 in vier Bytes aufgeteilt, wovon jedes durch eine schlüsselabhängige S-Box (SBox 0 ... SBox 3) läuft. Die vier Ausgabe-Bytes werden mit der 4 × 4 MDS-Matrix[37] multipliziert, womit erreicht wird, dass jede Änderung eines oder mehrerer Eingabebytes **grundsätzlich** eine Änderung bei mindestens einem Ausgabebyte zur Folge hat. Genau genommen ist die Summe der geänderten Eingabe- und Ausgabebytes **mindestens** gleich fünf, womit ei-

---

[37]Jedes Element der MDS-Matrix entspricht einem Byte, d. h. die Grundmenge der Elemente ist $G = \{0...2^8\}$. Bezüglich der Elemente wird auf [44] verwiesen.

ne ausreichende Diffusion der Eingabe-Bits gewährleistet ist [44, S. 27]. Mit der MDS-Matrix folgt dann weiter:

$$\underline{MDS} = \begin{pmatrix} 01 & ef & 5b & 5b \\ 5b & ef & ef & 01 \\ ef & 5b & 01 & ef \\ ef & 01 & ef & 5b \end{pmatrix} \tag{7.63}$$

$$x_i = \left(\frac{X}{2^{8i}} \right) \bmod 2^8$$

$$y_i = SBox_i(x_i) \qquad i = 0, \ldots, 3 \tag{7.64}$$

$$\begin{pmatrix} z_0 \\ z_1 \\ z_2 \\ z_3 \end{pmatrix} = \underline{MDS} \cdot \begin{pmatrix} y_0 \\ y_1 \\ y_2 \\ y_3 \end{pmatrix} \tag{7.65}$$

$$Z = \sum_{i=0}^{3} z_i \cdot 2^{8i} \tag{7.66}$$

7.5.2 Die S-Boxen

Wie bereits beim DES-Verfahren erwähnt, gibt es lange Abhandlungen über die Einrichtung und Auswahl von S-Boxen. Dies betrifft vorrangig die Größe einer S-Box und die Wahl der Elemente. Letzteres kann zum einen über Zufallstabellen oder algorithmische Funktionen erfolgen, wobei Twofish versucht, beide Verfahren zu vereinen, um so eine Optimierung hinsichtlich kryptografischer Sicherheit zu erhalten.

Die für Twofish verwendeten 8 × 8- und 8 × 32-S-Boxen können dem Algorithmus 7.5 entnommen werden.

7.5.3 Die Schlüsselbildung

Twofish erfüllt natürlich die vom AES geforderten Schlüssellängen von 128, 192 und 256 Bit. Vom System her sind sämtliche Schlüssellängen kleiner 256 möglich; sie werden dann einfach mit Nullen bis zur nächsten gültigen Schlüssellänge aufgefüllt. Der Grundschlüssel K_G setzt sich zusammen aus $8k$ Bytes $m_0, \ldots, m_{8k-1}$

und wird zuerst in $2k$ 32-Bit Wörter zerlegt, wobei je nach Schlüsselwortlänge[38] $k \in \{2, 3, 4\}$ gilt:

$$M_i = \sum_{j=0}^{3} m_{4i+j} \cdot 2^{8j} \qquad i = 0, \dots, 2k - 1 \tag{7.67}$$

Daraus werden zwei Felder der Länge k erstellt:

$$\begin{aligned} M_e &= (M_0, M_2, M_4, \dots, M_{2k-2}) \\ M_o &= (M_1, M_3, M_5, \dots, M_{2k-1}) \end{aligned} \tag{7.68}$$

Ein drittes Feld S ergibt sich durch eine Multiplikation mit einer so genannten RS-Matrix[39], deren Elemente ebenso wie bei der MDS-Matrix einzelnen Bytes entsprechen und demzufolge in hexadezimaler Form geschrieben wurden:

$$\underline{RS} = \begin{pmatrix} 01 & a4 & 55 & 87 & 5a & 58 & db & 9e \\ a4 & 56 & 82 & f3 & 1e & c6 & 68 & e5 \\ 02 & a1 & fc & c1 & 47 & ae & 3d & 19 \\ a4 & 55 & 87 & 5a & 58 & db & 9e & 03 \end{pmatrix} \tag{7.69}$$

$$\begin{pmatrix} s_{i,0} \\ s_{i,1} \\ s_{i,2} \\ s_{i,3} \end{pmatrix} = \underline{RS} \cdot \begin{pmatrix} m_{8i+0} \\ m_{8i+1} \\ \dots \\ m_{8i+6} \\ m_{8i+7} \end{pmatrix} \tag{7.70}$$

$$S_i = \sum_{j=0}^{3} s_{i,j} \cdot 2^{8j} \qquad i = 0, 1, \dots, k - 1 \tag{7.71}$$

$$S = \left(S_{k-1}, S_{k-2}, \dots, S_1, S_0\right) \tag{7.72}$$

Das Teilschlüsselfeld S ergibt sich also aus der umgekehrten Anordnung der Teilschlüssel S_i. Alle drei Schlüsselfelder M_e, M_o, S bilden zusammen alle von Twofish benötigten Teilschlüssel.

7.5.4 Beispiel

Eine Anwendung von Twofish auf den gewohnten Demonstrationsklartext bestehend aus lauter binären Nullen mit dem willkürlich gewählten Schlüssel $K = 80\dots00_{16}$ bestätigt den in [44] angegebenen Test. Die Anwendung auf den 5 MByte

---

[38] Es gilt also folgende Zuordnung:
$128 \stackrel{\wedge}{=} k = 2$
$192 \stackrel{\wedge}{=} k = 3$
$256 \stackrel{\wedge}{=} k = 4$

[39] Bezüglich der Auswahl der Werte für die einzelnen Elemente vergleiche man [44].

großen Vergleichstest mit den erzielten Zeitwerten für Ver- und Entschlüsselung zeigt der entsprechende Eintrag in Tab. 7.5.

```
────────────────────── Programmausgabe ──────────────────
voss@maria:~/Twofish > java TwofishDemo
Klartext:  00000000000000000000000000000000 (16 Bytes)
Starte Verschlüsselung ...
Lese SBoxen ... fertig!
Erstelle MDS-Matrix ... fertig!
Schlüssellänge (128,192,256): 128
Schlüssel: 80000000000000000000000000000000
1 128-Bit-Blöcke = 16 Bytes
Verschlüsselung beendet.
Benötigte Zeit: 0.0020 sek
Verschlüsselter Text: 6BFD32804A1C3206C4BF85EB11241F89
Lese SBoxen ... fertig!
Erstelle MDS-Matrix ... fertig!
Schlüssel: 80000000000000000000000000000000
Starte Entschlüsselung ...
Entschlüsselung beendet.
Benötigte Zeit: 0.0 sek
Entschlüsselter Text: 00000000000000000000000000000000
voss@maria:~/Twofish >
```

Durch die vorhergehenden Beschreibungen wurde schon deutlich, dass Twofish doch einen sehr speziellen Algorithmus bezüglich der Funktion *F* und *g* aufweist, was sich auch in der Zahl der verschiedenen Methoden niederschlägt. Andererseits ist die eigentliche Verschlüsselungsmethode blockCrypt(...) relativ kurz.

Algorithmus 7.5: Verschlüsselungsalgorithmus Twofish

```java
 1  public final class TwofishDemo {
 2
 3    private final int
 4      BlockGroesse = 16,Runden = 16,         // 128 Bits im Datenblock
 5      SK_BUMP      = 0x01010101,SK_ROTL = 9,GF256_FDBK = 0x169,
 6      GF256_FDBK_2 = 0x169/2,GF256_FDBK_4 = 0x169/4;
 7    private final int TOTAL_SUBKEYS = 4+4+2*Runden;
 8    private final byte[][] P=new byte[2][256];
 9    private final int[][] P_
        ={{1,0,0,1,1},{0,0,1,1,0},{1,1,0,0,0},{0,1,1,0,1}};
10    private final int[][] MDS = new int[4][256];
11    private final int RS_GF_FDBK = 0x14D;
12    private boolean decrypt;
13    private final int[] sBox = new int[4 * 256];
14    private final int[] subKeys = new int[TOTAL_SUBKEYS];
15
16    public TwofishDemo() {
17
18  [ ... analog zu allen anderen Programmen ... ]
19
20    }
```

```
21
22    protected void Init(byte[] key) {
23      int[][] pI = new int[][] { // die SBoxen
24        { // p0 ... }
25        { // p1 ... }};
26      System.out.print("Lese SBoxen ... ");
27      int i1=0, i2=0;
28      for (int i=0; i<64; i++)
29        for (int j=24; j>=0; j-=8) {      // Beginn ist 6.nibble
30          P[0][i1++] = (byte)((pI[0][i]>>>j)&0xFF);// Bytes aus ints
                holen
31          P[1][i2++] = (byte)((pI[1][i]>>>j)&0xFF);
32        }
33      System.out.println("fertig!");
34      System.out.print("Erstelle MDS-Matrix ... ");
35      bestimmeMDSMatrix();
36      System.out.println("fertig!");
37      if (!decrypt) {
38        System.out.print("Schlüssellänge (128,192,256): ");
39        switch (Integer.parseInt(IO.Satz())) {
40          case 256: key=new byte[32]; break;
41          case 192: key=new byte[24]; break;
42          default: key=new byte[16];      // entspricht 128 Bit
43        }
44      }
45      key[0]=(byte)0x80;
46      System.out.println("Schlüssel: "+Hex.toString(key));
47      makeSubKeys(key);
48    }
49
50    private void bestimmeMDSMatrix() {
51
52  [ ... MDS-Matrix f|llen ... ]
53
54    }
55
56    private final void makeSubKeys(byte[] k) {
57
58  [ ... alle subkeys bestimmen ... ]
59
60      if(decrypt)
61        for(i=0; i<4; i++) {
62          int t        = subKeys[i];
63          subKeys[i]   = subKeys[i+4]; subKeys[i+4] = t;
64        }
65    }
66    private final void blockCrypt(byte[] in, int inOffset,
```

```
                                      byte[] out, int outOffset) {
    int[]X = new int[4];
    for (int i=0; i<4; i++) {
      X[i]=(in[inOffset++]&0xFF)      | (in[inOffset++]&0xFF) << 8 |
           (in[inOffset++]&0xFF)<<16 | (in[inOffset++]&0xFF) << 24;
      X[i]^=subKeys[i];
    }
    int k, t0, t1;
    if(decrypt) {
      k = 39;              // decrypt
      for (int R=0; R<Runden; R+=2) {
        t0=Fe32( sBox, X[0], 0 );t1=Fe32( sBox, X[1], 3 );
        X[3]^=t0 + 2*t1 + subKeys[k--];X[3]=X[3] >>> 1 | X[3] << 31;
        X[2]=X[2] << 1 | X[2] >>> 31;X[2]^=t0 + t1 + subKeys[k--];
        t0=Fe32(sBox, X[2], 0); t1=Fe32(sBox, X[3], 3);
        X[1]^=t0 + 2*t1 + subKeys[k--];X[1]=X[1] >>> 1 | X[1] << 31;
        X[0]=X[0] << 1 | X[0] >>> 31;X[0]^=t0 + t1 + subKeys[k--];
      }
    }
    else {                 // encrypt
      k=8;
      for (int R=0; R<Runden; R+=2) {
        t0=Fe32( sBox, X[0], 0 ); t1=Fe32( sBox, X[1], 3 );
        X[2]^=t0 + t1 + subKeys[k++];X[2]=X[2] >>> 1 | X[2] << 31;
        X[3]=X[3] << 1 | X[3] >>> 31;X[3]^=t0 + 2*t1 + subKeys[k++];
        t0=Fe32( sBox, X[2], 0 ); t1=Fe32( sBox, X[3], 3 );
        X[0]^=t0 + t1 + subKeys[k++];X[0]=X[0] >>> 1 | X[0] << 31;
        X[1]=X[1] << 1 | X[1] >>> 31;X[1]^=t0 + 2*t1 + subKeys[k++];
      }
    }
    for (int i=2; i<6; i++)  X[i%4] ^= subKeys[i+2];
    for (int i=2; i<6; i++)
      for (int j=0;j<4;j++) out[outOffset++]=(byte)(X[i%4]>>>(j*8));
}

private final int LFSR1( int x ) {
  return (x >> 1)^((x & 0x01) != 0 ? GF256_FDBK_2 : 0);
}


private final int LFSR2( int x ){
  return (x >> 2) ^ ((x & 0x02) != 0 ? GF256_FDBK_2 : 0) ^
                    ((x & 0x01) != 0 ? GF256_FDBK_4 : 0);
}


private final int Mx_1( int x ) { return x;                          }
private final int Mx_X( int x ) { return x ^ LFSR2(x);               }
private final int Mx_Y( int x ) { return x ^ LFSR1(x) ^ LFSR2(x); }
```

```
114  private final int b(int i, int x ) { return (x >>> (i*8))   & 0xFF; }
115  private final int RS_MDS_Encode(int k0, int k1) {
116    int r = k1;
117    for (int i=0; i<4; i++)      // shift 1 byte at a time
118    r = RS_rem(r);
119    r ^= k0;
120    for (int i = 0; i < 4; i++) r = RS_rem( r );
121    return r;
122  }

124  private final int RS_rem(int x) {
125    int b  = (x >>> 24) & 0xFF;
126    int g2 = ((b  << 1) ^ ((b & 0x80)!=0 ? RS_GF_FDBK : 0 )) & 0xFF;
127    int g3 = (b >>>  1) ^ ((b & 0x01)!=0 ? (RS_GF_FDBK >>> 1) : 0)^g2;
128    int result = (x << 8)^(g3 << 24)^(g2 << 16)^(g3 << 8)^b;
129    return result;
130  }

132  private final int F32( int k64Cnt, int x, int[] k32 ){
133    int[] bb=new int[4];
134    for (int i=0; i<4; i++) bb[i] = b(i,x);
135    int result = 0;
136    switch (k64Cnt & 3) {
137      case 1:
138        result = 0;
139        for (int i=0; i<4; i++)
140          result ^= MDS[i][(P[P_[i][1]][bb[i]] & 0xFF)^b(i,k32[0])];
141        break;
142      case 0:  // same as 4
143        for (int i=0; i<4; i++)
144          bb[i] = (P[P_[i][4]][bb[i]] & 0xFF) ^ b(i,k32[3]);
145      case 3:
146        for (int i=0; i<4; i++)
147          bb[i] = (P[P_[i][3]][bb[i]] & 0xFF) ^ b(i,k32[2]);
148      case 2:
149        result = 0;
150        for (int i=0; i<4; i++)
151          result ^= MDS[i][(P[P_[i][1]][(P[P_[i][2]][bb[i]]&0xFF)^
152                    b(i,k32[1])]&0xFF)^b(i,k32[0])];
153        break;
154    }
155    return result;
156  }

158  private final int Fe32( int[] sBox, int x, int R ) {
159    return sBox[      2*_b(x, R  )] ^ sBox[      2*_b(x,R+1)+1] ^
160           sBox[0x200+2*_b(x, R+2)] ^ sBox[0x200+2*_b(x,R+3)+1];
```

```
161  }
162
163  private final int _b( int x, int N ) { return b(N%4,x); }
164
165  public static void main (String[] arg) {
166     TwofishDemo makeTwofishDemo = new TwofishDemo();
167  }
168  }
```

7.6 Vergleich der Verfahren

Ohne hiermit auch nur annähernd absolute Aussagen treffen zu wollen, sollen trotzdem die einzelnen Verfahren den hier entwickelten und angegebenen Algorithmen gegenübergestellt werden. In den vorhergehenden Abschnitten wurde bereits jedes Verfahren unter anderem auf einen ca. 5 Megabyte großen Vergleichstext angewendet. Diese Datei stellt eine normale PostScript-Datei dar, somit reinen Text, was allerdings für alle Verfahren letztlich unerheblich ist. Die Datei Test.dat befindet sich auf der beiliegenden CD und kann für eigene Vergleiche mit anderer Hardware oder anderen Algorithmen benutzt werden.

Ermittelt wurden die Werte mit einem absichtlich alten Pentium III, 600 MHz unter der Oberfläche X-Windows. Die verschlüsselte Datei wurde dann wieder entschlüsselt. Werden sämtliche for-Schleifen in den Methoden blockEncrypt und blockDecrypt durch normale Zuweisungen ersetzt, so lassen sich die Zeiten um mehr als 50% reduzieren.

Tabelle 7.5: Vergleich der einzelnen Verfahren durch Anwendung auf eine Datei von ca. 5 Megabyte und einem jeweils zufällig ermittelten 128-Bit Schlüssel

Verfahren	Verschlüsseln	Entschlüsseln
MARS	18,41 sek	13,07 sek
RC6	3,65 sek	3,84 sek
Rijndael	5,12 sek	5,21 sek
Serpent-Standard	994,66 sek	–
Serpent	6,98 sek	7.38 sek
Twofish	7,19 sek	7.11 sek

Die reine Zeitmessung ist nur eines unter vielen Kriterien für die Güte eines Algorithmus, wobei hier ohnehin die Sicherheit im Vordergrund steht. In [43] werden die verschiedensten Vergleiche angegeben, von denen hier zum einen das Verhalten bei unterschiedlicher Schlüssellänge (Tab. 7.7) und zum anderen das Verhalten der Taktzyklen in Abhängigkeit der Schlüssellänge (Tab. 7.6) angegeben werden. Untersucht wurden jeweils alle eingereichten Verschlüsselungsverfahren der ersten Runde, sodass sich in dieser Liste auch wieder Magenta von der deutschen Telekom findet.

In this paper, we will concentrate on key setup and encryption for 128-bit keys. Obviously, encryption speed is more important than key setup speed. The reader should keep in mind that DEAL and Magenta encrypt 33% slower using 256-bit keys. Rijndael encrypts 20% slower for 192-bit keys and 40slower for 256-bit keys. SAFER+ has the largest performance degradation for large keys; it is 50% slower for 192-bit keys and 100% slower for 256-bit keys [43].

Tabelle 7.6: Performance der AES-Kandidaten auf einer DEC-Alpha für eine Schlüssellänge von 128 Byte [43].

Algorithmus	Zyklen
CAST-256	600
Crypton	408
DEAL	2528
DFC	304
E2	471
Frog	?
HPC	376
Loki97	?
Magenta	?
Mars	478
RC6	467
Rijndael	340
SAFER+	656
Serpent	915
Twofish	360

Tabelle 7.7: Geschwindigkeit in Abhängigkeit der Schlüssellänge [43].

Algorithm Name	Key Setup	Encryption
CAST-256 [Ada98]	constant	constant
Crypton [Lim98]	constant	constant
DEAL [Knu98]	increasing	128,192: 6 rounds
		256: 8 rounds
DFC [GGH+98]	constant	constant
E2 [NTT98]	constant	constant
Frog [GLC98]	constant	constant
HPC [Sch98]	constant	constant

Algorithm Name	Key Setup	Encryption
Loki97 [BP98]	decreasing	constant
Magenta [JH98]	increasing	128,192: 6 rounds
		256: 8 rounds
Mars [BCD+98]	constant	constant
RC6 [RRS+98]	constant	constant
Rijndael [DR98a]	increasing	128: 10 rounds
		192: 12 rounds
		256: 14 rounds
SAFER+ [CMK+98]	increasing	128: 8 rounds
		192: 12 rounds
		256: 16 rounds
Serpent [ABK98a]	constant	constant
Twofish [SKW+98a]	increasing	constant

8 RSA-Kodierung

Inhalt

Unter dem Stichwort „public key"-Verfahren werden all die kryptografischen Verfahren zusammengefasst, die nach dem Doppelschlüsselverfahren (public key – private key) arbeiten [32]. So einfach die Idee ist, so lange hat es gedauert, bis man gedanklich so weit war, sich von letztlich jahrtausendelang geprägten Vorstellungen zur kryptografischen Behandlung von Informationen zu trennen. Das Patent für das RSA-Verfahren liegt bei Ron Rivest, Adi Shamir und Leonard Adleman [39], obwohl mittlerweile überhaupt nicht mehr sicher ist, ob nicht der englische Geheimdienst schon sehr viel früher die Theorie der public-key-Verfahren erforscht hatte, die „öffentlich" von Diffie[1] und Hellman[2] entwickelt wurde [10]. Da Geheimdienste bekanntermaßen grundsätzlich keine Auskünfte über ihre Arbeiten geben und daraus folgend in der Regel auch keinerlei Patente[3] anmelden, bleiben dies Spekulationen [24]. In jedem Fall werden die Rechte kommerziell von der amerikanischen Firma *RSA Data Security* verwertet.[4]

Public-Key-Verfahren spielen heute in vielen Bereichen des geschäftlichen und privaten Lebens eine große Rolle, u. a. auch im bekannten Webbrowser Netscape (Abb. 8.1), wobei das Copyright bis ins Jahr 1994 zurückreicht.

Das Public-Key-Prinzip lässt sich ganz einfach beschreiben:

---

[1]Whitfield B. Diffie, Stanford University.

[2]Martin F. Hellman, Stanford University.

[3]Das Originalpatent von Diffie und Helman „US4200770: Cryptographic apparatus and method" vom 29.4.1980 kann man unter `http://patent.womplex.ibm.com/details?patent_number=4200770` einsehen.

[4]Die Patentnummer ist 4,405,829, beantragt 12/14/77, genehmigt 9/20/83; zu lesen unter `http://patent.womplex.ibm.com/cgi-bin/viewpat.cmd/US04405829__`; siehe auch: `http://www.rsa.com`

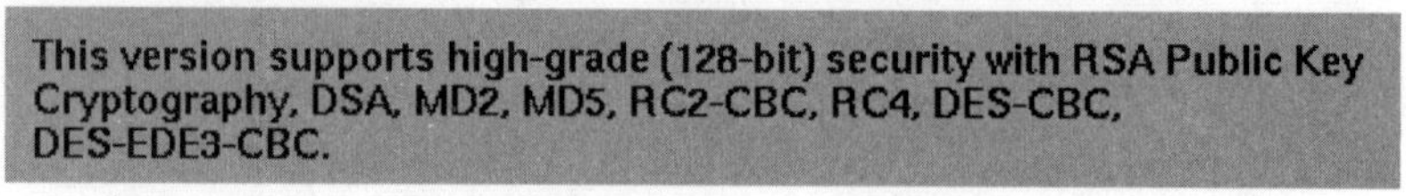

This version supports high-grade (128-bit) security with RSA Public Key Cryptography, DSA, MD2, MD5, RC2-CBC, RC4, DES-CBC, DES-EDE3-CBC.

Abbildung 8.1: Ausschnitt aus dem Netscape-Startfenster

- Verwendung asymmetrischer Schlüssel;
- A fragt B nach einem Schlüssel, mit dem A einen an B zu sendenden Text verschlüsseln soll;
- B sendet ohne besondere Sicherheitsvorkehrungen an A den angeforderten (öffentlichen) Schlüssel Key_{public};
- A verschlüsselt mit Key_{public} den Text und sendet ihn ohne besondere Sicherheitsvorkehrungen an B;
- B entschlüsselt mit einem Gegenschlüssel ($Key_{private}$) den Text;
- Ergibt der entschlüsselte Text keinen Sinn, wurde dieser Text oder der von B an A gesendete öffentliche Schlüssel entweder passiv (physikalische Störungen im Datentransport) oder aktiv (Hackerangriff) verändert, was jedoch kein großes Problem darstellt, da entweder B diesen Text entschlüsselt oder keiner!

8.1 Mathematische Grundlagen

Aus der Zahlentheorie werden die folgenden beiden Sätze benötigt:

Theorem 8-1 *Satz von Euler: Seien a und n zwei natürliche und teilerfremde Zahlen[5] und sei φ(n) die Anzahl der zu n teilerfremden Zahlen (Eulersche Funktion) kleiner als n. Dann gilt[6]*

$$a^{\varphi(n)} \bmod n = 1 \tag{8.1}$$

Ist n=p eine **Primzahl**, dann folgt $\varphi(p) = p - 1$, denn p ist Primzahl und somit nicht durch eine Zahl, die kleiner als p ist, teilbar.

Theorem 8-2 *(Kleiner) Satz von Fermat: Ist p eine Primzahl und a < p, dann gilt*

$$a^p \bmod p = a \tag{8.2}$$

Aus den Sätzen von *Euler* und *Fermat* folgt jetzt:

---

[5] ggT(a,n)=1.

[6] Hier und im Folgenden wird die in der Technik übliche Schreibweise $a \bmod b = c$ verwendet, während in der Mathematik $a \equiv c \bmod b$ üblich ist.

Theorem 8-3 *Seien n = p · q das Produkt zweier Primzahlen p und q sowie e und d zwei Zahlen mit der Eigenschaft (e · d) mod φ(n) = 1. Dann gilt für **jede** Zahl m ≤ n:*

$$m^{e \cdot d} \bmod n = m \tag{8.3}$$

8.2 Die Schlüsselvergabe

Es werden zwei hinreichend große Primzahlen p und q gewählt und das Produkt $n = p \cdot q$ gebildet. Dann ist $\varphi(n) = (p - 1) \cdot (q - 1)$.[7] Mit einer zu $\varphi(n)$ teilerfremden Zahl e wird eine weitere Zahl d derart bestimmt, dass $(e \cdot d)$ mod $\varphi(n) = 1$ gilt. Eine derartige Zahl d lässt sich immer mit Hilfe des erweiterten Divisionsalgorithmus vom Euklid oder einem einfachen Algorithmus[8] bestimmen. e ist jetzt der öffentliche Schlüssel und d der private Schlüssel, die gemeinsam nur einer einzigen Person bekannt sein sollten.

Die Sicherheit des RSA-Verfahrens beruht letztlich lediglich auf der Tatsache, dass es unmöglich erscheint in einem **zeitlich sinnvollen** Rahmen die Zahl n zu faktorisieren, um die entsprechenden Primzahlen p und q zu bestimmen. Um eine 100-stellige natürliche Zahl zu faktorisieren, braucht eine SUN-Workstation immer noch mehrere Tage. 1977 stellte Martin Gardner in der *Scientific American* die Aufgabe, die 132-stellige Zahl

11438162575788886766923577996714661201021829672124236256256 18429 35706935245733897830597123563958705058989075147599290026879543541

zu faktorisieren. Dies gelang erst 16 Jahre später durch einen massiven Einsatz parallelgeschalteter Computer. Es wird klar, dass das RSA-Verfahren letztlich wieder „part of the game" ist, ein Wettrennen zwischen dem Finden von großen Primzahlen und der Faktorisierung sehr großer Zahlen. Das dies für den normalen Anwender, der höchstens einen 64-Bit-Computer sein eigen nennt, ein hoffnungsloses Unterfangen sein kann, wird durch Tabelle 11.1 auf Seite 254 deutlich. Es geht hier nicht nur um schnelle Rechner, sondern es wird eine große Leistung auf allen Ebenen gefordert.

8.3 Beispiel zur Bestimmung von d und e

Gewählt werden die beiden Primzahlen $p = 17$ und $q = 31$, womit sich für n und $\varphi(n)$ folgendes ergibt:

---

[7]Da p und q nach Vereinbarung Primzahlen sind hat jeder $(p - 1)$ bzw. $(q - 1)$ teilerfremde Zahlen, die jeweils kleiner als p bzw. q sind. Für $p = 7$ ergeben sich die sechs teilerfremden Zahlen $\{1, 2, 3, 4, 5, 6\}$, die sämtlich kleiner 7 sind.

[8]vgl. folgendes Kapitel.

$$p = 17 \tag{8.4}$$

$$q = 31 \tag{8.5}$$

$$n = p \cdot q = 527 \tag{8.6}$$

$$\varphi(n) = (p - 1) \cdot (q - 1) = 16 \cdot 30 = 480 \tag{8.7}$$

Unter der Bedingung, dass e teilerfremd zu $\varphi(n)$ ist, wird jetzt willkürlich $e = 7$ gewählt.[9] Für die Bestimmung von d folgt dann

$$e = 7 \tag{8.8}$$

$$(e \cdot d) \bmod \varphi(n) = 1 \quad \text{(Forderung!)} \tag{8.9}$$

$$\Leftrightarrow \tag{8.10}$$

$$(e \cdot d) = x \cdot \varphi(n) + 1 \tag{8.11}$$

$$d = \frac{x \cdot \varphi(n) + 1}{e} \quad x, d \in N \tag{8.12}$$

Ausgehend von $x = 1$ braucht jetzt nur noch ein **ganzzahliges** d bestimmt zu werden, was mit einem kleinen Javaprogramm leicht möglich ist (Alg. 8.1). Wird das Programm mit den Parametern „7" und „480" aufgerufen, so ergibt sich folgende Ausgabe:

```
——————————————— Programmausgabe ———————————————
voss@maria:~/Kryptologie > java dBestimmen 7 480
x:1 e:7 d:68 dRest:5
x:2 e:7 d:137 dRest:2
x:3 e:7 d:205 dRest:6
x:4 e:7 d:274 dRest:3
x:5 e:7 d:343 dRest:0
```

Somit ergibt sich für den **privaten Schlüssel** $\{d = 343; \quad n = 527\}$ und für den **öffentlichen Schlüssel** $\{e = 7; \quad n = 527\}$. Die Transformationsgleichungen lauten dann:

$$g = t^d \bmod n \tag{8.13}$$

$$t = g^e \bmod n \tag{8.14}$$

Hierin bedeuten t das unverschlüsselte und g das verschlüsselte Zeichen bzw. Wort. Wie diese jetzt auf die einzelnen zu kodierenden Zeichen angewendet werden, zeigt das folgende Kapitel an einem Beispiel.

Algorithmus 8.1: Programm zur Bestimmung von d

```
1  public class dBestimmen {
2    public static void main (String args[]) {
```

---

[9]Somit ist $e = 7$ teilerfremd zu $\varphi = 480$.

```
3    long d, e, dRest, phi, x;
4      if (args.length == 0) { System.exit(0); }
5      e = Long.parseLong(args[0]);
6      phi = Long.parseLong(args[1]);
7      dRest = 1;  // Prophylaktisch!
8      for (x=1; (dRest>0); x++) {
9        d = (x*phi+1)/e;
10       dRest = (x*phi+1)%e;
11       System.out.println("x:"+x+" e:"+e+" d:"+d+" dRest:"+dRest);
12     }
13   }
14 }
```

8.4 Beispiel zur RSA-Codierung

Zuerst soll das Wort „Wort" kodiert werden. Grundsätzlich gilt:

$$(ASCII - Wert)^e \bmod n = ASCII - Wert_{Neu} \qquad (8.15)$$

Angewendet auf „Wort" ergibt sich:

$$W : \quad 87^7 \bmod 527 = 366 \qquad (8.16)$$
$$o : 111^7 \bmod 527 = 257 \qquad (8.17)$$
$$r : 114^7 \bmod 527 = 228 \qquad (8.18)$$
$$t : 116^7 \bmod 527 = 91 \qquad (8.19)$$

```
―――――――――――――――― Programmausgabe ――――――――――――――
voss@maria:~/Kryptologie > java Kodieren Wort 7 527
Original-Wort: Wort
Kodiertes Wort : 366257228091
```

Damit einheitliche „Wortlängen" vorliegen, müssen die kodierten Zahlen eventuell mit Nullen aufgefüllt werden, was im vorliegenden Beispiel für den Buchstaben „t" der Fall war. Den zugrunde liegenden Algorithmus zeigt Alg. 8.2.

Algorithmus 8.2: Programm zum einfachen Kodieren nach dem RSA-Verfahren

```
1 public class Kodieren {
2   public static void main (String args[]) {
3     int e, n, alt, laenge;
4     long neu;
5     String Text, neuStr="";
6     if (args.length == 0) { System.exit(0); }
```

```
7    Text = args[0];
8    e = Integer.parseInt(args[1]);
9    n = Integer.parseInt(args[2]);
10   laenge = args[2].length();        // "Wort"laenge festlegen
11   System.out.println("Original-Wort: "+Text);
12   System.out.print("Kodiertes Wort : ");
13   for (int x=0; x<Text.length(); x++) {
14     alt=(int)Text.charAt(x);
15     neu=(long)Math.pow(alt,e)%(long)n;
16     neuStr=neuStr.valueOf(neu);
17     while (neuStr.length() < laenge) // Nullen vorsetzen??
18       neuStr = "0"+neuStr;
19     System.out.print(neuStr);
20   }
21   System.out.println();
22 }
23 }
```

Im allgemeinen verwendet man 512 Bit lange Zahlen des Originaltextes, was 64 ASCII (8 Bit pro Zeichen) oder 32 Unicode-Zeichen (16 Bit pro Zeichen) entspricht. Das Wort „Wort" würde also erst zur Integerzahl

0000000000000000000000000000000000000000000000000000008711114116

gewandelt. In Java wäre eine 512 Bit lange Zahl als LongInteger eine gerade noch darstellbare Zahl, denn diese umfasst genau 64 Bit. Um Probleme zu vermeiden, sollte das Package java.math.BigInteger verwendet werden. Mit BigInteger meinBigInt=new BigInteger(ZahlAlsString) kann im Prinzip eine beliebig große Integer-Zahl erzeugt werden. Im Folgenden wird ein Beispiel für die Kodierung von Blöcken à vier ASCII-Zeichen angegeben.

Zuerst sollte man sich ein geeignetes Primzahlpaar erzeugen, was mit Hilfe der Methode nach Erathostenes[10] relativ einfach und schnell möglich ist (Alg. 8.3). So erhält man mit java Primzahl 999 die Ausgabe der Primzahlen im Intervall [2 ... 999]:

```
─────────────────────── Programmausgabe ───────────────────
voss@maria:~/Kryptologie >java Primzahl 999
2     3     5     7     11
13    17    19    23    29
31    37    41    43    47
53    59    61    67    71
73    79    83    89    97
101   103   107   109   113
127   131   137   139   149
151   157   163   167   173
[ ... ]
811   821   823   827   829
839   853   857   859   863
877   881   883   887   907
```

---

[10] Sieb des Erathostenes.

911	919	929	937	941
947	953	967	971	977
983	991	997		

Algorithmus 8.3: Primzahlbestimmung nach Erathostenes

```java
 1 import java.lang.Integer;
 2
 3 class Primzahl {
 4   public static void main(String[] args) {
 5     int i,j=0, MaxProZeile=5, MaxNatZahl=999999;
 6     if (args.length>0) MaxNatZahl=Integer.parseInt(args[0]);
 7     boolean[] Primzahlen = new boolean[MaxNatZahl];
 8     for (i=2; i<MaxNatZahl; i++)
 9       Primzahlen[i]=true;
10     for (int NatZahl=2; NatZahl<MaxNatZahl; NatZahl++) {
11       if (Primzahlen[NatZahl]) {
12         if ((j%MaxProZeile)==0) System.out.println();
13         System.out.print(NatZahl+"    ");
14         j++;
15         i=NatZahl+NatZahl;
16         while (i < MaxNatZahl) {
17           Primzahlen[i]=false;
18           i+=NatZahl;
19         }
20       }
21     }
22   }
23 }
```

Um ein etwas realistischeres Vorgehen zu zeigen, werden zwei größere Primzahlen gewählt:

$$p = 9999973 \qquad (8.20)$$

$$q = 9999991 \qquad (8.21)$$

Mit einem kleinen Javaprogramm (Alg. 8.4) kann man sich jetzt die Arbeit etwas erleichtern. Bei der Vorgabe der beiden Primzahlen bestimmt das Programm $n = p \cdot q$ und $\varphi(n) = (p-1) \cdot (q-1)$. Weiterhin werden dann alle Zahlen ausgegeben, die kleiner als $\varphi(n)$ und relativ prim[11] zu $\varphi(n)$ sind, woraus dann **willkürlich** eine Zahl ausgewählt wird:

```
────────────────── Programmausgabe ──────────────────
voss@maria:~/Kryptologie >java BildeSchluessel 9999973 9999991
prim p=9999973   prim q=9999991
n=p*q=99999640000243   phi=(p-1)(q-1)=99999620000280
```

---

[11]Diese Zahl und $\varphi(n)$ haben dann keine gemeinsame Teiler, bzw. ggT(Zahl,$\varphi(n)$)=1; der größte gemeinsame Teiler ist gleich 1.

```
Suche teilerfremde Zahlen zu phi(n):
Weiter --> Taste
17  19   23   29   31   41   43   47   53   59
61  67   71   73   79   83   89   97   101  103
107  109  113  127  131  137  139  149  151  157
163  167  173  179  181  191  193  197  199  211
223  227  233  239  241  251  257  263  269  271
277  281  283  289  293  307  311  313  317  323
[...]
929  937  941  943  947  953  961  967  971  977
983  989  991  997  1003  1007  1009  1013  1019  1021
1031  1033  1037  1039  1049  1051  1061  1063  1069  1081
1087  1091  1093  1097  1103  1109  1117  1121  1123  1129
[...]
```

Hier wird *e* = 1033 ausgewählt, womit der **erste Schlüssel** festliegt:

$$\text{Erster Schluessel}: \quad (e, n) = (1033; 99999640000243) \qquad (8.22)$$

Algorithmus 8.4: Hilfsprogramm zur Bestimmung geeigneter Schlüssel

```java
public class BildeSchluessel {

  public static void main (String args[]) {
    long e, n, p, q, phi,r,z=0;
    long neu;
    if (args.length < 2)  System.exit(0);
    p = Long.parseLong(args[0]);
    q = Long.parseLong(args[1]);
    n = p*q;
    phi = (p-1)*(q-1);
    System.out.println("prim p="+p+"   prim q="+q+"    n=p*q="+n+
                       "   phi=(p-1)(q-1)="+phi);
    System.out.println("Suche teilerfremde Zahlen zu phi(n):");
    System.out.println("Weiter --> Taste");
    String dummy=Eingabe.Satz();
    for (long a=2; a<phi;a++) {
      long x=a, y=phi;
      do {
        r = x%y;
        if (r > 0) {
          x = y;
          y = r;
        }
      } while (r > 0);
      if (y == 1) {
        z++;
        System.out.print(a+"   ");
        if ((z%10)==0) System.out.println();
      } // Ende if
```

```
30    } // Ende for
31  } // Ende main
32 }
```

Nach Gl. 8.12 muss jetzt noch als „Gegenschlüssel" der zweite Schlüssel (d, n) bestimmt werden, was mit Alg. 8.1 erfolgt, welcher nur Gl. 8.12 anwendet, indem eine Zahl $d \in N$ bestimmt wird. Dies ist erledigt, wenn der Rest der Division in Gl. 8.12 gleich Null ist, was bei dem gewählten e insgesamt 657 Durchgänge erfordert, d. h.:

$$d = \frac{657 \cdot 99999640000243 + 1}{1033} = 63600919980817 \quad d \in N\,(!) \tag{8.23}$$

```
───────────────────── Programmausgabe ─────────────────────
voss@maria:~/Kryptologie > java dBestimmen 1033 99999620000280
x:1 e:1033 d:96805053243 dRest:262
x:2 e:1033 d:193610106486 dRest:523
x:3 e:1033 d:290415159729 dRest:784
x:4 e:1033 d:387220212973 dRest:12
[ ... ]
x:653 e:1033 d:63213699767843 dRest:1022
x:654 e:1033 d:63310504821087 dRest:250
x:655 e:1033 d:63407309874330 dRest:511
x:656 e:1033 d:63504114927573 dRest:772
x:657 e:1033 d:63600919980817 dRest:0
```

Damit ist nun auch der **zweite Schlüssel** bestimmt, womit der formale Ablauf zum Verschlüsseln von Texten erledigt ist:

$$\text{Zweiter Schlüssel}: \quad (d, n) = (63600919980817; 99999640000243) \tag{8.24}$$

Grundsätzlich sind privater und öffentlicher Schlüssel gleichberechtigt, d. h. der private Schlüssel kann auch zum öffentlichen bestimmt werden und umgekehrt. Wichtig ist und bleibt nur der private Schlüssel! Der öffentliche Schlüssel kann in beliebiger Form bekannt gemacht werden, z. B. einer jeden eMail als Information angehängt oder in einem öffentlich zugänglichen „Schlüssel-Telefonbuch" eingetragen werden. Für das weitere Vorgehen werden hier die Schlüssel wie folgt festgelegt:

$$\text{private key} = (63600919980817; 99999640000243) \tag{8.25}$$
$$\text{public key} = (1033; 99999640000243) \tag{8.26}$$

Jemand möchte nun eine Nachricht verschlüsselt versenden und bedient sich dazu des Schlüssels **public key**. Mit dem Alg. 8.5, der durch

```
java RSAEncode <öffentlicher Schlüssel> Textdatei
```

gestartet wird, wird eine Datei mit dem verschlüsselten Text erzeugt:

```
───────────────────── Programmausgabe ─────────────────────
voss@maria:~ > java RSAEncode 1033 99999640000243 Text.original
Originaltext:
Bei dieser Verschluesselungsmethode wird das originale Alphabet einfach
horizontal verschoben. Bei einem Schluessel von s=3 wird z.B. der Buchs
tabe "A" um drei Buchstaben nach rechts verschoben, wird also zu einem
"D".([footnote] Laesst man eine zyklische Vertauschung zu, so kann auch
 nach links verschoben werden.) Das gleiche passiert mit den anderen B
uchstaben im Alphabet, denn mindestens fuer einen Text als Ganzes muss
dieser Schluessel gleich sein. Am Ende des Alphabets faengt es dann wie
der von vorne an. Aus einem Z wird dann ein C usw. Da dieses Verfahren
heute wegen seiner sehr leichten Dekodierbarkeit keine Anwendung mehr f
indet, ist es auch maessig ueber eine Anwendung inenrhalb des ASCII zu
diskutieren. Das Verfahren hat also nur noch historischen Wert und eign
et sich hoechstens als Einstieg in das Thema Kryptologie.

Bei : --> 066101105032      --> kodiert: 91587891977482
dies: --> 100105101115      --> kodiert: 83515733762125
er V: --> 101114032086      --> kodiert: 29852047364374
ersc: --> 101114115099      --> kodiert: 73030388718285
hlue: --> 104108117101      --> kodiert: 30479177641225
ssel: --> 115115101108      --> kodiert: 08910636978975
ungs: --> 117110103115      --> kodiert: 80724025184732
meth: --> 109101116104      --> kodiert: 56494924044662
ode : --> 111100101032      --> kodiert: 56063409656300
wird: --> 119105114100      --> kodiert: 90047004661928
 das: --> 032100097115      --> kodiert: 12786491680113
 ori: --> 032111114105      --> kodiert: 27142834029099
gina: --> 103105110097      --> kodiert: 72516419422506
le A: --> 108101032065      --> kodiert: 42512908280606
lpha: --> 108112104097      --> kodiert: 34182782984501
bet : --> 098101116032      --> kodiert: 94790424003707
einf: --> 101105110102      --> kodiert: 13309577147976
ach : --> 097099104032      --> kodiert: 03405692214559
hori: --> 104111114105      --> kodiert: 06036739570536
zont: --> 122111110116      --> kodiert: 98856923186689
al v: --> 097108032118      --> kodiert: 78052449210008
ersc: --> 101114115099      --> kodiert: 73030388718285
hobe: --> 104111098101      --> kodiert: 11875064519392
n. B: --> 110046032066      --> kodiert: 93640225247432
ei e: --> 101105032101      --> kodiert: 51071822094970
inem: --> 105110101109      --> kodiert: 81736009977848
 Sch: --> 032083099104      --> kodiert: 00259201620481
lues: --> 108117101115      --> kodiert: 30813690754591
sel : --> 115101108032      --> kodiert: 76966603929360
```

Algorithmus 8.5: Verschlüsseln einer Textdatei

```java
import java.io.*;
import java.math.*;
import java.awt.*;

public class RSAEncode {
  static int LaufVariable=0, ByteLaenge=12; // Blockgroesse (Zeichen
    pro Zeile)
  static Datei Text, Chiffre;
  static String e, n;
  boolean ende=false;
```

```
10   byte[] oText;
11
12   public BigInteger holeZeichen() {
13     String szahl="";
14     int zeichen;
15     for (long i=0; ((i<ByteLaenge)&&(!ende));i++) {
16       System.out.print((char)oText[LaufVariable]); // Original ASCII-
                                                        Zeichen
17       szahl=szahl+Eingabe.intToString(oText[LaufVariable],3,"0");
18       LaufVariable++;
19       if (LaufVariable==oText.length) ende=true;
20     }
21     while (szahl.length()<(ByteLaenge*3))
22       szahl="0"+szahl;      // mit Nullen auffüllen (reine Optik)
23     System.out.print(": --> "+szahl);   // zur Kontrolle ausgeben
24     return new BigInteger(szahl);
25   }
26
27   public RSAEncode () {
28     String GesamtStr="", neuStr="";
29     BigInteger BigOriginal, BigChiffriert=BigInteger.ZERO;
30     BigInteger eBig=new BigInteger(e);
31     BigInteger nBig=new BigInteger(n);
32     oText = Text.lies() ;
33     for (int i=0; i < oText.length; i++ ) // Original ausgeben
34       System.out.print((char)oText[i]);       // reine Kontrolle!
35     System.out.println("\n");
36     while (!ende) {
37       BigOriginal=holeZeichen();
38       BigChiffriert=BigOriginal.modPow(eBig,nBig);
39       neuStr=Eingabe.bigIntToString(BigChiffriert,n.length(),"0");
40       System.out.println("    --> kodiert: "+neuStr);
41       GesamtStr=GesamtStr+neuStr;
42     }
43     System.out.println();
44     Chiffre=new Datei();
45     if (!Chiffre.schreib(GesamtStr.getBytes()))
46       System.out.println("Konnte Datei nicht eroeffnen!");
47   }
48
49   public static void main( String[] arg) {
50     if (arg.length<2) { System.exit(0); }
51     e = arg[0];
52     n = arg[1];
53     if (arg.length<3)  Text = new Datei();
54     else               Text = new Datei(arg[2]);
55     new RSAEncode();
```

```
56  }
57 }
```

Zur Kontrolle wird der gesamte zu verschlüsselnde Text noch einmal ausgegeben. Danach erfolgt eine Vorgehensweise in Viererblöcken, was durch Zeile 6 in
Alg. 8.5 festgelegt wurde. Der erste Viererblock ist dann „Bei"[12], der als Bytefolge
„066101105032" entspricht. Diese Bytefolge wird nun über

$$\text{Chiffre} = 066101105032^{1033} \mod 99999640000243 = 91587891977482$$
$$(8.27)$$

verschlüsselt. Die größte auftretende verschlüsselte Zahl ist wegen der Modulo-
Operation $(n - 1)$, womit einsichtig wird, dass die verschlüsselten Zahlen maximal
14 Stellen haben können. Aus den vier Byte der Zeichenkette „Bei␣", was 32
Bit entspricht, wird im ungünstigsten Fall eine 47 Bit lange Zahl, was bei einer
Byte-Einteilung der Variablen sechs Byte entspricht. Somit ist der chiffrierte Text
immer länger als der Originaltext. Bei den hier angegeben Algorithmen wurde
der Einfachheit halber auf eine Optimierung verzichtet, sodass die verschlüsselte
Zahl als Bytefolge der einzelnen Ziffern gespeichert wurde, was bei 14-stelligen
Zahlen dann auch 14 Byte[13] entspricht, wodurch der verschlüsselte Text erheblich
umfangreicher wird, denn die Redundanz ist beträchtlich.

8.5 Beispiel zur RSA-Dekodierung

Die Entschlüsselung geschieht immer mit dem privaten Schlüssel („private key"
$\rightarrow$ Gl. 8.25) und entspricht vom Algorithmus prinzipiell der Verschlüsselung.

```
────────────────── Programmausgabe ──────────────────
voss@maria:~ > java RSADecode 63600919980817 99999640000243 RSA.kodiert
91587891977482835157337621252985204736437473030388718285304791776412250
91063697897580724025184732564949240446625606340965630090047004661928127
64916801132714283402909972516419422506425129082806063418278298450194790
24003707133095771479760340569221455906036739570536988569231866897805244
21000873030388718285118750645193929364022524743251071822094970817360099
78480 [...]

91587891977482: 066101105032: Bei
83515733762125: 100105101115: dies
29852047364374: 101114032086: er V
73030388718285: 101114115099: ersc
30479177641225: 104108117101: hlue
[...]
```

---

[12]Das vierte Zeichen ist das Leerzeichen.

[13]mit 14 Byte=112 Bit lassen sich 34-stellige natürliche Zahlen darstellen.

Gestartet wird der Algorithmus durch

`java RSADecode <privater Schlüssel> Verschlüsselte-Datei`

wobei zur Kontrolle noch einmal die verschlüsselte Datei ausgegeben wird. Die Blockgröße von 14 Zeichen liegt durch den Schlüssel und die Modulo-Funktion[14] fest, sodass als ersten Block „91587891977482" eingelesen wird. Die Entschlüsselung

$$\text{Original} = 91587891977482^{63600919980817}$$
$$\text{mod } 99999640000243 = 66101105032 \quad (8.28)$$

führt zur Zeichenfolge „066101105032"[15], die den dezimalen ASCII-Werten „066", „101", „105" und „032" oder der ASCII-Zeichenfolge „Bei␣" entspricht. Der Alg. 8.6 verlangt zusätzlich die Angabe eines Dateinamens zur Ausgabe der entschlüsselten Datei, was jedoch unabhängig vom Prinzip des Entschlüsselns ist.

Algorithmus 8.6: Entschlüsseln einer verschlüsselten Datei

```
 1  import java.io.*;
 2  import java.math.*;
 3  import java.awt.*;
 4
 5  public class RSADecode {
 6    static Datei Chiffre, Text; static String d,n;
 7    int LaufVariable=0; boolean ende=false;
 8
 9    public byte[] cText;
10    BigInteger holeZeichen() {
11      String szahl="";
12      for (int i=0; (i<n.length()); i++) {
13        szahl=szahl+(char)cText[LaufVariable];
14        LaufVariable++;
15        if (LaufVariable>=cText.length) ende=true;
16      }
17      return new BigInteger(szahl);
18    }
19
20    public RSADecode () {
21      String original, GesamtText="";
22      int Lauf; char ASCII;
23      BigInteger dBig=new BigInteger(d); BigInteger nBig=new BigInteger(
          n);
```

---

[14]Vgl. vorgehenden Abschnitt.

[15]Die Anzahl der Zeichen **muss** wegen der ASCII-Kodierung ein Vielfaches von 3 sein, sodass leicht führende Nullen ermittelt werden können. Das Ergebnis „66101105032" ist 11-stellig und muss daher auf 12 Stellen zu „066101105032" ergänzt werden.

```
24   BigInteger BigOriginal, BigChiffriert;
25   cText = Chiffre.lies() ;
26   for (int i = 0; i < cText.length; i++ ) // Chiffre ausgeben
27     System.out.print((char)cText[i]);
28   System.out.println("\n");
29   while (!ende) {
30     BigChiffriert=holeZeichen();
31     System.out.print(BigChiffriert+":\t");
32     original=BigChiffriert.modPow(dBig,nBig).toString();
33     while ((original.length()%3)>0)     // Fuehrende Nullen erzeugen
34       original="0"+original;
35     System.out.print(original+":   ");
36     Lauf = 0;         // erstes Zeichen aus "original" bestimmen
37     while (Lauf<original.length()) {
38       ASCII=(char)Integer.parseInt(original.substring(Lauf,Lauf+3));
39       GesamtText=GesamtText+ASCII;
40       System.out.print(ASCII);
41       Lauf+=3;
42     }
43     System.out.println();
44   }
45   Text = new Datei();     // neue Ausgabedatei eroeffnen
46   if (!Text.schreib(GesamtText.getBytes()))  // alles in eine Datei
47     System.out.println("Konnte nicht schreiben!");
48 }
49
50 public static void main( String[] arg) {
51   if (arg.length<2) { System.exit(0); }
52   d = arg[0];     n = arg[1];
53   if (arg.length<3)  Chiffre = new Datei();
54   else               Chiffre = new Datei(arg[2]);
55   new RSADecode();
56 }
57 }
```

8.6 Sicherheit

Verschlüsselungen nach dem RSA-Verfahren sind ebenfalls nur bedingt sicher, denn genau wie beim DES-Verfahren, kann auch hier durch Vernetzung von Hochleistungsrechnern einfach der gesamte Schlüsselraum durchsucht werden. Im Gegensatz zum DES-Verfahren bietet RSA eine große Angriffsfläche in Bezug auf den öffentlichen Schlüssel. Dieser kann nach Belieben manipuliert werden, womit ein Eingriff in den verschlüsselten Datenaustausch vorliegt. Weiterhin erhält man durch mehrere Texte, die alle mit demselben öffentlichen Schlüssel verschlüsselt wurden, umfangreiche Informationen, die hilfreich für einen Angriff auf den privaten Schlüssel sind.

Grundsätzlich kann man sagen, dass eine RSA-Verschlüsselung für Informationen sinnvoll ist, die schnell veralten, während dass Dreifach-DES auch für längere Zeiten geeignet ist.

9 Digitale Unterschriften (Signaturen)

Inhalt

Die Bedeutung der Unterschrift ist in den wirtschaftlich sehr weit entwickelten Ländern im letzten Jahrhundert enorm gestiegen. Es gibt faktisch keinen Vorgang mehr, der nicht durch eine Unterschrift (Signatur) bestätigt (signiert) werden muss. Dabei gibt es zwischen den einzelnen Staaten große Unterschiede, denn bei weit verbreitetem Analphabetismus müssen andere Wege gegangen werden. Andererseits gibt es auch Staaten, deren staatliche Strukturen einfach dafür sorgen, dass die Unterschrift eine relativ geringe Bedeutung hat. So waren z. B. fast alle ehemaligen DDR-Bürger sehr erstaunt, was sie mit dem Tag der Wiedervereinigung alles an Unterschriften leisten mussten, denn ihr eigenes Staatswesen kannte nur wenige Verwaltungs- oder Wirtschaftsvorgänge, die durch Unterschrift bestätigt werden mussten.

Im Zusammenhang mit dem zunehmenden eCommerce[1] und allgemeinen Datenaustausch im Internet entsteht das Problem, wie Dokumente durch Unterschrift offiziell signiert werden können, was momentan insbesondere für Bestellungen wichtig ist. Das Verschlüsseln von gesamten Dokumenten, einschließlich

---

[1]Siehe auch http://www.cybercash.de/ccsystem/sicherheit.html.

des Klartextnamens des Unterzeichners, ist zwar möglich, jedoch sehr zeitaufwendig. Da die Bestellung an sich kein geheimes Dokument sein muss, vom inhaltlichen her also gar nicht verschlüsselt zu werden braucht, gilt es einfach nur dafür zu sorgen, dass man dem Empfänger eine einfachere Möglichkeit eröffnet, sicherzustellen, dass der empfangene Klartext auch derjenige ist, der vom Absender mit der verschlüsselten Unterschrift stammt. Andererseits entsteht einem Unternehmen, welches seinen Warenverkehr per Internet abwickelt, das große Problem der Schlüsselverwaltung, denn ein sehr großer Kundenstamm impliziert eine umfangreiche Datei an notwendigen öffentlichen Schlüsseln. Grundsätzlich befindet sich das Problem der digitalen Signaturen noch in einer starken Entwicklung, sodass hier nur einige Möglichkeiten aufgezeigt werden sollen.

Die Eckpunkte der deutschen Kryptopolitik formuliert eine Veröffentlichung[2] des Bundesministerium für Wirtschaft und Technologie:

> Durch die wirtschaftliche Entwicklung des Internet ist die Informations- und Telekommunikationstechnik heute einer der wichtigsten Wachstumsmotoren der deutschen Wirtschaft. Dies wird sich mit dem zu erwartenden M-Commerce auf der Basis der nächsten Mobilfunkgeneration noch verstärken.
>
> Unverändert wichtig ist, dass die Bundesregierung mit den Eckwerten zur deutschen Kryptopolitik vom Juni 1999 eine wichtige Grundlage zur Erhöhung der IT-Sicherheit gelegt und dies auch international erfolgreich vertreten hat. Mit dem neuen Signaturgesetz ist auch ein zentraler Baustein für die gesetzlichen Rahmenbedingungen gesetzt worden. Auch in konkreten Maßnahmen, wie den Förderprogrammen im Rahmen des Wettbewerbs MEDIAKomm oder VERNET bzw. dem Verschlüsselungsprojekt GnuPG, von dem heute eine neue Version zum einfachen Verschlüsseln vorgestellt wurde, hat das BMWi die IT-Sicherheit voran getrieben [14].

9.1 Das RSA-Verfahren

Die Verschlüsselung nach dem RSA-Verfahren lässt sich grundsätzlich auf das Problem der digitalen Unterschriften übertragen. Geht es darum, dass z. B. eine Bestellung durch eine Unterschrift legitimiert werden muss, so braucht der Besteller seine Unterschrift nur mit seinem **privaten Schlüssel** zu verschlüsseln. Das in den vorhergehenden Abschnitten behandelte Verfahren zum Verschlüsseln von Dokumenten wird also umgekehrt. Das unverschlüsselte Dokument kann jetzt mit

---

[2]Siehe auch `http://www.bmi.bund.de/cln_012/nn_122688/Internet/Content/` `Nachrichten/Archiv/Pressemitteilungen/2005/02/Signaturbuendnis.html`.

der verschlüsselten Unterschrift versendet werden. Dieses Verfahren macht jedoch nur Sinn, wenn der Empfänger der Mail sicherstellen will, dass der Sender identifiziert werden kann. Denn durch die Umkehrung des Verfahrens kann jetzt praktisch jeder die verschlüsselte Unterschrift entschlüsseln, denn es ist jetzt nur der **öffentliche** Schlüssel nötig. Diese Möglichkeit der digitalen Unterschrift ist also sehr eingeschränkt.

9.2 Das Arbeiten mit der Hashfunktion

Ausgangspunkt ist die Frage, ob man einem Text **beliebiger** Länge eine digitale Signatur einer **bestimmten** Länge zuordnen kann, die eindeutig **nur diesem** Text zugeordnet werden kann, dass also Text beliebiger Länge und Signatur eine Einheit bilden, wie dies bekanntermaßen zwischen dem formalen Aufenthaltsort eines Menschen und der Postadresse oder den GPS-Koordinaten bereits gegeben ist. Dabei weiß jemand, der die betreffende Person aufsuchen wollte, noch lange nicht, wie man den physikalischen Ort den logischen Angaben zuordnet. Formal betrachtet versteht man unter der Hashfunktion folgende Abbildung:

$$h: \quad \Sigma^* \to \Sigma^n, \quad n \in \mathbb{N} \tag{9.1}$$

Ein Zeichenkette beliebiger Länge (*) wird einer Zeichenkette bestimmter Länge (n) zugeordnet. Sie unterscheidet sich damit von der so genannten Kompressionsfunktion, die immer einer Zeichenkette der Länge m eine solche der Länge n zuordnet, wobei $m > n$ gilt:

$$k: \quad \Sigma^m \to \Sigma^n, \quad m > n, \quad n \in \mathbb{N} \tag{9.2}$$

Man spricht von Einwegfunktionen, wenn es praktisch unmöglich ist zu einem gegebenen Hashwert $s \in \Sigma^n$ ein $x \in \Sigma^*$ mit $h(x) = s$ zu finden. *Praktisch unmöglich* heißt eindeutig **nicht** *theoretisch unmöglich!* Grundsätzlich gilt wieder der Zusammenhang, dass der zeitliche Aufwand in keinem Verhältnis zu dem dann noch vorhandenen Informationsgehalt des gesuchten Originalwortes steht. Daraus folgt dann aber auch, dass es im mathematischen Sinne überhaupt nicht sicher ist, ob es eigentlich echte Einwegfunktionen gibt [13, Seite 166].

Definition 9-1 *Eine Funktion f : X → Y heißt **Einwegfunktion**, wenn für jedes x ∈ X der Funktionswert y = f(x) leicht zu berechnen ist, während für ein gegebenes y ∈ Y nur sehr schwer ein zugehöriges x = f⁻¹(y) zu finden ist.*

Dabei ist grundsätzlich nicht ausgeschlossen, dass $f(x) = x$ möglich ist, obwohl die Wahrscheinlichkeit dafür bei fast allen verwendeten Funktionen sehr gering ist. Man spricht von einer Kollision, wenn es zu zwei verschiedenen Zeichenketten dieselben Hashwerte gibt. Nach heutiger Kenntnis haben alle Hashfunktionen Kollisionen.[3] Um nun trotzdem ein messbares Kriterium für Hashfunktionen zu haben, spricht man von *schwach kollisionsresistent*, wenn es praktisch unmöglich ist, zu einem gegebenen $x \in \Sigma^*$ eine Kollisionspaar (x, x') mit der Eigenschaft $h(x) = h(x')$ zu finden.

Tabelle 9.1: Typische Hashfunktionen

Name	Blocklänge	relative Geschwindigkeit
MD4	128	1.00
MD5	128	0.68
RipeMD-128	128	0.39
SHA-1	160	0.28
RipeMD-160	160	0.24

Bekannte Hashfunktionen zeigt Abb. 9.1, die natürlich ständigen Angriffen ausgesetzt sind. Denn es bleibt immer ein mindestens wissenschaftlicher Wettkampf zwischen den „Erfindern" von kollisionsfreien Hashfunktionen und den „Angreifern", die dies widerlegen wollen. So gelten MD4 und MD5 nicht mehr als kollisionsresistent, denn es wurde jeweils mindestens eine Kollision gefunden.[4] Das dazu 2^{20} verschiedene Hashwerte nötig waren ist dabei uninteressant. Dennoch wird der MD4 zugrunde liegende Algorithmus weiterhin für die Hashfunktion verwendet, wenn auch in modifizierter Form [13, S. 171].

Abbildung 9.1: Ausgabe des Java-Programms zur Hashcode-Bestimmung

Eine einfache Methode zur Bestimmung eines Hashcodes für einen String zeigt Alg. 9.1. Der dort ermittelte Hashcode $hc = 695059024$ ist mit hier ausreichender Wahrscheinlichkeit ein Unikat. Dies bedeutet zum einen, dass keinem anderen String dieser Hashcode ebenfalls zugeordnet wird (Kollision), und zum anderen, dass dieser auch sehr verschieden von dem Hashcode ist, der sich bei Änderung eines einzigen Zeichens ergibt. Dies wird durch Abb. 9.1 bestätigt, in der beim

---

[3]Mathematisch formuliert: Alle Hash- und Kompressionsfunktionen sind **nicht** injektiv, daher auch nie kollisionsfrei.

[4]Dobbertin, Hans: Cryptoanalysis of MD5 Compress, German Security Agency, 1996.

letzten Hashcode nur das erste Wort unterschiedlich ist.[5]

Algorithmus 9.1: Bestimmen des Hashcodes einer Zeichenkette

```
 1  import javax.swing.*;
 2
 3  public class StringHashCode {
 4    public static void main( String args[] ) {
 5      String s0 = "A", s1 = "hello",s2 = "Hello",
 6        s3 = "Dies ist ein Dokument, ein wichtiges Dokument was deswegen
           signiert wird",
 7        s4 = "Dis ist ein Dokument, ein wichtiges Dokument was deswegen
           signiert wird";
 8      String output =
 9        "Hashcode fuer \"" + s0 + "\": " +  s0.hashCode() +
10        "\nHashcode fuer \"" + s1 + "\": " +  s1.hashCode() +
11        "\nHashcode fuer \"" + s2 + "\": " +  s2.hashCode() +
12        "\nHashcode fuer \"Dies ist ein Dokument ...\": " + s3.hashCode
           () +
13        "\nHashcode fuer \"Dis ist ...\" (EIN Zeichen verändert): " + s4
           .hashCode();
14      JOptionPane.showMessageDialog(null, output, "Demon String Method
           hashCode",
15                    JOptionPane.INFORMATION_MESSAGE );
16      System.exit(0);
17    }
18  }
```

Java bestimmt die Hashcodes für einen String mit einer einfachen mathematischen Beziehung:

$$c = s[0] \cdot 31^{n-1} + s[1] \cdot 31^{n-2} + ... + s[i] \cdot 31^{n-i-1} + ... + s[n-1] \qquad (9.3)$$

$s[i]$: Ordinalzahl des i-ten Zeichens

n : Anzahl der Zeichen der Zeichenkette

Für ein einzelnes Zeichen ergibt sich somit die Ordinalziffer, dem Zeichen „A" wird der Hashcode „65" zugeordnet (Abb. 9.1). Andererseits ist sofort klar, dass man bei dieser Art der Kodierung relativ schnell vom Hashcode rückwärts auf die Zeichenkette schließen kann. In sicherheitsrelevanten Systemen wird daher eine Oneway-Hashcode-Verschlüsselung gewählt, womit dann kein Rückschluss mehr auf den Klartext möglich ist. Derartige Oneway-Verschlüsselungen sind dann logischerweise erheblich aufwendiger als Gl. 9.3.

---

[5] „Dis" statt „Dies".

Tabelle 9.2: Weitere Hashverfahren

Name	Hashlänge
Abreast Davies-Meyer[6]	128
Gost-Hash	64
Haval[7]	variabel
N-Hash[8]	128
SNEERU[9]	128

9.3 Hashverfahren

Mittlerweile gibt es Algorithmen zur Bestimmung eines Hashcodes wie „Sand am Meer". Jedoch finden nur wenige davon Eingang in kommerzielle oder wissenschaftliche Anwendungen. Einige davon werden im Folgenden beschrieben und mit komplettem Java-Quellkode angegeben. Neben den auf MD4 basierenden Hashfunktionen gibt es nach [42] u. a. noch die in Tab. 9.2 aufgeführten. Das MD2-Verfahren hat nur noch rein historischen Wert, kann jedoch für das Verständnis sehr hilfreich sein.

9.3.1 MD2

Ein erstes Hashverfahren war das von Rivest bzw. den RSA-Laboratories entwickelte MD2, welches folgendem Algorithmus zugrunde liegt:

1. Bestimme eine zufällige Reihenfolge der natürlichen Zahlen 0..255 und speichere sie in einem Feld $S_0, S_1, ..., S_{255}$, beispielsweise:

```
―――――――――――――――――――― Bytefeld S ――――――――――――――――――――
 private static final int[] S = {
   41,  46,  67, 201, 162, 216, 124,   1,  61,  54,  84, 161, 236, 240,   6,  19,
   98, 167,   5, 243, 192, 199, 115, 140, 152, 147,  43, 217, 188,  76, 130, 202,
   30, 155,  87,  60, 253, 212, 224,  22, 103,  66, 111,  24, 138,  23, 229,  18,
  190,  78, 196, 214, 218, 158, 222,  73, 160, 251, 245, 142, 187,  47, 238, 122,
  169, 104, 121, 145,  21, 178,   7,  63, 148, 194,  16, 137,  11,  34,  95,  33,
  128, 127,  93, 154,  90, 144,  50,  39,  53,  62, 204, 231, 191, 247, 151,   3,
  255,  25,  48, 179,  72, 165, 181, 209, 215,  94, 146,  42, 172,  86, 170, 198,
   79, 184,  56, 210, 150, 164, 125, 182, 118, 252, 107, 226, 156, 116,   4, 241,
   69, 157, 112,  89, 100, 113, 135,  32, 134,  91, 207, 101, 230,  45, 168,   2,
   27,  96,  37, 173, 174, 176, 185, 246,  28,  70,  97, 105,  52,  64, 126,  15,
   85,  71, 163,  35, 221,  81, 175,  58, 145,  92, 249, 206, 186, 197, 234,  38,
   44,  83,  13, 110, 133,  40, 132,   9, 211, 223, 205, 244,  65, 129,  77,  82,
  106, 220,  55, 200, 108, 193, 171, 250,  36, 225, 123,   8,  12, 189, 177,  74,
  120, 136, 149, 139, 227,  99, 232, 109, 233, 203, 213, 254,  59,   0,  29,  57,
  242, 239, 183,  14, 102,  88, 208, 228, 166, 119, 114, 248, 235, 117,  75,  10,
   49,  68,  80, 180, 143, 237,  31,  26, 219, 153, 141,  51, 159,  17, 131,  20
 };
```

---

[6] mit Verschlüsselungsalgorithmus IDEA oder alternativ DES.

[7] Alternativ mit 3, 4 oder 5 Runden.

[8] mit 12 oder alternativ 15 Runden.

[9] mit 4 oder alternativ 8 Runden.

2. Fülle den Originaltext der Länge n Byte mit i Bytes vom Wert von $(16-i)$ derart auf, dass seine Länge ein Vielfaches von 16 wird, d. h. $(n+i) \bmod 16 = 0$.
Die Bytes des so erweiterten Originaltextes werden T_i genannt.

3. Hänge eine 16 Bit lange Prüfsumme an den Text an.

4. Betrachte eine Gruppe von 48 Bytes: $X_0, X_1, ..., X_{47}$. Initialisiere diese Werte wie folgt:

$$X_i = 0 \qquad\qquad 0 \le i \le 15 \qquad\qquad (9.4)$$

$$X_i = T_{i-16} \qquad\qquad 16 \le i \le 31 \qquad\qquad (9.5)$$

$$X_i = X_{i-16} \qquad\qquad 32 \le i \le 47 \qquad\qquad (9.6)$$

Setze zusätzlich eine Variable $t = 0$.

5. Berechne neue X_i entsprechend folgender Schleife:

Algorithmus 9.2: Schleife.java

```
1  for (j=0; j<18; j++) {
2    for (k=0; k<48; k++) {
3      t = X[k] ^ S[t];
4      X[k] = t;
5    }
6    t += j;
7    t &= 0xff;
8  }
```

6. Setze $X_{16}, X_{17}, ..., X_{31}$ auf die nächsten 16 Bytes T_i und bilde
$X_{i+32} = X_i{}^\wedge X_{i+16}$ $\quad (i = 0, ..., 15)$
Solange nicht alle T_i „verbraucht" sind, gehe zurück zu Punkt 5, andernfalls gehe zu 7.

7. $X_0, X_1, ..., X_{15}$ bilden den 128 Bit langen Hashwert.

Entsprechend Punkt zwei des vorstehenden Algorithmus wird der Originaltext M auf eine vordefinierte Länge gebracht $M + P = M'$. Der folgende Textausschnitt ist der Originalbeschreibung des MD2 Message-Digest-Algorithm entnommen. Dabei bezeichnet

- $S[]$ die angegebene zufällige Verteilung der Zahlen 0..255
- $M[]$ den Originaltext (Klartext)

———— Zitat aus der RFC 1319 (MD2) ————

3.2 Step 2. Append Checksum

A 16-byte checksum of the message is appended to the result of the previous step.

This step uses a 256-byte "random" permutation constructed from the digits of pi. Let S[i] denote the i-th element of this table. The table is given in the appendix.

```
Do the following:

    /* Clear checksum. */
    For i = 0 to 15 do:
       Set C[i] to 0.
    end /* of loop on i */

    Set L to 0.

    /* Process each 16-word block. */
    For i = 0 to N/16-1 do

       /* Checksum block i. */
       For j = 0 to 15 do
          Set c to M[i*16+j].
          Set C[j] to S[c xor L].
          Set L to C[j].
       end /* of loop on j */
    end /* of loop on i */

The 16-byte checksum C[0 ... 15] is appended to the message. Let M[
with checksum), where N' = N + 16.
```

Da MD2 praktisch keine Bedeutung mehr hat, soll an dieser Stelle nicht weiter darauf eingegangen werden.

9.3.2 MD5

Im vorhergehenden Kapitel wurde bereits eingehend auf die Hashfunktion MD5[10] von Rivest eingegangen, die u. a. beim PGP[11] angewendet wird, einem bekannten Tool zur eMail-Kommunikation. Hier soll der zugrunde liegende Algorithmus behandelt werden, der von der Network Working Group als RFC 1321 veröffentlicht wurde.[12] Grundlage ist der Kompressionsalgorithmus, denn jeder Eingabedatenstrom wird so aufbereitet, dass er nach Addition von 65 Bit ein Vielfaches von 512 Bit beträgt und dann anschließend in einer Kompressionsstufe auf 128 Bit reduziert wird. So wird auch eine leere Eingabe erst auf 512 Bit gebracht und anschließend auf die geforderten 128 Bit reduziert. Das Auffüllen des Eingabedatenstromes **M** geschieht wie folgt:

$$d_{10} = (447 - Bitlaenge(Eingabe)) \bmod 512 \tag{9.7}$$

$$l_2 = Bitlaenge(Eingabe)_2 \bmod 2^{64} \tag{9.8}$$

$$M_2 = M_2 \parallel 1 \parallel d - mal\, 0 \parallel l_2 \tag{9.9}$$

Es wird also in jedem Fall mindestens eine 1 angehängt (1 Bit) und maximal eine 1 gefolgt von 447 Nullen, jeweils zuzüglich der als 64 Bit Zahl dargestellten Länge

---

[10]Message **D**igest **5**, die derzeit aktuelle Version der MD-Reihe.

[11]**P**retty **G**ood **P**rivacy

[12]Rivest, Ronald L.: RFC 1321 - The MD5 Message-Digest Algorithm, MIT Laboratory for Computer Science and RSA Data Security, Inc. April 1992

der Eingabe.

Beispiel 9-1 *Eingabe sei „abc", was in Hexadezimalform „616263" und daraus folgend in Bitform „011000101100010011100011" entspricht. Die Bitlänge des Eingabestromes beträgt*

$$b_{10} = 3Byte \cdot 8 = 24Bit = 11000_2 \qquad (9.10)$$

Somit ergibt sich für

$$d_{10} = (447 - 24) \bmod 512 = 423 \qquad (9.11)$$

und die Erweiterung des Eingabedatenstroms unter Beachtung der Tatsache, dass l_2 als binäre 64 Bit-Zahl zu schreiben ist

M_2 = 01100010110110101100011 1 00000...(423 *Nullen*)...000 000...(59 *Nullen*)...11000

Die gesamte Länge beträgt somit 24 + 1 + 423 + 64 = 512. Für d_{10} ergibt sich unter Beachtung der Kongruenz

$$d_{10} = (447 - 512) \bmod 512 = -65 \bmod 512 = 447 \qquad (9.12)$$

Der gesamte Eingabedatenstrom besteht somit aus den angegebenen 64 Byte Daten, gefolgt von einer binären 1, 447 binären Nullen und der 64-Bit-Darstellung der Länge der eigentlichen Daten, hier $512_{10} = 1000000000_2$ Bit, wobei letztere von 54 binären Nullen angeführt wird, denn die Länge ist modulo 64 zu nehmen. Somit besteht der gesamte Eingabedatenstrom aus zwei Blöcken zu je 512 Bit.

Ein Vorteil von MD5 ist die Tatsache, dass die gesamte Rechnung mit 4 Byte-Integern (32 Bit) durchgeführt werden kann und somit relativ schnell ist.[13] Ein nichtlineares Element, welches das Auftreten bzw. Finden von Kollisionen erheblich erschwert, kommt durch die Verwendung der Sinus-Funktion dazu. Von den Werten $\sin x$ mit ($1 \leq x \leq 64$) werden die ersten 32 Bit der reellen Zahl genommen und als Integer interpretiert. Gestartet wird der Algorithmus immer mit denselben Startwerten für `digest[i]`. Die beiden Felder `z[]` und `s[]` bezeichnen zum einen das jeweils zu berücksichtigende Byte in einem 512-Bit Block (64 Byte) und zum anderen die Größe des jeweiligen Linksshift mit Rotation.

Die eigentliche Methode ist `private byte[] digest(byte[] in)`, welche den zugehörigen Hashwert berechnet und als Bytefeld zurückgibt. Da die Länge des Eingabefeldes ein Vielfaches von 512 Bit, bzw. 64 Byte sein muss, wird ein entsprechendes Feld `tmp[]` definiert (Zeile 55), in das das Eingabefeld kopiert (Zeile 59) und später entsprechend aufgefüllt wird. Insgesamt gibt es n512 vollständige

---

[13]Mehrere Programmiersprachen verfügen über eine derartige Implementation des Datentyps Integer zu 4Byte, z.B. Java. Andernfalls kann man sich häufig mit dem Datentyp LongInteger helfen (z.B. Turbo-Pascal).

Blöcke à 512 Bit (Zeile 52). In das Integer-Feld `data[]` wird jeweils ein Block des Bytefeldes `tmp[]` kopiert, was durch die Methode

`byte2int(byte[] src,int srcOffset,int[] dest,int destOffset,int length)`

erfolgt. Hierbei ist die Eigenart der Zahlendarstellung in einem PC zu berücksichtigen, denn diese erfolgt bei den z. Z. gängigen 32 Bit Prozessoren in der so genannten Little-Endian-Darstellung, d. h. je vier Byte werden beginnend mit den niederwertigsten Byte angeordnet. Diese vier Byte passen jeweils in einen Integerwert, der standardmäßig bei Java eine Länge von eben 32 Bit aufweist.

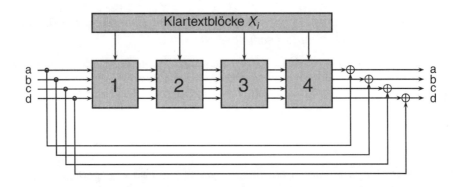

Abbildung 9.2: Globaler Aufbau von MD5

Jeder Block von insgesamt 16 Integern (`int data[16]`) wird an die Methode `transform(int[] M)` (Zeile 89 in Alg. 9.3) übergeben und dann einer vierstufigen Bearbeitung unterzogen (Abb. 9.2). Der Abbildung kann entnommen werden, dass der Eingabetext keine Eingabegröße im eigentlichen Sinne darstellt, sondern nur innerhalb der einzelnen Stufen als Parameter erscheint. Die einzelnen Stufen funktionieren alle nach dem gleichen Prinzip: Je drei der vier Variablen (a, b, c, d) werden als Argument der nichtlinearen Funktion benutzt, während a und b vorwärts mit dem Ergebnis der nichtlinearen Funktion gekoppelt wird. Das Gesamtergebnis wird dann auf die Variable a zurückgekoppelt (Abb. 9.3).

Eine Anwendung des MD5-Algorithmus auf den eigenen Quelltext der Datei „MD5.java" zeigt der folgende Bildschirmausdruck. Abb. 9.3 zeigt deutlich, warum MD5 auch ohne weiteres auf eine leere Eingabe angewendet werden kann; denn der Quelltext M wird lediglich additiv in den gesamten Ablauf eingefügt.

```
———————————— Programmausgabe ————————————
voss@maria:~/Kryptologie/MD5 > java MD5
Lese Datei ...
---- Datei: MD5.java (5196 Bytes) ----
Anzahl Bytes=5196
```

```
Anzahl Blöcke=82
4C4F76A4B776138FE27953796B6E9604
voss@maria:~/Kryptologie/MD5 >
```

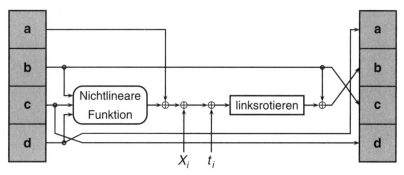

Abbildung 9.3: Eine Runde im MD5; X_i: i-ter Teilblock des Klartextes; t_i: Konstanten

Algorithmus 9.3: Der MD5 Algorithmus

```
 1  public final class MD5 {
 2
 3      private static final int HashLaenge = 16;   // 16*8Bit = 128
 4      private static final int DatenLaenge = 64;  // 64*8Bit = 512
 5      private int[] digest;          // die ints des Hashwertes
 6      private int[] y;               // nichtlineare Funktion
 7      private final int[] z= {       // Bytenummer im Block
 8        0,1,2,3,4,5,6,7,8,9,10,11,12,13,14,15,
 9        1,6,11,0,5,10,15,4,9,14,3,8,13,2,7,12,
10        5,8,11,14,1,4,7,10,13,0,3,6,9,12,15,2,
11        0,7,14,5,12,3,10,1,8,15,6,13,4,11,2,9 };
12      private final int[] s= {       // Shiftgröße
13        7,12,17,22,7,12,17,22,7,12,17,22,7,12,17,22,
14        5,9,14,20,5,9,14,20,5,9,14,20,5,9,14,20,
15        4,11,16,23,4,11,16,23,4,11,16,23,4,11,16,23,
16        6,10,15,21,6,10,15,21,6,10,15,21,6,10,15,21 };
17
18    public MD5() {           // Konstruktor
19      init();
20      reset();
21    }
22
23    private void init() {
24      digest = new int[HashLaenge/4];   // [0..3]  128 Bit
25      y = new int[64];         // sin(t)
26    }
27
28    private void reset() {
```

```
29      digest[0] = 0x67452301;        // die vier Startwerte
30      digest[1] = 0xEFCDAB89;
31      digest[2] = 0x98BADCFE;
32      digest[3] = 0x10325476;
33      double ZweiHoch32=(double)65536*(double)65536;  // 2^32
34      for (int j=1; j<65; j++)
35        y[j-1]=(int)((long)(Math.abs(Math.sin((double)j)*ZweiHoch32)));
36    }
37
38    private static void byte2int(byte[] src, int srcOffset,
39                              int[] dst, int dstOffset, int length) {
40      while (length-- > 0) {          // Little endian
41        dst[dstOffset++] = (src[srcOffset++] & 0xFF)       |
42                        ((src[srcOffset++] & 0xFF) <<  8) |
43                        ((src[srcOffset++] & 0xFF) << 16) |
44                        ((src[srcOffset++] & 0xFF) << 24);
45      }
46    }
47
48    private byte[] Haschcode(byte[] in) {
49      int pos = in.length;           // ab wann auffüllen?
50      long bc = pos*8;               // DatenLänge in Bitform
51      int n512 = (pos*8+65)/512+1;   // n 512-er Blöcke
52      System.out.println("Anzahl Bytes="+pos);
53      System.out.println("Anzahl Blöcke="+n512);
54      byte[] tmp = new byte[n512*64];   // min 1 Block
55      int[] data = new int[DatenLaenge/4];  // [0..15] 512 Bit
56      int block=0;
57      if (pos != 0)                  // Daten vorhanden?
58        System.arraycopy(in, 0, tmp, 0, pos);  // in nach tmp kopieren
59      for (block=0; block<n512-1; block++) {   // alle kompletten Blöcke
60        byte2int(tmp,block*DatenLaenge,data,0,DatenLaenge/4);
61        transform(data);
62      }
63 //
64 // auffüllen mit 1, gefolgt von Nullen + länges als 64 bit
65 // Nullen sind durch new byte[] bereits vordefiniert!!!
66 //
67      tmp[pos++] = -128;             // (byte)0x80=128 ("1")
68      byte2int(tmp,block*DatenLaenge,data,0,(DatenLaenge/4)-2);
69      data[14] = (int) bc;           // Low-Byte
70      data[15] = (int) (bc>>>32);    // High-Byte
71      transform(data);
72      byte buf[] = new byte[HashLaenge];
73      int off = 0;
74      for (int i = 0; i < HashLaenge/4; ++i) { // Little endian
75        int d = digest[i];
```

```
76    buf[off++] = (byte) d;
77    buf[off++] = (byte) (d>>>8);
78    buf[off++] = (byte) (d>>>16);
79    buf[off++] = (byte) (d>>>24);
80    }
81    return buf;
82  }
83
84  protected int F(int x,int y,int z) { return (z^(x&(y^z))); }
85  protected int G(int x,int y,int z) { return (y^(z&(x^y))); }
86  protected int H(int x,int y,int z) { return (x^y^z); }
87  protected int I(int x,int y,int z) { return (y^(x|~z)); }
88
89  protected void transform (int M[]) {
90    int a,b,c,d,t=0;
91    a = digest[0]; b = digest[1];
92    c = digest[2]; d = digest[3];
93    for (int i=0; i<64; i++) {
94      switch (i/16) {
95        case 0: t = a + F(b,c,d)+M[z[i]]+y[i]; break;
96        case 1: t = a + G(b,c,d)+M[z[i]]+y[i]; break;
97        case 2: t = a + H(b,c,d)+M[z[i]]+y[i]; break;
98        case 3: t = a + I(b,c,d)+M[z[i]]+y[i]; break;
99      }
100     a = d; d = c; c = b;
101     b = b + (t << s[i] | t >>> -s[i]);
102   }
103     digest[0] += a; digest[1] += b;
104     digest[2] += c; digest[3] += d;
105   }
106
107 public static final void main(String arg[])  {
108   byte[] text;
109   Datei d;
110   if (arg.length== 0)  d = new Datei();
111   else                 d = new Datei(arg[0]);
112   System.out.println("Lese Datei ... ");
113   text = d.lies();              // Text holen
114   System.out.println("---- Datei: "+d.dateiname+" ("+text.length+"
        Bytes) ----");
115   MD5 hash = new MD5();
116   System.out.println(Hex.toString(hash.Haschcode(text)));
117   System.exit(0);
118 }
119 }
```

9.3.3 SHA-1

Ebenso wie MD5 baut auch SHA-1[14] auf MD4 auf und unterscheidet sich prinzipiell nur durch die Länge des Hashwertes, der 160 Bit beträgt und somit genau 32 Bit länger als MD5 ist. Entwickelt wurde dieses Verfahren von der NIST[15] in Zusammenarbeit mit der NSA[16]. Es ist evident, dass die Gefahr einer Kollision dadurch verringert wird, andererseits ein größerer algorithmischer Aufwand getrieben werden muss.

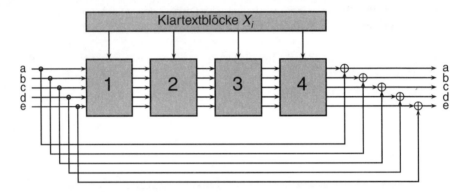

Abbildung 9.4: Globaler Aufbau von SHA-1

Abb. 9.4 zeigt, dass der einzige Unterschied die „fünfte Datenleitung e" ist. Etwas anders sieht es dagegen innerhalb der einzelnen Runden aus, wenn auch der Unterschied zu Abb. 9.3 nicht gravierend ist. Im Algorithmus ergibt sich somit im Prinzip nur ein Unterschied zu den Konstanten, die beim MD5 aus der Sinusfunktion gebildet wurden und beim SHA vier vorgegebene Werte sind. Diese sind zwar willkürlich gewählt, beziehen sich jedoch auf ganz bestimmte Zweierpotenzen:

$$5a827999_{16} = \left(2^{30} \cdot 2^{\frac{1}{2}}\right)_{10} \tag{9.13}$$

$$6ed9eba1_{16} = \left(2^{30} \cdot 3^{\frac{1}{2}}\right)_{10} \tag{9.14}$$

$$8f1bbcdc_{16} = \left(2^{30} \cdot 5^{\frac{1}{2}}\right)_{10} \tag{9.15}$$

$$ca62c1d6_{16} = \left(2^{30} \cdot 10^{\frac{1}{2}}\right)_{10} \tag{9.16}$$

---

[14]Secure Hash Algorithm Nr. 1. Die eigentliche Bezeichnung ist SHS, Secure Hash Standard.

[15]National Institut of Standards and Technology, eine Unterabteilung des amerikanischen Handelsministeriums

[16]National Security Agency

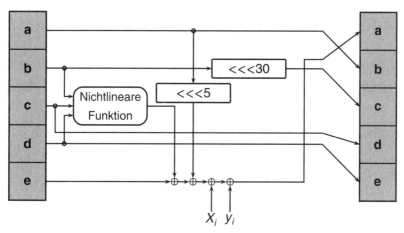

Abbildung 9.5: Eine Runde im SHA-1; M_i: i-ter Teilblock des Klartextes; y_i: Konstanten

Die Anwendung auf den eigenen Quelltext SHA.java zeigt der folgende Bildschirmausdruck. Zu beachten ist noch, dass das Paket Cryptix[17] einen kleinen Fehler im Algorithmus aufweist und daher einen anderen Wert liefert. Der hier angegebene Algorithmus 9.4 stellt die Integerwerte in der bekannten „Little Endian" Form dar. Im Cryptix-Paket sind diese Zeilen jeweils vertauscht, so dass nicht die Reihenfolge Lowbyte...Highbyte eingehalten wird. Auf die Sicherheit hat dies allerdings keinen Einfluss, da die Grundlagen des Algorithmus dadurch nicht verändert werden.

```
─────────────── Programmausgabe ───────────────
voss@maria:~/Kryptologie/SHA-1 > java SHA
Lese Datei ...
---- Datei: SHA.java (4969 Bytes) ----
Anzahl Bytes=4962
Anzahl Blöcke=78
548CF2B83F33E47E8D58295A1758D1E4E1CE0A75
voss@maria:~/Kryptologie/SHA-1 >
```

Algorithmus 9.4: Der SHA-1 Algorithmus

```
1  public final class SHA {
2
3      private static final int HashLaenge = 20;   // 20*8Bit = 160
4      private static final int DatenLaenge = 64;   // 64*8Bit = 512
5      private int[] digest;         // die ints des Hashwertes
6      private int[] y;              // additive Konstanten
7
8    public SHA() {              // Konstruktor
9      init();
10     reset();
```

---
[17]http://www.cryptix.org

```
11    }
12
13    private void init() {
14      digest = new int[HashLaenge/4];      // [0..3]  128 Bit
15      y = new int[4];
16    }
17
18    private void reset() {
19      digest[0] = 0x67452301; digest[1] = 0xEFCDAB89;  // die fünf
          Startwerte
20      digest[2] = 0x98BADCFE; digest[3] = 0x10325476;
21      digest[4] = 0xC3D2E1F0;
22      y[0] = 0x5A827999; y[1] = 0x6ED9EBA1;  // die vier Konstanten
23      y[2] = 0x8F1BBCDC; y[3] = 0xCA62C1D6;
24    }
25
26    private void byte2int(byte[] src, int srcOffset,
27                          int[] dst, int dstOffset, int length) {
28      while (length-- > 0) {                      // Little endian
29        dst[dstOffset++] = (src[srcOffset++] & 0xFF)      |
30                           ((src[srcOffset++] & 0xFF) <<  8) |
31                           ((src[srcOffset++] & 0xFF) << 16) |
32                           ((src[srcOffset++] & 0xFF) << 24);
33      }
34    }
35
36    private byte[] bildeHashcode(byte[] in) {
37      int pos = in.length;            // ab wann auffüllen?
38      long bc = pos*8;                // DatenLänge in Bitform
39      int n512 = (pos*8+65)/512+1;    // n 512-er Blöcke
40      System.out.println("Anzahl Bytes="+pos);
41      System.out.println("Anzahl Blöcke="+n512);
42      byte[] tmp = new byte[n512*64];    // min 1 Block
43      int[] data = new int[DatenLaenge/4];  // [0..15] 512 Bit
44      int block=0;
45      if (pos != 0)              // Daten vorhanden?
46        System.arraycopy(in, 0, tmp, 0, pos);  // in nach tmp kopieren
47      for (block=0; block<n512-1; block++) {    // alle kompletten Blöcke
48        byte2int(tmp,block*DatenLaenge,data,0,DatenLaenge/4);
49        transform(data);
50      }
51  //
52  // auffüllen mit 1, gefolgt von Nullen + länges als 64 bit
53  // Nullen sind durch new byte[] bereits vordefiniert!!!
54  //
55      tmp[pos++] = -128;            // (byte)0x80=128 ("1")
56      byte2int(tmp,block*DatenLaenge,data,0,(DatenLaenge/4)-2);
```

```
57    data[14] = (int) bc;              // Low-Byte
58    data[15] = (int) (bc>>>32);       // High-Byte
59    transform(data);
60    byte buf[] = new byte[HashLaenge];
61    int off = 0;
62    for (int i = 0; i < 5; i++) {     // Little endian
63      int d = digest[i];
64      buf[off++] = (byte) d;
65      buf[off++] = (byte) (d>>>8);
66      buf[off++] = (byte) (d>>>16);
67      buf[off++] = (byte) (d>>>24);
68    }
69    return buf;
70  }
71
72  protected int F(int x,int y,int z) { return ((x&y)|(~x&z)); }
73  protected int H(int x,int y,int z) { return (x^y^z); }
74  protected int G(int x,int y,int z) { return ((x&y)|(x&z)|(y&z)); }
75
76  protected void transform (int M[]) {
77    int[] X = new int[80];
78    int n=M.length;
79    System.arraycopy(M,0,X,0,n);     // Kopie erstellen
80    for (int i=16; i<80; i++) {
81      n = X[i-16] ^ X[i-14] ^ X[i-8] ^ X[i-3];
82      X[i] = (n << 1 | n >>> -1);
83    }
84    int a,b,c,d,e,t=0;
85    a = digest[0]; b = digest[1];
86    c = digest[2]; d = digest[3];
87    e = digest[4];
88    for (int i=0; i<80; i++) {
89      switch (i/HashLaenge) {
90        case 0: t = (a<<5 | a >>>-5) + F(b,c,d)+e+X[i]+y[0]; break;
91        case 1: t = (a<<5 | a >>>-5) + H(b,c,d)+e+X[i]+y[1]; break;
92        case 2: t = (a<<5 | a >>>-5) + G(b,c,d)+e+X[i]+y[2]; break;
93        case 3: t = (a<<5 | a >>>-5) + H(b,c,d)+e+X[i]+y[3]; break;
94      }
95      e = d; d = c;
96      c = (b<<30 | b >>>-30);
97      b = a; a = t;
98    }
99    digest[0] += a; digest[1] += b;
100   digest[2] += c; digest[3] += d;
101   digest[4] += e;
102 }
103
```

```
104  public static final void main(String arg[])  {
105    byte[] text;
106    if (arg.length > 0)
107    text=new byte[arg[0].length()];
108    else text = new byte[0];
109    Datei d;
110    if (arg.length== 0)  d = new Datei();
111    else                 d = new Datei(arg[0]);
112    System.out.println("Lese Datei ... ");
113    text = d.lies();              // Text holen
114    System.out.println("--- Datei: "+d.dateiname+" ("+text.length+"
         Bytes) ---");
115    SHA hash = new SHA();
116    System.out.println(Hex.toString(hash.bildeHashcode(text)));
117    System.exit(0);
118  }
119 }
```

9.3.4 RIPEMD-128

RIPEMD-128[18] war bzw. ist Bestandteil des europäischen RACE-Projekts[19] und basiert ebenso wie SHA-1 auf dem MD5- bzw. MD4-Prinzip von Rivest. Eine entsprechende 160 Bit-Version existiert ebenfalls, die neben SHA-1 als extrem sicher betrachtet wird. RIPEMD-128 verwendet die komplette Datenstruktur von MD4, was die Eingabe betrifft.

Prinzipiell handelt es sich um ein „doppeltes" MD5, denn es werden faktisch zwei parallele MD5-Durchläufe durchgeführt (Abb. 9.6), die zum Schluss dann wieder zusammengeführt werden. Dabei werden die nichtlinearen Funktionen $F(x,y,z)$, $G(x,y,z)$, $H(x,y,z)$ und $I(x,y,z)$ „gegenläufig" benutzt, was eine Kryptoanalyse zusätzlich erschwert.

Wie dem Algorithmus Alg. 9.5 entnommen werden kann, wird die Zuordnung der einzelnen Datenblöcke über die Konstanten **R** und **Rp** geregelt, während **S** bzw. **Sp** die Größe des üblichen Linksshifts mit Rotation angeben. Der Aufbau der einzelnen Runden ist im Wesentlichen analog zu den vorhergehenden Verfahren, sodass an dieser Stelle darauf nicht weiter eingegangen zu werden braucht.

---

[18]RACE Integrity Pritives Evaluation, ein Projekt, das im Rahmen des RACE-Projektes der Europäischen Union angesiedelt ist.

[19]Research and Development in Advanced Communication Technologies (Forschung und Entwicklung im Bereich moderner Kommunikationstechnologie), ein Projekt der Europäischen Union. Darin geht es unter anderem um die Entwicklung und Bewertung von Verschlüsselungstechnologie. Im Rahmen von RACE wurde (wird) das RIPE-Projekt abgewickelt [42].

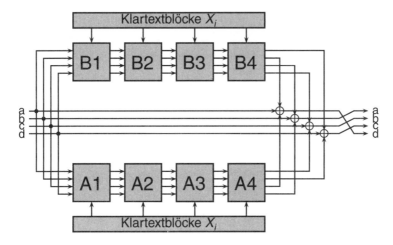

Abbildung 9.6: Globaler Aufbau von RIPEMD-128

Die entsprechenden Zeilen des Algorithmus 9.5 sind zudem leicht nachzuvollziehen und Abb. 9.7 zeigt deutlich, dass es nur einen prinzipiellen Unterschied zu Abb. 9.3 gibt.

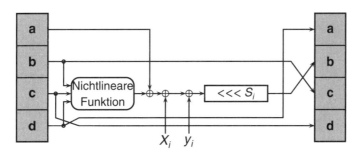

Abbildung 9.7: Eine Runde im RIPEMD-128; X_i: i-ter Teilblock des Klartextes; y_i: Konstanten

Die Integerkonstanten y_i, $i = 0..7$ wurden wie folgt gewählt, wobei nur der ganzzahlige Teil der jeweils reellen Zahlen berücksichtigt wurde [19]:

$$
\begin{aligned}
y_0 &= 0 \\
y_1 &= 2^{30} \cdot 2^{\frac{1}{3}} = 50a28be6_{16} \\
y_2 &= 2^{30} \cdot 2^{\frac{1}{2}} = 5a827999_{16} \\
y_3 &= 2^{30} \cdot 3^{\frac{1}{3}} = 5c4dd124_{16} \\
y_4 &= 2^{30} \cdot 3^{\frac{1}{2}} = 6ed9eba1_{16} \\
y_5 &= 2^{30} \cdot 5^{\frac{1}{3}} = 6d703ef3_{16} \\
y_6 &= 2^{30} \cdot 5^{\frac{1}{2}} = 8f1bbcdc_{16} \\
y_7 &= 0
\end{aligned}
\tag{9.17}
$$

Die geradzahligen Indizes markieren jeweils die Konstanten für die obere und die ungeradzahligen für die untere Hälfte in Abb. 9.6. Die Anwendung des RIPEMD-128 Algorithmus auf den eigenen Java-Quellcode[20] zeigt der folgende Bildschirmausdruck.

```
——————————————————— Programmausgabe ———————————————————
voss@maria:~/Kryptologie/RipeMD128 > java RIPEMD128 RIPEMD128.java
Lese Datei ...
---- Datei: RIPEMD128.java (5863 Bytes) ----
Anzahl Bytes=5863
Anzahl Blöcke=92
8CEC871783AE3510D33802092E94C965
voss@maria:~/Kryptologie/RipeMD128 >
```

Algorithmus 9.5: Der RIPEMD-128 Algorithmus

```
1  public final class RIPEMD128 {
2
3    private static final int HashLaenge = 16;   // 16*8Bit = 128
4    private static final int DatenLaenge = 64; // 64*8Bit = 512
5    private static final int[]         // Konstanten und Shiftwerte
6      R  = { 0,1,2,3,4,5,6,7,8,9,10,11,12,13,14,15,
7              7,4,13,1,10,6,15,3,12,0,9,5,2,14,11,8,
8              3,10,14,4,9,15,8,1,2,7,0,6,13,11,5,12,
9              1,9,11,10,0,8,12,4,13,3,7,15,14,5,6,2 },
10     Rp = { 5,14,7,0,9,2,11,4,13,6,15,8,1,10,3,12,
11             6,11,3,7,0,13,5,10,14,15,8,12,4,9,1,2,
12             15,5,1,3,7,14,6,9,11,8,12,2,10,0,4,13,
13             8,6,4,1,3,11,15,0,5,12,2,13,9,7,10,14 },
14     S  = { 11,14,15,12,5,8,7,9,11,13,14,15,6,7,9,8,
15             7,6,8,13,11,9,7,15,7,12,15,9,11,7,13,12,
16             11,13,6,7,14,9,13,15,14,8,13,6,5,12,7,5,
17             11,12,14,15,14,15,9,8,9,14,5,6,8,6,5,12 },
18     Sp = { 8,9,9,11,13,15,15,5,7,7,8,11,14,14,12,6,
19             9,13,15,7,12,8,9,11,7,7,12,7,6,15,13,11,
20             9,7,15,11,8,6,6,14,12,13,5,14,13,13,7,5,
21             15,5,8,11,14,14,6,14,6,9,12,9,12,5,15,8 };
22     private int[] digest = new int[4];   // die Startwerte
23     private int[] y = new int[8];        // die Konstanten
24     public RIPEMD128() {                 // Konstruktor
25       init();
26       Reset();
27     }
28
29     protected void init() {
30       y[0] = 0;                          // Konstanten zuweisen
31       y[1] = 0x50A28BE6;    y[2] = 0x5A827999;    y[3] = 0x5C4DD124;
```

[20]Entsprechende C-Programme findet man unter `ftp://ftp.esat.kuleuven.ac.be/pub/COSIC/bosselae/ripemd/`

```
32      y[4] = 0x6ED9EBA1;    y[5] = 0x6D703EF3;    y[6] = 0x8F1BBCDC;
33      y[7] = 0;
34    }
35
36    protected void Reset() {          // Startwerte zuweisen
37      digest[0] = 0x67452301; digest[1] = 0xEFCDAB89; digest[2] = 0
           x98BADCFE;
38      digest[3] = 0x10325476;
39    }
40
41    private static void byte2int(byte[] src, int srcOffset,
42                                int[] dst, int dstOffset, int length) {
43      while (length-- > 0) {                  // Little endian
44        dst[dstOffset++] = (src[srcOffset++] & 0xFF)         |
45                          ((src[srcOffset++] & 0xFF) <<  8) |
46                          ((src[srcOffset++] & 0xFF) << 16) |
47                          ((src[srcOffset++] & 0xFF) << 24);
48      }
49    }
50
51    private byte[] Haschcode(byte[] in) {
52      int pos = in.length;            // ab wann auffüllen?
53      long bc = pos*8;                // DatenLänge in Bitform
54      int n512 = (pos*8+65)/512+1;    // n 512-er Blöcke
55      System.out.println("Anzahl Bytes="+pos);
56      System.out.println("Anzahl Blöcke="+n512);
57      byte[] tmp = new byte[n512*64];     // min 1 Block
58      int[] data = new int[DatenLaenge/4];  // [0..15] 512 Bit
59      int block=0;
60      if (pos != 0)                   // Daten vorhanden?
61        System.arraycopy(in, 0, tmp, 0, pos);  // in nach tmp kopieren
62      for (block=0; block<n512-1; block++) {   // alle kompletten Blöcke
63        byte2int(tmp,block*DatenLaenge,data,0,DatenLaenge/4);
64        transform(data);
65      }
66 //
67 // auffüllen mit 1, gefolgt von Nullen + länges als 64 bit
68 // Nullen sind durch new byte[] bereits vordefiniert!!!
69 //
70      tmp[pos++] = -128;              // (byte)0x80=128 ("1")
71      byte2int(tmp,block*DatenLaenge,data,0,(DatenLaenge/4)-2);
72      data[14] = (int) bc;            // Low-Byte
73      data[15] = (int) (bc>>>32);     // High-Byte
74      transform(data);
75      byte buf[] = new byte[HashLaenge];
76      int off = 0;
77      for (int i = 0; i < HashLaenge/4; ++i) { // Little endian
```

```
78     int d = digest[i];
79     buf[off++] = (byte) d;
80     buf[off++] = (byte) (d>>>8);
81     buf[off++] = (byte) (d>>>16);
82     buf[off++] = (byte) (d>>>24);
83   }
84   return buf;
85 }
86 protected int F(int x,int y,int z) {
87   return (x^y^z);
88 }
89 protected int G(int x,int y,int z) {
90   return ((x&y)|(~x&z));
91 }
92 protected int H(int x,int y,int z) {
93   return ((x|~y)^z);
94 }
95 protected int I(int x,int y,int z) {
96   return ((x&z)|(y&~z));
97 }
98
99 protected void transform(int[] X) {
100   int A, B, C, D, Ap, Bp, Cp, Dp, T=0, s;
101   A = Ap = digest[0];
102   B = Bp = digest[1];
103   C = Cp = digest[2];
104   D = Dp = digest[3];
105   for (int i=0; i<64; i++) {
106     s = S[i];
107     switch (i/16) {
108       case 0: T = A + F(B,C,D)+X[R[i]]+y[0]; break;
109       case 1: T = A + G(B,C,D)+X[R[i]]+y[2]; break;
110       case 2: T = A + H(B,C,D)+X[R[i]]+y[4]; break;
111       case 3: T = A + I(B,C,D)+X[R[i]]+y[6]; break;
112     }
113     A = D;
114     D = C;
115     C = B;
116     B = T << s | T >>> (32 - s);
117     s = Sp[i];
118     switch (i/16) {
119       case 0: T = Ap + I(Bp,Cp,Dp)+X[Rp[i]]+y[1]; break;
120       case 1: T = Ap + H(Bp,Cp,Dp)+X[Rp[i]]+y[3]; break;
121       case 2: T = Ap + G(Bp,Cp,Dp)+X[Rp[i]]+y[5]; break;
122       case 3: T = Ap + F(Bp,Cp,Dp)+X[Rp[i]]+y[7]; break;
123     }
124     Ap = Dp;
```

```
125     Dp = Cp;
126     Cp = Bp;
127     Bp = T << s | T >>> (32 - s);
128   }
129   T = digest[1] + C + Dp;
130   digest[1] = digest[2] + D + Ap;
131   digest[2] = digest[3] + A + Bp;
132   digest[3] = digest[0] + B + Cp;
133   digest[0] = T;
134 }
135
136 public static void main(String[] arg) {
137   byte[] text;
138   Datei d;
139   if (arg.length== 0)  d = new Datei();
140   else                 d = new Datei(arg[0]);
141   System.out.println("Lese Datei ... ");
142   text = d.lies();              // Text holen
143   System.out.println("--- Datei: "+d.dateiname+" ("+text.length+"
        Bytes) ---");
144   RIPEMD128 hash = new RIPEMD128();
145   System.out.println(Hex.toString(hash.Haschcode(text)));
146   System.exit(0);
147 }
148 }
```

9.3.5 RIPEMD-160

Der Algorithmus entspricht prinzipiell dem von RIPEMD-128. Änderungen beziehen sich nur auf das zusätzliche 32Bit-Wort (eine zusätzliche Runde) und einem Einfügen einer zusätzlichen Bitrotation (siehe Alg. 9.6). Wegen der zusätzlichen fünften Runde müssen auch die Konstanten nach Gl. 9.17 um zwei Werte erweitert werden:

$$
\begin{aligned}
y_7 &= 2^{30} \cdot 7^{\frac{1}{3}} \\
y_8 &= 2^{30} \cdot 7^{\frac{1}{2}} \\
y_9 &= 0
\end{aligned}
\tag{9.18}
$$

Es wurde bereits erwähnt, dass RIPEMD-160 als extrem sicher gilt, da selbst ein Angriff nach dem Geburtstagsprinzip wegen der großen Bitlänge von 160 sehr aufwendig ist. Eine Anwendung auf den Java-Quellkode zeigt die folgende Bildschirmausgabe:

```
──────────── Programmausgabe ────────────
voss@maria:~/Kryptologie/RIPEMD > java RIPEMD160 RIPEMD160.java
Lese Datei ...
---- Datei: RIPEMD160.java (5952 Bytes) ----
```

```
Anzahl Bytes=5952
Anzahl Blöcke=94
A13468289E27BDB06DBA7174DDF1B0C4E813B236
voss@maria:~/Kryptologie/RIPEMD >
```

Algorithmus 9.6: Der RIPEMD-160 Algorithmus

```
 1  public final class RIPEMD160 {
 2
 3  [ ... wie RIPEMD128 ... ]
 4
 5    protected void init() {
 6      y[0] = 0;                  // Konstanten zuweisen
 7      y[1] = 0x50A28BE6;    y[2] = 0x5A827999;    y[3] = 0x5C4DD124;
 8      y[4] = 0x6ED9EBA1;    y[5] = 0x6D703EF3;    y[6] = 0x8F1BBCDC;
 9      y[7] = 0x7A6D76E9;    y[8] = 0xA953FD4E;    y[9] = 0;
10    }
11
12    protected void Reset() {      // Startwerte zuweisen
13      digest[0] = 0x67452301; digest[1] = 0xEFCDAB89;
14      digest[2] = 0x98BADCFE; digest[3] = 0x10325476;
15      digest[4] = 0xC3D2E1F0;
16    }
17
18  [ ... wie RIPEMD128 ... ]
19
20    protected int F(int typ,int x,int y,int z) {
21      int i=0;
22      switch (typ) {
23        case 0: i= (x^y^z);       break;
24        case 1: i= ((x&y)|(~x&z));    break;
25        case 2: i= ((x|~y)^z);      break;
26        case 3: i= ((x&z)|(y&~z));    break;
27        case 4: i= (x^(y|~z));      break;
28      }
29      return i;
30    }
31
32    protected void transform(int[] X) {
33      int A, B, C, D, E, Ap, Bp, Cp, Dp, Ep, T, s, i;
34      A = Ap = digest[0];
35      B = Bp = digest[1];
36      C = Cp = digest[2];
37      D = Dp = digest[3];
38      E = Ep = digest[4];
39      for (i=0; i<80; i++) {
40        s = S[i];
41        T = A + F(i/16,B,C,D)+X[R[i]]+y[(i/16)*2];
```

```
42    A = E;
43    E = D;
44    D = C << 10 | C >>> 22;
45    C = B;
46    B = (T << s | T >>> (32 - s)) + A;        // eigentlich "+E"!
47 //---- Parallele Schiene -----
48    s = Sp[i];
49    T = Ap + F(4-i/16,Bp,Cp,Dp)+X[Rp[i]]+y[(i/16)*2+1];
50    Ap = Ep;
51    Ep = Dp;
52    Dp = Cp << 10 | Cp >>> 22;
53    Cp = Bp;
54    Bp = (T << s | T >>> (32 - s)) + Ap;      // eigentlich "+Ep"!
55    }
56    T = digest[1] + C + Dp;
57    digest[1] = digest[2] + D + Ep;
58    digest[2] = digest[3] + E + Ap;
59    digest[3] = digest[4] + A + Bp;
60    digest[4] = digest[0] + B + Cp;
61    digest[0] = T;
62    }
63    public static void main(String[] arg) {
64
65 [ ... wie RIPEMD128 ... ]
66
67 }
```

9.4 Vergleich der Hashverfahren

Bislang wurden die drei hier beschriebenen Hashverfahren MD5, SHA-1, RIPEMD-128 und RIPEMD-160 exemplarisch auf den eigenen Javaquellkode angewendet. Wenn auch die folgende tabellarische Gegenüberstellung kein ernsthaftes Kriterium für den Vergleich der drei Hashverfahren darstellt, so bestätigt sie doch zumindest, dass kleine Änderungen im Klartext große Änderungen im Hashcode zur Folge haben. Es ist also kein kausaler Zusammenhang zwischen Klartext und Hashcode gegeben. Angewendet werden die drei Verfahren auf den leeren String, die Zeichenfolge „abc" und einen Musterbrief, der in der Version 2 lediglich ein Zeichen kürzer ist, indem statt der Absender-Hausnummer nicht „21" sondern nur „1" erscheint, womit der Text dann statt der 347 Byte nur noch eine Länge von 346 Byte hat. Prozentual gesehen eine unerhebliche Veränderung des Klartextes, in Bezug auf den Hashcode jedoch eine wesentliche Änderung.

```
──────────────── Programmausgabe ────────────────
Herbert Voss
Mustergasse 21
10785 Berlin

Bundesministerium für Sicherheit
in der Informationstechnik
Am Karlsbad 12
10711 Berlin


Betr.: Hashverfahren

Sehr geehrte Damen und Herren!

Hiermit teile ich Ihnen mit, dass es auch mir nicht
gelungen ist, das RIPE-MD128 Verfahren einer Kollision
zu überführen.

Mit freundlichen Grüßen
Herbert Voss
```

Tabelle 9.3: Gegenüberstellung der Hashverfahren

	MD5
leerer String	D41D8CD98F00B204E9800998ECF8427E
Text „abc"	900150983CD24FB0D6963F7D28E17F72
Musterbrief 1	81B835EBD42E0050395D1351CC08E6AA
Musterbrief 2	34307154B3E549CDFA7E659A2A2C3663
	SHA-1
leerer String	1EF84498ECF608147D1332B9CFD7BE33A318F5DC
Text „abc"	50C8E95373D4856F7567B73C2DF9DA981062E20A
Musterbrief 1	A5E7E9A62AAF01FC2B23AB9852EECE9DB149EE48
Musterbrief 2	DCE0D3561A86ABDD8E775C6EA2101C9D072D70ED
	RIPEMD-128
leerer String	CDF26213A150DC3ECB610F18F6B38B46
Text „abc"	C14A12199C66E4BA84636B0F69144C77
Musterbrief 1	5E8BF9B85AFAC17343F6903DAE707CB6
Musterbrief 2	B697C9EEDF0DB81661DCC56EAABA3A6E
	RIPEMD-160
leerer String	9C1185A5C5E9FC54612808977EE8F548B2258D31
Text „abc"	8EB208F7E05D987A9B044A8E98C6B087F15A0BFC
Musterbrief 1	F366887B5294091EB38351BCF26A1F7085F53011
Musterbrief 2	FCF1DF7093884DA20A6F6385D1AC1F1A72B127FD

Es wird deutlich, dass der rückwärtige Schluss zweier ähnlicher Hashwerte auf ähnliche Klartexte ebenso wenig möglich sein wird. Wobei dieser Fall erheblich schwieriger zu beweisen ist, denn es liegt kein Verfahren vor, mit dem aus einem Hashcode der zugehörige Klartext reproduziert werden kann, was typisch für Einwegfunktionen ist. Die Anwendung der drei Verfahren auf eine sehr große

Datei von mehr als 4,3 Megabytes[21] macht dies einsichtig, denn dass man nicht rückwärts von einem 128 Bit (16 Byte) großen Hashwert auf einen mehrere Megabyte großen Klartext schließen kann, erscheint plausibel. Schließlich erreichen bekannte Komprimierungsverfahren, die frei von kryptografischen Aspekten arbeiten, lange nicht einen derartigen Kompressionsgrad. Tab. 9.4 zeigt sowohl den ermittelten Hashwert als auch den zeitlichen Aufwand bei den drei Hashverfahren.

Tabelle 9.4: Zeitaufwand der Hashverfahren für eine 4393589 $Byte$ große Datei

	MD5
Hashcode	ECBDFB890A3A84AEA10EA592BB7D6B53
Zeit	1 min, 40 sek
	SHA-1
Hashcode	7B3AE6B3AB83EF5A05D5FA2D462FE1C8F4B2470C
Zeit	1 min 47 sek
	RIPEMD-128
Hashcode	075FA8B7CE15E8C30BB756FB86F81383
Zeit	1 min 42 sek
	RIPEMD-160
Hashkode	12834F3CCAC27B6B4FBCEE12AADCCE2CD70BB5F9
Zeit	0 min 55 sek

Es zeigt sich deutlich, dass es im Prinzip keine wesentlichen Zeitunterschiede bei den Verfahren gibt. Entscheidend sind die Zeiten relativ zueinander, denn absolut gesehen hängen sie von sehr vielen Parametern ab. Zugrundegelegt wurden die hier angegebenen Java-Programme mit einem 600 MHz Pentium III, wobei insgesamt jeweils 68650 verschiedene 512-Bit-Blöcke zu verarbeiten waren.[22]

9.5 Das Signieren

Den formalen Ablauf des Signierens zeigt Abb. 9.8:
- Hashcode des Dokuments bestimmen („Hashen");
- Hashcode mit dem **privaten** (geheimen) Schlüssel verschlüsseln;
- Hashcode und Text **zusammen** versenden.

---

[21] Es handelt sich um die Postscriptdatei der ersten 170 Manuskript-Seiten.

[22] $68650\,Block \cdot 512\,\frac{Bit}{Block} = 35148800\,Bit = 4393600\,Byte$, woraus zu erkennen ist, dass davon insgesamt 11 Byte auf die anzuhängende binäre „1", gefolgt von binären „0" und der Länge als 8 Byte-Zahl (64 Bit) entfallen. Vergleiche dazu auch die entsprechenden Abschnitte zu den einzelnen Hashverfahren.

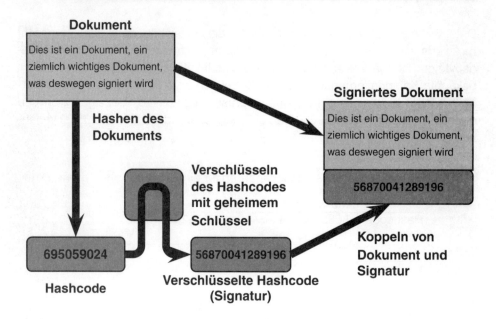

Abbildung 9.8: Vorgang des Signierens

Die Überprüfung des Klartextes erfolgt jetzt durch den Empfänger prinzipiell auf dem umgekehrten Weg, wobei allerdings eine Kenntnis des öffentlichen Schlüssels des Versenders der Nachricht nach wie vor zwingend ist. Der Ablauf ist im einzelnen wie folgt (Abb. 9.9):

- Nachricht in Klartext und Signatur zerlegen
  - den Hashcode des Klartextes erzeugen
  - Signatur entschlüsseln
- Hashcode der entschlüsselten Signatur und des Textes vergleichen

Unabhängig davon gilt es immer noch der rechtlichen Seite der digitalen Signatur bzw. der digitalen Unterschrift Aufmerksamkeit zu widmen, denn das Thema ist immer noch lange nicht erschöpfend behandelt[23] [35] [34].

9.5.1 Sicherheitsrisiken – Der Geburtstagsangriff

Es erscheint einleuchtend, dass es bei einer endlichen Länge eines Hashwertes zwangsweise zu Kollisionen kommen muss, denn es gibt immer mehr Datenkombinationen als Hashwerte. Was lediglich erreicht werden kann, ist eine

---

[23]Siehe auch zur Kryptografie, rechtlichen Situation, politischen Diskussion:
http://www.tauss.de/presse/presse_2005/20051029_epass_steht_auf_bruechigem_eis/
http://mod.iig.uni-freiburg.de/lehre/Ws2001/krypto/VL7.pdf
http://www.andorra-intern.com/crypto/de_crypto.htm

Verringerung der Wahrscheinlichkeit, mit der eine Kollision auftritt. Dabei ist zwischen der reinen mathematischen Wahrscheinlichkeit und der Wahrscheinlichkeit für das gezielte Suchen einer Kollision zu unterscheiden. Bei einer 128 Bitlänge eines Hashwertes gibt es insgesamt 2^{128} verschiedene Hashwerte, was einer 39-stelligen Dezimalzahl entspricht

$$2^{128} = 340282366920938463463374607431768211456 \qquad (9.19)$$

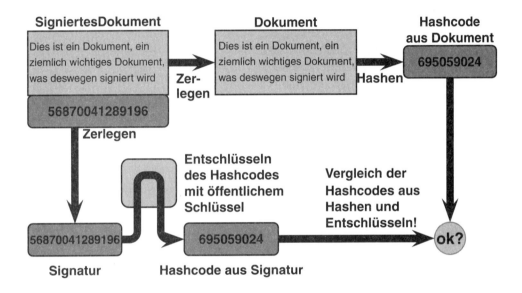

Abbildung 9.9: Überprüfung von Text und Signatur

Jeder Hashwert tritt daher mit einer Wahrscheinlichkeit auf, die dem Kehrwert entspricht und somit extrem klein ist. Andererseits gibt es wie erwähnt erheblich mehr Datenkombinationen als 2^{128}, was primär erst einmal keinen Einfluss auf die Wahrscheinlichkeit für das Auftreten von zwei Klartexten mit demselben Hashwert hat. Dies ändert sich jedoch grundlegend, wenn gezielt nach einer Kollision gesucht wird. Man spricht in diesem Zusammenhang von der so genannten Geburtstags-Attacke[24], in Anlehnung an das Geburtstagsparadoxon. Dieses besagt, dass in einem Raum nur 23 Personen anwesend sein müssen, um mit einer Wahrscheinlichkeit $p > 0.5$ zu erreichen, dass zwei am gleichen Jahrestag Geburtstag haben. Grundsätzlich ist dies eigentlich kein Paradoxon, denn es erscheint nur auf den ersten Blick irritierend.

Der Beweis lässt sich relativ einfach durchführen, was im Folgenden geschehen soll. Im Raum seien die 23 Personen A,B,C,..W. Für A gibt es insgesamt 22 mögliche Personen (Kombinationen), die mit ihm Geburtstag haben könnten. Für B

---

[24]Birthday-Attack

wären es 21, denn die Möglichkeit, dass A mit ihm zusammen Geburtstag hat, ist schon bei A enthalten. Für C sind es dann 20 usw. Für W gibt es dann keine Möglichkeit mehr, da alle vorhergehenden Personen schon mit W erfasst sind. Insgesamt gibt es also

$$n = 22 + 21 + 20 + ... + 1 + 0 = \sum_{i=1}^{k=22} i = \frac{1}{2}k(k + 1) = 253 \tag{9.20}$$

verschiedene Kombinationen für das Ereignis „zwei haben am gleichen Jahrestag Geburtstag".[25] Die Berechnung der Wahrscheinlichkeit dafür ist etwas aufwendiger. Sei q_2 die Wahrscheinlichkeit dafür, dass zwei Personen am gleichen Jahrestag Geburtstag haben, was bei 365 Tagen $q_2 = \frac{1}{365}$ ergibt. $1 - q_2$ ist dann das Gegenereignis, beide Personen haben **nicht** am selben Jahrestag Geburtstag. Die Berechnung über das Gegenereignis ist manchmal erheblich einfacher, so auch hier. Sind drei Personen im Raum, dann beträgt die Wahrscheinlichkeit, dass zwei **nicht** am selben Jahrestag Geburtstag haben

$$(1 - q_3) = (1 - q_2) \cdot (1 - 2q_2) \tag{9.21}$$

und bei vier Personen

$$(1 - q_4) = (1 - q_3) \cdot (1 - 3q_2) = (1 - q_2) \cdot (1 - 2q_2)(1 - 3q_2) \tag{9.22}$$

sowie bei n Personen

$$1 - q_n = (1 - q_2) \cdot (1 - 2q_2) \cdot ... \cdot (1 - (n - 1)q_2) \tag{9.23}$$

$$= \prod_{i=1}^{n-1}(1 - iq_2) \tag{9.24}$$

$$\approx \prod_{i=1}^{n-1} e^{-iq_2} \qquad \text{da für } x \ll 1 \text{ gilt}: 1 - x \approx e^{-x} \tag{9.25}$$

Mit der einfachen Regel der Potenzrechnung und der Summenformel für die Addition der natürlichen Zahlen von $1...n - 1$) folgt dann weiter

$$\prod_{i=1}^{n-1} e^{-iq_2} = e^{-\frac{n(n-1)}{2}q_2} \tag{9.26}$$

Dies ist die Wahrscheinlichkeit, dass **keine** Kollision auftritt, womit für das Gegen-

---

[25]Wichtig ist die Betonung auf „zwei", d. h. es ist dem Zufall überlassen welche zwei dies betrifft. Die Wahrscheinlichkeit, dass noch jemand am gleichen Tag wie z. B. Person A Geburtstag hat, ist dagegen nur $\frac{22}{365} \approx 6\%$.

ereignis ε „**mindestens eine Kollision**" bei n Personen folgt

$$\varepsilon \approx 1 - e^{-\frac{n(n-1)}{2}q_2} = 1 - e^{-\frac{n(n-1)}{2}\frac{1}{365}} \tag{9.27}$$

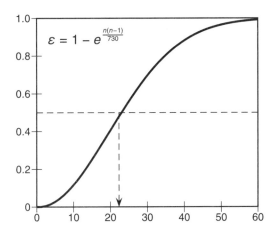

Abbildung 9.10: Wahrscheinlichkeit in Abhängigkeit der Personenzahl

Aus der Abbildung wird relativ schnell deutlich, dass diese zum einen Ähnlichkeit mit der logistischen Funktion hat, und zum anderen, dass tatsächlich relativ wenig Personen nötig sind, um schon eine Wahrscheinlichkeit größer als 30%[26] zu erhalten, was an dem anfänglichen exponentiellen Anstieg der Funktion liegt. Umstellen nach der Anzahl der Personen n liefert

$$e^{-\frac{n(n-1)}{2\cdot365}} = 1 - \varepsilon \quad \|\ln\ldots \tag{9.28}$$

$$-\frac{n(n-1)}{2\cdot365} = \ln(1-\varepsilon) \tag{9.29}$$

$$-n^2 + n = 730\cdot\ln(1-\varepsilon) \tag{9.30}$$

$$n^2 - n = \frac{730}{\ln(1-\varepsilon)} \tag{9.31}$$

Unter Beachtung der Tatsache, dass $n \gg 1$ gilt und daher $n^2 \gg n$, kann näherungsweise n in obiger Gleichung vernachlässigt werden, womit sich für ε ergibt:

$$n \approx \sqrt{730\cdot\ln\frac{1}{1-\varepsilon}} = 27\sqrt{\ln\frac{1}{1-\varepsilon}} \tag{9.32}$$

Für $\varepsilon = 0.5$ ergibt sich dann $n = 22,3$ aufgerundet auf die bereits angegebenen 23 Personen. Bei 22 Personen sind es nur ca. 47%.

---

[26]bei 17 Personen sind es 31%.

Das Vorgehen entspricht der Brute-Force-Attacke, unterscheidet sich jedoch in einem wesentlichen Punkt: Die bereits ermittelten Hashwerte werden nicht vernichtet, sondern in einer sortierten Liste gespeichert. Ein neu ermittelter Hashwert stellt sofort Teil eines Kollisionspaares dar, sobald „sein" Platz in der Liste „besetzt" ist. Bei 40 Bit langen Hashwerten kommt man mit diesem Verfahren relativ schnell zum Ziel, denn bei 1099511627776 möglichen Hashwerten braucht man bei einem Rechner, der z. B. pro Sekunde 10.000 Hashwerte berechnen kann, lediglich ca. 1,5 Stunden, um zu einer Wahrscheinlichkeit von 50% zu kommen. Bei 128-Bit Hashwerten sind dagegen immer noch 2^{127} verschiedene Hashwerte nötig, um mit einer Wahrscheinlichkeit von 50% eine Kollision zu finden.

10 Identifizieren

Inhalt

Nach dem die beiden Themen Verschlüsseln und Signieren von Dokumenten behandelt wurden, bleibt noch das wesentliche Thema der Identifikation. In fast allen Bereichen des täglichen Lebens gilt es, sich zu identifizieren, was im einfachsten Fall dadurch geschieht, dass die Gegenseite, der Verifizierer, einen persönlich kennt. Somit hat man sich durch das bloße *Sein* identifiziert, das eigene *Ich* war der Beweis. Andere Situationen, in denen Beweise der Identifikation zu erbringen sind, gibt es zuhauf, z. B. bei einer Passkontrolle, beim Geld abheben, in der Bücherei, usw.

10.1 Passwort

Die bekanntesten Systeme, die Passwörter verlangen, sind Multiuseranlagen unter Windows NT/XP oder Unix[1]. Der Benutzer haftet voll für die Güte seines Passwortes und wird vom System nur dahingehend unterstützt, dass man eine Mindestlänge, einen Mindestschwierigkeitsgrad oder eine maximale Gültigkeitsdauer vorschreibt.[2] Sämtliche Passwörter werden als $f(p)$ gespeichert, wobei f eine Einwegfunktion darstellt (vgl. Abschnitt 9.2 auf Seite 209). Somit muss die Passwortdatei prinzipiell nicht gesondert geschützt werden, wenn alle Benutzer sich an die Regeln für ein *gutes* und *sicheres* Passwort halten. So ist z. B. *Automechaniker* trotz seiner vielen Zeichen **kein** gutes Passwort, denn es findet sich in jedem besseren Lexikon der deutschen Sprache, womit Angreifer ein leichtes Spiel

---

[1] Einschließlich aller Unix-Derivate.
[2] Z. B. mindestens sechs Zeichen mit mindestens je einem numerischen und je einem alpha-Zeichen und maximal drei Monate gültig.

haben, denn sie können ein zweites Lexikon erstellen, welches eine Kopie des ersten ist, nur eben mit den Hashwerten *f(p)* und den zugehörigen Klartextwerten *p*. Ein Passwort *Auto-mechaniker* ist dagegen erheblich sicherer, aber immer noch nicht sicher genug, da es wesentlich aus Teilen von Wörterbucheinträgen besteht. *BWMZ3-Mechaniker* macht die Sache schon erheblich schwieriger, weil ein numerisches Zeichen und ein Buchstabendreher vorhanden sind. Es kann allgemein als sicheres Passwort gelten! Die Ausgabe der Onlinehilfe man passwd liefert unter anderem folgenden Hinweis:

```
───────────── Hints for user passwords ─────────────
The  security  of  a password depends upon the strength of
the encryption algorithm and the size of  the  key  space.
The  UNIX System encryption method is based on the NBS DES
algorithm and is very secure.  The size of the  key  space
depends  upon  the  randomness  of  the  password which is
selected.

Compromises in  password  security  normally  result  from
careless password selection or handling.  For this reason,
you should select a password which does not  appear  in  a
dictionary  or  which  must be written down.  The password
should also not be a proper  name,  your  license  number,
birth  date,  or street address.  Any of these may be used
as guesses to violate system security.

Your password must easily remembered so that you will  not
be  forced  to  write it on a piece of paper.  This can be
accomplished by appending two  small  words  together  and
separating  each  with  a special character or digit.  For
example, Pass%word.

Other methods of construction involve selecting an  easily
remembered  phrase from literature and selecting the first
or last letter from each.  An example of this is

    Ask not for whom the bell tolls.

which produces

    An4wtbt.

You may be reasonably sure few crackers will have included
this  in  their  dictionary.  You should, however, select
your own methods for constructing passwords and  not  rely
exclusively on the methods given here.
```

Durch diese Einwegverschlüsselung der Passwörter, braucht die entsprechende Datei unter Linux /etc/shadow nicht sonderlich geschützt zu werden. Einen Auszug aus einer Passwortdatei des Linuxsystems zeigt keine Informationen über die Art des Passworts:

```
───────────── Datei /etc/shadow ─────────────
root:  /VK7evQWgKH.Y:10571:0:10000::::
voss:  siskLrBgaWWDU:10941:0:10000::::
jana:  yMZ1yR5KD.W4w:11055:0:10000::::
tu:    DlDUoZsAjq.NI:10778:0:10000::::
demo:  JcO.JCdWns116:10884:0:10000::::
hv:    ImbWswV5/cYgc:10952:0:99999:7:0::
beer:  ZhuVze31SerJU:11073:0:99999:7:0::
```

```
josef:Il5wEwkMzvi1s:11074:0:99999:7:0::
maria:CnHUlu.WwUvl.:11074:0:99999:7:0::
```

Sowohl User „Josef" als auch Userin „Maria" haben beide das völlig unsichere Passwort „0" und wurden beide unmittelbar hintereinander eingerichtet. Trotzdem zeigen sich erhebliche Unterschiede im Passwort. Zur besseren Übersicht wurde vor einigen verschlüsselten Passwörtern jeweils Leerzeichen eingefügt. Dadurch wird offensichtlich, dass bei Unix-(Linux-)systemen alle verschlüsselten Passwörter 13 Zeichen lang sind. Bei Festlegung eines Passworts ermittelt das System eine 12 Bit lange Zufallszahl, indem einfach die Systemzeit ausgelesen wird. Diese wird einfach an das eingegebene Passwort angehängt. Sowohl das 64-Bit lange verschlüsselte Passwort als auch die 12 Bit lange Zufallszahl werden zusammen in der Passwortdatei abgespeichert. Versucht sich jetzt ein User in das System einzuloggen, so wird diese Zufallszahl erst vom gespeicherten verschlüsselten Passwort abgespalten und an das beim Einlogversuch angegebene Passwort angehängt. Dieses wird verschlüsselt und mit den verbleibenden 64 Bit des gespeicherten Passworts verglichen. Durch die Zufallszahl gibt es insgesamt 2^{12} Möglichkeiten, ein und dasselbe Passwort zu verschlüsseln.

10.2 PIN

Analog zu den Passwörtern besteht prinzipiell ein systembedingter Widerspruch zwischen einer einfachen und andererseits sicheren *Personal Identification Number*, der so genannten PIN, die zu jeder Scheckkarte gehört und den rechtmäßigen Inhaber durch Angabe derselben authentifizieren soll. Einfache PINs beziehen sich in der Regel auf die Anzahl der Zeichen bzw. bei den gängigen europäischen Scheckkarten (z. B. EC-Karte) auf die Anzahl der Ziffern. Wie so oft wurde auch hier ein Kompromiss getroffen, der nicht immer ungeteilten Zuspruch findet, ohne den es letztlich aber nicht geht, denn wer möchte schon eine 100-stellige Geheimzahl auswendig lernen [31].

Jede der nach ISO-4969 genormten Chipkarten enthält drei parallele Spuren auf dem Magnetstreifen, die jedoch hinsichtlich ihrer Bedeutung unterschiedlich sind. Zum einen haben diese Spuren unterschiedliche Bit-Dichten:

- Auf Spur 1 und 3 beträgt die Bit-Dichte $210bpi$[3], was in den europäischen SI-Einheiten $8,3\frac{\text{Bit}}{\text{mm}}$ entspricht;
- Auf Spur 2 beträgt die Bit-Dichte $75bpi$, was $3,0\frac{\text{Bit}}{\text{mm}}$ entspricht.

Spur 2 ist wegen der geringen Bitdichte und somit geringen Lesefehlern besonders für Durchzugslesegeräte geeignet, die nur Daten mit geringer Bitdichte lesen

---

[3]**bpi**: bits per inch.

können. Derartige Durchzugsleser befinden sich z. B. an vielen Eingangstüren zu Geldautomaten.

Die Darstellung der Zeichen auf der Spur 1 erfolgt mit 7-Bit inklusive eines Paritäts-Bits, welches die Daten-Bits auf ungerade Parität ergänzt.[4] Damit lassen sich auf dieser Spur insgesamt $2^6 = 64$ verschiedene alphanumerische Zeichen unterbringen. Auf den Spuren 2 und 3 werden die Zeichen dagegen mit 5-Bit inklusive einem Paritäts-Bit kodiert. Durch die im Prinzip nur 4-Bit umfassende kodierte Darstellung der Zeichen lassen sich nur numerische Zahlen im BCD-Code[5] darstellen. Daraus folgt für die Anzahl der maximal zu speichernden Zeichen auf den einzelnen Spuren:

Spur 1: max 79 alphanumerischen Zeichen (aus einer Menge von 64); im einzelnen:

Format Code (FC)[6]	1 Zeichen
Primary Account Number (PAC)[7]	19 Zeichen
Fiel Separator - Trennzeichen(FS)	1 Zeichen
Name des Karteninhabers	$2 \leq$ Zeichen ≤ 26
Fiel Separator - Trennzeichen(FS)	1 Zeichen
Expiration Date (ED)	4 Zeichen
Service Code (SC)[8]	3 Zeichen
Discretionary Data (DD)	21 Zeichen
Summe: 75 Zeichen	

Spur 2: max 40 numerische Zeichen (aus einer Menge von 16); im einzelnen:

Primary Account Number (PAC)[9]	19 Zeichen
Fiel Separator - Trennzeichen (FS)	1 Zeichen
Country Code - Länderschlüssel (CC)[10]	3 Zeichen
Expiration Date (ED)	4 Zeichen
Service Code (SC)	3 Zeichen
Discretionary Data (DD)	3 Zeichen
Summe: 33 Zeichen	

Spur 3: max 107 numerische Zeichen; im einzelnen:

Format Code (FC)[11]	1 Zeichen
Primary Account Number (PAC)[12]	$3 \leq$ Zeichen ≤ 11
Fiel Separator - Trennzeichen(FS)	1 Zeichen

---

[4] Entspricht der ungeraden Parität beim DES-Schlüssel, siehe Gleichung 5.38 auf Seite 75.

[5] **BCD**: Binary Coded Decimal.

[6] Kennzeichnet das folgende Datenformat auf der Spur. Das hier angegebene Format bezieht sich auf den Format Code „B", der für Kreditkarten gilt, festgelegt in ISO 4909.

[7] Bankleitzahl und Kontonummer.

[8] Legt die Optionen der Kreditkarte fest, z. B. hinsichtlich Kredithöhe.

[9] Bankleitzahl und Kontonummer.

[10] Definiert in ISO3166. Deutschland hat den Länderschlüssel 276.

[11] Entspricht Spur 1.

[12] Zusammengesetzt aus Geldinstitut, Kontonummer und Prüfziffer, festgelegt in ISO 7812.

Country Code - Länderschlüssel (CC)[13]	3 Zeichen
Currency Code - Standardwährung[14]	3 Zeichen
Currency Exponent[15]	1 Zeichen
Cycle Values[16]	14 Zeichen
Retry Count - Anzahl Fehlversuche	1 Zeichen
PIN Control Parameters[17]	6 Zeichen
Interchange Control (IC)[18]	1 Zeichen
Restrictions for PAN[19]	6 Zeichen
Expiration Date - Ablaufdatum (ED)	4 Zeichen
Card Sequence Number - Kartenfolgenummer (CSN)[20]	1 Zeichen
Card Security Number (CSN)[21]	9 Zeichen
Additional Data - Zusatzangaben[22]	44 Zeichen
Summe: 106 Zeichen	

Gelesen werden die Bits immer in der Reihenfolge LSB (least significant bit) -
MSB (most significant bit), wobei letzteres immer dem Paritätsbit entspricht.[23]
EC-Karten verwenden die Spuren 2 und 3, Kreditkarten aber die Spuren 1 und 2,
wobei im Prinzip nur die Informationen auf Spur 2 wirklich genutzt werden müssen, denn in den häufigsten Fällen interessieren beim so genannten Lastschrift-
Einzugsverfahren nur Bankleitzahl und Kontonummer, die auf Spur 2 gespeichert
sind.

Nachdem in aller Kürze der formale Aufbau der Magnetkarte geklärt wurde, soll
die Frage der auf der Karte gespeicherten Informationen behandelt werden. Dabei ist es letztlich völlig uninteressant, welche Informationen auf der Karte gespeichert sind, denn diese sind ohnehin im Klartext gespeichert und können
daher auch von jedem ausgelesen werden, so er über ein Kartenlesegerät und
die entsprechende Software verfügt. Beides ist, wie `http://salsatecas.de/x/`
`radio101/mcs-data.htm` zeigt, völlig unproblematisch zu beschaffen.

---

[13]Entspricht Spur 1.

[14]Legt fest, in welcher Währung abgerechnet wird, wird durch den Länderschlüssel festgelegt.

[15]Bezogen auf die Basis 10 können damit einfach Vielfache festgelegt werden.

[16]Jeweils ein Wert für die Höhe der Kreditsumme pro Zyklus (z. B. Monat oder Quartal), der Rest
der Kreditsumme im aktuellen Zyklus, der Zyklusbeginn im Format JTTT (letzte Jahresziffer und Jah-
resnummer des Tages) und die Zykluslänge.

[17]Legt die Methode der PIN-Verschlüsselung fest und zusätzlich die verschlüsselte PIN selbst,
entspricht ISO 4909.

[18]Festlegung der Kartenrechte.

[19]Einschränkungen für die erste und weitere zwei Kontonummern.

[20]Wichtig für Familienkarten, wo es z. B. keine Unterscheidungen in Bankleitzahl und Kontonummer gibt.

[21]Kontrollzahl, die die Daten der Spur noch einmal zur Sicherheit miteinander verknüpft hat.

[22]Weitere maximal zwei Kontonummern und zusätzliche Sicherheitsvorkehrungen.

[23]Eine genaue Angabe über die Bitfolge erhält man über `http://radio101.de/radio101/mcs.`
`htm`.

10.2.1 Bildung der PIN

Zuerst wird ein 16 Ziffern umfassender Grunddatensatz erstellt:

1. Bankleitzahl (z. B. Postbank Berlin)	100⟨10010⟩
2. Kontonummer (10 Stellen)[24]	⟨0382910100⟩
3. Kartenfolgenummer	⟨1⟩
Grunddatensatz aus 1-3 bilden (16 Ziffern)	**1001003829101001**

Die 16 dezimalen Ziffern werden nach dem BCD-Prinzip durch 64 Bit kodiert. BCD bedeutet, dass jede Dezimalziffer durch 4 Bit dargestellt wird:

$$Z_{10} = b_3 \cdot 2^3 + b_2 \cdot 2^2 + b_1 \cdot 2^1 + b_0 \cdot 2^0 = (b_3 b_2 b_1 b_0)_2 \qquad (10.1)$$

Sie entsprechen in der hier gewählten Form der allgemeinen binären Darstellung, dem so genannten 8-4-2-1-BCD-Kode. Der Grunddatensatz kann jetzt leicht in eine Bitdarstellung überführt werden:

$$D = \begin{pmatrix} 1 & 0 \\ 0 & 1 \\ 0 & 0 \\ 3 & 8 \\ 2 & 9 \\ 1 & 0 \\ 1 & 0 \\ 0 & 1 \end{pmatrix}_{10} = \begin{pmatrix} 0 & 0 & 0 & 1 & 0 & 0 & 0 & 0 \\ 0 & 0 & 0 & 0 & 0 & 0 & 0 & 1 \\ 0 & 0 & 0 & 0 & 0 & 0 & 0 & 0 \\ 0 & 0 & 1 & 1 & 1 & 0 & 0 & 0 \\ 0 & 0 & 1 & 0 & 1 & 0 & 0 & 1 \\ 0 & 0 & 0 & 1 & 0 & 0 & 0 & 0 \\ 0 & 0 & 0 & 1 & 0 & 0 & 0 & 0 \\ 0 & 0 & 0 & 0 & 0 & 0 & 0 & 1 \end{pmatrix}_2 \qquad (10.2)$$

Der 64-Bit-Block wird jetzt nach dem DES-Verfahren (vgl. Abschnitt 5.2) verschlüsselt, wobei ein nur dem die Kreditkarte ausgebenden Geldinstitut bekannter Schlüssel verwendet wird, der so genannte geheime Institutsschlüssel. Die im Folgenden dargestellte Berechnung der PIN wurde mit Algorithmus PIN_Demo.java durchgeführt, welcher völlig identisch zu dem im Abschnitt 5.2 ausführlich behandelten ist.

Grunddatensatz aus 1-3 bilden (16 Ziffern)	1001003829101001_{16}
Institutsschlüssel[25]	$01fe07ab54cde3f2_{16}$
DES-chiffrierter Datensatz	$701d352e559e442c_{16}$
3.-6. Stelle herausnehmen	$1d35_{16}$
Dezimalisieren und evtl. korrigieren (a=0, b=1, usw.)	1335

Die entsprechende Ausgabe des Algorithmus' PIN_Demo.java zeigt der folgende Bildschirmausdruck:

---

[24]Wird gegebenenfalls mit Nullen aufgefüllt.

[25]Gewählt werden dürfen nur 56 Bit, da pro Byte jeweils ein Pariätsbit vorhanden ist. Der hier angegebene Schlüssel entspricht Gleichung 5.38 auf Seite 75.

```
────────────────── Programmausgabe ──────────────────
voss@maria:~/ecKarte > java PIN_Demo

DES-Schluessel als BigInteger (dezimal): 143560640500851698
(64 Bit) :
00000001 11111110 00000111 10100100 01010100 11000111 11100011 11110010

In Matrixform (Bytefolgen)  :
0 0 0 0 0 0 0 1
1 1 1 1 1 1 1 0
0 0 0 0 0 1 1 1
1 0 1 0 0 1 0 0
0 1 0 1 0 1 0 0
1 1 0 0 0 1 1 1
1 1 1 0 0 0 1 1
1 1 1 1 0 0 1 0

Eine PIN berechnen
------------
Originalwort als BitFeld:
0 0 0 1 0 0 0 0
0 0 0 0 0 0 0 1
0 0 0 0 0 0 0 0
0 0 1 1 1 0 0 0
0 0 1 0 1 0 0 1
0 0 0 1 0 0 0 0
0 0 0 1 0 0 0 0
0 0 0 0 0 0 0 1
Originalwort als BitKette:
00010000 00000001 00000000 00111000 00101001 00010000 00010000 00000001

Das Endergebis:
In Matrixform:
0 1 1 1 0 0 0 0
0 0 0 1 1 1 0 1
0 0 1 1 0 1 0 1
0 0 1 0 1 1 1 0
0 1 0 1 0 1 0 1
1 0 0 1 1 1 1 0
0 1 0 0 0 1 0 0
0 0 1 0 1 1 0 0
Als Bitkette:
01110000 00011101 00110101 00101110 01010101 10011110 01000100 00101100
Als Hexkette:
701d352e559e442c
3-6. Stelle für PIN
1d35
PIN in korrigierter dezimalisierter Form
1335
```

Der einzige noch nicht behandelte Punkt ist die Tatsache, dass bis 1997 keine führende Null als PIN zulässig war, d.h. die PINs mussten im Intervall $1000 \leq PIN \leq 9999$ liegen. Die so genannte Dezimalisierung, die dafür sorgt, dass aus den hexadezimalen „Ziffern" a, b, c, d, e, f entsprechende dezimale $0, 1, 2, 3, 4, 5$ wurden, führte dazu, dass die Häufigkeitsverteilung der einzelnen Ziffern nicht mehr gleichverteilt ist. Für die Ziffern $6, 7, 8, 9$ gilt nach wie vor die Wahrscheinlichkeit von je $p_{6789} = \frac{1}{16} = 0.0625$. Da die Ziffern $2, 3, 4, 5$ und c, d, e, f jeweils gleichberechtigt sind, gilt für die Wahrscheinlichkeit $p_{2345} = \frac{2}{16} = 0.125$.[26] Für die

---

[26] Die Wahrscheinlichkeiten addieren sich, denn es gilt $c = 2$; $d = 3$; $e = 4$; $f = 5$.

Wahrscheinlichkeiten der Ziffern 0 und 1 müssen zwischen der ersten und den anderen Stellen der PIN unterschieden werden, denn die Wahrscheinlichkeit für die Ziffer 0 in der ersten Stelle ist nach Definition gleich Null, da diese Ziffer durch die 1 ersetzt wird. Damit bekommt aber die Ziffer 1 für das Auftreten in der ersten Stelle zusätzlich zu ihrer eigenen (echten) Wahrscheinlichkeit von $\frac{1}{16}$ noch die der Ziffern $0, a, b$ hinzu, womit $p_1 = \frac{4}{16} = 0.25$ gilt. Für die zweite bis vierte Stelle der PIN sind die Ziffern $0, 1$ gleichberechtigt zu den Ziffern $2, 3, 4, 5$, sodass für beide $p_{12} = \frac{2}{16} = 0.125$ gilt.

Diese ungleiche Häufigkeitsverteilung galt als Schwachpunkt der PIN-Bestimmung, sodass ab 1998 zum einen beim Verschlüsseln Triple-DES angewendet wird, und zum anderen alle Ziffern jetzt mit der gleichen Wahrscheinlichkeit auftreten, d. h. die Null darf jetzt ebenfalls als erste Ziffer einer PIN auftreten.

Tabelle 10.1: Auftrittswahrscheinlichkeiten einzelner Ziffern bezogen auf eine einzelne Stelle der PIN

	0	1	2	3	4	5	6	7	8	9
1. Stelle	0	$\frac{4}{16}$	$\frac{2}{16}$				$\frac{1}{16}$			
2.-4. Stelle	$\frac{2}{16}$						$\frac{1}{16}$			

Algorithmus 10.1: PIN-Berechnung

```
1  import java.math.BigInteger;
2  import java.util.Random;
3
4  class PIN_Demo {
5    public static void main (String[] args) {
6      PIN_Demo zeigeDemo = new PIN_Demo();
7    }
8    public PIN_Demo() {
9      byte [][][] SBoxen = new byte [8][4][16];    // die SBoxen 1..8
10     int zeile=0, spalte=0;
11     SBoxen = DES.LiesSBoxen("../SBoxen.dat");
12 //  BigInteger DESSchluessel = new BigInteger("01FE07A454C7E3F2",16);
13     BigInteger DESSchluessel = new BigInteger("0101010101010101",16);
        // Pool-Key
14     String datStr = "1001003829101001";      // 64 Bit;
15     System.out.println("\nDES-Schluessel als BigInteger (dezimal): "+
         DESSchluessel);
16     System.out.print(  "(binär) : ");
17     DES.BigIntAusgeben(DESSchluessel,64);
18     System.out.println("\nIn Matrixform (Bytefolgen)  : ");
19     DES.BigIntAusgeben(DESSchluessel,8,8);
```

```
20    BigInteger C = new BigInteger("0000");
21    C = DES.PC1(DESSchluessel,"C");
22    BigInteger D = new BigInteger("0000");
23    D = DES.PC1(DESSchluessel,"D");
24    System.out.print("\nEine PIN berechnen\n");
25    System.out.print("-----------\n");
26    BigInteger Wort = new BigInteger(datStr,16);
27    BigInteger Links = new BigInteger("0");
28    BigInteger Rechts = new BigInteger("0");
29    System.out.println("Originalwort als BitFeld:");
30    DES.BigIntAusgeben(Wort,8,8);
31    System.out.println("Originalwort als BitKette:");
32    DES.BigIntAusgeben(Wort,64);
33    Wort=DES.initialePermutation(Wort);
34    Links = DES.holeHaelfte(Wort,"<-",64);
35    Rechts = DES.holeHaelfte(Wort,"->",64);
36    BigInteger C1 = new BigInteger("0");
37    BigInteger D1 = new BigInteger("0");
38    BigInteger Ki = new BigInteger("0");
39    int vi;
40    for (int Runde=1; Runde<=16; Runde++) {
41      vi = 2;
42      if ((Runde<3)||(Runde==9)||(Runde==16))
43        vi = 1;
44      C1 = DES.schiebeBigInt(C,28,vi,"<-");
45      D1 = DES.schiebeBigInt(D,28,vi,"<-");
46      Ki = DES.PC2(C1,D1);                    // der
            Rundenschluessel
47      D = Ki.xor(DES.Expand(Rechts));         // Exclusiv-Oder
48      D = DES.PFunc(DES.SBox(D,SBoxen));      // Zwischenergebnis
49      D = Links.xor(D);                       // Links+f(Rechts,K)
50      Links = Rechts;
51      Rechts = D;                             // Runde i erledigt
52      C = C1; D = D1;                         // auf ein Neues!
53    }
54    Rechts = Rechts.shiftLeft(32);
55    Wort = DES.inverseInitialePermutation(Rechts.add(Links));
56    System.out.println("\nDas Endergebis:");
57    System.out.println("In Matrixform:");
58    DES.BigIntAusgeben(Wort,8,8);
59    System.out.println("Als Bitkette:");
60    DES.BigIntAusgeben(Wort,64);
61    System.out.println("Als Hexkette:");
62    System.out.println(Wort.toString(16));
63    System.out.println("3-6. Stelle für PIN");
64    String PIN=Wort.toString(16).substring(2,6);
65    System.out.println(PIN);
```

```
66  System.out.println("PIN in korrigierter dezimalisierter Form");
67  if (PIN.charAt(0) == '0') PIN = "1"+PIN.substring(1,4);
68  for (int i=0; i< PIN.length(); i++)
69    if (PIN.charAt(i) > '9')
70      System.out.print((char)((byte)(PIN.charAt(i))-49));
71    else
72      System.out.print(PIN.charAt(i));
73  System.out.println();
74  }
75 }
```

10.2.2 Anwendung der PIN

Nachdem die Erzeugung einer PIN behandelt wurde, stellt sich die Frage, wie diese im Umgang mit EC- oder Kreditkarten eingesetzt wird. Die Zeit, in der Kreditkarten während der Anwendung nur offline überprüft werden konnten, geht langsam aber sicher vorbei. Es erscheint einsichtig, dass die Online-Überprüfung einer Kreditkarte sicherer ist.

Grundsätzlich erfolgt die PIN-Überprüfung analog zur PIN-Erstellung, nur das man einen anderen Schlüssel nimmt. Dadurch ergibt sich dann aber zwingend eine andere PIN, mit der nur dann weiter gearbeitet werden kann, wenn man schon die erste PIN kennt:

$$PIN_1 = PIN_2 + OffSet \qquad (10.3)$$

Arbeitet man pro Ziffer mit einer Addition modulo 10, dann kann der so genannte OffSet keine negative Zahl sein. Die Bestimmung erfolgt über so genannte Pool-Keys, die ebenfalls geheim gehalten werden, aber im Gegensatz zum Institutsschlüssel allen Kreditinstituten zur Verfügung stehen. Wie der folgende Bildschirmausdruck zeigt, ergibt sich mit einem Poolschlüssel

$$Pool_1 = 0101010101010101_{16} \qquad (10.4)$$

eine nicht-dezimalisierte PIN $c858$. Diese wird jetzt nur insofern korrigiert, als die Buchstaben wieder in ihre analogen Ziffern übersetzt werden. Eine führende Null bleibt dagegen bestehen und wird jetzt nicht durch die Ziffer 1 ersetzt.

```
─────────────── Programmausgabe ───────────────
voss@maria:~/ecKarte > java PIN_Demo

DES-Schluessel als BigInteger (dezimal): 72340172838076673
(binär) :
00000001 00000001 00000001 00000001 00000001 00000001 00000001 00000001

[ ... Zwischenergebnisse ... ]
```

```
Als Bitkette:
10110011 11001000 01011000 11010011 00001011 01011001 01100101 00010001
Als Hexkette:
b3c858d30b596511
3-6. Stelle für PIN
c858
PIN in korrigierter dezimalisierter Form
2858
voss@maria:~/ecKarte >
```

Die dezimalisierte PIN lautet jetzt also

$$PIN_2 = 2858 \tag{10.5}$$

Diese wird jedoch nicht auf der Karte gespeichert, sondern nur der OffSet aus Gl. 10.3, womit möglichen Angreifern das Leben zusätzlich erschwert werden sollte:

$$1335 = (2858 + 9587) \mod 10 \tag{10.6}$$

$$OffSet_1 = 9587 \tag{10.7}$$

Da die Magnetkarten im alltäglichen Einsatz ziemlichen Belastungen ausgesetzt waren, hat man gleich drei solcher Offset-PINs auf der Karte gespeichert, was sich als nicht sonderlich glücklich herausstellte, denn dadurch wurde ein Angriff auf die reguläre PIN erheblich vereinfacht [31].

Eingabe der Karten-PIN	1335
Grunddatensatz bilden (16 Ziffern)[27]	1001003829101001_{16}
Poolschlüssel[28]	0101010101010101_{16}
DES-chiffrierter Datensatz	$b3c858d30b596511_{16}$
3.-6. Stelle herausnehmen	$c858_{16}$
Dezimalisieren (a=0, b=1, usw.) zur Pool-PIN	2858
$(PIN_{Pool} + OffSet_{Karte}) \mod 10 \overset{?}{=} PIN_{Karte}$[29]	$(2858 + 9587) \mod 10 = 1335$

Anhand der Berechnung über den Poolschlüssel wird festgestellt, dass die eingegebene Karten-PIN und die aus dem Poolschlüssel und den Daten auf der Karte berechnete Kontroll-PIN übereinstimmen, sodass eine weitere Bearbeitung eventueller Aufträge erfolgen kann. Zu beachten ist noch, dass man bezogen auf den

---

[27] Ergibt sich aus den auf Spur 2 der Karte gespeicherten Informationen: Bankleitzahl - Kontonummer - Kartenfolgenummer (vgl. vorhergehenden Abschnitt 10.2.1).

[28] Alle drei möglichen Poolschlüssel sind gleichberechtigt! Gespeichert sind sie auf der Spur 3 der Karte.

[29] Die Addition erfolgt ausschließlich stellenweise, also ohne Übertrag.

einzelnen Kartenautomaten insgesamt drei Versuche hat, beim vierten Fehlversuch wird die Karte automatisch eingezogen.

10.2.3 Sicherheit

Die größten Sicherheitsbedenken bestehen bei einer EC-Karte selten durch die Berechnungs- oder Überprüfungsverfahren, sondern durch die Anwender selbst. Der häufigste Missbrauch entsteht durch gestohlene Karten, auf denen auch noch die PIN notiert war, damit der Benutzer diese nicht auswendig lernen musste. Technisch gesehen scheint ein Kompromiss zwischen Sicherheit und effizienter Anwendung gefunden worden zu sein, denn Online-Überprüfung und von der Häufigkeit her gleichverteilte PINs erschweren einen professionellen softwaretechnischen Angriff ganz erheblich.

Ab 1998 wird die Berechnung der PIN so durchgeführt, dass eine Gleichverteilung aller möglichen Ziffern gegeben ist, womit die Wahrscheinlichkeit für das Erraten einer PIN bei drei möglichen Versuchen bei $3/9999 \approx 0.03\%$ liegt. Zusätzlich sind noch einmal alle wichtigen Daten auf der EC-Karte zusätzlich verschlüsselt, sodass z. B. auch nicht mehr mit einfachen Kartenlese- und Kartenschreibgeräten die Anzahl der Fehlversuche zurückgesetzt werden kann. Weiterhin wird Triple-DES verwendet, welches in Zukunft durch den in Kapitel 7 beschriebenen AES-Standard ersetzt werden wird, sodass man zusammenfassend sagen kann, dass von der technischen Seite her sicherlich einiges, wenn vielleicht sinnvollerweise auch nicht alles, getan wird, um die Frage der Sicherheit einer Scheckkarte unter dem Aspekt einer sinnvollen Anwendung zu optimieren.

11 Angriffsmethoden

Die einfachste aller Methoden zum feindlichen Entschlüsseln eines Textes ist die so genannte Brute-Force-Methode, die selbst in ihrer trivialen Art selten angewendet wird, sondern bereits Vorüberlegungen zur Optimierung unterworfen wird. Daneben gibt es die Methoden, die sich der Kryptoanalyse bedienen und meistens auf mehrere verschlüsselte und/oder unverschlüsselte Texte angewiesen sind. Im Folgenden wird eine Aufzählung der zur Zeit durch einen Terminus festgelegten feindlichen Entschlüsselungsmethoden angegeben.

Brute-Force-Angriff Der gesamte Schlüsselraum wird untersucht, d. h. der chiffrierte Text wird z. B. bei DES mit allen 2^{64} möglichen Schlüsseln untersucht, bis ein lesbarer Klartext entsteht. Diese Methode setzt die Kenntnis des Verschlüsselungsverfahrens voraus und ist in der Regel nur bei kurzen Schlüsselwortlängen effektiv. Im allgemeinen kann immer noch davon ausgegangen werden, dass bei hinreichend großer Schlüsselwortlänge (> 40 Bit) die Nachricht schneller veraltet als dass der Angriff erfolgreich ist.

Ciphertext-only-Angriff Wie der Name schon sagt, verfügt man ausschließlich über verschlüsselte Texte, die allerdings alle mit demselben Schlüssel chiffriert wurden, was meistens auch nur eine Vermutung darstellt. Aus der Summe der Korrelationen zwischen den einzelnen Texten lässt sich teilweise ein Angriff erfolgreich durchführen. Dieser Angriff stellt größte Anforderungen an den Kryptoanalytiker und ist dennoch der am häufigsten durchgeführte Angriff.

Chosen-cyphertext-Angriff Der Angreifer hat einen Zugang zum Entschlüsselungsmechanismus und kann beliebige verschlüsselte Texte entschlüsseln lassen, weil ihm dazu die Schlüssel bekannt sind. Mit diesen Kenntnissen wird versucht, entweder das der Entschlüsselung zugrunde liegende Verfahren und/oder den unbekannten Schlüssel zu bestimmen.

Chosen-plaintext-Angriff Der Angreifer hat die Möglichkeit, den Klartext auszusuchen, der dann chiffriert wird. Dadurch ist es möglich, ganz bestimmte Klartexte auszuwählen und mit dieser Kenntnis zum einen das Verfahren und den Schlüssel zu bestimmen, mit dem die Klartexte verschlüsselt werden.

Known-plaintext-Angriff Es liegt mindestens ein Chiffretext **mit** zugehörigem Klartext vor. Der Angreifer versucht entweder das Verfahren oder den Schlüssel oder beides zu ermitteln. Diese Methode stellt bei einfachen kryptografischen Protokollen (z. B. Vigenère) eine ernste Gefahr dar.

Für den zivilen Bereich stellt mittlerweile der Brute-Force-Angriff ein starkes Kriterium für die Güte eines Verschlüsselungsverfahrens dar. Durch die Möglichkeiten des Internets ist der Zahl der weltweit vernetzten Computer mittlerweile keine Grenze mehr gesetzt. Als 1997 zum ersten Mal der mit 10.000 US$ prämierte Wettbewerb zum Brute-Force-Angriff auf den 56-Bit DES-Schlüssel gestartet wurde, galt es, eine fast unlösbare Aufgabe zu bewältigen:

> [...]searching for a needle in a haystack, where the haystack is 2.5 miles wide and one mile high.[1]

Man war in der Lage, von den möglichen 2^{25} = 72057594037927936 (72 Quadrillionen, ...) Schlüsseln pro Tag ca. 601 Trillionen zu bearbeiten. Nach insgesamt mehr als 18 Quadrillion untersuchten Schlüsseln wurde auf einem einfachen 90MHz Pentium mit 16 MByte RAM der richtige gefunden, wozu man immer noch mehr als nur ein paar Tage benötigte, nämlich genau 96. Beim zweiten Wettbewerb im Jahre 1998 waren es im ersten Durchgang nur noch 41 Tage, im zweiten Durchgang 2 Tage und 8 Stunden und 1999 nur noch 22 Stunden und 15 Minuten:

> Breaking the previous record of 56 hours, Distributed.Net, a worldwide coalition of computer enthusiasts, worked with the Electronic Frontier Foundation's (EFF)[2] "'Deep Crack'", a specially designed supercomputer, and a worldwide network of nearly 100,000 PCs on the Internet, to win RSA Data Security's DES Challenge III in a recordbreaking 22 hours and 15 minutes. The worldwide computing team deciphered a secret message encrypted with the United States government's Data Encryption Standard (DES) algorithm using commonly available technology. From the floor of the RSA Data Security Conference & Expo, a major data security and cryptography conference being held in San Jose, Calif., EFF's "'Deep Crack'" and the Distributed. Net computers were testing 245 billion keys per second when the key was found.[3]

---

[1] Team of Universities, Companies and Individual Computers Users Linked Over the Internet Crack RSA's 56-Bit DES Challenge, Redwood City, California, June 19, 1997; Pressemitteilung der RSA Corporation http://www.rsa.com

[2] http://www.eff.org/descracker/

[3] RSA Code-Breaking Contest Again Won by Distributed.Net and Electronic Frontier Foundation (EFF); RSA CONFERENCE, SANJOSE, Calif., Jan. 19,1999; Pressemitteilung der RSA Coporation; http://www.rsa.com

Dieser dritte Wettbewerb hatte die unten folgende Aufgabenstellung und konnte von jedem bearbeitet werden.[4] „IV" bedeutet hierbei *Initial Vector*, was sich auf Gl. 5.41 bezieht:

```
Identifier: DES-Challenge-III
Cipher: DES
Start: January 18, 1999 9:00 AM PST
Prize: $10,000
IV: da 4b be f1 6b 6e 98 3d
Plaintext: See you in Rome (second AES Conference, March 22-23, 1999)
Ciphertext:
bd 0d de 91 99 60 b8 8a 47 9c b1 5c 23 7b 81 18 99 05
45 bc de 82 01 ab 53 4d 6f 1c b4 30 63 3c ee cd 96 2e
07 c6 e6 95 99 9c 96 46 5a 95 70 02 02 70 98 bd 41 c2
88 a9 f0 2f 8b e5 48 20 d2 a8 a0 6b bf 93 de 89 f6 e2
52 fd 8a 25 eb d0 7d 96 83 ee a4 2d c8 8d 1b 71
```

Das Ergebnis dieses letzten „offiziellen" Wettbewerbs „DES Chellenge III" ist unter http://www.rsasecurity.com/rsalabs/node.asp?id=2108 zu finden. Die derzeit aktuellen „Wettbewerbe", die jedoch eine andere Zielrichtung haben, sind: „RSA Factoring Challenge"[5] und „Secret-Key Challenge"[6].

What is the RSA Factoring Challenge?

The RSA Factoring challenge is an effort, sponsored by RSA Laboratories, to learn about the actual difficulty of factoring large numbers of the type used in RSA keys. A set of eight challenge numbers, ranging in size from 576 bits to 2048 bits is posted here. Each number is the product of two large primes, similar to the modulus of an RSA key pair.

Factoring a number means representing it as the product of prime numbers. Prime numbers, such as 2, 3, 5, 7, 11, and 13, are those numbers that are not evenly divisible by any smaller number, except 1. A non-prime, or composite number, can be written as the product of smaller primes, known as its prime factors. 665, for example is the product of the primes 5, 7, and 19. A number is said to be factored when all of its prime factors are identified. As the size of the number increases, the difficulty of factoring increases rapidly.

Um zu sehen, um welche Rechenleistungen es hier geht, sei einmal eine Zusammenstellung der RSA Laboratories angegeben, woraus auch leicht zu erkennen ist, warum die ausgesetzen Preise sehr großzügig sind.

Weitere Angriffsmethoden, die sich insbesondere auf die „Personal Identification Number" (PIN) und „Transaction Number" (TAN) beziehen, sind das logische Einklinken in einen Datenverkehr. Ohne dass Server und Client es bemerken, wird

---

[4]http://www.rsasecurity.com/rsalabs/node.asp?id=2108. Fragen zum allgemeinen Ablauf des Wettbewerbs findet man unter http://www.rsasecurity.com/rsalabs/node.asp?id=2109

[5]http://www.rsasecurity.com/rsalabs/node.asp?id=2092

[6]http://www.rsasecurity.com/rsalabs/node.asp?id=2100

versucht, den gesamten Datenverkehr über einen eigenen Rechner laufen zu lassen, um auf diese Weise an die notwendigen Daten zu kommen. Auch auf diesem Sektor sind der „Kreativität" keine Grenzen gesetzt, unmittelbar nach Einführung einer neuen Sicherungsstufe versuchen andere, diese zu umgehen. Im letzten Jahr haben auch einige amerikanische Banken wieder eine neue Richtlinie[7] verabschiedet.

Tabelle 11.1: Geschätzter Rechenaufwand für die Faktorisierung einer Zahl (nach `http://www.rsasecurity.com/rsalabs/node.asp?id=2094`)

Number Length (bits)	Machines	Memory
430	1	trivial
760	$215 \cdot 10^3$	4 GByte
1020	$342 \cdot 10^6$	170 GByte
1620	$160 \cdot 10^{13}$	120 TByte

Das so genannte Phishing[8] ist dagegen eine geradezu primitive Variante, um an PIN und TAN von Onlinekunden heranzukommen und bedient sich dabei auch keinerlei kryptografischer Methoden. Das gleiche gilt für das Pharming[9], welches einfach die Auflösung von Domainnamen zu IP-Adressen im Internet ausnutzt, um so den Anwender fehlzuleiten.

---

[7]`http://www.rsasecurity.com/node.asp?id=2970`
[8]Kunstwort, abgeleitet aus „Password fishing".
[9]Als „DNS Spoofing" bekannt.

A Übungen

Inhalt

A.1 Schiebechiffren

A.1.1 Dekodieren einer Nachricht

Nova Online Teachers[1] hat in der für Amerikaner eigenen Art eine Übungsreihe für einen ersten Einstieg in das Thema Kryptografie erstellt:

> Welcome Teachers to the companion Web site to „Decoding Nazi Secrets" a two-hour NOVA special that chronicles how the Allies succeded in cracking the infamous German message-coding machine, the Enigma.[2]

Die komplette Übungsreihe bezieht sich auf die Enigma, zu der auch interessante Java-Applets angegeben sind.

Aufgabe: Dekodiere den unten stehenden verschlüsselten Text, von dem nur bekannt ist, dass er englischen Ursprungs und zur Zeit des II. Weltkrieges entstanden ist.

Chiffre:																										
Text:	a	b	c	d	e	f	g	h	i	j	k	l	m	n	o	p	q	r	s	t	u	v	w	x	y	z

```
Lx law bxpwnkwgiwky gl Ylgljxc V,
Gy mxe icxo law Cgfjy agzw jczgpwp Uxtgcp gcp gkw
lakwglwcjcq gtt xh Wekxuw. Mxek bxeclkm gcp law oxktp cwwp
mxek awtu! J agzw baxywc mxe nwbgeyw mxe agzw law hjcwyl
sjcpy lx yxtzw law oxktp'y sxyl pjhhjbetl uefftw - WCJQSG.
Mxe seyl oxki dejbitm gcp jc ywbkwl awkw gl Ylgljxc V ecljt
mxe nkwgi law bjuawk.
Rxttm qxxp tebi!
Yjk Ojcylxc Baekbajtt
```

A.1.2 Der Nova-Decoder-Ring

Im ersten Teil wurde ein relativ leicht zu entschlüsselnder Text bearbeitet. Jetzt wird es etwas komplexer:

1. Kopieren der beiden auf der Webseite von NOVA[3] angegebenen Kreisscheiben, ausdrucken und ausschneiden des NOVA Decoder- und des NOVA Cipher-Code-Ringes. Das Fenster, welches als INDEX markiert ist, wird

---

[1] http://www.pbs.org/wgbh/nova/teachersguide/

[2] http://www.pbs.org/wgbh/nova/teachers/activities/2615_decoding.html

[3] http://www.pbs.org/wgbh/nova/teachers/activities/2615_decoding_03.html

ebenfalls ausgeschnitten. Das Arbeiten mit einer Pappe bzw. stärkerem Papier erleichtert das weitere Vorgehen.

2. In die oberen freien Felder der großen Scheibe wird jetzt die Entschlüsselungstabelle nach Tab. A.6 eingetragen, d. h. der Buchstabe Y kommt über S und X über O usw. Danach wird mit dieser großen Scheibe der folgende Text verschlüsselt (die kleine Scheibe bleibt momentan noch unberücksichtigt).

Tabelle A.1: Erweitertes Verschlüsseln des Textes[4]

Chiffre:	C	K	Y																
Klartext:	L	O	O	S	E		L	I	P	S		S	I	N	K		S	H	I	P	S

3. Nun soll diese einfach verschlüsselte Nachricht in eine kompliziertere Chiffre verwandelt werden. Dazu wird die kleinere als *Nova Cipher Ring* bezeichnete Scheibe benötigt. Diese wird über die größere Scheibe gelegt und mit einer Büroklammer, Stecknadel oder ähnlichem in der Mitte befestigt, sodass die Scheiben gegeneinander verschoben werden können. Wichtig ist, dass durch das so genannte kleine Indexfenster die auf der großen Scheibe vorhandenen Zahlen zu erkennen sind.

4. Es ist leicht zu erkennen, dass für den Fall, dass im Indexfenster die Zahl 1 sichtbar ist, dieselben Verhältnisse vorliegen wie unter Punkt 2, denn die Buchstaben von großer und kleiner Scheibe liegen übereinander.

   Mit der NOVA-Scheibe ist es jetzt möglich, vor jedem Verschlüsseln einen anderen Index zu wählen, z. B. *Index* = 3, d. h. die kleinere Scheibe wird solange gedreht, bis diese Zahl im Fenster sichtbar ist. Dem ersten Buchstaben des Klartextes *LOOSE LIPS SINK SHIPS*, dem „L" entspricht jetzt der Buchstabe C.

5. Zusätzlich zum Index-Startwert wird noch ein Index-Inkrementierungswert festgelegt ($\leq I \leq 26$), z. B. $\Delta I = 1$. Dieser Wert gibt den Abstand des Index-Wertes pro zu verschlüsselndem Buchstaben an. Dem ersten zu verschlüsselnden Buchstaben „L" entsprach das „C". Die Kombination $Ch = 3/1$ kann als Schlüssel aufgefasst werden und ist für ein schnelles Entschlüsseln sehr wichtig. Vor dem nächsten zu verschlüsselnden Buchstaben wird die kleine Scheibe um eine Einheit nach rechts verschoben, sodass im Indexfenster jetzt die Zahl $I = 1 + \Delta I = 4$ erscheint. Über dem Buchstaben „O" steht jetzt das „K". Wieder wird die Scheibe um $\Delta I = 1$ Einheit nach rechts verschoben, es erscheint die 5 im Indexfenster. Dem dritten Buchstaben, wieder ein „O", wird jetzt das „Y" zugeordnet. Vervollständige die folgende Tabelle, in der die ersten drei verschlüsselten Klartextzeichen bereits eingetragen sind:

---

[4]Entspricht polyalphabetischer Verschlüsselung.

Tabelle A.2: Erweitertes Verschlüsseln des Textes[5]

Chiffre:	C	K	Y																
Klartext:	L	O	O	S	E		L	I	P	S		S	I	N	K		S	H	I	P	S

6. Betrachte den verschlüsselten Text und erkläre, warum die Strategie aus Abschnitt A.1.1 hier völlig versagt.

7. Erkläre, wie im Einzelnen jetzt der Dechiffrierungsvorgang vonstatten geht. Wie könnte man die NOVA-Ringe verändern, sodass dieser Vorgang des Entschlüsseln schneller vonstatten geht?

A.1.3 Bestimmen der Schlüsselwortlänge über die Häufigkeitsverteilung

Abb. A.1 zeigt die Häufigkeitsverteilung eines 178054 Zeichen umfassenden Textes[6] unter Berücksichtigung aller Zeichen, jedes zweiten, dritten, usw bis jedes 16. Zeichens. Welche Schlüsse lassen sich daraus auf die Länge des Schlüsselwortes ziehen? Aufgetragen sind die jeweiligen relativen Häufigkeiten!

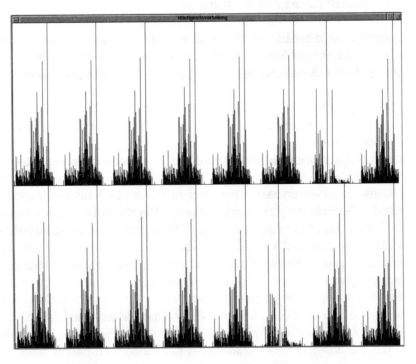

Abbildung A.1: Zeichenstatistik zu Abschnitt A.1.3

---

[5] Entspricht polyalphabetischer Verschlüsselung.

[6] Datei kryptologie.txt, die sich auf der beiliegenden CD befindet.

A.1.4 Bestimmen der Schlüsselwortlänge über Buchstabenkombinationen (Kasiskitest)

Der folgende verschlüsselte Text sei gegeben! Man weise auf geeignetem Weg (Kasiskitest) nach, dass das Schlüsselwort aus sieben Buchstaben besteht (nach [48]).

```
PWTMYTBADKDGPWPFYWFGUESOTLUPNVYWAPKCSOOJWWASTL
SUZUSJMJBBRSTIMGPYSXOJWWASMMZQLCHJQWGYDHKOJWWA
STMFPADWIPVKLHONZWPDPWRAAGQPRKNJCNPKGPJJLTHYOW
OHPGYJWCUEKUZLGAOWKHOGPESMZMRWPBKVFVZTQNLAGSFS
MVWTDPWRAAGQPRKNJCNPTGTKEOMSGVLYVCHKBVKLOFOBLG
NCIVXWPLYBZAAEOOWKEWEODZKZOGPWGOMSWMPWTIFFLCTU
TYGUOSLZSILYOHEWEODSRVVYHSFAVVHHWGIPTGHYHCWJVL
ERGJWKPDHGJWTUTQNBXGZEUKTWIAZPPMOGPWGJQWGYDHKN
JCNPSOVWTZPFOMNQUQFGOWPYTQNBAIVOSXNSNZNVHMSPAH
CXBWVDTFJRWFLASXAGPHYHCWJVLEOANWKUPTXIYGUFFSQL
LHZRKZFGPYTXIYGUOWKVAEOEAOBBCVOSXVWKUMSGVLYVCH
KBOGYOSTSGGUYSTAAPKYWIPLBBRSRIKULYJUVWKUPFHMDK
LMWMMFRLCGUVKQSWAGVVWYNVLZSILYROMKKJSBAZSWMOWK
HMILSCKZAIRPWZHMGPYSXLWTNCIVXWPIPNOMZGUSSXIMUI
PYUUEGUKICMDEOPFMZMRWPGOMYGOZSXBOKLGWKTWHYLUKV
EWZDAGVEKUOSYBWPZDHKTDGUFBJEWNJSSLZSILYYUMFPAP
AGVKVLWZKV
```

A.1.5 Bestimmung eines Schlüssels über Häufigkeitsverteilungen

Zur besseren Übersicht ist der vorstehende Text nochmal in Blöcke eingeteilt, die sich aufgrund der Schlüsselwortlänge von sieben ergeben:

```
PWTMYTB ADKDGPW PFYWFGU ESOTLUP NVYWAPK CSOOJWW
ASTLSUZ USJMJBB RSTIMGP YSXOJWW ASMMZQL CHJQWGY
DHKOJWW ASTMFPA DWIPVKL HONZWPD PWRAAGQ PRKNJCN
PKGPJJL THYOWOH PGYJWCU EKUZLGA OWKHOGP ESMZMRW
PBKVFVZ TQNLAGS FSMVWTD PWRAAGQ PRKNJCN PTGTKEO
MSGVLYV CHKBVKL OFOBLGN CIVXWPL YBZAAEO OWKEWEO
DZKZOGP WGOMSWM PWTIFFL CTUTYGU OSLZSIL YOHEWEO
DSRVVYH SFAVVHH WGIPTGH YHCWJVL ERGJWKP DHGJWTU
TQNBXGZ EUKTWIA ZPPMOGP WGJQWGY DHKNJCN PSOVWTZ
PFOMNQU QFGOWPY TQNBAIV OSXNSNZ NVHMSPA HCXBWVD
```

```
TFJRWFL  ⒶSXAGPH  YHCWJVL  EOANWKU  PTXIYGU  FFSQLLH
ZRKZFGP  YTXIYGU  OWKVAEO  EⒶOBBCV  OSXVWKU  MSGVLYV
CHKBOGY  OSTSGGU  YSTAAPK  YWIPLBB  RSRIKUL  YJUVWKU
PFHMDKL  MWMMFRL  CGUVKQS  WⒶGVVWY  NVLZSIL  YROMKKJ
SBAZSWM  OWKHMIL  SCKZAIR  PWZHMGP  YSXLWTN  CIVXWPI
PNOMZGU  SSXIMUI  PYUUEGU  KICMDEO  PFMZMRW  PGOMYGO
ZSXBOKL  GWKTWHY  LUKVEWZ  DⒶGVEKU  OSYBWPZ  DHKTDGU
FBJEWNJ  SSLZSIL  YYUMFPA  PⒶGVKVL  WZKV
```

Für jeden Buchstaben wird zuerst die absolute Häufigkeit bestimmt, die sich für die 1. Stelle in einem Block, dann für die zweite, dritte usw. ergibt. So erscheint der Buchstabe A insgesamt 5-mal an der ersten Stelle und 4-mal an der zweiten in den einzelnen Blöcken. Alternativ kann auch ein Algorithmus für diese Art der Häufigkeitsverteilung entwickelt werden.

Die auf der folgenden Seite angegebene Tabelle soll der Ermittlung der Bestimmung der Häufigkeitsverteilungen dienen. Dazu wird für jeden Buchstaben zuerst die absolute Häufigkeit bestimmt, die sich für die 1. Stelle in einem Block, dann für die zweite, dritte usw. ergibt. So erscheint der Buchstabe A insgesamt 5-mal sowohl an der ersten Stelle und 4-mal an der zweiten in den einzelnen Blöcken. Alternativ kann auch ein Algorithmus für diese Art der Häufigkeitsverteilung entwickelt werden.

A.1.6 Entschlüsseln eines Geheimtextes bei unbekanntem Schlüssel

Entschlüssele folgenden Geheimtext:

```
ngltitycelwponifxwikirzbyjglcpjapkxqptbptffbqtqlsbnxdvxyycmzqilz
bwxzglzqjpxutjzbfhpzpblziojtcqsnppobixztfaitvpuenmfrerqkjegipyws
mbysqxxuicwkbltkexxciflletfsidboneyoijwdyrfvpamjreidtrdpbcerwkxe
yllylpzcnkfzbxmyaqjeowcwixifsmyocnbplfsxsmfwtwizjwxwsjjcmbqcljlz
xzvlwmybejwfzcfgpjryatbetyebejtzebwsqzfxmyoxgsgmlwwtvhnrrjbqshqq
aicgjzgstfpidpxishalspjpxwhlvabmepizqtvlzwpldjwlvadsfefqpepbslld
bftcmqycnwowinbktxtwktjxgztyybodeylztyybodqpvxqedicjajmxwwlolnws
wrqhsisjwlqarcfvfaicabgyevlbqjufshsipgipvluiymayssqdmicdfjadwcyl
tvdxmyarhllklzrezvdsfefqpamohitdbfxzvzjxsiqnxtafrtzapnfwmqmeebej
vpaetywlyjeygqmmyolkasiqdsfkxqplalqmosfshmcqnhlzbxejglzattixyaxl
xiepxyapklzpoiqqilaqimdbfskfqpmfjafllebejxcqxskwmpxufiojwlvatxsm
okmrcojwxwsnrriytyeipnlldbiidkonfplqmixwkylpklsxciodapklzpoabjrz
benrrwcylpsfshywqfxwmxxxdwxxxzlfxxtvdzmdplsiqqdzvpnotqlvlylpzktx
```

```
sqklalasnwtjijrzzztywlyjztafgppblzwpfzjtebejwezxnksbinrpaxshepbs
inmpxmeglkxsqpnattixtpmanpjlbrsyaqweemmqenmxuiyvvtrepbrmolijsqwk
jsqglzveiyqidqkxtlkbfrotbfrtvdtzpzfypzwhishvrusyqqnxhqiqeaxbfvlk
fwgwmyzxywtivlefskmizpxzbejioobtjepbyemtblvllrfpwgitapzvtycmvjxs
cpgvtvdnrrglzvdmikqzzbfroulwitvqtxsmztroqqnsywcylpqkmemqqfrealkj
wiqqeylxshjwrbmwtcnrobejtpvkdfpklrmyojtvpikiqzzbtzltqtczcoampexs
hlbifweeejrjwrmegmmqenmadsfzbdipfxhxwglsxsmbikpwcylpbxgppalyllbv
tylzbfwtbtjvpizyyltideqtxyplvajvepbuiyvvbmwtqmiypxainmxxioblftam
xwsgiifxlti froefqpsisjfpklridwcfvjwrheyabjedbofmrpqqmym
```

A.1.7 Übung zu Vigenère

Ein beliebiger Text ist nach Vigenère zu verschlüsseln, z. B. mit dem Alg. 4.1 auf Seite 33 und dem Schlüsselwort „SchluesselWort". Eine entsprechende Bildschirmausgabe findet man auf Seite 36. Eine Entschlüsselung findet sich direkt im Anschluss der betreffenden Seite. Man untersuche jetzt, welchen Einfluss eine fehlerhafte Eingabe des Schlüsselwortes beim Start der Entschlüsselungsmethode hat:

```
java Vig_Decode Schluesselwort
```

Es soll also nur der Buchstabe „W" „falsch" geschrieben werden. Erkläre die Beobachtung!

A.2 DES

A.2.1 Feistelchiffre

Aufgabe: Man verschlüssele das Originalwort nach Gl. 5.1 auf Seite 72 in drei Runden mit folgenden Schlüsseln:

$$f_{K_1} = \begin{pmatrix} 1 & 2 & 3 & 4 \\ 2 & 3 & 4 & 1 \end{pmatrix} \tag{A.1}$$

$$f_{K_2} = \begin{pmatrix} 1 & 2 & 3 & 4 \\ 3 & 4 & 1 & 2 \end{pmatrix} \tag{A.2}$$

$$f_{K_3} = \begin{pmatrix} 1 & 2 & 3 & 4 \\ 1 & 4 & 2 & 3 \end{pmatrix} \tag{A.3}$$

Anschließend entschlüssele man es analog zu obigem Vorgehen (Gl. 5.1).

A.2.2 DES-Schlüssel

Es liege folgender DES-Schlüssel vor:

$$
\begin{array}{cccccccc}
0 & 0 & 0 & 0 & 0 & 0 & 0 & 1 \\
0 & 0 & 0 & 0 & 0 & 0 & 0 & 1 \\
0 & 0 & 0 & 0 & 0 & 0 & 0 & 1 \\
0 & 0 & 0 & 0 & 0 & 0 & 0 & 1 \\
0 & 0 & 0 & 0 & 0 & 0 & 0 & 1 \\
0 & 0 & 0 & 0 & 0 & 0 & 0 & 1 \\
0 & 0 & 0 & 0 & 0 & 0 & 0 & 1 \\
0 & 0 & 0 & 0 & 0 & 0 & 0 & 1
\end{array}
\tag{A.4}
$$

1. Erkläre, wieso es sich um einen gültigen Schlüssel handelt.
2. Wende diesen Schlüssel auf den 64 Bit langen Klartext

$$
0000\ldots0000 \tag{A.5}
$$

an, der nur aus Nullen besteht.
3. Betrachte den verschlüsselten Text und erkläre, ob es sich beim vorliegenden „einfachen" Schlüssel um einen guten oder schlechten handelt.

A.3 PIN-Berechnung

In Abschnitt 10.2.1 auf Seite 244 wurde darauf hingewiesen, dass aufgrund des Berechnungsverfahrens für eine PIN durch die so genannte Dezimalisierung keine Gleichverteilung der einzelnen Ziffern ensteht. Man zeige anhand eines einfachen Simulationsprogramms, welches fortlaufend PINs berechnet, dass diese Aussage korrekt ist. Die Ausgabe soll dabei auch grafisch erfolgen.

Weiterhin zeige man, dass bei dem alten Verfahren der PIN-Berechnung bestimmte PINs häufiger auftreten als andere. Welche PIN hat die größte Wahrscheinlichkeit und welche die kleinste?

A.4 Lösungen

A.4.1 Lösung für A.1.1

Die Häufigkeitsverteilung des ersten Textes liefert:

```
──────────────────── Programmausgabe ────────────────────
voss@maria:~/Kryptologie/Caesar > java CipherDecode ueb0.txt
Lx law bxpwnkwgiwky gl Ylgljxc V,
Gy mxe icxo law Cgfjy agzw jczgpwp Uxtgcp gcp gkw
lakwglwcjcq gtt xh Wekxuw. Mxek bxeclkm gcp law oxktp cwwp
mxek awtu! J agzw baxywc mxe nwbgeyw mxe agzw law hjcwyl
sjcpy lx yxtzw law oxktp'y sxyl pjhhjbetl uefftw -- WCJQSG.
Mxe seyl oxki dejbitm gcp jc ywbkwl awkw gl Ylgljxc V ecljt
mxe nkwgi law bjuawk.
Rxttm qxxp tebi!
Yjk Ojcylxc Baekbajtt

Ermittele die Häufigkeitsverteilung:
A: 16  B: 11  C: 21  D:  1  E: 17  F:  3  G: 21  H:  4  I:  6  J: 18
K: 17  L: 24  M: 10  N:  3  O:  5  P: 13  Q:  3  R:  1  S:  4  T: 16
U:  5  V:  2  W: 34  X: 27  Y: 16  Z:  5

Sortierte Ausgabe:
W: 34  X: 27  L: 24  C: 21  G: 21  J: 18  E: 17  K: 17  A: 16  T: 16
Y: 16  P: 13  B: 11  M: 10  I:  6  O:  5  U:  5  Z:  5  H:  4  S:  4
F:  3  N:  3  Q:  3  V:  2  D:  1  R:  1
Als Zeichenkette: WXLCGJEKATYPBMIOUZHSFNQVDR
voss@maria:~/Kryptologie/Caesar >
```

Unter Beachtung der Tatsache, dass Leerschritte bei diesem Beispiel nicht relevant sind, ergibt sich eine Häufigkeitsverteilung von der die 10 häufigsten Buchstaben in der folgenden Tabelle dargestellt sind:

Tabelle A.4: Die 10 häufigsten Buchstaben

w	x	l	c	g	e	k	a	j	t
32	27	23	19	19	17	17	16	16	16

Bauer zeigt, dass es keine einheitliche Häufigkeitsverteilung der deutschen, englischen und französischen Sprache gibt, was mit Sicherheit wohl auch für alle anderen Sprachen gelten dürfte [4, S.279]. Nimmt man eine der jüngeren Verteilungen, so treten im Englischen die Buchstaben etaoinsrhl am häufigsten auf. Mit der Zuordnung nach Tab. A.5 ergibt sich damit der folgende Text:

Tabelle A.5: Die Zuordnung der Buchstaben von Chiffre und Klartext

Chiffre:	w	x	l	c	g	e	k	a	j	t
Klartext:	e	t	a	o	n	i	s	r	h	l

Bezieht man sich jetzt auf alle 26 Buchstaben, wobei Klein/Großschrift nicht unterschieden wird, so ergibt sich als erster Versuch des entschlüsselten Textes:

```
―――――――――――――――――――― Programmausgabe ――――――――――――
AT AHE UTCEKREIFERD IA DAIANTO J,
ID MTS FOTP AHE OIVND HIWE NOWICEC GTLIOC IOC
IRE
AHREIAEONOX ILL TY ESRTGE. MTSR UTSOARM IOC AHE PTRLC OEEC
MTSR HELG! N HI
WE UHTDEO MTS KEUISDE MTS HIWE AHE YNOEDA
BNOCD AT DTLWE AHE PTRLC'D BTDA CNYYN
USLA GSVVLE -- EONXBI.
MTS BSDA PTRF QSNUFLM IOC NO DEUREA HERE IA DAIANTO J SOA
NL
MTS KREIF AHE UNGHER.
ZTLLM XTTC LSUF!
DNR PNODATO UHSRUHNLL
```

Von diesem ausgehend wird jetzt interaktiv mit dem auf der CD vorhandenen Algorithmus `CipherDecode.java` versucht, die richtige Reihenfolge der Buchstaben herauszufinden. Nach einer gewissen Anzahl von Durchläufen ist dann der Text entschlüsselt, womit sich die folgende Entschlüsselungstabelle Tab. A.6 ergibt:

Tabelle A.6: Entschlüsselungstabelle

Chiffre:	ABCDEFGHIJKLMNOPQRSTUVWXYZ
Klartext:	HCNQUZAFKIRTYBWDGJMLPXEOSV

Da es sich hier um einen relativ kurzen Text handelt, dauert die Entschlüsselung etwas länger, denn die dem Text vorliegende Häufigkeitsverteilung weicht stark von der aus der Literatur ab, mit der der jeweilige Entschlüsselungsprozess begonnen wird:

Tabelle A.7: Vergleich der Häufigkeitsverteilungen

Literatur	ETAOINSRHLDCUMFPGWYBVKXJQZ
Text	EOTNAIURHLSDCYKWPVFMZBGXQJ
Abweichungen	~-------~----------------~-

Einen Auszug aus dem interaktiven Vorgehen zeigt der folgende Bildschirmausdruck.

```
―――――――――――――――――――― Programmausgabe ――――――――――――
voss@maria:~/Kryptologie/Caesar > java CipherDecode ueb0.txt
Lx law bxpwnkwgiwky gl Ylgljxc V,
Gy mxe icxo law Cgfjy agzw jczgpwp Uxtgcp gcp gkw
lakwglwcjcq gtt xh Wekxuw. Mxek bxeclkm gcp law oxktp cwwp
mxek awtu! J agzw baxywc mxe nwbgeyw mxe agzw law hjcwyl
sjcpy lx yxtzw law oxktp'y sxyl pjhhjbetl uefftw -- WCJQSG.
Mxe seyl oxki dejbitm gcp jc ywbkwl awkw gl Ylgljxc V ecljt
mxe nkwgi law bjuawk.
Rxttm qxxp tebi!
```

```
Yjk Ojcylxc Baekbajtt

Ermittele die Häufigkeitsverteilung:
A: 16  B: 11  C: 21  D:  1  E: 17  F:  3  G: 21  H:  4  I:  6  J: 18
K: 17  L: 24  M: 10  N:  3  O:  5  P: 13  Q:  3  R:  1  S:  4  T: 16
U:  5  V:  2  W: 34  X: 27  Y: 16  Z:  5

Sortierte Ausgabe:
W: 34  X: 27  L: 24  C: 21  G: 21  J: 18  E: 17  K: 17  A: 16  T: 16
Y: 16  P: 13  B: 11  M: 10  I:  6  O:  5  U:  5  Z:  5  H:  4  S:  4
F:  3  N:  3  Q:  3  V:  2  D:  1  R:  1
Als Zeichenkette: WXLCGJEKATYPBMIOUZHSFNQVDR
Welche Sprache: (D)eutsch, (E)nglish, (F)rancais? e
Entsprechende Häufigkeitsverteilung: ETAOINSRHLDCUMFPGWYBVKXJQZ

Starte Entschluesselung

AT AHE UTCEKREIFERD IA DAIANTO J,
ID MTS FOTP AHE OIVND HIWE NOWICEC GTLIOC IOC
IRE
AHREIAEONOX ILL TY ESRTGE. MTSR UTSOARM IOC AHE PTRLC OEEC
MTSR HELG! N HI
WE UHTDEO MTS KEUISDE MTS HIWE AHE YNOEDA
BNOCD AT DTLWE AHE PTRLC'D BTDA CNYYN
USLA GSVVLE -- EONXBI.
MTS BSDA PTRF QSNUFLM IOC NO DEUREA HERE IA DAIANTO J SOA
NL
MTS KREIF AHE UNGHER.
ZTLLM XTTC LSUF!
DNR PNODATO UHSRUHNLL

Neuer Versuch (J/N): j
Gib neue Häufigkeitsverteilung ein!
(gleiche Buchstaben müssen nicht wiederholt werden)
ETAOINSRHLDCUMFPGWYBVKXJQZ
 at
EATOINSRHLDCUMFPGWYBVKXJQZ

Starte Entschluesselung

TA THE UACEKREIFERD IT DTITNAO J,
ID MAS FOAP THE OIVND HIWE NOWICEC GALIOC IOC
IRE
THREITEONOX ILL AY ESRAGE. MASR UASOTRM IOC THE PARLC OEEC
MASR HELG! N HI
WE UHADEO MAS KEUISDE MAS HIWE THE YNOEDT
BNOCD TA DALWE THE PARLC'D BADT CNYYN
USLT GSVVLE -- EONXBI.
MAS BSDT PARF QSNUFLM IOC NO DEURET HERE IT DTITNAO J SOT
NL
MAS KREIF THE UNGHER.
ZALLM XAAC LSUF!
DNR PNODTAO UHSRUHNLL

Neuer Versuch (J/N): j
Gib neue Häufigkeitsverteilung ein!
(gleiche Buchstaben müssen nicht wiederholt werden)
EATOINSRHLDCUMFPGWYBVKXJQZ
 o a
EOTAINSRHLDCUMFPGWYBVKXJQZ

Starte Entschluesselung

[ ... ]
```

```
TO THE CODEBREAKERS AT STATION X,
AS YOU KNOW THE NAVIS HAJE INJADED POLAND AND
ARE
THREATENING ALL OF EUROPE. YOUR COUNTRY AND THE WORLD NEED
YOUR HELP! I HA
JE CHOSEN YOU BECAUSE YOU HAJE THE FINEST
MINDS TO SOLJE THE WORLD'S MOST DIFFI
CULT PUVVLE -- ENIGMA.
YOU MUST WORK QUICKLY AND IN SECRET HERE AT STATION X UNT
IL
YOU BREAK THE CIPHER.
ZOLLY GOOD LUCK!
SIR WINSTON CHURCHILL

Neuer Versuch (J/N): j
Gib neue Häufigkeitsverteilung ein!
(gleiche Buchstaben müssen nicht wiederholt werden)
EOTNAIURHLSDCYKWPJFMVBGXQZ
                          z   v
EOTNAIURHLSDCYKWPJFMZBGXQV

Starte Entschluesselung

TO THE CODEBREAKERS AT STATION X,
AS YOU KNOW THE NAZIS HAJE INJADED POLAND AND
ARE
THREATENING ALL OF EUROPE. YOUR COUNTRY AND THE WORLD NEED
YOUR HELP! I HA
JE CHOSEN YOU BECAUSE YOU HAJE THE FINEST
MINDS TO SOLJE THE WORLD'S MOST DIFFI
CULT PUZZLE -- ENIGMA.
YOU MUST WORK QUICKLY AND IN SECRET HERE AT STATION X UNT
IL
YOU BREAK THE CIPHER.
VOLLY GOOD LUCK!
SIR WINSTON CHURCHILL

Neuer Versuch (J/N): j
Gib neue Häufigkeitsverteilung ein!
(gleiche Buchstaben müssen nicht wiederholt werden)
EOTNAIURHLSDCYKWPJFMZBGXQV
                       v     j
EOTNAIURHLSDCYKWPVFMZBGXQJ

Starte Entschluesselung

TO THE CODEBREAKERS AT STATION X,
AS YOU KNOW THE NAZIS HAVE INVADED POLAND AND
ARE
THREATENING ALL OF EUROPE. YOUR COUNTRY AND THE WORLD NEED
YOUR HELP! I HA
VE CHOSEN YOU BECAUSE YOU HAVE THE FINEST
MINDS TO SOLVE THE WORLD'S MOST DIFFI
CULT PUZZLE -- ENIGMA.
YOU MUST WORK QUICKLY AND IN SECRET HERE AT STATION X UNT
IL
YOU BREAK THE CIPHER.
JOLLY GOOD LUCK!
SIR WINSTON CHURCHILL

Neuer Versuch (J/N): n
Fertig!
```

Die Entschlüsselungstabelle
Chiffre : ABCDEFGHIJKLMNOPQRSTUVWXYZ
Klartext: HCNQUZAFKIRTYBWDGJMLPXEOSV

bzw. die zugehörige Verschlüsselungstabelle
Klartext: ABCDEFGHIJKLMNOPQRSTUVWXYZ
Chiffre : GNBPWHQAJRITSCXUDKYLEZOVMF
voss@maria:~/Kryptologie/Caesar >

Der Algorithmus `CipherDecode.java` wird nur durch eine individuelle Entscheidung beendet. Bei der jeweiligen Änderung des Schlüsselalphabets brauchen nur die zu ändernden Zeichen angegeben zu werden, was das Verfahren doch erheblich erleichtert. Eine Unterscheidung zwischen Groß- und Kleinschreibung wird dabei nicht vorgenommen.

Algorithmus A.1: Dekodierungsalgorithmus für vertauschte Buchstaben

```java
class CipherDecode {                          // zaehlt die Buchstaben

  private int[] h = new int[256];    // alle ASCII
  private int[] H = new int[26]; // nur die Buchstaben;
  private String Deutsch = "enirsatdhulgocmbfwkzpvjyxq".toUpperCase();
  private String English = "etaoinsrhldcumfpgwybvkxjqz".toUpperCase();
  private String Francais = "etainroshdlcfumgpwbyvkqxjz".toUpperCase()
    ;
  private int[] nHaufen = new int[26];      // Häufigkeit
  private char[] cHaufen = new char[26];    // welche Zeichen
  static Datei d;
  int i,j,k,sl, bezug;
  String zKette;

  public CipherDecode () {
    char[] alpha = "ABCDEFGHIJKLMNOPQRSTUVWXYZ".toCharArray();
    char[] dummy = new char[26];
    byte[] mtext = d.lies() ;
    for (int i = 0; i < mtext.length; i++ ) {
      h[mtext[i]]++;
      System.out.print((char)mtext[i]);
    }
    for (i=0; i<26; i++)        // klein+GROSS zusammenfassen
      H[i] = h[i+65]+h[i+97];
    System.out.print("\n\nErmittele die Häufigkeitsverteilung:");
    System.out.println();
    for (i=0; i<26; i++) {
      System.out.print((char)(i+65)+":"+IO.intToString(H[i],3)+"   ");
      if (((i+1)%10)==0) System.out.println();
    }
    System.out.print("\n\nSortierte Ausgabe:");
    for (i=0; i<26; i++) {
```

```
32      k=0;
33      for (j=1; j<26; j++)
34        if (H[j] > H[k])
35          k=j;
36      nHaufen[i]=H[k];
37      cHaufen[i]=(char)(k+65);
38      H[k]=0;
39    }
40    System.out.println();
41    for (i=0; i<26; i++) {
42      System.out.print((char)(cHaufen[i])+":"+IO.intToString(nHaufen[i
         ],3)+"   ");
43      if (((i+1)%10)==0) System.out.println();
44    }
45    System.out.print("\nAls Zeichenkette: ");
46    String DataStr = new String(cHaufen);
47    System.out.println(DataStr);
48    System.out.print("Welche Sprache: (D)eutsch, (E)nglish, (F)rancais
         ? ");
49    char Sprache = IO.ZeichenUpCase();
50    String SpracheStr="";
51    System.out.print("Entsprechende Häufigkeitsverteilung: ");
52    switch (Sprache) {
53      case 'D' : System.out.println(Deutsch); SpracheStr=Deutsch;
           break;
54      case 'E' : System.out.println(English); SpracheStr=English;
           break;
55      case 'F' : System.out.println(Francais); SpracheStr=Francais;
           break;
56    }
57    char[] SprData = SpracheStr.toCharArray();
58    do {
59      System.out.println("\nStarte Entschluesselung");
60      for (i=0; i<mtext.length; i++) {
61        if ((i%80) == 0) System.out.println();
62          if ((mtext[i]>64) && (mtext[i]<91))
63            System.out.print(SprData[DataStr.indexOf(mtext[i])]);
64          else
65            if ((mtext[i]>96) && (mtext[i]<123)) {
66              mtext[i]-=32;
67              System.out.print(SprData[DataStr.indexOf(mtext[i])]);
68            }
69          else System.out.print((char)mtext[i]);
70      }
71      System.out.print("\n\nNeuer Versuch (J/N): ");
72      if (!IO.JaNein()) {
73        System.out.print("Fertig!\n\nDie Entschlüsselungstabelle\
```

```
      nChiffre : ");
74    System.out.println(alpha);
75    System.out.print("Klartext: ");
76    for (int i=0; i<26; i++) {
77       dummy[i] = SprData[DataStr.indexOf(i+65)];
78       System.out.print(dummy[i]);
79    }
80    DataStr = new String(dummy);
81    System.out.print("\n\nbzw. die zugehörige
         Verschlüsselungstabelle\nKlartext: ");
82    System.out.println(alpha);
83    System.out.print("Chiffre : ");
84    for (int i=65; i<91; i++)
85       System.out.print(alpha[DataStr.indexOf(i)]);
86    System.out.println();
87    System.exit(0);               // Abbruch
88  }
89    System.out.println("Gib neue Häufigkeitsverteilung ein!");
90    System.out.println("(gleiche Buchstaben müssen nicht wiederholt
         werden)");
91    System.out.println(SprData);
92    dummy=IO.Satz().toUpperCase().toCharArray();
93    for (int i=0; i<dummy.length; i++)
94       if (!(dummy[i]==(' ')))
95          SprData[i]=dummy[i];
96    System.out.println(SprData);
97  } while (true);
98  }
99
100 public static void main( String[] arg) {
101    if (arg.length== 0)  d = new Datei();
102    else                 d = new Datei(arg[0]);
103    new CipherDecode();
104 }
105 }
```

A.4.2 Lösung für A.1.2

Die Verschlüsselung des ersten einfachen Textes kann anhand der großen Scheibe leicht nachvollzogen werden.

Eine völlig andere Verschlüsselung erhält man mit der Scheibe, wenn mit dem Schlüssel *Ch* = 3/1 gearbeitet wird, d. h. beginnend mit dem Index 3 ergibt sich dann bei einer zyklischen Verschiebung um eine Einheit der verschlüsselte Text nach Tab. A.9

Tabelle A.8: Verschlüsselung mit dem Nova-Decoderring

```
Chiffre: | T X X Y W   T J U Y   Y J C I   Y A J U Y
Klartext:| L O O S E   L I P S   S I N K   S H I P S
```

Tabelle A.9: Verschlüsselung mit zyklischer Verschiebung des Alphabets

```
Chiffre: | C K Y V I   Y D U B   P E G M   A V F A T
Klartext:| L O O S E   L I P S   S I N K   S H I P S
```

Mit den Methoden aus Abschnitt A.1.1 kann dieser Text jetzt nicht mehr entschlüsselt werden, denn die dafür notwendigen signifikanten Häufigkeitsverteilungen einer Sprache sind hier nicht mehr vorhanden.

Eine verbesserte Dechiffrierung erhält man, wenn jetzt auf der oberen Scheibe die Buchstaben in ihrer richtigen Reihenfolge anordnet. Ansonsten benötigt man nur die Angaben für das Indexfenster und den Schlüsseltext, um entschlüsseln zu können. Der Schlüsseltext entspricht den Buchstaben, die auf den äusseren Rand der großen Scheibe eingetragen wurden.

A.4.3 Lösung für A.1.3

Die Abb. A.1 auf Seite 258 enthält 16 Häufigkeitsverteilungen, die in zwei Reihen angeordnet sind:

1	2	3	4	5	6	**7**	8
9	10	11	12	13	**14**	15	16

Dabei fällt auf, dass Teilabbildung 7 und Teilabbildung 14 sich von den anderen erheblich unterscheiden, was zu der Vermutung Anlass gibt, dass das Schüsselwort wahrscheinlich sieben Buchstaben lang ist. Anders ausgedrückt bedeutet dies, dass bei einer Verschiebung von jeweils sieben Zeichen sich eine Häufigkeitsverteilung ergibt, wie sie für den unbekannten Klartext vorgegeben ist. Alle anderen Verteilungen sind dagegen das Ergebnis zweier zufälliger Textarten, d. h. diesen liegt keine bestimmte Sprache zugrunde. Bei jedem 21. Zeichen ergibt sich dann wieder eine signifikante Häufigkeitsverteilung.

A.4.4 Lösung für A.1.4

Die Bestimmung der Schlüsselwortlänge nach Kasiski ist die Bestimmung der Wiederholungsfrequenzen einzelner Buchstabenkombinationen. Überprüft man

z. B., wann sich eine Dreierkombination wiederholt, so kommt man für die Zeichenfolgen GPW und APK zu folgendem Ergebnis:

```
  0   PWTMYTBADKD GPW PFYWFGUESOTLUPNVYW APK CSOOJWWASTL
 46   SUZUSJMJBBRSTIMGPYSXOJWWASMMZQLCHJQWGYDHKOJWWA
 92   STMFPADWIPVKLHONZWP DPWRAAGQPRKNJCNP KGPJJLTHYOW
138   OHPGYJWCUEKUZLGAOWKHOGPESMZMRWPBKVFVZTQNLAGSFS
184   MVWT DPWRAAGQPRKNJCNP TGTKEOMSGVLYVCHKBVKLOFOBLG
230   NCIVXWPLYBZAAEOOWKEWEODZKZO GPW GOMSWMPWTIFFLCTU
276   TYGUOSLZSILYOHEWEODSRVVYHSFAVVHHWGIPTGHYHCWJVL
322   ERGJWKPDHGJWTUTQNBXGZEUKTWIAZPPMO GPW GJQWGYDHKN
368   JCNPSOVWTZPFOMNQUQFGOWPYTQNBAIVOSXNSNZNVHMSPAH
414   CXBWVDTFJRWFLASXAGPHYHCWJVLEOANWKUPTXIYGUFFSQL
460   LHZRKZFGPYTXIYGUOWKVAEOEAOBBCVOSXVWKUMSGVLYVCH
506   KBOGYOSTSGGUYSTA APK YWIPLBBRSRIKULYJUVWKUPFHMDK
552   LMWMMFRLCGUVKQSWAGVVWYNVLZSILYROMKKJSBAZSWMOWK
598   HMILSCKZAIRPWZHMGPYSXLWTNCIVXWPIPNOMZGUSSXIMUI
644   PYUUEGUKICMDEOPFMZMRWPGOMYGOZSXBOKLGWKTWHYLUKV
690   EWZDAGVEKUOSYBWPZDHKTDGUFBJEWNJSSLZSILYYUMFPAP
736   AGVKVLWZKV
```

Die Zeichenfolge GPW wiederholt sich nach 246 und 98 Zeichen und die Zeichenfolge APK nach 490 Zeichen. Diese Angaben alleine reichen noch nicht aus, denn diese drei Zahlen haben als gemeinsame Teiler 2 und 7, womit sich auch zwei mögliche Schlüsselwortlängen ergeben. Untersucht man weitere Dreierkombinationen, so ergeben sich unter anderen als Differenzen:

$$21, 28, 49, 56, 77, 91, 108, 119, 168, 189, 231, 246, 280, 343, 427, 476, 490, 550, 553, 637$$

Sämtliche Differenzen müssen Vielfache der Schlüssellänge sein, womit sofort einsichtig erscheint, dass die Schlüsselwortlänge gleich sieben ist. Unter den Differenzen gibt es auch wieder solche, die keine Vielfachen der Schüsselwortlängen sind, sich somit durch Zufall ergeben haben, z. B. 550. Die längste wiederholt auftretende Zeichenfolge ist ebenfalls markiert und umfasst genau 16 Zeichen und wiederholt sich nach 77 Zeichen.

A.4.5 Lösung für A.1.5

Die Bestimmung der Häufigkeitsverteilung führt auf manuellem Weg zu der Tabelle A.10. Einen entsprechenden Algorithmus enthält `Kappa.java`, welcher im

Prinzip nichts weiter ausgibt als die oben angegebene Tabelle. Eingabeparameter sind Dateiname des chiffrierten Textes sowie die Schlüsselwortlänge.

Tabelle A.10: Erstellen einer Häufigkeitsverteilung

		1.	2.	3.	4.	5.	6.	7.
1	A	5	4	3	5	9	0	5
2	B	0	4	0	9	1	2	3
3	C	8	2	3	0	0	5	0
4	D	8	1	0	1	3	0	3
5	E	7	0	0	3	3	6	0
6	F	3	9	0	0	7	2	0
7	G	1	6	10	0	3	25	0
8	H	2	10	3	3	0	2	6
9	I	0	3	3	6	0	7	2
10	J	0	1	5	3	10	1	2
11	K	1	2	20	0	5	10	2
12	L	1	0	3	3	7	1	18
13	M	3	0	5	15	6	0	2
14	N	3	1	4	5	1	2	5
15	O	10	3	10	5	5	1	7
16	P	21	1	1	4	0	12	8
17	Q	1	3	0	3	0	3	2
18	R	2	5	4	1	0	3	1
19	S	5	26	1	1	8	0	2
20	T	5	4	7	6	1	5	0
21	U	1	3	6	1	0	4	15
22	V	0	2	2	16	5	5	4
23	W	5	13	0	4	24	7	6
24	X	0	0	10	2	1	0	0
25	Y	12	2	5	0	5	3	6
26	Z	3	2	2	11	2	0	7

```
──────────────── Programmausgabe ────────────────
voss@maria:~/Kryptologie/Vigenere > java Kappa KasiskiDemo.txt
Schlüsselwortlänge: 7
Verteilung für 1. Stelle
 A  B  C  D  E  F  G  H  I  J  K  L  M  N  O  P  Q  R  S  T  U  V  W  X  Y  Z
 5  0  8  8  7  3  1  2  0  0  1  1  3  3 10 21  1  2  5  5  1  0  5  0 12  3
Verteilung für 2. Stelle
 A  B  C  D  E  F  G  H  I  J  K  L  M  N  O  P  Q  R  S  T  U  V  W  X  Y  Z
 4  4  2  1  0  9  6 10  3  1  2  0  0  1  3  1  3  5 26  4  2  3 13  0  2  2
Verteilung für 3. Stelle
 A  B  C  D  E  F  G  H  I  J  K  L  M  N  O  P  Q  R  S  T  U  V  W  X  Y  Z
 3  0  3  0  0  0 10  3  3  5 20  3  5  4 10  1  0  4  1  7  6  2  0 10  5  2
Verteilung für 4. Stelle
 A  B  C  D  E  F  G  H  I  J  K  L  M  N  O  P  Q  R  S  T  U  V  W  X  Y  Z
 5  9  0  1  3  0  0  3  6  3  0  3 15  5  5  4  3  1  1  6  1 16  4  2  0 11
Verteilung für 5. Stelle
 A  B  C  D  E  F  G  H  I  J  K  L  M  N  O  P  Q  R  S  T  U  V  W  X  Y  Z
 9  1  0  3  3  7  3  0  0 10  5  7  6  1  5  0  0  0  8  1  0  5 24  1  5  2
Verteilung für 6. Stelle
 A  B  C  D  E  F  G  H  I  J  K  L  M  N  O  P  Q  R  S  T  U  V  W  X  Y  Z
 0  2  5  0  6  2 25  2  7  1 10  1  0  2  1 12  3  3  0  5  4  5  7  0  3  0
Verteilung für 7. Stelle
 A  B  C  D  E  F  G  H  I  J  K  L  M  N  O  P  Q  R  S  T  U  V  W  X  Y  Z
 5  3  0  3  0  0  0  6  2  2  2 18  2  5  7  8  2  1  2  0 15  4  6  0  6  7
```

Algorithmus A.2: Absolute Buchstabenhäufigkeiten in Abhängigkeit der Schlüsselwortlänge

```java
import java.awt.*;

class Kappa {                    // zaehlt die Buchstaben
  public static byte [] mtext;
  public static int mlaenge;

  public Kappa() {
    int[] Buchstaben = new int[26];
    System.out.print("Schlüsselwortlänge: ");
    int SWL = IO.ganzeZahl();
    for (int i=0; i<SWL; i++) {      // für jeden Buchstaben ds SW
      for (int j=0; (j<26); j++)        // das Alphabet
        for (int k=i; k<mlaenge;k+=SWL)   // jeden SWL-ten Buchstaben
          if (mtext[k]==(j+65))
            Buchstaben[j]++;

      System.out.println("Verteilung für "+(i+1)+". Stelle");
      for (int j=65; j<91; j++)
        System.out.print(" "+(char)j+" ");
      System.out.println();
      for (int j=0; j<26; j++)
        if (Buchstaben[j]<10) System.out.print(" "+Buchstaben[j]+" ");
        else                  System.out.print(Buchstaben[j]+" ");
      System.out.println();
      Buchstaben = new int[26];
    }
  }

  public static void main( String[] arg) {
    Datei d;
    if (arg.length== 0)  d = new Datei();
    else                 d = new Datei(arg[0]);
    mtext = d.lies();              // Text holen
    mlaenge = mtext.length;
    Kappa app = new Kappa();
  }
}
```

Das Schlüsselwort setzt sich aus den vermuteten sieben Zeichen zusammen

$$s = s_0 s_1 s_2 s_3 s_4 s_5 s_6 \tag{A.6}$$

Unter der Annahme, dass es sich um einen deutschen Text handelt, wird aller Wahrscheinlichkeit nach der Buchstabe s_0 dem L entsprechen, denn der Buchstabe P, der am häufigsten in der ersten Stelle auftritt, ist vom erwarteten Buchstaben E genau 11 Buchstaben entfernt, womit sich aus der Gleichung $P - E = 16 - 5 = 11$ ergibt. Vom Buchstaben A muss also insgesamt 11 Schritte weiter gegangen werden, womit sich der erste Buchstabe des Schlüsselwortes zu L ergibt. Dies dürfte relativ sicher sein, denn der Buchstabe P tritt eindeutig mit der größten absoluten Häufigkeit auf. Für den zweiten und dritten Buchstaben gibt es wieder auffallende Häufigkeiten eines einzelnen Buchstabens, zum einen das S mit 26 Treffern und zum anderen das K für den dritten mit 20 Treffern. Daher ergibt sich wieder analog:

$$2. \quad S - E = 19 - 5 = 14 \rightarrow O \qquad\qquad (A.7)$$

$$3. \quad K - E = 11 - 5 = 6 \rightarrow G \qquad\qquad (A.8)$$

Für den vierten Buchstaben ergibt sich die Schwierigkeit, dass es eigentlich zwei gleich häufig auftretende Buchstaben gibt, 15 mal M und 16 mal das V. Beide kommen daher für den Buchstaben E in Frage. Es bleibt nichts anderes übrig, als sich für einen der beiden Buchstaben zu entscheiden und dann mit dem Kontext eine Kontrolle vorzunehmen. Der fünfte und sechste Buchstabe dürfte wieder eindeutig sein, wohingegen beim letzten vielleicht noch einmal Schwierigkeiten auftreten können, denn auch hier ist keine signifikante Unterscheidung zwischen dem häufigsten und dem zweithäufigsten Buchstaben festzustellen. Auch hier wird sich für einen der beiden entschieden. Somit ergibt sich für die restlichen Buchstaben des Schlüsselwortes:

$$
\begin{aligned}
4. \quad & V - E & = & \quad 22 - 5 = 17 \rightarrow R \\
5. \quad & w - E & = & \quad 23 - 5 = 18 \rightarrow S \\
6. \quad & G - E & = & \quad\ \ 7 - 5 = 2 \rightarrow C \\
7. \quad & L - E & = & \quad 12 - 5 = 7 \rightarrow H
\end{aligned}
\qquad (A.9)
$$

Als Schlüsselwort ergibt sich somit „LOGRSCH", aller Wahrscheinlichkeit nach nicht das korrekte! Zur Sicherheit wird jetzt das vierte Zeichen noch einmal neu berechnet:

$$4. \quad M - E = 13 - 5 = 8 \rightarrow I \qquad\qquad (A.10)$$

Nunmehr lautet das Schlüsselwort „LOGISCH", was zur Vermutung Anlass gibt, dass es sich wohl um das endgültige handelt. Eine Anwendung auf den gesamten verschlüsselten Text bestätigt diese Vermutung:

```
──────────────── Programmausgabe ────────────────
76 79 71 73 83 67 72   Schluesselwort: LOGISCH
EINEGRUPPEVONPERSONENTEILTSICHSOINDREIGRUPPENDASSJEDERZUGENAUEINERGRUPPE
GEHOERTD
Schluesselwort veraendern? (J/N):
Jetzt komplett entschluesseln? (J/N): j
```

```
EINEGRUPPEVONPERSONENTEILTSICHSOINDREIGRUPPENDASSJEDERZUGENAUEINERGRUPPE
GEHOERTDIEERSTEGRUPPENENNTSICHDIEWAHRENWEILSIEJEDEFRAGEWAHRHEITSGEMAESSB
EANTWORTETDIEZWEITEGRUPPENENNTSICHDIELUEGNERWEILSIEJEDEFRAGEFALSCHBEANTW
ORTETDIEDRITTEGRUPPENENNTSICHDIEWECHSLERWEILSIEAUFEINANDERFOLGENDEFRAGEN
ABWECHSELNDWAHRUNDFALSCHBEANTWORTETDABEIISTABERNICHTFESTGELEGTOBJEWEILSD
IEERSTEFRAGEEINERSERIEVONFRAGENRICHTIGODERFALSCHBEANTWORTETWIRDJEDEPERSO
NANTWORTETAUFEINEFRAGENURMITJAODERNEINFRAGENDIENICHTMITJAODERNEINBEANTWO
RTETWERDENKOENNENSINDNICHTZUGELASSENVONEINERBELIEBIGENPERSONSOLLMANDURCH
FRAGENDIESICHNURAUFDIEZUGEHOERIGKEITZUEINERDERGRUPPENBEZIEHENHERAUSBEKOM
MENZUWELCHERGRUPPESIEGEHOERTWIEVIELEFRAGENMUSSMANMINDESTENSSTELLENUNDWEL
CHEFRAGENKOENNTEMANSTELLENR
---- Dateilaenge: 747 Bytes ----
```

A.4.6 Lösung für A.1.6

Da keine weiteren Informationen über diesen Text vorliegen, könnte er sowohl nach Caesar, Vigenère als auch einem der komplexeren Verfahren verschlüsselt sein. Aufgrund dieser fehlenden Angaben bleibt nichts weiter übrig als schrittweise vorzugehen.

Annahme einer monoalphabetische Verschlüsselung

Das Anwenden des Caesar-Algorithmus[7] liefert eine Buchstabenverteilung, die einer der gängigen Sprachen Deutsch, Englisch oder Französisch zugeordnet werden könnte. Wie dem folgenden Bildschirmausdruck entnommen werden kann, gibt es keinen Buchstaben, der sich **auffällig** von den anderen abhebt. Es dürfte sich daher wohl nicht um einen monoalphabetisch verschlüsselten Text handeln!

```
──────────────── Programmausgabe ────────────────
voss@maria:~/Caesar > java CaesarDecode26 ../Vigenere/Uebung6.Chiffre
a: 47   b: 65   c: 34   d: 37   e: 65   f: 63   g: 25   h: 20   i: 78   j: 58
k: 37   l: 92   m: 62   n: 33   o: 35   p: 80   q: 70   r: 44   s: 61   t: 72
u: 10   v: 43   w: 66   x: 77   y: 64   z: 62
voss@maria:~/Caesar >
```

Annahme einer polyalphabetischen Verschlüsselung

Da vom Text weiter nichts bekannt ist, wird einfach der entsprechende Algorithmus 4.8 für die Entschlüsselung polyalpahbetisch verschlüsselter Texte angewendet und das weitere Vorgehen von einer ersten Analyse abhängig gemacht. Es ergibt sich dabei folgendes Ergebnis:

---

[7]Algorithmus CaesarDecode.java berücksichtigt den kompletten erweiterten ASCII, wohingegen bei diesem gewählten Beispiel nur Kleinbuchstaben auftreten und die Zählung mit a = 0 beginnt. Daher wird der hier nicht angegebene Algorithmus CaesarDecode26.java angewendet, der sich jedoch inhaltlich nicht von CaesarDecode.java unterscheidet.

```
──────────── Programmausgabe ────────────
voss@maria:~/Vigenere > java Vigenere_Decode2 Uebung6.Chiffre
Lese Datei ...
──── Verschluesselte Datei: Uebung6.Chiffre (1400 Bytes) ────
Bitte Textart angeben:
alle 256 Zeichen ──────────────────────> 0
alle 256 Zeichen, aber GROSSbuchstaben -> 1
nur GROSSbuchstaben ────────────────────> 2
nur Kleinbuchstaben ────────────────────> 3
nur Buchstaben, aber GROSS/klein ───────> 4
Eingabe: 3
j=0     SL=-1   Kappa=1.0
j=5     SL=5    Kappa=0.062142857142857146
j=10    SL=5    Kappa=0.06428571428571428
j=15    SL=5    Kappa=0.07
j=20    SL=5    Kappa=0.06285714285714286
j=30    SL=10   Kappa=0.05285714285714286
j=35    SL=5    Kappa=0.06142857142857143
j=40    SL=5    Kappa=0.05642857142857142857
j=45    SL=5    Kappa=0.062142857142857146
j=50    SL=5    Kappa=0.060714285714285714
Weitermachen (J/N)? >
Schluesselwortlaenge= 5
.....
───── Die Statistik ────
0:
(106): 12.85%  (116): 9.28%   (110): 8.57%   (102): 7.14%   (121): 6.78%
(113): 6.42%   (115): 6.42%   (120): 5.71%   (122): 5.35%   (119): 5.0%
1:
(105): 10.35%  (120): 10.0%   (101): 8.21%   (114): 7.14%   (109): 6.78%
(115): 6.07%   (119): 6.07%   (112): 5.71%   (108): 5.35%   (118): 4.64%
2:
(112): 12.5%   (108): 10.35%  (121): 8.92%   (101): 7.85%   (116): 6.78%
(115): 6.07%   (122): 5.71%   (100): 5.35%   (99): 4.64%    (111): 4.64%
3:
(109): 10.0%   (98): 8.92%    (105): 8.57%   (118): 8.57%   (119): 7.85%
(97): 6.78%    (122): 6.42%   (113): 5.71%   (112): 5.0%    (116): 5.0%
4:
(98): 11.78%   (108): 11.42%  (102): 8.92%   (120): 8.92%   (113): 7.85%
(105): 5.71%   (107): 5.0%    (111): 5.0%    (112): 4.64%   (101): 4.28%

Starte Entschluesselung ...
Bestimme wahrscheinlichste Anordnung ...
0 0 0 0 0
102 101 108 105 94    Schluesselwort: feli^
icallourworldflatlandnot|ecausewec{llitsobuttomakeitsn{ture}learertoyoum
yh{ppyre
Schluesselwort veraendern? (J/N):
```

Das Ergebnis zeigt eindeutig, dass es wohl sehr wahrscheinlich ein polyalphabetisch verschlüsselter Text ist, wobei die Zählung mit $a = 0$ beginnt. Da das prophylaktisch ermittelte Schlüsselwort „feli^" wahrscheinlich „felix" lautet, wird dies entsprechend eingegeben, statt in der Häufigkeitsliste weiterzugehen! Diese enthält zufälligerweise nicht die Häufigkeit des Buchstabens x, sodass auf diesem Weg ohnehin nicht der letzte Buchstabe des Schlüsselwortes gefunden wird. Nach Eingabe von „felix" als Schlüsselwort erkennt man sofort, dass der englischsprachige Text komplett entschlüsselt ist.

```
───────────────────────── Programmausgabe ─────────────────────────
Schluesselwort veraendern? (J/N): j
Aktuelle Anordnung: 0 0 0 0 0
Neue Anordnung:      felix
102 101 108 105 120   Schluesselwort: felix
icallourworldflatlandnotbecausewecallitsobuttomakeitsnatureclearertoyoum
yhappyre
Schluesselwort veraendern? (J/N): n
Jetzt komplett entschluesseln? (J/N): j


icallourworldflatlandnotbecausewecallitsobuttomakeitsnatureclearertoyoum
yhappyreaderswhoareprivilegedtoliveinspaceimagineavastsheetofpaperonwhic
hstraightlinestrianglessquarespentagonshexagonsandotherfiguresinsteadofr
emainingfixedintheirplacesmovefreelyaboutonorinthesurfacebutwithoutthepo
werofrisingaboveorsinkingbelowitverymuchlikeshadowsonlyhardandwithlumino
usedgesandyouwillthenhaveaprettycorrectnotionofmycountryandcountrymenala
safewyearsagoishouldhavesaidmyuniversebutnowmymindhasbeenopenedtohigherv
iewsofthingsinsuchacountryyouwillperceiveatoncethatitisimpossiblethatthe
reshouldbeanythingofwhatyoucallasolidkindbutidaresayyouwillsupposethatwe
couldatleastdistinguishbysightthetrianglessquaresandotherfiguresmovingab
outasihavedescribedthemonthecontrarywecouldseenothingofthekindnotatleast
soastodistinguishonefigurefromanothernothingwasvisiblenorcouldbevisiblet
ousexceptthestraightlinesandthenecessityofthisiwillspeedilydemonstratepl
aceapennyonthemiddleofoneofyourtablesinspaceandleaningoveritlookdownupon
ititwillappearacirclebutnowdrawingbacktotheedgeofthetablegraduallylowery
oureyethusbringingyourselfmoreandmoreintotheconditionoftheinhabitantsoff
latlandandyouwillfindthepennybecomingmoreandmoreovaltoyourviewandatlastw
henyouhaveplacedyoureyeexactlyontheedgeofthetablesothatyouareasitwereact
uallyaflatlanderthepennywillthenhaveceasedtoappearovalatallandwillhavebe
comesofaryoucanseeastraightlinem
──── Dateilaenge: 1400 Bytes ────
```

A.4.7 Lösung für A.1.7

Die wesentlichen inhaltlichen Grundlagen sind bereits im entsprechenden Kapitel behandelt worden, sodass hier lediglich auf die Problematik des partiell falschen Schlüsselwortes eingegangen wird. Da die Entschlüsselung zyklisch mit dem Schlüsselwort erfolgt, kann auch nur jeweils das falsch entschlüsselt werden, was im Schlüsselwort selbst falsch ist. Somit ist es bei einem relativ langen Schlüsselwort im Prinzip unerheblich, ob ein Zeichen falsch ist oder nicht, denn dies lässt sich durch den Kontext in aller Wahrscheinlichkeit korrigieren, was durch die folgende Programmausgabe bestätigt wird.

```
───────────────────────── Programmausgabe ─────────────────────────
83 99 104 108 117 101 115 115 101 108 119 111 114 116
Schluesselwort: Schluesselwort
Bei dieser.VerschluesselUngsmethode wiRd das originaLe Alphabet eiNfach
horizont
Schluesselwort veraendern? (J/N):
Jetzt komplett entschluesseln? (J/N): j


Bei dieser.VerschluesselUngsmethode wiRd das originaLe Alphabet eiNfach
horizontAl verschoben..Bei einem SchLuessel von s=. wird z.B. deR Buchst
abe "A. um drei BuchStaben nach reChts verschobeN, wird also zU einem "D
```

```
".([Footnote] LaesSt man eine zyKlische VertauSchung zu, so Kann auch na
ch.links verschoBen werden.)  $as gleiche paSsiert mit den.anderen Buchs
Taben im AlphaBet, denn mindEstens fuer eiNen Text als GAnzes muss dieSe
r Schluessel.gleich sein. !m Ende des AlPhabets faengt.es dann wiedeR vo
n vorne an. Aus einem Z Wird dann ein # usw. Da diesEs Verfahren hEute w
egen seiNer sehr leichTen DekodierbaRkeit keine AnWendung mehr fIndet, i
st es Auch maessig uEber eine AnweNdung inenrhalB des ASCII zu.diskutier
en. $as Verfahren Hat also nur nOch historischEn Wert und eiGnet sich ho
ecHstens als EinStieg in das THema KryptologIe.
---- Dateilaenge: 839 Bytes ----
```

Das zudem lediglich die Gross/KleinSchreibung beim Buchstaben „W" vertauscht wurde, ergibt sich hier zudem ein Fehler, der völlig unerheblich zu sein scheint, denn es wird nicht einmal der Kontext benötigt, um einen lesbaren entschlüsselten Text zu erhalten. Nachdem zum ersten Mal der siebte Buchstabe falsch erscheint, ist es dann wegen der Periode jeder weitere 14. Buchstabe.[8]

A.4.8 Lösung für A.2.1

Gegeben ist das Byte-Wort nach 5.1 auf Seite 72:

$$p_0 = 01010110_2 = 56_{16} = 96_{10} \tag{A.11}$$

Dieses wird mit den folgenden drei Funktionen f_k permutiert, d. h. die jeweils erste Zeile gibt die aktuelle Reihenfolge der einen Hälfte an und die jeweils zweite Zeile die neue Anordnung. So wird z. B. mit f_{K_1} folgende Vertauschung für die rechte Hälfte erreicht:

$$f_{K_1}: \quad 0110 \rightarrow 1100 \tag{A.12}$$

Die Feistel-Gleichung ist gegeben durch Gl. 5.3 auf Seite 72, sodass sich für p_1 allgemein folgender Ausdruck ergibt:

$$p_1 = (L_1, R_1) = \left(R_0, L_0 \oplus f_{K_1}(R_0) \right) \tag{A.13}$$

Einsetzen der Bytehälften führt zu:

$$
\begin{aligned}
p_1 &= \quad (0110, \ 0101 \oplus f_{K_1}(0110) \\
&= \quad\quad (0110, \ 0101 \oplus 1100) \\
&= \quad\quad\quad (0110, \ 1001)
\end{aligned}
\tag{A.14}
$$

Ebenso einfach lassen sich die anderen beiden Runden durchführen:

---

[8]das Schlüsselwort „Schluesselwort" hatte 14 Zeichen.

$$p_2 = (1001, 0110 \oplus f_{K_2}(1001))$$
$$= (1001, 0110 \oplus 0110) \tag{A.15}$$
$$= (1001, 0000)$$

$$p_3 = (0000, 1001 \oplus f_{K_3}(0000))$$
$$= (0000, 1001 \oplus 0000) \tag{A.16}$$
$$= (0000, 1001)$$

Somit ergibt sich für den gesamten Verschlüsselungsvorgang

$$p_0 = 01010110_2 = 56_{16} = 96_{10} \rightarrow p_3 = c_0 = 00001001_2 = 09_{16} = 09_{10} \tag{A.17}$$

Das Entschlüsseln erfolgt in der umgekehrten Reihenfolge, d. h. für p_2 gilt jetzt:

$$p_2^* = (R_2, L_2) = (L_3, R_3 \oplus f_{K_3}(L_3)) \tag{A.18}$$

An der Formel ändert sich somit prinzipiell nichts, nur die Schlüssel (Funktionen) f_{K_i} werden in der umgekehrten Reihenfolge angewendet:

$$p_2^* = (0000, 1001 \oplus f_{K_3}(0000))$$
$$= (0000, 1001 \oplus 0000) \tag{A.19}$$
$$= (0000, 1001)$$

$$p_1^* = (1001, 0000 \oplus f_{K_2}(1001))$$
$$= (1001, 0000 \oplus 0110) \tag{A.20}$$
$$= (1001, 0110)$$

$$p_0^* = (0110, 1001 \oplus f_{K_1}(0110))$$
$$= (0110, 1001 \oplus 1100) \tag{A.21}$$
$$= (0110, 0101) = (R_0, L_0)$$

Abschliessend müssen die beiden Hälften nur noch vertauscht werden, um auf den Klartext zu kommen:

$$p_0 = (L_0, R_0) = 01010110 \tag{A.22}$$

Das ganze lässt sich auch mit einem einfachen Algorithmus bewerkstelligen, der durch Algorithmus `Feistel.java` gegeben ist. Als Eingabeparameter werden das Klartext-Byte (ein einzelnes Zeichen) sowie die n Rundenschlüssel (Funktionsparameter) erwartet, wobei die Zahl der Runden anhand der Parameterzahl ermittelt wird.

Algorithmus A.3: Die Feistel-Chiffre

```
 1  class Feistel {          // FeistelChiffre für beliebige Runden
 2
 3    public Feistel (byte p, byte[][] fk) {
 4      System.out.println("Feistel-Netzwerk mit "+fk.length+" Runden");
 5      System.out.println("Klartext: "+IO.byteToBits(p));
 6      byte pLinks = (byte)((p & 0xF0) >>> 4);
 7      byte pRechts = (byte)(p & 0xF);
 8      byte pRneu;
 9      for (int i=0; i<fk.length; i++) {      // die n Schlüssel
10        pRneu = (byte)(pLinks^fKey(pRechts,fk[i]));
11        pLinks = pRechts;
12        pRechts = pRneu;
13      }
14      p = (byte)((pLinks << 4) + pRechts);
15      System.out.println("Chiffre : "+IO.byteToBits(p));
16    }
17
18    byte fKey(byte p, byte[] fk) {
19      byte pNeu = 0;
20      for (int i=0; i<4; i++) {      // die 4 Bits
21  //      byte willi = (byte)(p << (fk[i]-1)); // nur für DEMO
22  //      willi = (byte)(willi & 0x8);
23  //      willi = (byte)(willi >> i);
24  //      pNeu = (byte)(pNeu+willi);
25        pNeu+=(byte)(((p << (fk[i]-1)) & 0x8) >> i);
26      }
27      return pNeu;
28    }
29
30    public static void main( String[] arg) {
31  // arg1: 8 Bit Klartext
32  // arg2: 4 Bit-Schlüssel fk1
33  // arg3:      "    fk2
34  // arg4: ... usw.
35      byte p = (byte)Integer.parseInt(arg[0],2); // über int gehen
36      byte[][] fk = new byte [arg.length-1][4];
37      for (int i=0; i<arg.length-1; i++)
38        fk[i] = arg[i+1].getBytes();
39      for (int i=0; i<arg.length-1; i++)
40        for (int j=0; j<4; j++)
41          fk[i][j]-=48;          // ASCII -> Zahl
42      new Feistel(p,fk);
```

```
43 │   }
44 │ }
```

Die Eingabe von `java Feistel 01010110 2341 3412 1423` führt zu dem durch Gl. A.17 angegebenen Ergebnis.

```
─────────────────── Programmausgabe ───────────────────
voss@maria:~/DES > java Feistel 01010110 2341 3412 1423
Feistel-Netzwerk mit 3 Runden
Klartext: 01010110
Chiffre : 00001001
```

Die Entschlüsselung unterscheidet sich prinzipiell nicht von der Verschlüsselung, sodass kein gesonderter Algorithmus zu entwickeln war, lediglich eine Änderung der Parameter, denn es wird von der Anordnung $p^* = (R_0, L_0)$ ausgegangen. Somit wird der Algorithmus mit `java Feistel 10010000 1423 3412 2341` gestartet, neben einer Links-Rechts-Vertauschung des verschlüsselten Bytes werden die einzelnen Schlüssel in ihrer Reihenfolge umgekehrt.

```
─────────────────── Programmausgabe ───────────────────
voss@maria:~/DES > java Feistel 10010000 1423 3412 2341
Feistel-Netzwerk mit 3 Runden
Klartext: 10010000
Chiffre : 01100101
```

Das Ergebnis ist dann ebenfalls in der Rechts-Links-Reihenfolge und somit noch einmal zu vertauschen, womit dann wieder das Ausgangs-Klartextbyte vorliegt.

A.4.9 Lösung für A.2.2

Nach Gl. 5.38 muss die Summe der Bits in einer Zeile ungerade sein, was für den gegebenen Schlüssel erfüllt ist. In hexadezimaler Schreibweise lautet der Schlüssel $K = 0101010101010101_{16}$. Da für die Teilschlüssel nur die jeweils ersten sieben Bit eines Bytes relevant sind, liegt ein so genannter schwacher Schlüssel vor. Anwendung auf einen „leere" 64 Bit Text liefert das folgende Ergebnis:

```
─────────────────── Programmausgabe ───────────────────
voss@maria:~/Kryptologie > java DES_Beispiel
DES-Schluessel als BigInteger (dezimal): 72340172838076673
(binär mit 64 Bit)  :
  0000000100000001000000010000000100000001000000010000000100000001

In Matrixform (Bytefolgen)  :
0 0 0 0 0 0 0 1
0 0 0 0 0 0 0 1
0 0 0 0 0 0 0 1
0 0 0 0 0 0 0 1
0 0 0 0 0 0 0 1
0 0 0 0 0 0 0 1
0 0 0 0 0 0 0 1
```

```
0 0 0 0 0 0 0 1

C-Matrix aus Schluessel
0 0 0 0 0 0 0
0 0 0 0 0 0 0
0 0 0 0 0 0 0
0 0 0 0 0 0 0

D-Matrix aus Schluessel
0 0 0 0 0 0 0
0 0 0 0 0 0 0
0 0 0 0 0 0 0
0 0 0 0 0 0 0


Ein Beispiel
------------
Originalwort als BitKette:
0000000000000000000000000000000000000000000000000000000000000000

IP  bilden:
0000000000000000000000000000000000000000000000000000000000000000

Die einzelnen Runden mit Ki sowie (Li;Ri):
1. Runde:
0000000000000000000000000000000000000000000000000
0000000000000000000000000000000
00111010111101111000010110110011
2. Runde:
0000000000000000000000000000000000000000000000000000
00111010111101111000010110110011
10110011010110100001010101000010
3. Runde:
00000000000000000000000000000000000000000000000000
10110011010110100001010101000010
00100000011111100011000001000000
4. Runde:
0000000000000000000000000000000000000000000000000
00100000011111100011000001000000
01101100111000101101100001110001
5. Runde:
0000000000000000000000000000000000000000000000000
01101100111000101101100001110001
10000101110001110111110100010110
6. Runde:
00000000000000000000000000000000000000000000000000
10000101110001110111110100010110
11101101011010001110010110101001
7. Runde:
00000000000000000000000000000000000000000000000000
11101101011010001110010110101001
10110101100000011110111111110100
8. Runde:
0000000000000000000000000000000000000000000000000
10110101100000011110111111110100
00110110010110000101000010001000
9. Runde:
0000000000000000000000000000000000000000000000000
00110110010110000101000010001000
11010110010111001110010100101101
10. Runde:
00000000000000000000000000000000000000000000000000
11010110010111001110010100101101
00111101100001101000001011010101
11. Runde:
```

```
000000000000000000000000000000000000000000000000
0011110110000110100001011010101
101001001110011001000101011011011101
12. Runde:
000000000000000000000000000000000000000000000000
101001001110011001000101011011011101
1111011001111111100011100110110010000
13. Runde:
000000000000000000000000000000000000000000000000
1111011001111111100011100110110010000
11010110110110000100111100001000
14. Runde:
000000000000000000000000000000000000000000000000
11010110110110000100111100001000
1010101111001010101001010101000100
15. Runde:
000000000000000000000000000000000000000000000000
1010101111001010101001010101000100
010011100011000001101001101111101
16. Runde:
000000000000000000000000000000000000000000000000
010011100011000001101001101111101
0111110010110010111001111111111110


Das Endergebis:
00001110100101011100011111001011011100110111111111100110100010111
```

Für die einzelnen Runden sind jeweils der Rundenschlüssel und die beiden Block-hälften angegeben. Schwache Schlüssel liefern bekanntlich immer dieselben Run-denschlüssel, die in diesem Beispiel immer aus einer Null-Bitfolge bestehen. An-hand des verschlüsselten Textes kann dagegen keine Aussage darüber getroffen werden, ob der Schlüssel gut oder schlecht ist, denn es lässt sich kein System in der Bitfolge erkennen. Somit ist nur bei Betrachtung des verschlüsselten Textes jeder Schlüssel gleichwertig.

A.4.10 Lösung für A.3

Das PIN-Berechnungsprogramm PIN_Demo.java kann als Grundlage für das Sta-tistikprogramm dienen, es braucht faktisch nur eine „Endlosschleife" erzeugt wer-den, die fortlaufend zufällige Grunddatensätze[9] ermittelt. Da diese ohnehin in ei-ne Bitfolge umgesetzt werden, kann gleich mit der Java-eigenen Random-Funktion eine 64 Bit lange BigInteger erzeugt werden:

```
BigInteger Wort = new BigInteger(64, new Random());
```

Dass hierbei streng genommen auch unzulässige Bit-Kombinationen vorkom-men, denn der Grunddatensatz enthält BCD-kodierte Ziffern, sodass von den 16 möglichen Ziffern nur 10 auftreten, bleibt für die Statistik unerheblich, denn durch die DES-Chiffrierung werden die Bits ohnehin völlig durchmischt.

---

[9]Diese setzen sich bekanntlich aus Bankleitzahl, Kontonummer und Kartenfolgenummer zusam-men.

Häufigkeit einzelner PIN-Stellen

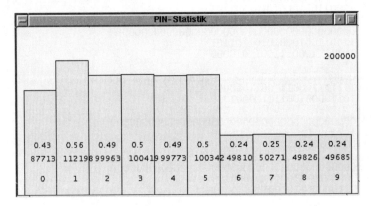

Abbildung A.2: Statistik der Ziffernhäufigkeiten für 200.000 Versuche

Wie die Abbildung zeigt, wird der in Abschnitt 10.2.1 auf Seite 244 angegebene theoretische Zusammenhang fast exakt bestätigt, was vor allen Dingen an der hier extrem hohen Versuchszahl liegt.

Algorithmus A.4: PIN-Statistik der einzelnen Ziffern

```java
import java.math.BigInteger;
import java.util.Random;
import java.awt.*;

class PIN_Statistik extends Frame{
  int[] Ziffern = new int[10];      // Ziffern 0..9
  static int MaxI;

  public static void main (String[] args) {
    if (args.length > 0) MaxI = Integer.parseInt(args[0]);
    else                 System.exit(0);
    PIN_Statistik zeigeStatistik = new PIN_Statistik("PIN-Statistik");
    zeigeStatistik.setSize(520,250);
    zeigeStatistik.setVisible(true);
  }
  public void paint (Graphics g) {
    int max = 0, top = this.getHeight(), topD = top-50;
    double RelWert;
    for (int j=0; j<10; j++)
      if (Ziffern[j] > max) max = Ziffern[j];
    for (int j=0; j<10; j++) {
      RelWert = (double)Ziffern[j]/(double)max;
      g.drawRect(10+j*50,top-(int)(RelWert*topD),50,(int)(RelWert*topD
        ));
    }
```

```
25    for (int j=0; j<10; j++) {
26      g.drawString(Integer.toString(j),35+j*50,top-20);
27      g.drawString(Integer.toString(Ziffern[j]),20+j*50,topD);
28      g.drawString(Double.toString(IO.DM((double)Ziffern[j]/(double)
          MaxI)),25+j*50,topD-20);
29    }
30    g.drawString(Integer.toString(MaxI),this.getWidth()-50,50);
31  }
32
33  public PIN_Statistik(String titel) {
34    super(titel);
35    setBackground(Color.white);
36    byte [][][] SBoxen = new byte [8][4][16];    // die SBoxen 1..8
37    int index;
38    SBoxen = DES.LiesSBoxen("../SBoxen.dat");
39    BigInteger DESSchluessel = new BigInteger("01FE07A454C7E3F2",16);
40    for (int ii=0; ii<MaxI; ii++) {
41      if (ii%100 == 0) System.out.print(".");    // optische Kontrolle
42
43 [ ... all the stuff from PIN_Demo.java ... ]
44
45      String PIN=Wort.toString(16).substring(2,6);
46      if (PIN.charAt(0) == '0') PIN = "1"+PIN.substring(1,4);
47      for (int i=0; i< PIN.length(); i++) {
48        if (PIN.charAt(i) > '9') index = (byte)PIN.charAt(i)- 97;
49        else                     index = (byte)PIN.charAt(i)- 48;
50        Ziffern[index]++;
51      }
52    } // end of for ii
53    System.out.println("\nStatistik");
54    for (int i=0; i<10; i++)
55      System.out.println(Ziffern[i]);
56  }
57 }
```

Häufigkeit einzelner PINs

Der zweite Teil der Aufgabenstellung bezog sich auf die Auftrittswahrscheinlichkeit der PINs als ganze. Dies lässt sich ebenso einfach berechnen, wenn man einfach ein Integerfeld der Größe `int[10000]` definiert (Alg. A.5), denn PINs können nur vierstellig sein. Ansonsten ist der Ablauf identisch zur vorgehenden Fragestellung, wobei nur zum Schluss eine absteigende Sortierung der ermittelten PINs vorgenommen wird. Für eine eventuelle Nachbearbeitung können diese in einer Datei zwischengespeichert werden.

Dargestellt werden in Abhängigkeit der Häufigkeit des Auftretens die ersten 400 und die letzten 400 PINs von den 8999 möglichen.

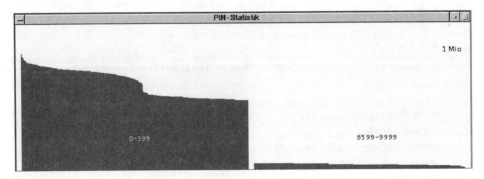

Abbildung A.3: Statistik der PIN-Häufigkeiten für 1 Million Versuche. Aufgetragen sind die 400 am häufigsten und die 400 am seltensten aufgetretenen PINs

Aus der Grafik ist aus praktischen Gründen allerdings nicht erkenntlich, welche PINs dies im einzelnen sind. Die Bildschirmausgabe verdeutlicht dagegen, woher der zu erwartende Einbruch in der Häufigkeit kommt.

```
───────────────────────── Programmausgabe ─────────────────────────
0. 1330: 427
1. 1310: 417
2. 1501: 415
3. 1541: 415
4. 1004: 408
[ ... ]
151. 1211: 356
152. 1443: 356
153. 1214: 355
154. 1402: 355
155. 1413: 355
[ ... ]
214. 1105: 318
215. 1135: 313
216. 4445: 289
217. 3435: 286
218. 5032: 286
219. 2353: 285
[ ... ]
8994. 7877: 8
8995. 8688: 8
8996. 8886: 8
8997. 9698: 7
8998. 9877: 7
8999. 7788: 6
```

Zuerst ist festzustellen, dass die relative Wahrscheinlichkeit für die am häufigsten aufgetretene PIN 1330 $0,42‰$ beträgt, was einer absoluten Häufigkeit von 427 entspricht. Bis zur 215. PIN nimmt die Häufigkeit des Auftretens mehr oder weniger ab, bis mit der 216. eine stärkere Verringerung der Häufigkeit auftritt, nämlich von 313 auf 289. Die ersten 313 PINs haben ausnahmslos eine 1 in der ersten Stelle, was wegen der hohen Auftrittswahrscheinlichkeit dieser Ziffer zu erwarten war. Die PINs mit den geringsten Häufigkeiten sind ausnahmslos Kombinationen der Ziffer 6, 7, 8, 9, denn diese haben jeweils die kleinste Wahrscheinlichkeit für ein Auftreten.

Algorithmus A.5: Absolute Häufigkeit vierstelliger PINs

```java
 1  import java.math.BigInteger;
 2  import java.util.*;
 3  import java.awt.*;
 4  class PIN_Statistik2 extends Frame{
 5    static int MaxPIN=10000, MaxI;
 6    int[] PINFeld = new int[MaxPIN];
 7    int[] PINFeldS = new int[MaxPIN];// die sortierte Liste (Grafik)
 8    public static void main (String[] args) {
 9     if (args.length > 0) MaxI = Integer.parseInt(args[0]);
10     else                 System.exit(0);
11     PIN_Statistik2 zeigeStatistik=new PIN_Statistik2("PIN-Statistik");
12     zeigeStatistik.setSize(1000,250);
13     zeigeStatistik.setVisible(true);
14    }
15    public void paint (Graphics g) {
16      int max = PINFeldS[0], top = this.getHeight(), topD = top-50;
17      double RelWert;
18      int step=0;
19      for (int j=1000; j<MaxPIN; j+=100) {
20        RelWert = (double)PINFeldS[j]/(double)max;
21        g.drawLine(step,top,step,top-(int)(RelWert*topD));
22        if (j%100==0) step++;
23      }
24      g.drawString(Integer.toString(MaxI),this.getWidth()-50,50);
25    }
26    public PIN_Statistik2(String titel) {
27      super(titel);
28      setBackground(Color.white);
29      byte [][][] SBoxen = new byte [8][4][16];   // die SBoxen 1..8
30      int index;
31      SBoxen = DES.LiesSBoxen("../SBoxen.dat");
32      BigInteger DESSchluessel = new BigInteger("01FE07A454C7E3F2",16);
33      for (int ii=0; ii<MaxI; ii++) { // der Grunddatensatz
34
35  [ ... wie in PIN_Statistik.java ... ]
36
37        String PINStr = Wort.toString(16).substring(2,6);
38        if (PINStr.charAt(0) == '0') PIN=1000;
39        else {
40          if (PINStr.charAt(0) > '9') diff=97; // damits schneller geht
41          else                        diff=48; // alles einzeln
42          PIN+=((byte)PINStr.charAt(0)-diff)*1000;
```

```
43        }
44        if (PINStr.charAt(1) > '9') diff=97;
45        else                      diff=48;
46        PIN+=((byte)PINStr.charAt(1)-diff)*100;
47        if (PINStr.charAt(2) > '9') diff=97;
48        else                      diff=48;
49        PIN+=((byte)PINStr.charAt(2)-diff)*10;
50        if (PINStr.charAt(3) > '9') diff=97;
51        else                      diff=48;
52        PIN+=(byte)PINStr.charAt(3)-diff;
53 //       System.out.print(PIN+" ");        // reine Kontrolle
54        PINFeld[PIN]++;                // PIN hochzählen
55      } // end of for ii
56      System.out.println("\nErstelle sortierte Liste: ");
57      String PINStr = "";
58      int PIN=0, vi=0;          // alles sortieren
59      for (int m=0; m<MaxPIN; m++) {  // index muss gespeichert bleiben
60        index=0;              // darum keine Anwendung von
61        if (m%100 == 0) System.out.print(".");// Array.sort()
62        for (int i=1000; i<MaxPIN; i++) {
63          if (PINFeld[i]>index) {
64            index = PINFeld[i];
65            PIN = i;
66          }
67        }
68        PINStr = PINStr + (Integer.toString(PIN)+": "+Integer.toString(
            index)+"; ");
69        PINFeldS[vi++] = PINFeld[index];     // für die Grafik
70        PINFeld[PIN] = 0;            // PIN erledigt!
71      }
72      System.out.println("\nfertig!");
73      Datei p = new Datei();          // sortierte Liste speichern
74      p.schreib(PINStr);
75    }
76 }
```

B Anhang

Inhalt

B.1 Symbole und Abkürzungen

Tabelle B.1: Erklärung der verwendeten Symbole und Abkürzungen

S0,S1,...	8 · 32 S-Boxen (aus 8 Bit werden 32 Bit)
ⓔ	Exclusiv-Oder-Verknüpfung
⊕	Addition; Modulo 32, wenn nicht anders angegeben
⊖	Subtraktion; Modulo 32, wenn nicht anders angegeben
⊙	Multiplikation; Modulo 32, wenn nicht anders angegeben
RotR n	Rotation um n Stellen nach rechts mit $n \in \mathbb{N}$
RotL n	Rotation um n Stellen nach links mit $n \in \mathbb{N}$
RotL f(x)	Rotation um f(x) Stellen nach rechts mit $f(x) \in \mathbb{N}$ (f(x) ergibt sich jeweils durch die Grafik, bzw. durch eine gesonderte Angabe)
RotL c	Rotation um n Stellen nach links mit $c = \log_2(w)$ (w steht für die Wortlänge, die bei fast allen Verfahren 32 Bit beträgt, womit $\log_2 32 = 5$ folgt. RC6 wurde ursprünglich für eine 64 Bit-Wortlänge konzipiert (LongInteger-Typ), dann jedoch auf 32 Bit verändert.)
RotL g	Rotation um g(x) Stellen nach links, wobei g(x) datenabhängig ist
$K_0, K_1, ..., K_n$	Teilschlüssel
Abb.	Abbildungen
Alg.	Algorithmus
Gl.	Gleichung
Tab.	Tabelle

B.2 Mathematische Zusammenhänge

Dieser Abschnitt ist nur für denjenigen von Interesse, der mit einigen mathematischen Begriffen Schwierigkeiten hatte. Diese werden hier noch einmal tabellarisch zusammengestellt und an einigen Beispielen erklärt.

B.2.1 Zahlenbereiche

$\mathbb{N}$: Menge der natürlichen Zahlen $\{0, 1, 2, 3, 4, ...\}$;

$\mathbb{Z}$: Menge der ganzen Zahlen $\{..., -3, -2, -1, 0, 1, 2, 3, 4, ...\}$;

$\mathbb{Q}$: Menge der rationalen Zahlen, entspricht der Menge der ganzen Zahlen, einschließlich aller Brüche;

$\mathbb{R}$: Menge der reellen Zahlen, entspricht den unendlichen positiven und negativen Dezimalbrüchen;

$\mathbb{C}$: Menge der komplexen Zahlen, entspricht der Summe einer reellen und einer imaginären Zahl $c = a + ib$, mit $i = \sqrt{-1}$ als imaginäre Einheit.

B.2.2 Modulo-Funktion

Für die Division zweier ganzer Zahlen innerhalb der Menge $\mathbb{Z}$ gibt es nur zwei Möglichkeiten. Entweder geht die Division auf oder es bleibt ein Rest. Die meisten der bekannten Programmiersprachen ermöglichen in der Regel dennoch drei verschiedene Arten der Division. Für Java sind dies

```
────────────────────── Programmausgabe ──────────
voss@shania:~/Krypto2/JAVA> java division
Divisionen in Java int a=17,b=3;
================================
(a) int c;      c=a/b=17/3       = 5
(b) float d;    d=a/b=17/3       = 5.0
(c) float d;    d=(float)a/b=17/3= 5.6666665
(d) int c;      c=a%b=17/3       = 2
```

Wichtig sind im Zusammenhang mit Bitoperationen jedoch nur die ganzahlige Division (Fall a) und die so genannte Modulo-Funktion (Fall d). Diese ist bei allen C-ähnlichen Programmiersprachen durch das Prozentsymbol definiert und bedeutet nichts anderes als den „Rest nach Abzug des ganzzahlig Vielfachen".

$$a \bmod b = (a \, div \, b) \cdot b \tag{B.1}$$

div: ganzzahlige Division

Diese Modulo-Funktion, die den Rest einer jeden ganzzahligen Division liefert, hat innerhalb der kryptografischen Algorithmen eine große Bedeutung. Zum einen ermöglicht sie überhaupt erst die komplexe mathematische Theorie über sichere kryptografische Systeme und zum anderen ist sie wegen der Operationen auf Bitebene hilfreich. Wie in den entsprechenden Kapiteln gezeigt wurde, hat man es sehr häufig mit 16- oder 32-Bitblöcken zu tun, die miteinander oder mit bestimmten Schlüsseln mathematisch additiv oder multiplikativ verknüpft werden. Dabei kann es sehr schnell zu einem Überlauf kommen, der aber bei absichtlicher modulo 16- oder modulo 32-Operation kein Problem darstellt.

Das Rechnen mit modulo 12 ist jedem Menschen geläufig, ohne dass er sich darüber überhaupt Gedanken macht. Für eine Fahrt von Berlin in die Bretagne braucht man ca. 20 Stunden, wenn einem das Kamener Kreuz wohlgesonnen ist. Wenn man nun morgens um 7.00 Uhr in Berlin losfährt, wann kommt man dann im Urlaubsort an?

$$(7 + 20) \bmod 12 = 27 \bmod 12 = 3 \tag{B.2}$$

$$3 \bmod 12 = 3 \tag{B.3}$$

Man kommt also am nächsten Tag morgens um 3.00 Uhr an. Weiterhin erkennt man aus Gl. B.2, dass 27 und 3 gleiche Ergebnisse liefern, man sagt, sie sind äquivalent modulo 12 und schreibt dies als

$$27 \equiv 3 \;(\text{mod}\,12) \tag{B.4}$$

Oder allgemein formuliert kann man sagen, dass $a \equiv b \;(\text{mod}\,c)$ gilt, wenn es eine ganze Zahl k der Art $a = b + k \cdot c$ gibt. Bei nicht negativem a und $0 < b < c$, entspricht b dem Rest der Division von a/c. Angewendet auf obiges Beispiel ergibt sich:

$$a = 27 \tag{B.5}$$
$$b = 3 \tag{B.6}$$
$$c = 12 \tag{B.7}$$
$$3 = 27 \;\text{mod}\; 12 = 24 + \text{Rest } 3 \tag{B.8}$$

womit die Aussage bestätigt wird. Ein entsprechendes k wäre hier übrigens $k = 2$, denn $27 = 3 + 2 \cdot 12$. Für b findet man auch die Bezeichnung *Residuum von a modulo c*. Statt der Äquivalenz wird auch häufig der Kongruenzbegriff gebraucht: a ist kongruent zu b mod c.

Die Menge der ganzen Zahlen $\mathbb{M} = \{0, 1, 2, \ldots, c-1\}$ ist die vollständige Residuenmenge modulo c, oder anders ausgedrückt: Für $a \in \mathbb{N}$ ist das Residuum modulo c ein Element aus $\mathbb{M}$. Wie in der Mathematik üblich, klingt dies sehr theoretisch, was es aber eigentlich gar nicht ist: Es ist offensichtlich, dass 27 mod 3 nur Ergebnisse aus der Menge $\mathbb{M} = \{0, 1, 2\}$ liefern kann, denn für größere Zahlen wäre ja wieder eine ganzzahlige Division möglich. Die modulo-Operation führt sozusagen eine Reduktion des Dividenden auf das kleinstmögliche Intervall aus, weswegen auch von der modularen Reduktion gesprochen wird.

Ein weiterer Vorteil der modularen Arithmetik ist, dass man mir ihr ganz normal rechnen kann, denn es gelten die üblichen Rechengesetze der Arithmetik, d. h. Operationen mit modulo sind assoziativ, distributiv und kommutativ, beziehungsweise es gelten das Assoziativgesetz, Distributivgesetz und Kommutativgesetz:

$$(a + b)\;\text{mod}\;d = a\;\text{mod}\;d + b\;\text{mod}\;d \tag{B.9}$$
$$(a - b)\;\text{mod}\;d = a\;\text{mod}\;d - b\;\text{mod}\;d \tag{B.10}$$
$$(a \cdot b)\;\text{mod}\;d = a\;\text{mod}\;d \cdot b\;\text{mod}\;d \tag{B.11}$$
$$(a(b + c))\;\text{mod}\;d = (a \cdot b)\;\text{mod}\;d + (a \cdot d)\;\text{mod}\;d \tag{B.12}$$

Weiterhin bekommt man auch dieselben Ergebnisse, wenn die rechten Seiten der vorstehenden Gleichungen nochmal modulo genommen werden:

$$(a + b)\;\text{mod}\;d = (a\;\text{mod}\;d + b\;\text{mod}\;d)\;\text{mod}\;d \tag{B.13}$$

$$(a - b) \bmod d = (a \bmod d - b \bmod d) \bmod d \qquad \text{(B.14)}$$

$$(a \cdot b) \bmod d = (a \bmod d \cdot b \bmod d) \bmod d \qquad \text{(B.15)}$$

$$(a(b + c)) \bmod d = ((a \cdot b) \bmod d + (a \cdot d) \bmod d) \bmod d \qquad \text{(B.16)}$$

Diese Gesetzmäßigkeit hat bestimmte Vorteile, denn man kann sie insbesondere für das Potenzieren einsetzen, wie es in vielen Algorithmen des Kapitels 7 angewendet wird. Um beispielsweise $a^{20} \bmod b$ zu berechnen, könnte man zwar zuerst a^{20} als zwanzigmalige Multiplikation von a mit sich selbst auffassen, würde dadurch aber nicht sonderlich viel Zeit und Aufwand sparen. Effektiver ist eine Verkettung von einfachen Multiplikationen:

$$a^{20} = \left(\left(\left(a^2 \right)^2 \cdot a \right)^2 \right)^2 \qquad \text{(B.17)}$$

$$\text{unter Berücksichtung der modulo-Operation} \qquad \text{(B.18)}$$

$$a^{20} \bmod b = \left(\left(\left(a^2 \bmod b \right)^2 \bmod b \cdot a \right)^2 \bmod b \right)^2 \bmod b \qquad \text{(B.19)}$$

Durch Anwendung der Modulo-Funktion können alle Operationen innerhalb von 16- oder 32-Bit Zahlen stattfinden, was einem enormen Geschwindigkeitsvorteil gleichkommt. Diese Verkettung von einfacheren Operationen wird auch als *binäres Quadrieren* beziehungsweise *Multiplizieren* bezeichnet [29, 42].

Algorithmus B.1: Binäres Quadrieren

```java
public class quadrieren {

  public static void main (String[] args) {
    long a = Long.parseLong(args[0]);
    long b = Long.parseLong(args[1]);
    long c = Long.parseLong(args[2]);
    System.out.println("Zerlegung einer Potenz in einfache
      Multiplikation");
    System.out.print("zur Berechnung von "+a+"^"+b+" mod "+c+" = ");
    long wert = 1;

    while (b > 0) {
    if ((b & 1) > 0) { wert = (wert*a) % c; }
        b >>= 1;
        a = (a*a) % c;
    }
    System.out.println(wert);
  }
}
```

Der folgende Bildschirmausdruck zeigt die Anwendung des einfachen Algorithmus auf die Brechnung relativ großer Potenzen einschließlich der Modulo-Funktion. So wird immerhin die Operation 7^{20} mod 57 in extrem kurzer Zeit ausgeführt.

```
─────────────────────── Programmausgabe ───────────────────
voss@shania:~/Krypto2/JAVA> java quadrieren 7 20 6
Zerlegung einer Potenz in einfache Multiplikation
zur Berechnung von 7^20 mod 6 = 1

voss@shania:~/Krypto2/JAVA> java quadrieren 7 20 57
Zerlegung einer Potenz in einfache Multiplikation
zur Berechnung von 7^20 mod 57 = 49
```

Bei Anwendung der Modulo-Funktion mit negativen Zahlen ist Vorsicht geboten, da die verschiedenen Programmiersprachen hier nicht dieselben Ergebnisse liefern. Für Java gilt:

```
─────────────────────── Programmausgabe ───────────────────
Modulo-Operationen in Java
===========================
(a) c = 17 % 3      = 2
(a) c = 17 %-3      = 2
(a) c =-17 % 3      = -2
(a) c =-17 %-3      = -2
```

Die Ergebnisse sind nur auf den ersten Blick irritierend, entsprechen sie doch einer gewissen Logik:

$$17 \ \mathrm{mod} \ 3 = 5 \cdot 3 + 2 \tag{B.20}$$

$$17 \ \mathrm{mod} \ (-3) = -5 \cdot (-3) + 2 \tag{B.21}$$

$$-17 \ \mathrm{mod} \ 3 = -5 \cdot 3 - 2 \tag{B.22}$$

$$-17 \ \mathrm{mod} \ (-3) = 5 \cdot (-3) - 2 \tag{B.23}$$

B.2.3 Primzahl

Eine Primzahlzerlegung zur Bestimmung des kleinsten gemeinsamen Vielfachen (kgV) begegnet einem schon sehr früh in der Schule, sodass die Definition einer Primzahl allgemein bekannt ist:

> Eine natürliche Zahl größer als 1, die nur durch 1 und sich selbst ohne Rest teilbar ist, nennt man eine Primzahl.

Die Bedeutung der Primzahlen für die Kryptografie beruht auf der Tatsache, dass man sehr schnell und einfach Primzahlen multiplizieren kann, aber die Umkehrung dieses Vorgangs zum einen extrem zeitaufwendig und zum anderen extrem rechenintensiv, wenn nicht gar unmöglich ist. Findet man daher ein paar sehr große Primzahlen, so kann man diese einfach multiplizieren und erhält zusammen mit den beiden Primzahlen einen relativ sicheren Schlüssel (vgl. Tab. 11.1 auf Seite 254).

Da die Zahl der Primzahlen nicht begrenzt ist, kann es keine größte Primzahl geben. Es ist jedoch bis heute kein Verfahren bekannt, welches beliebig große Primzahlen bestimmen kann, sodass man stets von einer größten bekannten Primzahl spricht. Dieses ist zur Zeit $2^{30402457} - 1$, eine Zahl mit 9 152 052 Stellen, gefunden Ende 2005 in der Central Missouri State University.

B.2.4 Größter gemeinsamer Teiler

Der so genannte ggT spielt ebenfalls bereits in der Schule eine große Rolle. Haben zwei Zahlen außer der 1 keinen gemeinsamen Teiler, so sind diese beiden Zahlen relativ prim zueinander:

$$\mathrm{ggT}(a, b) = 1 \tag{B.24}$$

48 und 85 sind relativ prim zueinander, denn $48 = 2^4 \cdot 3$ und $85 = 5 \cdot 17$. Es lassen sich somit keine gemeinsamen Teiler finden.

Algorithmus B.2: Bestimmen des größten gemeinsamen Teilers

```
import java.math.*;

public class ggT2 {
  public static void main(String[] args){
    long a = Long.parseLong(args[0]);
    long b = Long.parseLong(args[1]);
    long ggt = 1;
    for (long i = 1; i <= Math.min(a,b); i++){
      if ((a%i==0)&&(b%i==0)) ggt = i;
    }
    System.out.println("Größter gemeinsamer Teiler:");
    System.out.println("a = "+a);
    System.out.println("b = "+b);
    System.out.println("ggT = "+ggt);
  }
}
```

```
——————————— Programmausgabe ———————————
voss@shania:~/Krypto2/JAVA> java ggT2 48 85
Größter gemeinsamer Teiler:
a = 48
b = 85
ggT = 1

voss@shania:~/Krypto2/JAVA> java ggT2 1024 5000
Größter gemeinsamer Teiler:
a = 1024
b = 5000
ggT = 8
```

B.3 Darstellung und Zählung der Bits und Bytes

In Kapitel 5.2 auf Seite 75 und 8 auf Seite 191 wurde bereits kurz auf die Darstellung einer Bitkette bzw. eines Bytes hingewiesen. Grundsätzlich wird eine Binärzahl genauso dargestellt wie jede Dezimalzahl, d. h. von rechts nach links, aber **geschrieben und gelesen** von links nach rechts:

$$123_{10} = 1 \cdot 10^2 + 2 \cdot 10^1 + 3 \cdot 10^0 \tag{B.25}$$

$$7B_{16} = 7 \cdot 16^1 + 11 \cdot 16^0 \tag{B.26}$$

$$01111011_2 = 0 \cdot 2^7 + 1 \cdot 2^6 + 1 \cdot 2^5 + 1 \cdot 2^4 + 1 \cdot 2^3 + 0 \cdot 2^2 + 1 \cdot 2^1 + 1 \cdot 2^0 \tag{B.27}$$

Die Zahlen können demnach formal durch eine Folge von Ziffern dargestellt werden, z. B. für eine *n*-stellige Zahl:

$$p_{n-1}, p_{n-2}, \dots, p_i, \dots, p_3, p_2, p_1, p_0 \tag{B.28}$$

bzw. in der verkürzten Form

$$p_{n-1} p_{n-2} \dots p_i \dots p_3 p_2 p_1 p_0 \tag{B.29}$$

Die erste von rechts gelesene Stelle einer jeden Ziffernfolge eines beliebigen Zahlensystems gibt immer die Anzahl der Einer an und hat in der Regel die Platznummer Null! Besonders große Zahlen im Zweiersystem werden häufig als Zahlen im Hexadezimalsystem (Hexzahlen) oder als Bitfolge in Matrixform geschrieben (vgl. Gl. 5.38). Schreibt man die obige Binärzahl in Matrixform, so ist analog zur von links nach rechts gelesenen Bitfolge auf eine zusätzlich von unten nach oben zu lesende Matrix zu achten:

$$p_{n-1}, p_{n-2}, \dots, p_i, \dots, p_3, p_2, p_1, p_0 = \begin{pmatrix} p_{n-1} & p_{n-2} & p_{n-3} & p_{n-4} \\ \dots & p_i & \dots & \\ p_3 & p_2 & p_1 & p_0 \end{pmatrix} \tag{B.30}$$

$$01111011 = \begin{pmatrix} 0 & 1 & 1 & 1 \\ 1 & 0 & 1 & 1 \end{pmatrix} = 7B_{16} \tag{B.31}$$

Welche Auswirkung dies auf die Darstellung unter Java hat, wird im Kapitel B.4.2 auf Seite 298 gezeigt. Bei der verbreiteten Darstellung in Hexadezimalform ist das Arbeiten mit den so genannten Nibbles sehr hilfreich. Ein Byte setzt sich aus zwei Nibbles zusammen, dem höherwertigen und dem niederwertigen Nibble. In Gl. B.31 ist 7 als Hexadezimalziffer gleich dem höherwertigen Nibble 0111 und *B* als Hexadezimalziffer gleich dem niederwertigen Nibble 1011. Damit kann ein 64 Bit langer DES-Schlüssel relativ schnell in Hexadezimalform übertragen werden:

$$\begin{pmatrix} 1 & 0 & 1 & 0 & 1 & 0 & 1 & 1 \\ 1 & 1 & 0 & 0 & 1 & 1 & 0 & 1 \\ 0 & 0 & 1 & 1 & 0 & 0 & 1 & 0 \\ 1 & 0 & 0 & 0 & 1 & 1 & 1 & 1 \\ 0 & 1 & 1 & 1 & 1 & 1 & 1 & 1 \\ 0 & 0 & 0 & 0 & 0 & 0 & 0 & 1 \\ 0 & 1 & 0 & 0 & 0 & 0 & 0 & 0 \\ 1 & 1 & 1 & 1 & 1 & 1 & 1 & 0 \end{pmatrix} = \begin{pmatrix} AB \\ CD \\ 32 \\ 8F \\ 7F \\ 01 \\ 40 \\ FE \end{pmatrix} = ABCD328F7F0140FE_{16} \quad \text{(B.32)}$$

B.3.1 Bit-Operationen

Immer wieder der so genannte Links- oder Rechts-Shift einer Bitkette benutzt, um mathematische Operationen ausführen zu können. Java stellt dafür folgende Operatoren bereit:

Tabelle B.2: Java-Operatoren für Bit-Verknüpfungen

Operator	Bedeutung	Beispiel
^	exclusiv Oder	110 ^ 011 = 101
~	Negation	~110 = 001
<<	links schieben	110 << 1=100
>>	rechts schieben (mit VZ)	110 >> 1=011
>>>	rechts schieben (ohne VZ)	110 >>> 1=101

Das erste Bit einer Ganzzahl steht bekanntermaßen für das Vorzeichen (VZ) und kann für das Rechtsschieben ausgenommen werden, indem der Operator >>> gewählt wird. Für sämtliche Operatoren existieren die üblichen Kombinationen im Zusammenhang mit Zuweisungen, also ^=, ~=, usw.

B.4 Programmbibliotheken

B.4.1 Die Zuordnung von Byte und Char

In fast allen Programmiersprachen wird dem Datentyp `Byte` der Zahlbereich $\{0 \ldots 255\}$ zugeordnet. Nicht jedoch in Java!Byte, wo `Byte` als `signed integer` aufgefasst wird und somit den Zahlbereich $\{-128 \ldots 127\}$ umfasst. Dies ist besonders im Umgang mit Zeichen wichtig, denn häufig wird mit den zugeordneten

Ordinalzahlen gearbeitet, wovon insbesondere im Kap. 4 *Polyalphabetische Verschlüsselung* Gebrauch gemacht wurde. Zur Vermeidung von Missverständnissen ist dabei zu beachten, dass insbesondere den deutschen Umlauten dadurch eine negative Zahl zugeordnet wird, wenn man mit der herkömmlichen Beziehung Byte-Char arbeitet:

Tabelle B.3: Die deutschen Sonderzeichen in den verschiedenen Zeichensätzen

Zeichen	Java	IBM(PC-8)	Unicode
Ä	-60	142	192
Ö	-42	163	214
Ü	-36	164	220
ß	-33	225	223
ä	-28	132	228
ö	-10	148	246
ü	-4	129	252

Alle ASCII-Zeichen im Bereich $\{0..127\}$ sind auch unter Java diesem Bereich zugeordnet, während alle anderen Zeichen dagegen der negativen Byte-Hälfte zugeordnet sind. Sowohl der ASCII-Bereich als auch die nationalen und internationalen Sonderzeichen sind Untermengen der Unicode-Zeichen, die pro Zeichen 16 Bit verwenden (`http://charts.unicode.org/`).

Da das Arbeiten mit natürlichen Zahlen leichter vonstatten geht, wurden verschiedene Methoden implementiert, die eine Umrechnung eines Bytefeldes in eine Integerfeld vornehmen, welches dann als „Feld von Unicodezeichen" aufgefasst werden kann. Bei Java ist lediglich der Typ `char` korrekt mit 16 Bit und ausschließlich positiven Werten darstellbar. Da aber Unicodezeichen über $2^{15} - 1$ ohnehin hier keine besondere Bedeutung haben, ist das Arbeiten mit Feldern von Integern im Zusammenhang mit Zeichen ausreichend.

B.4.2 Die Klasse BigInteger

Java bietet bereits ab Version 1.1 des JDK die Klasse `java.math.BigInteger` an, die neben der Möglichkeit, mit extrem großen Integerzahlen zu arbeiten insbesondere den Umgang mit Zahlen des Zweiersystems anbietet. Tab. B.4 führt die möglichen Konstruktoren `BigInteger()` auf. Es sei noch einmal darauf hingewiesen, dass dieser Zahlentyp ein einfaches Arbeiten und besseres Verständnis erlaubt, jedoch nicht unbedingt zur Geschwindigkeitserhöhung eines Programms beiträgt.

Aufruf des Konstruktors mit `BigInteger meinBigInt=new BigInteger("11")` führt zur internen binären Darstellung 1011_2 bzw. dezimalen Darstellung 11_{10}, d. h. es sind einige wichtige Dinge zu beachten:

Tabelle B.4: Konstruktoren der Klasse *BigInteger*

Parameter	Erklärung
`byte[] val`	Translates a byte array containing the two's-complementbinary representation of a BigInteger into a BigInteger.
`int signum, byte[] magnitude`	Translates the sign-magnitude representation of the BigInteger into a BigInteger.
`int bitLength, int certainty, Random rnd`	Constructs a randomly generated positive BigInteger that is probably prime, with the specified bit-Length.
`int numBits, Random rnd`	Constructs a randomly generated positive BigInteger, uniformly distributed over the range $\left(0...2^{numBits} - 1\right)$, inclusive.
`String val`	Translates the decimal String representation of a BigInteger into a BigInteger.
`String val, int radix`	Translates the String representation of a BigInteger in the specified radix into a BigInteger.

1. Die Zeichenkette „11" als Parameter entspricht der Zahl 11_{10} im **Zehnersystem**!
2. Die allgemeine binäre Darstellung ist von **Links nach Rechts** mit den Zweierpotenzen

$$2^{n-1}, 2^{n-2}, ..., 2^2, 2^1, 2^0 \qquad (B.33)$$

zu lesen, womit 1011_2 die allgemeine Darstellung der Dezimalzahl 11_{10} im Zweiersystem ist, was von **Links nach Rechts** gelesen

$$1 \cdot 2^3 + 0 \cdot 2^2 + 1 \cdot 2^1 + 1 \cdot 2^0 = 11_{10} \qquad (B.34)$$

entspricht.
3. Soll die Zeichenkette „11" einer Zahl im Zweiersystem entsprechen, so ist der letzte Konstruktor aus Tab. B.4 anzuwenden:

```
BigInteger meinBigInt=new BigInteger("11",2)
```

Ein Problem besteht jetzt in der internen Darstellung unter Java und der allgemeinen binären Darstellung. Konstruiert man eine Binärzahl über einen entsprechenden Konstruktor aus Tab. B.4 `BigInteger I=new BigInteger("11110001",2)` und gibt sie anschließend zum einen über `System.out.println(I)` und zum anderen mit Hilfe der Methode `boolean MeinBigInt.testBit(int n)` (Alg. B.3), so ergibt sich

```
──────────────── Programmausgabe ────────────────
voss@maria:~/Kryptologie > java BigIntTest 11110001
Ausgabe mit System.out.print(): 241
```

```
Ausgabe mit testBit() von links nach rechts (10 Stellen): 1000111100
Ausgabe mit testBit() von rechts nach links (10 Stellen): 0011110001
Ausgabe mit testBit() ohne Stellen-Angabe: 11110001
Ausgabe als Matrix:
1 1 1 1
0 0 0 1
voss@maria:~/Kryptologie >
```

Algorithmus B.3: Ausgabe einer BigInter-Zahl

```
1  public void BigIntAusgeben (BigInteger b,int bits) {
2    for (int i=0; i>=bits; i--)    // von links nach rechts
3      if (b.testBit(i))
4        System.out.print(1);
5      else System.out.print(0);
6    System.out.println();
7  }
```

Mit `System.out.println(I)` wird also in jedem Fall die Dezimalzahl ausgegeben, selbst wenn der Konstruktor eine Definition als Binärzahl vorsah. Werden die einzelnen Bits von links nach rechts abgefragt und auch so ausgegeben, ergibt sich die umgekehrte Reihenfolge. Der Alg. B.3 ist also dahingehend zu ändern, dass die Ausgabe von rechts nach links erfolgt. Die möglichen Ausgabemethoden zeigt Alg. B.4, während Tab. B.5 eine kurze Beschreibung gibt. Weiterhin ist noch zu beachten, dass die Methode `boolean MeinBigInt.testBit(int n)` nicht prüft, ob es sich um sinnvolle Stellen handelt oder nicht. Dies erkennt man an der Ausgabe, bei der die 8 Bit lange Binärzahl mit 10 Stellen (1000111100) ausgegeben wurde. Nur bei einer Angabe von rechts nach links erhält man dann die korrekte Ausgabe, denn alle über acht hinausgehenden Stellen sind führende Nullen, während es bei der Links-Rechts-Ausgabe zu einer falschen Binärzahl kommt, da die Nullen für eine Verschiebung der anderen Stellen sorgen.

Algorithmus B.4: Ausgabemethoden für eine BigInter-Zahl

```
1  public void BigIntAusgeben (BigInteger b, int Zeilen, int Spalten) {
2    for (int zeile=Zeilen-1; zeile>=0; zeile--) {
3      for (int spalte=Spalten-1; spalte>=0; spalte--)
4        if (b.testBit(zeile*Spalten+spalte))
5          System.out.print(1+" ");
6        else System.out.print(0+" ");
7      System.out.println();
8    }
9  }
10 public void BigIntAusgeben (BigInteger b,int bits) {
11   for (int i=bits-1; i>=0; i--)
12     if (b.testBit(i))
13       System.out.print(1);
14     else System.out.print(0);
```

```
15    System.out.println();
16  }
17  public void BigIntAusgeben (BigInteger b) {
18    for (int i=b.bitLength()-1; i>=0; i--)
19      if (b.testBit(i))
20        System.out.print(1);
21      else System.out.print(0);
22    System.out.println();
23  }
```

Tabelle B.5: Ausgabemethode public void `BigIntAusgeben()`

Parameter	Beschreibung
BigInteger B, int m, int n	Die BigIntegerzahl B wird in Binärform als Matrixform mit m Zeilen und n Spalten ausgegeben
BigInteger B, int n	Die BigIntegerzahl B wird mit n Stellen ausgegeben $(2^n, 2^{n-1}, ..., 2^2, 2^1, 2^0)$[1]
BigInteger B	Die BigIntegerzahl B wird komplett ausgegeben $(2^{numBits}, 2^{numBits-1}, ..., 2^2, 2^1, 2^0)$

B.4.3 Java Numerical Libraries

Unter `http://math.nist.gov/javanumerics/` findet man eine umfangreiche Sammlung an Programm-Bibliotheken für numerische Operationen im Zusammenhang mit Java. Die „ArciMath BigDecimal"[2] ist eine Erweiterung der hier angewendeten „Big Integer"-Klasse. Insbesondere das offizielle Paket „javax.vecmath"[3] eignet sich, um die Geschwindigkeit der Programme zu erhöhen. Diese Biblitothek enthält umfangreiche Methoden für Vektor- und Matrizenoperationen, wie sie insbesondere für Kap. 4.2 auf Seite 59 benötigt werden, wenn man den Algorithmus optimieren will.

Einfachere Bibliotheken in der Anwendung gibt es bei `http://www.physics.orst.edu/~rubin/COURSES/Handouts/JNL/api/`, welches der alten JNL, der Java Numerical Library entspricht und neben den Vektor- und Matrizenoperationen noch komplexe Zahlen unterstützt. Hier sei nur ein kurzer Auszug aus der Paketbeschreibung angegeben:

- VisualNumerics.Math.DoubleVector
- VisualNumerics.Math.DoubleMatrix

---

[1] *numBits* kann über die Methode `BigInteger.bitLength()` abgefragt werden.

[2] `http://users.belgacombusiness.net/arci/`

[3] `http://java.sun.com/products/java-media/3D/forDevelopers/j3dapi/index.html`

- `double[][] inverse(double a[][])`
  - Return the inverse of the matrix a using its LU factorization.
    * Parameters:
      · `a[][]`- A square matrix with elements of type double.
    * Returns:
      · The matrix inverse of a.
    * Throws:IllegalArgumentException
      · This exception is thrown when (1) the lengths of the rows of the input matrix are not uniform, and (2) the input matrix is not square.
    * Throws: MathException
      · This exception is thrown when the matrix is singular.
- `double[][] multiply(double x[][], double a[][])`
  - Diese Methode gibt es in mehrerenVarianten, da in Abhängigkeit der Parameter auch der Rückgabetyp unterschiedlich ist:
    * `double[] multiply(double x[], double a[][])`
    * `double[] multiply(double a[][], double x[])`
    * `double[][] multiply(double a[][], double b[][])`

B.4.4 Methodensammlung

Die weiteren, nicht direkt mit dem Thema Kryptografie zusammenhängenden Methoden werden im Folgenden mit einer kurzen Beschreibung angegeben. Diese werden auch größtenteils in allen angegebenen Programmen verwendet. Sie dienen vorrangig nur dem ungeübten Anfänger in Java, Fortgeschrittene können eines der vielfältigen Java-Pakete benutzen. Die Dateien befinden sich ebenfalls auf der CD.

Datei.java – Konstruktoren und Methoden zum Dateihandling

```
Datei()
Datei(String nDateiname)
String liesString()
byte[] lies()
int[] liesUnicode()
boolean schreib(int[] Unicode)
boolean schreib(String datStr)
boolean schreib(byte[] b)
```

IO.java – Methoden zur Ein- und Ausgabe

```
int ganzeZahl()
double reelleZahl()
char Zeichen()
char ZeichenUpCase()
String Satz()
boolean JaNein()
printChar(byte zeichen)
printChar(int zeichen)
int[] Unicode(byte[]ByteFeld)
int char16(byte b)
byte char8(byte b)
double DM(double d)
String intToString(int i, int laenge, String c)
String intToString(int i, int laenge)
String intToString(int i)
String intToHex(int i)
String byteToBits(byte i)
String longToString(long i, int laenge, String c)
String longToString(long i, int laenge)
String longToString(long i)
String bigIntToString(BigInteger i, int laenge, String c)
String bigIntToString(BigInteger i, int laenge)
String bigIntToString(BigInteger i)
String bigIntToHex(BigInteger i)
boolean liesInts(int[] A)
boolean liesDoubles(double[]A)
int[] liesIntsAusDatei(int Anzahl)
int[][] liesIntsAusDatei(int Zeilen, int Spalten)
double[] liesDoublesAusDatei(int Anzahl)
double[][] liesDoublesAusDatei(int Zeilen, int Spalten)
schreibeIntsInDatei(int[] A)
schreibeIntsInDatei(int[][] A)
printVektor (int[]A)
printVektor (double[]A)
printMatrix (int[]A)
printMatrix (int[][]A)
printMatrix (double[][]A)
int[] liesVektorB (int Zeilen)
double[] liesDoubleVektorB (int Zeilen)
int[] liesMatrixA (int Zeilen)
int[][] liesIntMatrix(int Zeilen, int Spalten)
```

```
int[][] liesMatrixA(int Zeilen, int Spalten)
```

DES.java – Methoden für den Data Encryption Standard

```
BigIntAusgeben(BigInteger b,int Zeilen, int Spalten)
BigIntAusgeben(BigInteger b, int bits)
BigIntAusgeben(BigInteger b)
int[] BigInt2IntFeld (BigInteger I)
BigInteger BigSchluessel()
BigInteger initialePermutation(BigInteger P)
BigInteger inverseInitialePermutation (BigInteger IP)
BigInteger Expand(BigInteger P)
BigInteger PC1(BigInteger Key, String Typ)
BigInteger PC2(BigInteger C, BigInteger D)
BigInteger schiebeBigInt (BigInteger BigI,int Bits,
                int Anzahl,String Richtung)
BigInteger SBox(BigInteger Arg, byte[][][] SBoxen)
BigInteger PFunc(BigInteger C)
BigInteger holeHaelfte(BigInteger BigI,String LR, int Bits)
byte[][][]LiesSBoxen(String DateiName)
BigInteger[] BestimmeAlleSchluessel(BigInteger DESSchluessel)
```

Hex.java – Methoden für Hexadezimalzahlen

```
String toReversedString(byte[] b, int offset, int length)
String toReversedString(byte[] b)
byte[] fromString(String hex)
byte[] fromReversedString(String hex)
char toDigit(int n)
int fromDigit(char ch)
String byteToString(byte n)
String shortToString(short n)
String intToString(int n)
String longToString(long n)
String dumpString(byte[] data, int offset, int length, String m)
String dumpString(byte[] data)
String dumpString(byte[] data, String m)
String dumpString(byte[] data, int offset, int length)
String dumpString(int[] data, int offset, int length, String m)
String dumpString(int[] data)
String dumpString(int[] data, String m)
String dumpString(int[] data, int offset, int length)
```

ArrayUtil.java – Methoden für Arrayoperationen

```
clear (byte[] buf)
clear (byte[] buf, int offset, int length)
toInt(short s0, short s1)
toShort(byte b0, byte b1)
byte[] toBytes(int n)
byte[] toBytes(short[] array, int offset, int length)
byte[] toBytes(short[] array)
short[] toShorts(byte[] array)
boolean areEqual(byte[] a, byte[] b)
boolean areEqual(int[] a, int[] b)
int compared (byte[] a, byte[] b, boolean msbFirst)
boolean isText (byte[] buffer)
```

B.5 Die CD

Auf der beiliegenden Buch-CD findet man alle im Buch angegebenen Algorithmen, einschließlich der verwendeten Datendateien. Zusätzlich zu den Java-Quellen befinden sich auch übersetzte Klassendateien in den einzelnen Verzeichnissen. Nach dem Einlegen der CD sollte unter Windows ein automatischer Start erfolgen, sodass in die interessierenden Unterverzeichnisse gewechselt werden kann. Anderenfalls öffnet man mit einem beliebigen Browser die Startdatei `start.htm`, von der aus dann gleiches möglich ist.

Im Unterverzeichnis Java-Bibliotheken befinden sich die Quellen, der hier im Abschnitt B.4.4 auf Seite 302 angegebenen Methodensammlungen. Diese sind, soweit erforderlich, auch in den anderen Unterverzeichnissen vorhanden. Dies dient nur dem Anfänger im Umgang mit Java, denn er braucht sich dann nicht um irgendwelche Pfade zu kümmern. Der fortgeschrittene Java-Programmierer findet in diesem Verzeichnis auch die komprimierten Java-Bibliotheken von `http://www.cryptix.org`, sowohl die veralteten, als auch die aktuelle.

Dateien mit Endungen der Art „.YETI" oder „.Herbert", sind in der Regel mit dem hier als Dateiendung angegebenen Schlüsselwort komprimiert, also zum einen „YETI" und zum anderen „Herbert".

B.6 Allgemeine Quellen und Informationen

B.6.1 www-Quellen zur Kryptologie

- `http://www.counterpane.com` – Bruce Schneier

- `http://www.ccc.de` – Chaos Computer Club
- `http://berlin.ccc.de` – CCC Berlin
- `https://wiki.ccc.de/bin/view/Main/WebHome` – CCC Wiki
- `http://www.cryptix.org` – Cryptix.org
- `http://www.crypto.ch` – Crypto AG
- `http://cryptome.org` – Cryptome
- `http://www.kasperskylabs.com` – Kaspersky Lab Ltd.
- `http://www.elliptische-kurven.de` – Elliptischen Kurven
- `http://www.crypto.de` – crypto.de
- `http://www.isaac.cs.berkeley.edu` – ISAAC
- `http://www.kriptopolis.com` – Kriptopolis
- `http://www.nsa.gov` – National Security Agency
- `http://www.securityfinder.com` – Securityfinder.com
- `http://securityportal.com` – SecurityPortal
- `http://www.cert.dfn.de/team/ue/netsec/sra/node3.html` – Authentisierung
- `http://www.ssh.com` – SSH Secure Shell
- `http://www.macssh.com` – MacSSH
- `http://www.openssh.com` – OpenSSH
- `http://www.stegoarchive.com` – Steganografie
- `http://www.jjtc.com/Steganography` – Steganography
- `http://www.jjtc.com/stegdoc` – Steganography
- `http://www.kasimir.org/kkrypt.htm` – Kryptographie und Steganographie

B.6.2 Newsgroups zur Kryptologie

- `http://groups.google.com/groups?group=alt.security.pgp`
- `http://...?group=comp.security.pgp.announce`
- `http://...?group=comp.security.pgp.discuss`
- `http://...?group=:comp.security.pgp.resources`
- `http://...?group=:comp.security.pgp.tech`
- `http://...?group=de.soc.datenschutz`
- `http://...?group=z-netz.datenschutz.allgemein`
- `http://...?group=de.comp.security.firewall`
- `http://...?group=de.org.ccc`
- `http://...?group=sci.crypt`
- `http://...?group=sci.crypt.research`

B.6.3 www-Quellen zu Java

- `http://java.rrzn.uni-hannover.de/tkji/javakurs/` – Uni Hannover

- `http://www.boku.ac.at/javaeinf/` – Uni Wien (Hubert Partl)
- `http://www.tu-chemnitz.de/urz/java/kurs2000/` – URZ Chemnitz
- `http://www.javabuch.de/` – Go To Java 2 (HTML-Version)
- `http://www.informit.de/books/java2_komp/data/start.htm` – Java 2 (Kompendium)
- `http://www.galileocomputing.de/openbook/java2/` – Java 2 (Galileo Computing)
- `http://www.selfjava.de/` – SelfJava
- `http://www.mindview.net/Books/TIJ/` – Thinking in Java (Bruce Eckel)
- `http://www.mindview.net/Books/TIPatterns/` – Thinking in Patterns with Java
- `http://www.cs.brown.edu/courses/cs016/book/` – Data Structures & Algorithms in Java
- `http://java.sun.com/docs/books/tutorial/` – The Java Tutorial
- `http://java.sun.com/docs/` – Java Documentation
- `http://manning.spindoczine.com/sbe/` – Java Swing
- `http://www.apl.jhu.edu` – Swing: A Quick Tutorial for AWT Programmers
- `http://java.sun.com/docs/books/tutorial/uiswing/` – Swing
- `http://java.sun.com/products/jfc/` – Java Foundation Classes
- `http://www.mindspring.com/` – SWING-JFC FAQ
- `http://java.sun.com/docs/glossaries/glossary.de.html` – Glossary

B.6.4 Newsgroups zu Java

- `http://www.dclj.de/` – HomePage der Newsgroup de.comp.lang.java
- `http://de.geocities.com/uweplonus/faq/index.html` – FAQ der Newsgroup de.comp.lang.java
- `http://groups.google.de/group/de.comp.lang.java`
- `http://groups.google.de/group/alt.comp.lang.java`
- `http://groups.google.de/group/comp.lang.java.programmer`
- `http://groups.google.de/group/comp.lang.java.advocacy`
- `http://groups.google.de/group/comp.lang.java.help`
- `http://groups.google.de/group/comp.lang.javascript`
- `http://groups.google.de/group/mailing.freebsd.java`
- `http://groups.google.de/group/linux.debian.maint.java`
- `http://groups.google.de/group/lucky.freebsd.java`

Literaturverzeichnis

[1] C.M. Adams: *Constructing Symmetric Ciphers Using the CAST Design Procedure*; Designs, Codes, and Cryptography; (12(3)), S. 283–316; 1997.

[2] Ross Anderson, Eli Biham und Lars Knudsen: *Serpent: A Proposal for the Advanced Encryption Standard*; NIST; England, Isarael, Norway; 1999.

[3] Peter Batzer: *Die Enigma*; LOG IN Informatische Bildung und Computer in der Schule; (5/6), S. 44–51; 1996.

[4] Friedrich L. Bauer: *Entzifferte Geheimnisse - Methoden und Maximender Kryptologie*; Springer Verlag; Berlin Heidelberg New York; zweite Aufl.; 1997.

[5] Friedrich L. Bauer und Gerhard Goos: *Informatik, eine einführende Übersicht*; Springer Verlag; Berlin Heidelberg New York; dritte Aufl.; 1982.

[6] Rüdeger Baumann: *Informationssicherheit durch kryptologische Verfahren*; LOG IN, Informatische Bildung und Computer in der Schule; (5/6), S. 52–61; 1996.

[7] Klaus-Cl. Becker und Albrecht Beutelspacher: *Datenverschlüsselung - Anwendung der Kryptologie*; LOG IN, Informatische Bildung und Computer in der Schule; (5/6), S. 16–21; 1996.

[8] Gerhard Berendt: *Mathematische Aspekte der angewandten Informatik*; Kap. Elemente der Kryptologie, S. 128–146; Bibliographisches Institut & F.A.Brockhaus AG,Mannheim; 1994.

[9] Albrecht Beutelspacher, Heike B. Neumann und Thomas Schwarzpaul: *Kryptografie in Theorie und Praxis*; Vieweg; Wiesbaden; 2005.

[10] Albrecht Beutelspacher, Jörg Schwenk und Klaus-Dieter Wolfenstetter: *Moderne Verfahren der Kryptographie*; Friedrich Vieweg & Sohn Verlagsgesellschaft; Braunschweig Wiesbaden; dritte Aufl.; 1999.

[11] BI-Verlag: *Meyers Hand-Lexikon des allgemeinen Wissens*; Verlag des Bibliographischen Instituts; Leipzig; dritte Aufl.; 1883.

[12] Bibliographisches Institut: *Meyers Enzyklopädisches Lexikon*; Bibliographisches Institut; Mannheim; neunte Aufl.; 1973.

[13] Johannes Buchmann: *Einführung in die Kryptographie*; Springer Verlag; Berlin, Heidelberg New York; erste Aufl.; 1999.

[14] Bundesministerium für Wirtschaft und Technologie: *Eckpunkte der deutschen Kryptopolitik*; *Pressemitteilung – http: //www.bmwi.de/BMWi/Navigation/Service/suche,did=6992.html*; Juni 2001.

[15] Carolynn Burwick und other: *MARS - a candidate cipher for AES*; *IBM Corporation, USA*; 22 sep 1999.

[16] J. Daeman, R. Govaerts und J. Vandewalle: *Weak Keys for IDEA*; *Advances in Cryptology*; Crypto '93 Proceedings, S. 224–230; 1994.

[17] Joan Daemen und Vincent Rijmen: *The Rijndael Block Cypher*; Proton World, Brüssel; 1999.

[18] Harvey M. Deitel und Paul J. Deitel: *Java - How to program*; Prentice-Hall, Inc; Upper Saddle River, New Jersey 07458; dritte Aufl.; 1999.

[19] Hans Dobbertin, Antoon Bosselaers und Bart Preneel: *RIPEMD-160: A Strengthened Version of RIPEMD*; *LNCS – Fast Software Encryption*; 1039, S. 71–82; 1996.

[20] W. Duffie und M.E. Hellmann: *Privacy and Authentication: An Introduction to Cryptography*; *Proc. IEEE*; 67(3)Mar, S. 397–427; 1979.

[21] Bruce Eckel: *Java*; Prentice-Hall, Inc; Upper Saddle River, New Jersey 07458; zweite Aufl.; 1999.

[22] Horst Feistel: *Cryptography and Computer Privacy*; *Scientific American*; 228, S. 15–23; 1973.

[23] Michael Goossens, Frank Mittelbach und Alexander Samarin: *The LATEX Companion*; Addison Wesley; 2. Aufl.; 2005.

[24] Boris Gröhndahl: *Die Entdeckung der Public-Key-Kryptographie*.

[25] Hans-Wilhelm Heibey, Andreas Pfitzmann und Ulrich Andl: *Kryptographie, Herausforderung für Staat und Gesellschaft*; *LOG IN, Informatische Bildung und Computer in der Schule*; (5/6), S. 37–43; 1996.

[26] Lester Hill: *Cryptology in an Algebraic Alphabet*; *American Mathematical Monthly*; 36, S. 306–320; 1929.

[27] Lester Hill: *Concerning the Linear Transformation Apparatus in Cryptography*; *American Mathematical Monthly*; 38, S. 135–154; 1931.

[28] Vincent Rijmen Joan Daeman: *The Design of Rijndael*; Springer, New York; 2002.

[29] Donald Knuth: *The Art of Computer Programming – Seminumerical Algorithms*; Bd. 2; Addison-Wesley; Boston; 2. Aufl.; 1981.

[30] Guido Krüger: *Handbuch der Java-Programmierung*; Addison Wesley; München; vierte Aufl.; 2004.

[31] Markus G. Kuhn: *Probability Theory for Pickpockets - ec-PINGuessing*; *COAST Labaratory, Purdue University, West Lafayette, Indiana 47907-1398, USA*; 30 Juli 1997.

[32] RSA Laboratories: *FAQ – Frequently asked questions about todays cryptography*; Techn. Ber.; USA; 1998.

[33] Hans Werner Lang: *Algorithmen in Java*; Oldenbourg; München; 2003.

[34] Ralph Matzky: *Das Signaturgesetz*; *LogIn - Informatische Bildung und Computer in der Schule*; 5/99, S. 27ff; 1999.

[35] Ursula Meyer zu Natrup und Hanns-Wilhelm Heibey: *Datenschutz und informationstechnische Sicherheit im Internet*; *LogIn – Informatische Bildung und Computer in der Schule*; 5/99, S. 8ff; 1999.

[36] Robert Morris und Ken Thompson: *Password Security: A Case History*; *Murray Hill, New Jersey 07974, Bell Laboratories*; 1978.

[37] National Bureau of Standards: *Data Encryption Standard (DES)*; Techn. Ber. FIPS PUB 46-2; U.S. Department of Commerce; 1993.

[38] Dag Arne Osvik: *Speeding up Serpent*; *University of Bergen, Department of Informatics*; März 2000.

[39] R.L. Rivest, A. Shamir und L.M. Adleman: *A method for obtaining digital signatures and public-key cryptosystems.*; *Communications of the ACM*; 21(2), S. 120–126; 1978.

[40] Ronald L. Rivest und other: *The RC6 Block Cipher*; *MIT Laboratory and RSA Laboratory*; September 1999.

[41] Hans-Joachim Schneider: *Lexikon der Informatik und Datenverarbeitung*; R. Oldenbourg; München Wien; zweite Aufl.; 1986.

[42] Bruce Schneier: *Angewandte Kryptographie*; Addison-Wesley; Bonn; erste Aufl.; 1996.

[43] Bruce Schneier, John Kelsey et al.: *Performance Comparison of the AES Submissions*; 1999.

[44] Bruce Schneier und other: *Twofish: A 128-Bit Block Cipher*; Counterpane Systems; Minneapolis USA; 1998.

[45] Robert Sedgewick: *Algorithms*; Addison-Wesley Publishing Company; Reading, Massachusetts; 2. Aufl.; 1889.

[46] S. Vaudenay: *On the need for Multi permutations: Cryptoanalysis of MD4 and SAFER*; *Fast Software Encryption*; Second International Workshop Proceedings, S. 286–297; 1995.

[47] Aaron E. Walsh: *Java für Dummies: gegen den täglichen Frust mit Java*; International Thomson Publishing GmbH; Bonn; erste Aufl.; 1997.

[48] Helmut Witten, Irmgard Letzner und Ralph-Hardo Schulz: *RSA & co in der Schule - Moderne Kryptologie, raffinierte Protokolle*; *LOG IN, Informatische Bildung und Computer in der Schule*; (3/4,5), S. 57–64 and 31–39; 1998.

[49] Reinhard Wobst: *Abenteuer Kryptologie*; Addison-Wesley; Bonn; zweite Aufl.; 1998.

[50] Dietmar Wätjen: *Kryptologie*; Technische Universität; Braunschweig; erste Aufl.; 1999.

Index